Operação abafa

Ronan Farrow

Operação abafa

Predadores sexuais e a indústria do silêncio

tradução
Ana Ban
Fernanda Abreu
Juliana Cunha

todavia

Para Jonathan

Nota do autor

Operação abafa é fruto de dois anos de trabalho jornalístico. Baseia-se em entrevistas com mais de duzentas fontes, bem como em centenas de páginas de contratos, e-mails, mensagens de texto e dezenas de horas de áudio. O livro foi submetido ao mesmo padrão de checagem de fatos por que passam as matérias da revista *New Yorker*, nas quais se fundamenta.

Todos os diálogos aqui apresentados provêm de gravações e de registros feitos na época em que as conversas ocorreram. Como esta é uma história sobre vigilância, alguns envolvidos muitas vezes testemunharam conversas ou as gravaram secretamente, e, em certos casos, pude obter seus testemunhos e registros. Ao fazer minhas próprias gravações, ative-me a todos os padrões éticos e legais.

A maioria das fontes que você encontrará nestas páginas me permitiu que usasse seus nomes completos. Algumas, todavia, não puderam fazê-lo, por receio de represálias legais ou ameaças à sua segurança física. Nesses casos, o livro repete os pseudônimos usados nas reportagens. Antes da publicação, entrei em contato com todas as figuras-chave no livro e lhes ofereci a oportunidade de responder a quaisquer alegações feitas sobre elas. No caso dos que concordaram em responder, a narrativa reflete suas respostas. No caso dos que preferiram não responder, fiz um esforço sincero para incluir declarações publicamente disponíveis. Nas citações de materiais escritos, mantivemos a linguagem original, incluindo erros de ortografia e de transcrição.

Os eventos relatados em *Operação abafa* se passam entre o final de 2016 e o início de 2019. O livro contém descrições de violência sexual que alguns leitores podem considerar perturbadoras.

Prólogo

Os dois homens estavam sentados num canto do Nargis Cafe, um restaurante de comida russa e uzbeque em Sheepshead Bay, no Brooklyn. O ano de 2016 terminava, e fazia frio. O lugar era enfeitado com bricabraques das estepes e representações em cerâmica da vida campestre: avós em forma de babushka, fazendeiros com ovelhinhas.

Um dos homens era russo, o outro ucraniano, mas essa era uma nuance, não uma diferença: ambos eram filhos dos escombros da União Soviética. Aparentavam ter cerca de 35 anos. Roman Khaykin, o russo, era baixo, magro e careca, com nariz arrebitado de brigão e olhos escuros. De resto, tudo nele era pálido: mal tinha sobrancelhas, dava a impressão de não ter sangue nas veias do rosto, a careca era oleosa e reluzente. Vinha de Kislovodsk, nome cuja tradução literal é "águas amargas". Seus olhos percorriam o perímetro do recinto, cheios de suspeita.

O ucraniano, Igor Ostrovskiy, era mais alto e gorducho. Tinha cabelos encaracolados, que ficavam rebeldes quando os deixava crescer. Fugira com a família para os Estados Unidos no começo dos anos 1990. Assim como Khaykin, estava sempre olhando de soslaio. Também era curioso, intrometido. Certa vez, nos tempos de escola, tinha suspeitado que vários colegas andavam vendendo números de cartão de crédito roubados. Investigou o caso até comprovar sua tese, e então ajudou a polícia a desmantelar a operação.

Khaykin e Ostrovskiy falavam um inglês com forte sotaque estrangeiro e salpicado de expressões de suas línguas maternas.

"Krasavchik!", dizia Khaykin. A palavra significava algo como "bonito", mas na prática era usada para elogiar um talento, ou um trabalho bem-feito. Os dois trabalhavam no mundo da vigilância e dos negócios escusos. Em 2011, Ostrovskiy tinha terminado um serviço de investigação e estava à espera de outro, quando resolveu dar uma busca por "detetives particulares russos" na internet e de cara mandou um e-mail para Khaykin, pedindo trabalho. Khaykin gostou da audácia de Ostrovskiy e passou a contratá-lo para bicos de vigilância. Mais tarde, tiveram uma discussão sobre os métodos de Khaykin e acabaram se distanciando.

Conforme os pratos de kebab chegavam, Khaykin contava quanto expandira os limites da operação desde a última vez que haviam trabalhado juntos. Um cliente novo e misterioso tinha entrado na jogada, uma empresa cujo nome ele não iria revelar e que agora contratava seus serviços de freelancer. Ele estava fazendo grandes negócios. "Ando trabalhando com uns troços maneiros", disse. "Umas coisas da pesada." Havia também adotado alguns métodos novos. Conseguia acessar dados bancários e relatórios de análise de crédito não autorizados. Sabia como obter os dados de geolocalização de um celular para rastrear alvos desavisados. Descreveu quanto custava a brincadeira do telefone: alguns milhares de dólares pelo método mais comum, com opções mais baratas para alvos ingênuos e mais caras para os que fossem mais precavidos. Khaykin disse que já usara essa tática com sucesso, num caso em que um sujeito o contratara para encontrar um parente.

Ostrovskiy achou que Khaykin estava exagerando. Mas ele precisava de trabalho. E Khaykin, por sua vez, precisava de mais mão de obra para servir a seu novo cliente misterioso.

Antes de se despedir, Ostrovskiy perguntou sobre o rastreamento telefônico. "Isso não é ilegal?", questionou.

"Hã...", disse Khaykin.

Perto deles, dependurado por um cordão numa parede de azulejos, um olho branco e azul daqueles que combatem mau-olhado observava tudo.

Parte I

Vale do Veneno

1.
A gravação

"Como assim, não vai ao ar amanhã?" Minhas palavras flutuaram pela redação que se esvaziava, no quarto andar do 30 Rockefeller Plaza, no edifício da Comcast, outrora edifício da GE, e antes ainda edifício da RCA. Do outro lado da linha, Rich McHugh, meu produtor na NBC News, falava por cima de um som ambiente que parecia o bombardeio de Dresden mas que era apenas o som natural de uma casa com dois pares de criancinhas gêmeas. "Eles acabaram de ligar, eles... Não, Izzy, você tem que dividir... Jackie, por favor, não morda ela... Papai está no telefone..."

"Mas essa é a matéria mais quente da série", falei. "Talvez não seja a que funciona melhor na televisão, mas é a melhor *história* que descobrimos..."

"Disseram que a gente tem que mudar o dia. É *fakakt*", ele disse, comendo a última sílaba. (McHugh tinha o hábito de tentar usar palavras em iídiche. Nunca dava certo.)

Pôr no ar uma série de matérias investigativas, uma após outra, como eu e McHugh estávamos prestes a fazer, requer certa coreografia. Todas as matérias eram longas, e cada uma consumia dias de trabalho nas salas de edição. Reagendar uma delas era um grande problema. "Mudar pra quando?", perguntei.

Do outro lado da linha, um estrondo abafado e várias gargalhadas sucessivas. "Te ligo de volta", ele disse.

McHugh era um veterano da TV, que já havia trabalhado na Fox, na MSNBC e, por quase uma década, no *Good Morning America*. Barrigudo, tinha cabelo ruivo, tez avermelhada, e costumava usar camisas xadrez. Tinha um jeito lacônico e sincero que conseguia passar por cima da tagarelice passivo-agressiva da burocracia corporativa. "Parece um fazendeiro", dissera o chefe da unidade investigativa que nos pusera para trabalhar juntos pela primeira vez. "Ele inclusive fala como um fazendeiro. Vocês dois não têm nada a ver."

"Então pra que formar essa dupla?", perguntei.

"Farão bem um pro outro", ele respondeu, dando de ombros.

McHugh parecia cético. Eu não gostava muito de falar do meu histórico familiar, mas a maioria das pessoas o conhecia: minha mãe, Mia Farrow, era uma atriz; meu pai, Woody Allen, um diretor. Minha infância havia sido estampada nos tabloides quando ele foi acusado de abuso sexual por minha irmã de sete anos de idade, Dylan, e iniciou um relacionamento sexual com outra das minhas irmãs, Soon-Yi, com quem acabou se casando. Outras manchetes apareceram quando comecei a faculdade, ainda muito jovem, e quando fui para o Afeganistão e para o Paquistão como oficial júnior do Departamento de Estado. Em 2013, assinei um contrato de quatro anos com a NBCUniversal, como âncora de um programa que era transmitido na hora do almoço, no canal pago de notícias MSNBC, em seu primeiro ano de existência. Meu sonho era fazer um programa sério, baseado em fatos, e, no fim, fiquei orgulhoso por ter usado um horário esquisito em termos televisivos para exibir matérias investigativas. No começo o programa recebeu algumas críticas negativas, no fim algumas críticas positivas, mas a audiência baixa se manteve constante. Saiu do ar sem comoção, e anos depois conhecidos meio falastrões me abordavam nas festas para dizer que adoravam o programa e ainda assistiam a ele todos os dias. "Muito gentil da sua parte", era minha resposta-padrão.

Depois, fui trabalhar como correspondente na área de jornalismo investigativo. Até onde Rich McHugh sabia, eu era um novato peso leve com nome famoso e à procura de algo para fazer, pois meu contrato tinha sido mais longo que o programa que me deram. Nesse ponto, eu deveria dizer que o ceticismo era mútuo, mas quero que todo mundo goste de mim.

Pegar a estrada com um produtor significa passar muito tempo junto com ele em voos e em carros alugados. Durante nossas primeiras gravações, o silêncio se abria feito um abismo entre nós enquanto as muretas da estrada reluziam, ou então eu o preenchia falando demais sobre mim, o que provocava grunhidos ocasionais em resposta.

Mas nossa dupla estava começando a render boas matérias para a minha série investigativa exibida no *Today* e para o *Nightly News*, bem como um relutante respeito mútuo. McHugh era uma das pessoas mais espertas que conheci no meio jornalístico e um ótimo editor de roteiros. Além disso, nós dois adorávamos matérias difíceis.

Depois daquele telefonema de McHugh, dei uma passada de olhos nas chamadas que apareciam num dos televisores da redação e mandei uma mensagem de texto para ele. "Estão com medo de falar de violência sexual?" A matéria que pediram para reagendar era sobre casos de universidades que haviam cometido erros em investigações de violência sexual em seus campi. Tínhamos entrevistado tanto as vítimas como os supostos culpados, que às vezes apareciam aos prantos e às vezes tinham o rosto escondido na penumbra. Prevista para ser exibida às oito da manhã, a reportagem era do tipo que obrigaria Matt Lauer a franzir o cenho, expressar sua mais sincera preocupação e logo em seguida passar para o bloco sobre os cuidados de pele das celebridades.

McHugh me respondeu. "Sim. De tudo que envolve o Trump, e de violência sexual."

Era um fim de tarde de domingo no começo de outubro de 2016. Na sexta-feira anterior, o *Washington Post* havia publicado um artigo com o recatado título: "Trump gravado em conversas extremamente obscenas sobre mulheres em 2005".[1] Acompanhava a matéria um desses vídeos que classificaríamos como "impróprios para o local de trabalho". Num monólogo capturado pelo programa de notícias de celebridades *Access Hollywood*, Donald Trump discursava sobre pegar "gatinhas pela xoxota".[2] "Eu tentei mesmo comê-la. Ela era casada", ele dizia. "Agora tem peito de silicone e tudo."

O interlocutor de Trump era Billy Bush, apresentador do *Access Hollywood*. Bush era um homem pequeno, de cabelo bonito. Bastava colocá-lo ao lado de uma celebridade para que começasse a jorrar aquela conversinha típica de tapete vermelho: pouco digna de nota, mas às vezes meio esquisita. "O que você acha da sua bunda?", perguntou a Jennifer Lopez certa ocasião.[3] E quando ela, visivelmente desconfortável, replicou, "Você tá de brincadeira? Sério que me fez uma pergunta dessas?", Bush disse, animado, "Fiz!".

No vídeo em questão, enquanto Trump descrevia suas façanhas, Bush assentia com risinhos e comentários esganiçados, "Boa! O Donald se deu bem!".

O *Access Hollywood* pertencia à NBCUniversal. Depois que o *Washington Post* deu esse furo na sexta-feira, veículos da NBC correram para levar ao ar suas versões. Ao veicular a gravação, o *Access* cortou algumas das falas mais picantes de Bush. Alguns críticos perguntaram quando os executivos da NBC tomaram conhecimento da gravação e se haviam deliberadamente escondido seu conteúdo.[4] Os relatos vazados apresentavam cronologias diferentes.[5] Em ligações feitas aos repórteres "nos bastidores", executivos da NBC disseram que até aquele momento a matéria ainda não estava pronta, que ainda exigia análise jurídica. (Sobre uma dessas ligações, um redator do *Washington Post* comentou em tom mordaz, "O executivo não tinha conhecimento de nenhum problema jurídico específico que pudesse ser causado pela exibição de uma gravação feita onze anos antes e na qual um candidato a presidente parecia estar consciente de que estava sendo gravado por um programa de TV".)[6] Dois advogados da NBCUniversal — Kim Harris e

Susan Weiner — haviam analisado a gravação e assinado sua liberação, mas a NBC hesitou, e acabou perdendo uma das matérias políticas mais importantes de toda uma geração.

Havia outro problema: o *Today* acabara de incluir Billy Bush em seu elenco de apresentadores. Menos de dois meses antes, tinham exibido um vídeo intitulado "Conhecendo o Billy", que chegava ao ponto de mostrá-lo depilando o peito com cera.[7]

McHugh e eu passamos semanas editando aquela série e verificando todos os aspectos legais. Mas o impasse ficou óbvio assim que comecei a promovê-la nas redes sociais. "Venha ver o pedido de desculpas do #BillyBush, e em seguida veja #RonanFarrow explicando a ele por que é preciso pedir desculpas", tuitou um telespectador.

"*Óbvio* que reagendaram a matéria sobre violência sexual", disse a McHugh por mensagem de texto, uma hora depois. "O pedido de desculpas do Billy Bush pela conversa de pegar gatinhas pela xoxota deve acontecer a meio milímetro de distância do nosso horário de exibição."

Billy Bush não se desculpou naquele dia. Na manhã seguinte, eu estava no estúdio 1A esperando para o caso de alguém me convocar e passando os olhos pelo meu roteiro quando Savannah Guthrie anunciou, "Enquanto o assunto não é analisado, a NBC News decidiu suspender Billy Bush, apresentador da terceira edição do *Today*, por sua participação na conversa com Donald Trump".[8] Em seguida, a programação passou para assuntos culinários, risos patrocinados pela cafeína e para minha matéria sobre o abuso do remédio Adderall em universidades, que foi antecipada para substituir a de violência sexual.

Nos anos que antecederam o lançamento da gravação do *Access Hollywood*, assistimos ao ressurgimento de denúncias de agressão sexual contra o comediante Bill Cosby. Em julho de 2016, uma ex-âncora da Fox News, Gretchen Carlson, processou o chefe do canal, Roger Ailes, por assédio sexual.[9] Logo após a divulgação da gravação, mulheres de ao menos quinze cidades organizaram marchas para edifícios de Donald Trump, entoando palavras de ordem pela emancipação feminina e portando cartazes que buscavam se reapropriar da palavra "gatinha":* gatos uivando, em posição de ataque, adornados por legendas como "A GATINHA TE PEGA DE VOLTA".[10] Quatro mulheres afirmaram publicamente que Trump passara a mão nelas ou as beijara sem consentimento, o que parecia de acordo com o que ele mesmo descreveu para Billy Bush como sendo seu comportamento de rotina. A campanha de Trump as chamou de mentirosas. Uma hashtag, popularizada pela comentarista Liz Plank, pedia que as mulheres explicassem por que #MulheresNãoDenunciam.[11] "Uma advogada criminalista me disse que, só porque fiz uma cena de sexo num filme, jamais ganharia uma causa contra o chefe do estúdio", tuitou a atriz Rose McGowan. "Porque essas coisas têm sido um segredo que todo mundo sabe em Hollywood e na imprensa mas sobre o qual ninguém fala. E porque eles me constrangeram enquanto adulavam meu estuprador", acrescentou. "Está na hora de um pouco de honestidade nessa bosta de mundo."[12]

* Em inglês, a frase de Trump é "Grab them by the pussy". *Pussy* também significa "gatinho". [N. T.]

2.
Mordida

Desde que os primeiros estúdios se estabeleceram, poucos executivos de cinema foram tão dominantes — ou tão dominadores — quanto aquele a quem McGowan se referia. Harvey Weinstein ajudou a fundar as empresas de produção e distribuição Miramax e Weinstein Company, sendo um dos responsáveis pela reinvenção do modelo independente com filmes como *Sexo, mentiras e videotape*, *Pulp Fiction* e *Shakespeare apaixonado*.[13] Seus longas obtiveram mais de trezentas indicações ao Oscar e, nas cerimônias de premiação que acontecem todo ano, ele foi uma das personalidades que mais receberam agradecimentos na história do cinema, ficando algumas posições abaixo de Steven Spielberg e muitas acima de Deus.[14] Não à toa, Meryl Streep já fez uma brincadeira na qual se referia a Weinstein *como* Deus.

Weinstein é um sujeito corpulento de 1,80 m de altura. Seu rosto é assimétrico, com um olho menor que o outro e constantemente semicerrado. Usa camisetas largas demais e jeans folgados que lhe dão um aspecto inflado. Filho de um cortador de diamante, Weinstein foi criado no Queens. Quando adolescente, ele e o irmão mais novo, Bob, escaparam para ver *Os incompreendidos* num cinema de arte, achando que se tratasse de um "filme de sexo".[15] Em vez disso, descobriram François Truffaut e um amor imediato por filmes cabeça. Weinstein foi estudar na Universidade Estadual de Nova York, em Buffalo, em parte porque a cidade tinha vários cinemas. Aos dezoito anos, ele e um amigo, Corky Burger, criaram uma coluna para um jornal estudantil, o *Spectrum*, introduzindo um personagem chamado Denny, o Malandro, que ameaçava as mulheres até que elas se submetessem a ele. "Denny, o Malandro, não aceitava não como resposta", dizia a coluna.[16] "Toda a sua abordagem empregava uma espécie de psicologia do comando, ou em termos leigos — 'Escuta aqui, gatinha, eu devo ser o cara mais bonito e maneiro que você jamais conhecerá, e, se você se recusar a dançar comigo, provavelmente vou quebrar essa garrafa de Schmidt na sua cabeça'."

Weinstein largou a faculdade para abrir a Harvey & Corky Productions com Burger e Bob. Era uma empresa especializada em produção de eventos musicais. Ele também adquiriu um cinema em Buffalo, onde começou a exibir os filmes estrangeiros independentes que aprendera a amar. Um tempo depois, ele e o irmão deram início à Miramax, batizada em homenagem a seus pais, Miriam e Max, e passaram a adquirir pequenas produções estrangeiras. Weinstein se mostrou talentoso na arte de transformar filmes em grandes acontecimentos. Logo vieram os prêmios, como a inesperada Palma de Ouro, em Cannes, para *Sexo, mentiras e videotape*. No início dos anos 1990, a Disney adquiriu a Miramax, e Weinstein se tornou a galinha dos ovos de ouro — uma galinha bastante poedeira. Por uma década, lançou um sucesso atrás do outro. Nos anos 2000, a relação com a Disney estremeceu, e os irmãos rapidamente arrecadaram centenas de milhões de dólares para o financiamento de sua nova empresa, a Weinstein Company. Weinstein ainda não reconquistara toda a glória da Miramax, mas conseguiu faturar dois Oscars de Melhor Filme consecutivos, um por *O discurso do rei*, em 2010, outro por *O artista*, em 2011.[17] Ao longo de sua ascensão, casou-se com uma assistente, divorciou-se, e depois se casou com uma aspirante a atriz que tinha começado a escalar para pequenos papéis.

Weinstein era famoso por seu estilo agressivo, até mesmo ameaçador, de fazer negócios. Ele era deimático, capaz de crescer como um baiacu inflável para assustar os outros. Tinha o hábito de encarar rivais ou subordinados de perto, nariz contra nariz, com o rosto todo vermelho. "Eu estava sentada à minha mesa um dia e pensei que tínhamos sido atingidos por um terremoto", disse Donna Gigliotti a um repórter certa vez. Ela dividira um Oscar com Weinstein pela produção de *Shakespeare apaixonado*. "A parede simplesmente tremeu. Levantei e vi que ele tinha arremessado um cinzeiro de mármore nela."[18] Também havia histórias — a maioria delas sussurradas de ouvido em ouvido — sobre um tipo mais sombrio de violência contra mulheres, e sobre os esforços para manter suas vítimas em silêncio. De tempos em tempos, um repórter ouvia os rumores e fuçava um pouco para ver se aquela fumaça levaria ao fogo.

Para Weinstein, os meses anteriores à eleição presidencial de 2016 não pareciam diferentes. Lá estava ele, numa recepção para William J. Bratton, ex-comissário de polícia da cidade de Nova York.[19] Lá estava ele, rindo com Jay-Z enquanto anunciava um contrato para cinema e televisão com o rapper.[20] E lá estava ele, estreitando seus laços de longa data com os políticos do Partido Democrata, para os quais havia muito servia como um grande angariador de recursos.

Desde o começo do ano, fazia parte do grupo de conselheiros em torno de Hillary Clinton. "Devo estar chovendo no molhado, mas isso aí precisa ser silenciado", disse por e-mail à equipe de Clinton, referindo-se a mensagens da campanha concorrente de Bernie Sanders direcionadas a eleitores latinos e afro-americanos. "Este artigo tem tudo que eu te disse ontem", dizia em outra mensagem, enviando uma coluna crítica a Sanders e pressionando por uma campanha negativa. "Prestes a encaminhar pro pessoal da criação. Roubei sua ideia", respondeu o gerente de campanha de Clinton.[21] No fim daquele ano, Weinstein já havia angariado centenas de milhares de dólares para Clinton.[22]

Alguns dias após os tuítes de McGowan, em outubro daquele ano, Weinstein estava no St. James Theatre, em Nova York, num evento para angariação de fundos que ele havia coproduzido para Clinton e que chegou a adicionar 2 milhões de dólares aos cofres da campanha. Sentada sob uma luz lilás, a artista Sara Bareilles cantava, "Seu histórico de silêncio não vai te ajudar/ Você achou que ia?/ Deixe suas palavras serem qualquer coisa, menos vazias/ Por que você não conta a verdade pra eles?".[23] Parece escancarado demais para ser real, mas foi o que aconteceu.

Nos últimos anos, a influência de Weinstein diminuíra um pouco, mas ainda era suficiente para garantir abraços públicos da elite. No outono, quando teve início a temporada de premiações, o crítico de cinema Stephen Galloway, da *Hollywood Reporter*, publicou um artigo intitulado "Harvey Weinstein, o Cara da Virada", cujo subtítulo era "Não faltam razões para torcer por ele, especialmente agora".[24]

Na mesma época, Weinstein enviou um e-mail para seus advogados, incluindo David Boies, um conhecido jurista que trabalhou para Al Gore na disputa presidencial de 2000 e defendeu o casamento homoafetivo perante a Suprema Corte dos EUA.[25] Boies representava Weinstein havia um bom tempo. Àquela altura, estava próximo dos oitenta anos, mas continuava em forma, e os vincos da idade lhe davam um ar amável e acessível. "A agência Black Cube, de Israel, me contatou por meio de Ehud Barak", escreveu Weinstein. "Eles são estrategistas e disseram q a sua empresa já os contratou antes. Me manda um email qdo puder."[26]

Barak fora primeiro-ministro de Israel e chefe do Estado-Maior do exército israelense. A Black Cube, empresa que ele recomendou a Weinstein, era operada por ex-oficiais do Mossad e de outras agências de inteligência israelenses. Tinha filiais em Tel Aviv, Londres e Paris e, segundo seu material de divulgação, contava com a habilidade de agentes "experientes, treinados nas unidades de inteligência militares e governamentais de elite de Israel".[27]

Ainda naquele mês, a Black Cube e a firma de Boies assinaram um contrato sigiloso, e colegas do advogado transferiram

100 mil dólares por um período de trabalho inicial. Nos documentos que tratavam do serviço contratado, a identidade de Weinstein era em geral omitida. Ele aparecia como "o cliente final", ou "sr. X". Citar Weinstein nominalmente, escreveu um agente da Black Cube, "o deixaria extremamente irritado".

Weinstein parecia animado com o trabalho deles. Durante uma reunião, no fim de novembro, exigiu que a Black Cube seguisse adiante. Mais dinheiro foi transferido, e a agência deu início a operações agressivas, referidas como "fase 2A" e "fase 2B".

Logo depois, um repórter chamado Ben Wallace recebeu uma chamada de um número desconhecido, com um código do Reino Unido. Wallace tinha quase cinquenta anos e usava óculos pequenos, de aspecto professoral. Anos antes, publicara um livro intitulado *O vinho mais caro da história*. Havia algum tempo, vinha escrevendo artigos para a *New York Magazine*, onde passara as semanas precedentes conversando sobre os rumores que circundavam Weinstein.

"Pode me chamar de Anna", disse a voz do outro lado da linha, num sotaque europeu refinado. Depois de terminar a faculdade, Wallace havia morado na República Tcheca e na Hungria por alguns anos. Tinha um bom ouvido para sotaques, mas não conseguia saber ao certo de onde era aquele. Chutou que ela era alemã.

"Um amigo me passou seu número", prosseguiu a mulher, informando que sabia que ele estava fazendo uma matéria sobre a indústria do entretenimento. Wallace ficou pensando que amigo poderia ter passado o número dele. Pouca gente sabia da sua matéria.

"Talvez eu tenha algo para te ajudar", ela disse. Wallace então pediu mais informações, o que a deixou reticente. A informação era delicada, explicou a mulher. Ela precisava vê-lo. Ele hesitou por um momento, depois pensou: que mal teria?

Ele estava à procura de um estímulo para engatar a matéria. Vai ver o estímulo era aquele.

Na manhã de segunda-feira, Wallace estava num café do SoHo tentando decifrar a mulher misteriosa. Ela parecia ter trinta e tantos anos, tinha longos cabelos loiros, olhos escuros, maçãs do rosto salientes e nariz aquilino. Usava All Star e joias douradas. Anna disse que ainda não se sentia confortável o bastante para dizer seu nome verdadeiro. Assustada, travava uma batalha interna para saber se devia ou não trazer aquilo à tona. Wallace notara o mesmo comportamento quando conversava com outras fontes. Ele lhe disse que demorasse o tempo que precisasse.

Para o encontro seguinte, ela escolheu um bar de hotel no mesmo bairro. Quando Wallace chegou, sorriu para ele de um jeito convidativo. Sedutor, até. Já tinha pedido uma taça de vinho. "Eu não mordo", ela disse, dando palmadinhas no assento a seu lado. "Senta aqui perto." Wallace disse estar gripado e pediu um chá. Se iam trabalhar juntos, falou, então ele precisava saber um pouco mais. Nessa hora, Anna não aguentou, e seu rosto se contorceu de angústia. Quando começou a descrever suas experiências com Weinstein, parecia segurar as lágrimas. Era nítido que passara por alguma experiência íntima e perturbadora, mas parecia receosa de entrar em detalhes. Queria mais informações antes de responder às perguntas de Wallace. Queria saber por que ele aceitou aquela pauta e que tipo de impacto queria causar. Enquanto ele respondia, Anna se inclinou para a frente, visivelmente estendendo o pulso na direção dele.

Fazer aquela reportagem estava se tornando uma experiência pesada e estranha para Wallace. Havia muito ruído em torno do assunto e um interesse externo a que ele não estava acostumado. Até outros jornalistas o andavam procurando. Pouco depois daquele segundo café, Seth Freedman, um inglês que já tinha escrito para o *Guardian*, entrou em contato dando a entender que ouvira algo sobre a matéria em que Wallace estava trabalhando, e queria ajudar.

3.
Lama

Na primeira semana de novembro de 2016, pouco antes da eleição, Dylan Howard, editor-chefe do *National Enquirer*, deu uma ordem incomum a um membro de sua equipe. "Preciso tirar tudo do cofre", ele disse. "Depois a gente tem que pegar uma trituradora de papel lá embaixo." Howard era do sudeste australiano. Tinha um tufo de cabelo ruivo que lembrava o de um bonequinho Troll, rosto redondo, e usava óculos de fundo de garrafa e gravatas berrantes. Naquele dia, parecia em pânico. O *Wall Street Journal* acabara de ligar para o *Enquirer* pedindo comentários sobre uma matéria que envolvia Howard e David Pecker, CEO da American Media Inc., empresa que controlava o *Enquirer*. A matéria alegava que a AMI havia aceitado um trabalho delicado a mando de Donald Trump, investigando uma pista com o objetivo de fazê-la sumir, e não de publicá-la.[28]

O funcionário abriu o cofre, tirou dali um pacote de documentos e tentou fechá-lo com uma batida forte. Tempos depois, repórteres falariam desse cofre como se fosse o depósito onde a Arca da Aliança foi guardada em *Indiana Jones*, mas, na verdade, era um cofre pequeno, velho e barato. Ficava num escritório que pertencera por anos ao ex-editor executivo do periódico, Barry Levine. Costumava emperrar.

Para que o cofre fechasse direito, o funcionário teve que fazer várias tentativas e uma videochamada pelo FaceTime pedindo ajuda à sua namorada. Mais tarde naquele dia, segundo outro funcionário, uma equipe de limpeza recolheu e levou embora um volume de lixo maior que o habitual. No bolo, foram triturados vários documentos do *Enquirer* e um documento relacionado a Trump.

Em junho de 2016, Howard compilara uma lista de informações comprometedoras sobre Trump que remontavam a décadas, acumuladas nos arquivos da AMI. Após a eleição, o advogado de Trump, Michael Cohen, solicitou ao império de tabloides que entregasse tudo que tivesse sobre o novo presidente. Houve um debate interno: alguns começavam a perceber que entregar o material criaria um rastro de provas documentais legalmente problemático, por isso resistiram. No entanto, Howard e a equipe sênior ordenaram que o material jornalístico que ainda não estivesse no cofre pequeno fosse exumado de depósitos de armazenamento na Flórida e enviado à sede da AMI. Assim que o material chegou, foi guardado no cofre pequeno. Depois, quando as relações entre Trump e o periódico passaram a gerar muita polêmica, esses documentos foram parar num cofre maior, no escritório do chefe de recursos humanos, Daniel Rotstein. (Surpreendentemente, o RH da firma que controla o *Enquirer* não fica num bar de striptease, brincou uma pessoa que conhece bem a empresa.) Só mais tarde — quando um daqueles funcionários que ficaram de pé atrás começou a se irritar e decidiu averiguar — descobriram que havia algo errado: a lista de informações comprometedoras a respeito de Trump não coincidia com os arquivos físicos. Alguns materiais tinham desaparecido. Howard jurou aos colegas que nada fora destruído, afirmação que ele mantém até hoje.

Por um lado, destruir documentos correspondia ao nível geral de condutas impróprias que, durante anos, definiu o *Enquirer* e sua controladora. "Estamos sempre oscilando nos limites da lei", me disse um funcionário sênior da AMI. "É emocionante." Obter registros médicos de forma ilícita era uma operação-padrão.[29] Nos hospitais maiores, o *Enquirer* mantinha infiltrados. Um deles, que surrupiou os registros de Britney Spears, Farrah Fawcett e de outros famosos do UCLA Medical Center, acabou se declarando culpado de uma acusação criminal.

A AMI frequentemente fazia o que vários de seus funcionários definiram como "chantagem": em troca de dicas ou entrevistas exclusivas, barrava a publicação de informações que podiam prejudicar determinadas pessoas. E os funcionários sussurravam entre si sobre aspectos ainda mais sombrios da AMI, incluindo uma rede de freelancers que às vezes eram pagos de maneiras escusas para driblar investigações, e que às vezes recorriam a táticas físicas e intrusivas.

Por outro lado, parecia que algo novo acontecia nos escritórios da AMI, no distrito financeiro de Manhattan. Pecker conhecia Donald Trump havia décadas. Quando, após as eleições, um repórter lhe disse que criticar Trump não era o mesmo que criticar a AMI, Pecker respondeu, "Pra mim é, sim. O cara é meu amigo pessoal".[30] Ao longo dos anos, os dois tinham desfrutado de uma aliança mutuamente benéfica. Pecker, um ex-contador do Bronx, grisalho e de bigode grosso, ganhou de Trump a proximidade com o poder e várias outras pequenas benesses. "Pecker chegou a voar em seu jatinho particular", disse Maxine Page, que trabalhou na AMI intermitentemente entre 2002 e 2012, chegando a ser editora executiva de um dos sites da empresa. Howard recebeu também favores de Trump. Na véspera da posse, em 2017, ele mandou mensagens animadas a amigos e colegas, com fotos que mostravam seu acesso às comemorações da vitória.

Mas o relacionamento foi ainda mais vantajoso para Trump. Nos 28 anos em que trabalhou no *Enquirer*, o ex-editor Jerry George estima que Pecker tenha barrado cerca de dez matérias prontas e com investigações completas sobre Trump, além de encerrar a apuração de um número ainda maior de pistas que começavam a ser investigadas.[31]

Enquanto Trump preparava sua campanha presidencial, a aliança parecia mudar de forma e se tornar mais profunda. De repente, o *Enquirer* passou a declarar apoio formal ao candidato. Tanto ele como outros veículos da AMI começaram a estampar chamadas bajuladoras em suas capas. "NÃO MEXA COM DONALD TRUMP!", dizia uma edição do *Globe*. "COMO TRUMP VAI GANHAR!", acrescentava o *Enquirer*. Quando o tabloide resolveu escancarar "Os segredos escusos dos candidatos!", a maior revelação sobre Trump era a de que ele tinha "mais apoio e popularidade do que confessava ter!".[32] Capas escandalosas sobre a suposta traição de Hillary Clinton e sua saúde debilitada se tornaram frequentes. "EXPUSEMOS OS ARQUIVOS PSIQUIÁTRICOS SECRETOS DA 'SOCIOPATA' HILLARY CLINTON!", diziam, aos uivos. "HILLARY: CORRUPTA! RACISTA! CRIMINOSA!" Os pontos de exclamação faziam as manchetes parecer títulos de musicais de segunda. Uma das narrativas favoritas era aquela sobre a morte iminente de Clinton. (Por milagre, a candidata contrariou os prognósticos do tabloide e se manteve ativamente moribunda durante toda a campanha.) Pouco antes do dia da votação, Howard mandou alguns colegas de trabalho fazerem uma pilha de capas como aquelas para que Pecker as desse de presente a Trump.

Durante a campanha, aliados de Trump — incluindo Michael Cohen — costumavam ligar para Pecker e Howard. O consultor político Roger Stone, também da turma de Trump, plantou uma teoria da conspiração sem pé nem cabeça que associava o pai de Ted Cruz — um dos adversários de Trump nas primárias republicanas — ao assassinato de JFK. Essa história rendeu uma série de capas atacando Cruz. Howard chegou a entrar em contato com Alex Jones, um radialista completamente ensandecido cujas teorias da conspiração ajudaram a impulsionar a candidatura de Trump.[33] Tempos depois, participou do programa de Jones. Vez ou outra, funcionários da AMI recebiam ordens para não apenas descartar pistas investigativas pouco lisonjeiras sobre o candidato apoiado pelo periódico, mas também para buscar certas informações com o mero intuito de enterrá-las bem fundo nos cofres da empresa. "Isso não faz nenhum sentido", me disse um deles. "Isso aqui virou o *Pravda*."

O pacto com Trump não foi a única aliança cultivada por Howard e Pecker. Em 2015, a AMI fechou um acordo de produção com Harvey Weinstein.[34] Em tese, o contrato ajudava a AMI a transformar o site Radar Online num programa de televisão numa época em que as tiragens da empresa sofriam uma queda. Mas as coisas não se encerravam aí. A partir daquele ano, Howard e Weinstein se tornaram próximos. Posteriormente, quando uma modelo foi à polícia alegando ter sido apalpada por Weinstein, Howard mandou sua equipe parar de noticiar o assunto. Depois, pensou em comprar os direitos sobre a história da modelo, em troca de um acordo de confidencialidade assinado por ela. Quando a atriz Ashley Judd disse ter sofrido assédio sexual por parte de um diretor de estúdio, chegando muito perto de apontar o nome de Weinstein, repórteres da AMI receberam ordens para caçar os podres dela e de sua passagem por uma clínica de reabilitação.[35] Quando a denúncia de McGowan veio à tona, um colega de Howard lembra de tê-lo ouvido dizer, "Quero lama em cima dessa desgraçada".

No fim de 2016, os vínculos se estreitaram ainda mais. Num e-mail para Weinstein, Howard se inflava de orgulho ao encaminhar a mais recente obra de um dos freelancers da AMI: uma gravação às escondidas em que uma mulher era induzida a fazer declarações que podiam prejudicar McGowan. "Tenho algo INCRÍVEL aqui", escreveu Howard. A mulher havia "ferrado bonito com Rose".

"Isso é sensacional", respondeu Weinstein. "Especialmente se ninguém souber que eu estive envolvido."

"Ninguém vai saber", escreveu Howard. "E, cá pra nós, a conversa está GRAVADA."[36] Em outro e-mail, Howard enviava uma lista com outros contatos que seriam alvejados de forma semelhante. "Vamos discutir os próximos passos em relação a cada um deles", escreveu.

O *National Enquirer* era o esgoto dos tabloides, o lugar para onde o chorume das fofocas americanas acabava escoando. As histórias que eram abandonadas ou enterradas com sucesso a mando de amigos influentes da AMI vinham morrer nos arquivos do *Enquirer*, que alguns funcionários chamavam de "arquivos mortais". Enquanto sua colaboração com Weinstein se aprofundava, Howard havia explorado esse repositório histórico. Alguns colegas recordam que, naquele outono, ele solicitou a busca de um arquivo específico relacionado a um certo âncora televisivo.

4.
Botão

Matt Lauer costuma sentar cruzando as pernas de um jeito peculiar: joelho direito sobre o esquerdo, levemente inclinado para a frente, de modo que a mão direita alcance a parte superior da mesma canela. Mesmo em conversas casuais, ele dá a impressão de que pode cortar para os comerciais a qualquer momento. Certa vez, tentei imitar, no ar, essa pose relaxada porém elegante. Tudo que consegui foi parecer um neófito em sua primeira aula de ioga.

Era dezembro de 2016, e estávamos no escritório de Lauer, no terceiro andar do 30 Rockefeller Plaza. Ele estava sentado atrás de sua mesa de tampo de vidro. Eu estava no sofá, do lado oposto. Um monte de Emmys enchiam as prateleiras e os aparadores. Lauer tinha começado na TV local da Virgínia Ocidental, e foi subindo na carreira até se tornar uma das figuras mais importantes e populares da TV aberta, posição que ocupa até hoje.[37] A NBC lhe pagava mais de 20 milhões de dólares por ano, e o levava para lá e para cá de helicóptero até sua casa, nos Hamptons.[38]

"É muito boa", disse Lauer sobre a matéria mais recente da minha série investigativa. O cabelo dele era bem curto, cortado à máquina, e lhe caía bem. A barba era grisalha e cheia de tufinhos, o que já não lhe caía tão bem assim. "Aquela usina nuclear que vazou, onde fica mesmo?"

"Em Washington", falei.

"Washington. Isso mesmo. E aquele cara do governo suando de nervoso." Ele balançou a cabeça e deu uma risada.

A matéria era sobre a usina nuclear de Hanford, onde o governo dos Estados Unidos havia enterrado o equivalente a várias piscinas olímpicas de resíduos nucleares do Projeto Manhattan. Esses resíduos estavam contaminando os trabalhadores de lá, por via aérea, numa frequência alarmante.

"É disso que a gente precisa no programa", ele disse. Já tínhamos conversado muito sobre seu amor pelo jornalismo investigativo sério. "Cai bem no estúdio. E dá audiência", prosseguiu. "O que você anda fazendo?"

Olhei para o maço de papéis que trazia comigo. "Tem essa matéria sobre os produtos químicos que a Dow e a Shell espalham em fazendas da Califórnia." Lauer balançou a cabeça, em sinal de aprovação. Colocou um par de óculos com aro de tartaruga e se voltou para o computador. Enquanto rolava a tela para baixo, o reflexo dos e-mails surgia em suas lentes. "Tenho uma série de reportagens sobre vício em drogas, outra sobre melhoras na segurança de caminhões que foram bloqueadas por lobistas", prossegui. "E uma sobre assédio sexual em Hollywood."

Os olhos dele me fitaram de relance. Eu não sabia qual das pautas despertara sua atenção.

"É parte de uma série sobre assuntos de Hollywood que não recebem a devida atenção", expliquei. "Pedofilia, racismo, assédio..."

Lauer vestia um terno cinza quadriculado bem justo e uma gravata azul-marinho listrada. Alisou a gravata por um instante, em seguida voltou a prestar atenção em mim. "Parecem sensacionais." Ele me encarava com olhos de quem avalia. "Onde você se vê daqui a alguns anos?", perguntou.

Fazia quase dois anos que a MSNBC havia matado meu programa de TV a cabo. "Ronan Farrow, da bancada dos âncoras para a baia", dizia uma chamada recente da coluna social "Page Six".[39] Acontece que a minha mesa aparecia no plano de fundo dos noticiários diurnos da MSNBC. Quando Tamron Hall ia ao ar, lá estava eu, digitando e falando no telefone, logo atrás de

Ali Velshi. Tinha orgulho do trabalho que estava fazendo para o *Today*, mas ainda não havia encontrado meu nicho. Considerei todas as opções, até o rádio. Naquele outono, tive um encontro na Sirius XM Satellite Radio. A vice-presidente, Melissa Lonner, tinha trabalhado no *Today* alguns anos antes. Querendo soar otimista, eu disse a ela que o *Today* era uma plataforma melhor do que a TV a cabo para se fazer jornalismo investigativo. "Sim", disse Lonner, com um sorriso amarelo no rosto. "Adorei trabalhar lá." Mas a verdade é que meu futuro continuava incerto, e significava muito para mim que Lauer me cedesse alguns minutos de seu tempo.

Refleti um pouco sobre a pergunta dele e disse, "Quero voltar a ser âncora em algum momento".

"Sei, sei", ele disse. "Isso é o que você *acha* que quer." Tentei falar, mas ele me interrompeu. "Você está em busca de algo." Tirou os óculos e os examinou por um instante. "Talvez você encontre esse algo. Mas vai ter que descobrir sozinho o que é, com o que realmente se importa." Sorriu. "Animado para a semana que vem?"

Eu iria substituí-lo durante o recesso de Natal, quando ele e os demais âncoras saíssem de férias.

"Sim!", falei.

"Não se esqueça, você é o novato do set. Interação é tudo. Escreva suas tags para o Orange Room jogando iscas para puxar conversa." O Orange Room era a parte do *Today* na qual, sabe-se lá por quê, mostrávamos posts do Facebook. "Deixe os roteiros mais pessoais. Se quisesse interagir comigo, por exemplo, um jeito bom seria mencionar meus filhos. Esse tipo de coisa." Fiz algumas anotações, agradeci e me dirigi à saída.

Quando cheguei à porta, ele me disse, num tom irônico, "Não nos desaponte. Vou assistir".

"Quer que eu feche a porta?", perguntei.

"Deixa comigo", ele respondeu. Em seguida, apertou um botão na mesa e a porta se fechou sozinha.

***

Pouco depois dessa conversa, enviei uma cópia de *O cérebro adolescente: Guia de sobrevivência para criar adolescentes e jovens adultos* à casa de Lauer nos Hamptons. Segui seu conselho à risca quando fui ao ar. Fiquei na praça externa do *Today*, espalhando alegria natalina num frio de fazer a respiração formar nuvens de vapor. Sentei no sofá em semicírculo do estúdio 1A junto com os demais substitutos para gravar vinhetas de abertura e encerramento. Agarrei minha canela, mas não fiquei nem um pouco parecido com Matt Lauer.

Uma manhã, encerramos o programa com uma compilação de cenas de bastidores e erros de gravação do ano anterior. Todos já tinham visto o vídeo duas vezes: na primeira exibição e na festa ecumênica de fim de ano do programa. Quando as luzes do estúdio se apagaram e o vídeo começou a ser exibido, a maior parte da equipe se mandou ou ficou olhando o celular. Uma única funcionária sênior do *Today* permaneceu de frente para o monitor, hipnotizada. Era uma das pessoas mais trabalhadoras que conheci no mundo da televisão. Iniciou a carreira nos noticiários locais e galgou espaço até chegar onde estava naquele dia.

"Eu não te invejo", eu disse. "Ter que ver isso várias vezes."

"Não", ela disse, os olhos ainda grudados na tela. "Eu amo isso aqui. É o emprego com que sempre sonhei." Fiquei surpreso ao notar que havia lágrimas em seus olhos.

Algumas semanas depois da minha conversa com Matt Lauer, sentei frente a frente com Noah Oppenheim, executivo encarregado do *Today*. Estávamos num dos cantos do conjunto de escritórios executivos da NBC News. De sua sala se via o Rockefeller Plaza, mas, naquele dia, a névoa e a garoa encobriam tudo. A meu lado estavam McHugh e Jack Levin, o produtor sênior encarregado da nossa minissérie investigativa em gestação: aquela sobre a qual eu havia falado com Lauer, a respeito de Hollywood. "O que vocês têm pra mostrar?", perguntou Oppenheim, reclinando-se no sofá. Comecei a atualizá-lo.

Assim como Lauer, Oppenheim era a favor do jornalismo sério. Quando foi escolhido para supervisionar o *Today*, veio me procurar antes de ele próprio ter uma mesa de trabalho e me disse para tratar apenas com ele, não com outros executivos do programa. Ele me deu mais espaço no *Today* e aprovava meus pedidos de investigação jornalística, que iam ficando cada vez mais ambiciosos. Quando o *Ronan Farrow Diário* se tornou um *Ronan Farrow de Vez em Quando*, foi Oppenheim quem deu um jeito para que eu me mantivesse no canal e continuasse minha série jornalística no *Today*. Ele tinha quase quarenta anos, uma aparência amistosa e meio jovial, e uma linguagem corporal que transmitia um eterno desleixo, como se estivesse sempre esperando que você se movimentasse, e não ele. Tinha algo que eu invejava, por não possuir: era descontraído, relaxado, agradável. Um maconheiro de olhos grandes e inocentes, tão doces que nada conseguiria endurecê-los. Contava histórias sobre ficar chapado e pedir um menu inteiro de comida tailandesa no delivery. A gente ria bastante desses casos, e planejamos marcar uma noite para ficar em casa enchendo a cara de quitutes de maconha.

Oppenheim era inteligente e tinha um pedigree de Ivy League. Logo no início da campanha presidencial de 2000, o apresentador da MSNBC, Chris Matthews, e seu produtor executivo, Phil Griffin, que depois veio a ser chefe do canal, toparam com uma tempestade de neve quando voltavam de New Hampshire para Nova York. Tiveram que parar em Harvard. Na mesma noite, Griffin e um colega conheceram Oppenheim, que estava terminando a faculdade, escrevia para o *Harvard Crimson* e, naquele momento, encontrava-se bêbado num canto. Eles acabaram levando o bêbado para o mundo da TV. "Eles pararam na Harvard Square e puxaram conversa com umas garotas num bar", disse Oppenheim a um repórter, anos após o episódio.[40] "Daí foram a uma festa na sede do jornal com essas meninas. Tarde da noite, pegaram um artigo que escrevi sobre a campanha presidencial e leram."

Esse encontro ao acaso fez Oppenheim passar de articulista conservador a produtor na MSNBC, depois a produtor sênior do *Today*. Mas suas ambições sempre foram maiores. Ele é coautor de uma série de livros de autoajuda intitulada *O livro do sabe-tudo* ("Impressione seus amigos explicando a alegoria da caverna de Platão. Nos eventos, tempere seu papo com termos tirados da ópera", dizia a sobrecapa), e se vangloriava de que Steven Spielberg tinha dado seus livros de presente de fim de ano.[41] "Já posso morrer feliz." Em 2008, deixou o canal e se mudou com a família para Santa Mônica, em busca de uma carreira em Hollywood. "O jornalismo foi uma experiência incrível quando eu estava na casa dos vinte, mas sempre amei a indústria cinematográfica, além dos filmes em si e da dramaturgia", ele disse. Oppenheim passou um tempo no império televisivo da herdeira da mídia Elisabeth Murdoch, e logo em seguida virou roteirista. "Eu fiz essas coisas de reality show. Depois fiquei impaciente ao ver que aquilo ainda não estava me levando ao meu verdadeiro amor, que é o drama roteirizado."[42]

Oppenheim teve uma ascensão mágica em cada uma de suas carreiras. No cinema, enviou seu primeiro roteiro, *Jackie* — um filme melancólico e biográfico sobre os dias entre o assassinato de Kennedy e seu funeral —, para um ex-colega de Harvard que agora era executivo de estúdio. "Menos de uma semana depois, eu estava nos estúdios da Universal, falando com Steven Spielberg no escritório dele", rememorou mais tarde.[43] O filme consistia em longos planos nos quais a mulher do título andava por aí com o rímel borrado de tanto chorar, e foi bem recebido pelos críticos. Mas creio que não tenha sido tão bem recebido pelo público. "Que filme que ele fez mesmo?", perguntou McHugh, a caminho da reunião.

"*Jackie*."

"Ai."

Oppenheim também ajudou a escrever uma adaptação da aventura pós-apocalíptica *Maze Runner*, que deu muito dinheiro, e uma sequência da série *Divergente*, que não deu.

Os anos entre a saída de Oppenheim do Rockefeller Plaza e seu retorno foram difíceis para o *Today*. Amada pelo público e odiada por Matt Lauer, a âncora Ann Curry havia sido demitida. O concorrente, *Good Morning America*, passou a ter mais audiência. Os riscos para a NBC eram grandes: o *Today* rendia meio bilhão de dólares por ano em receitas de publicidade. Em 2015, a NBC trouxe Oppenheim de volta ao *Today* para tentar uma operação de resgate.

Em junho de 2016, Oppenheim me autorizou a fazer uma série de reportagens que batizei com um título um tanto quanto espalhafatoso, típico dos jornais matutinos: *O lado sombrio de Hollywood?*. Mas foi bem mais difícil conseguir aval em certos temas específicos. A primeira sugestão que enviei para a chefia falava de denúncias de conduta sexual inapropriada contra menores de idade, incluindo denúncias contra o diretor Bryan Singer, que acabaram sendo publicadas na *Atlantic* e que ele nega há muito tempo.[44] Também havia denúncias de pedofilia feitas pelo ator Corey Feldman, com quem tínhamos uma entrevista garantida. O chefe de produção do *Today*, Matt Zimmerman, costurou um acordo com ele. Primeiro, o ex-astro mirim cantaria uma música. Depois, permaneceria no palco para responder às minhas perguntas. Mas Zimmerman me ligou mais tarde dizendo que Oppenheim tinha achado aquela coisa de pedofilia "pesada demais", e abortamos o plano.

As pautas que propus como substitutas também encontraram seus próprios entraves. Uma delas tratava de celebridades que faziam shows para ditadores, pegando o gancho da apresentação que Jennifer Lopez fizera para Gurbanguly Berdimuhamedow, líder totalitário do Turcomenistão, por um cachê de sete dígitos. O produtor sênior, Levin, virou para mim e para McHugh dizendo que aquela seria impossível por conta do relacionamento de Lopez com o canal. Ninguém quis nem ouvir falar da minha pauta sobre discriminação racial em Hollywood. Oppenheim derrubou a ideia dando risada. "Olha, eu também sou 'desconstruído' ou sei lá o quê. Só acho que nosso público não quer ver o Will Smith falando do quanto a vida dele é difícil."

A TV aberta é um meio comercial. É comum haver conversas sobre quão palatável é uma matéria. Mas temos que escolher nossas brigas, e nenhuma dessas brigas valia a pena. Deixamos a série de Hollywood de lado por alguns meses, trazendo o assunto de volta no fim do ano, com a proposta de exibi-la durante a temporada do Oscar, no começo do ano seguinte.

Reunidos no escritório de Oppenheim, em janeiro daquele ano, pensamos em mais temas para o programa, incluindo uma pauta sobre cirurgia plástica. Então voltei a falar de uma proposta antiga e que até ali parecia ter resistido às conversas: uma matéria sobre o "teste do sofá" em Hollywood. Sobre artistas que eram assediados ou convidados a fazer sexo em troca de papéis no cinema. "Temos progredido bastante nessa pauta", contei. Eu já tinha começado a conversar com atrizes que diziam ter o que contar.

"Você devia falar com Rose McGowan. Ela tuitou algo sobre um diretor de estúdio", disse Oppenheim.

"Não tinha visto isso", respondi. Peguei o celular e abri um artigo da *Variety*. Os tuítes da atriz deslizaram pela tela. "Talvez ela tope falar", acrescentei. "Vou averiguar."

Oppenheim deu de ombros, mas parecia esperançoso.

5.
Kandahar

Passados alguns dias, Harvey Weinstein estava em Los Angeles, num encontro com agentes da Black Cube. Eles relataram que vinham progredindo em seu cerco aos alvos que tinham combinado.[45] Os advogados de Weinstein logo cobriram o último pagamento, referente à fase 2A, mas estavam enrolando com a fatura da fase 2B havia mais de um mês.[46] Foram necessárias muitas negociações complicadas até que o pagamento seguinte fosse feito e a etapa subsequente — mais intensa e arriscada — se iniciasse.

Nossa atividade jornalística na NBC também se intensificava. A série sobre Hollywood ganhou forma no decorrer de janeiro. Comecei a revisar uma matéria sobre campanhas de premiação manipuladas, outra sobre práticas de contratação sexistas por detrás das câmeras e uma terceira sobre a influência chinesa nos blockbusters americanos. (Os vilões em *Amanhecer violento* viraram norte-coreanos na pós-produção; médicos salvaram o Homem de Ferro em Pequim enquanto saboreavam um leite da marca Yili.)

A matéria do assédio sexual tinha uma agenda complicada. Toda hora uma atriz dava para trás, geralmente depois de um assessor de comunicação famoso se envolver no assunto. "Não queremos falar disso", era o que eu mais ouvia. Mas minha insistência estava me levando a algum lugar, e o nome de Harvey Weinstein continuava aparecendo em nossa investigação.

Uma produtora, Dede Nickerson, foi ao 30 Rock dar uma entrevista na matéria sobre a China. Nos sentamos numa dessas salas de conferência banais que você já deve ter visto uma centena de vezes em programas como *Dateline*, decorada com vasinhos de planta e luzes coloridas. Logo após a entrevista, McHugh e o resto da equipe ainda guardavam nossos equipamentos quando Nickerson se dirigiu a passos largos para o elevador mais próximo. Fui atrás dela.

"Preciso te perguntar mais uma coisa", disse, assim que a alcancei. "Estamos com uma pauta sobre assédio sexual na indústria cinematográfica. Você trabalhou para Harvey Weinstein, não foi?"

O sorriso de Nickerson murchou.

"Sinto muito", respondeu. "Não posso ajudá-lo."

Já havíamos chegado ao elevador.

"Claro, tudo bem. Se souber de alguém com quem eu possa falar..."

"Tenho que pegar um voo agora", ela disse. Ao entrar no elevador, parou um segundo e acrescentou, "Só... toma cuidado".

Alguns dias depois, eu estava numa das baias de vidro que usamos para dar telefonemas reservados no canto da redação. Curvado sobre a mesa, tentava falar com Rose McGowan, com quem tinha feito contato via Twitter. Nos encontramos uma vez, em 2010, quando eu trabalhava no Departamento de Estado. Uns funcionários do Pentágono me contaram que ela estava de visita e me convidaram para almoçar com eles, como se estivessem à procura de um intérprete que falasse "hollywoodês" fluente. Haviam se conhecido recentemente, numa turnê da United Service Organizations, a USO. Nas fotos, ela aparecia no Kandahar Air Field e em Cabul, trajando blusinhas curtas e jeans apertados, seus longos cabelos ao vento.[47] "Eu parecia uma gostosona daquelas de montagem", comentou posteriormente.[48] McGowan era uma daquelas figuras que enchiam as telas de carisma. No começo da carreira, ela conseguiu imprimir sagacidade e um senso de humor ácido a uma série de papéis — *Geração maldita*, *Um crime entre amigas*, *Pânico* — que fizeram dela uma queridinha do cinema independente. Mas, nos últimos anos, a quantidade de papéis minguara, assim como a qualidade dos que ainda apareciam. Quando nos conhecemos, seu último filme havia sido *Planeta Terror*, uma homenagem aos filmes B dirigida por seu então namorado, Robert Rodriguez. No filme, ela interpretava uma stripper chamada Cherry Darling, que tinha uma metralhadora no lugar de uma das pernas.

McGowan e eu nos demos bem naquele almoço, em 2010. Ela lançava citações de *O âncora*, e eu respondia com outras falas do filme. Sabia que eu tinha crescido numa família hollywoodiana, e falou sobre o ofício do ator — sobre os papéis divertidos e sobre os sexistas ou apelativos, que eram a maioria. Deixou claro que estava ficando cansada desse mundo e de sua visão limitada e opressiva a respeito das mulheres. No dia seguinte, me enviou um e-mail, "Para o que der e vier de agora em diante, estarei disponível. Por favor, não pense duas vezes antes de pedir".

Em 2017, liguei para McGowan da redação. Seu jeitinho de quem veio da contracultura ainda era perceptível. Ela me contou que Roy Price, diretor do novo estúdio de cinema e televisão da Amazon, tinha aprovado uma série surrealista que ela estava escrevendo, sobre um culto. Previa uma batalha contra as estruturas de poder patriarcal, em Hollywood e além de Hollywood. "Ninguém explicou ainda o que a derrota da Hillary significa para as mulheres", ela disse. "A guerra contra as mulheres é real. Isso aqui é o marco zero." Então falou — sem medo e de modo muito mais detalhado do que em seus tuítes — sobre a história de ter sido estuprada por Weinstein.

"Você falaria o nome dele diante das câmeras?", perguntei.

"Tenho que pensar primeiro", respondeu. Ela estava escrevendo um livro, ainda sem saber ao certo o que revelaria em suas páginas. Mas também considerava a possibilidade de contar aquela história antes do livro.

McGowan disse que a mídia a tinha rejeitado, e que ela também tinha rejeitado a mídia.

"Então por que está falando comigo?", perguntei.

"Porque você também viveu essas coisas", respondeu. "Eu li o que você escreveu."

Cerca de um ano antes, a *Hollywood Reporter* havia publicado um perfil elogioso do meu pai, Woody Allen, que trazia apenas uma rápida menção às acusações de abuso sexual feitas por minha irmã Dylan. A revista sofreu fortes críticas pelo artigo, e Janice Min, editora da *Hollywood Reporter*, decidiu confrontá-las abertamente, me chamando para escrever sobre aquela reação negativa e ponderar seus méritos.

A verdade é que passei a maior parte da vida fugindo dessa acusação feita por minha irmã. E não apenas em público. Não queria ser definido pela identidade de meus pais, nem pelos piores anos da vida da minha mãe, da vida da minha irmã, da minha infância. Mia Farrow é uma das grandes atrizes de sua geração e uma mãe maravilhosa que se sacrificou bastante pelos filhos. E, ainda assim, grande parte de seu talento e de sua reputação foi consumida pelos homens que entraram na vida dela. O que tirei dessa experiência foi uma vontade de me virar sozinho e de ser conhecido sobretudo pelo meu trabalho, fosse qual fosse. As coisas que aconteceram na minha casa, na minha infância, ficaram preservadas em âmbar, na cobertura de antigos tabloides e em dúvidas permanentes — não resolvidas, irresolvíveis.

Foi então que decidi entrevistar minha irmã pela primeira vez sobre o que acontecera, com todos os detalhes. Também me debrucei sobre os documentos do julgamento e quaisquer outros que pude encontrar. Segundo o testemunho de Dylan aos sete anos de idade, e que ela repetiria com exatidão a vida inteira, Allen a levou a uma espécie de porão que havia em nossa casa em Connecticut e a penetrou com o dedo. Ela já tinha reclamado a um psicólogo dos toques inapropriados de Allen. (O psicólogo, que era contratado por Allen, só revelou essas queixas posteriormente, sob testemunho.) Uma babá viu Allen com a cabeça recostada no colo de Dylan momentos antes da suposta violação. Quando um pediatra finalmente o denunciou às autoridades, Allen arregimentou um grupo de ao menos dez detetives particulares, segundo estimativa de um de seus advogados. Os detetives eram terceirizados e foram contratados por meio de uma rede de advogados.[49] Eles rastreavam policiais, procurando indícios de problemas com bebida ou jogo. Posteriormente, um procurador de Connecticut chamado Frank Maco descreveria aquilo como uma "campanha feita para atrapalhar os investigadores". Seus colegas de trabalho disseram que ele ficara muito abalado. Maco desistiu de indiciar Allen criminalmente e atribuiu tal decisão a um desejo de poupar Dylan do trauma do julgamento, mas fez questão de afirmar que havia encontrado "indícios suficientes" para dar seguimento ao processo.

Eu disse a Min que escreveria um artigo de opinião. Em momento algum do texto aleguei ser um árbitro imparcial da história de minha irmã: eu a amo e a apoio. Mas argumentei que sua denúncia se encaixava perfeitamente no rol de alegações de abuso perfeitamente possíveis de serem verdade mas que quase sempre eram ignoradas pelas empresas de Hollywood e pelos grandes veículos de notícias. "Esse tipo de silêncio não é apenas injusto. Ele é perigoso", escrevi.[50] "Ele diz às vítimas que a dor de vir a público não vale a pena. Diz muito sobre quem somos enquanto sociedade, sobre o que vamos ignorar, sobre quem vamos ignorar, sobre quem importa e quem não importa." Eu esperava que aquela fosse minha última declaração sobre o assunto.

"Me pediram que falasse algo a respeito do caso. Falei", disse a McGowan, tentando mudar o rumo da conversa. "Ponto-final."

Ela riu amargamente. "Não existe ponto-final para esse assunto."

Eu não era o único jornalista que tentava se aproximar de McGowan. Seth Freedman, o mesmo redator do *Guardian* que havia telefonado para Ben Wallace oferecendo ajuda, vinha mandando e-mails à HarperCollins, editora do livro de McGowan. Freedman era persistente: ligou diversas vezes para dizer que apoiava a atriz e que queria uma entrevista. Ele conseguiu conversar por telefone com Lacy Lynch, uma agente literária que prestava assistência a McGowan. Mas foi vago quando ela quis saber mais sobre a matéria. Disse que trabalhava com um grupo de jornalistas numa pauta sobre Hollywood. Não quis dizer onde exatamente a matéria seria publicada. Mesmo assim, Lynch achou que ele era um repórter bem-intencionado e transmitiu sua impressão a McGowan, dizendo que a entrevista podia ser uma boa oportunidade.

Pouco tempo depois da minha conversa com McGowan, ela e Freedman falaram por telefone. Ele começou dizendo que estava no campo, do lado de fora da casa da fazenda de sua família, na Inglaterra, e que falaria baixo para que ninguém acordasse. "Sobre o que você quer falar comigo?", perguntou McGowan.

"Nós queremos criar um instantâneo jornalístico da vida das pessoas de Hollywood em 2016/17", ele explicou. Em seguida, mencionou as críticas ferinas que ela fizera a Donald Trump, sugerindo a possibilidade de uma "matéria desmembrada da reportagem principal" e que tratasse apenas de seu ativismo. Ao que tudo indicava, havia uma grande estrutura e muitos recursos por trás do trabalho de Freedman. Ele mencionou várias vezes que outros jornalistas o ajudavam na apuração, sem nunca nomeá-los.

McGowan conhecia de perto a traição e o abuso, e por isso costumava ser cautelosa. Mas Freedman parecia caloroso, sincero, até um confidente. Sempre falava de sua esposa e sua família, que estava em fase de expansão. Aos poucos, ela foi se afeiçoando ao repórter. Compartilhou sua história de vida e até chorou num dado momento. Quanto mais ela removia camadas e camadas de sua couraça emocional, mais específicas se tornavam as perguntas. "Claro que todas as nossas conversas são em off, mas falei com algumas pessoas que trabalharam em lugares como, sabe, digamos, a Miramax, e elas disseram, 'Olha, eu assinei um acordo de confidencialidade', o que significa que não podiam abrir a boca sobre o que passaram, mas ainda assim queriam a todo custo dizer 'fulano abusou de mim, sicrano acabou com a minha vida'."

"Meu livro vai tratar de muitas dessas coisas", disse McGowan.

Freedman pareceu muito interessado no livro e no que ela planejava contar nele. "Como você vai conseguir um editor que queira publicar isso?", perguntou, referindo-se às alegações dela.

"Na verdade, eu assinei um documento", ela disse. "Um acordo feito na época do ataque."

E quais seriam as consequências — perguntou Freedman — caso ela falasse mais do que devia? "Quase todo mundo com quem converso em Hollywood diz coisas do tipo 'não estou autorizada a falar disso publicamente'", ele disse.

"Porque têm muito medo", respondeu McGowan.

"E se falarem", continuou Freedman, "nunca mais conseguirão trabalho ou nunca...", mas ele não conseguiu completar a frase. McGowan já estava à vontade e passou para o assunto seguinte.

Por uma, duas, três vezes, Freedman tentou descobrir com que figura da imprensa ela pretendia conversar antes de lançar o livro e quanto planejava contar a essa pessoa. "Quem seria a plataforma ideal, nesse momento, para espalhar essa mensagem?", ele insistia. "Quer dizer então que você não citaria o nome dele na mídia por medo", falou, de novo em alusão às tais consequências, "de que, caso expusesse esse nome, sofreria represálias?"

"Não sei. Vai depender de como eu me sentir na hora", disse McGowan.

Freedman falava como se fosse um aliado cheio de compaixão. "Então", questionou, "o que te levaria a desistir?"

6.
Continental

"Eles estão nessa briga há anos", eu disse. Uma semana depois da minha conversa com McGowan, eu estava diante das câmeras do *Today*, na mesa do âncora, no estúdio 1A. Acabava de encerrar um bloco de notícias sobre uma disputa entre os defensores de medidas de segurança e a indústria de caminhões. O tema era a exigência da instalação, em carretas, de barras de proteção lateral que fossem capazes de impedir que os carros deslizassem sob elas. Os ativistas da segurança diziam que essa mudança salvaria muitas vidas. Os lobistas diziam que era caro demais implementá-la. "Bom trabalho, Ronan", disse Matt Lauer rapidamente, e logo introduziu o bloco seguinte. "Realmente de primeira", acrescentou, na pausa comercial subsequente, enquanto saíamos em fila do set. Havia assistentes de produção por todo lado, entregando-lhe o casaco, luvas, páginas de roteiro. "E o envolvimento da audiência foi legal, as pessoas se empolgaram pra falar no assunto."

"Obrigado", respondi. Ele se aproximou de mim.

"E aí, como andam aquelas outras histórias?"

Não sabia ao certo a quais se referia. "Tem uma importante sobre terras agrícolas contaminadas na Califórnia. Acho que você vai gostar dessa."

"Claro, com certeza", ele disse. Fez-se um momentinho de silêncio.

"E, na temporada do Oscar, tem aquela que mencionei uma vez", falei, jogando verde para colher maduro.

Ele fez uma breve careta de preocupação, mas logo seu sorriso estava de volta. "Ótimo", disse, dando um tapinha nas minhas costas. Dirigindo-se à saída, com a cabeça virada para trás, acrescentou, "Se precisar de qualquer coisa, me procura, tá?".

Observei-o caminhar até a praça gélida. Assim que passou pela porta giratória, uma rajada de gritos fanáticos eclodiu em sua direção.

Era início de fevereiro de 2017. McHugh e eu estávamos submersos num mar de reuniões intermináveis com os departamentos jurídico e de padrões do canal, que examinavam cada um dos elementos de nossas matérias sobre Hollywood, as quais estavam prestes a sair. A supervisão editorial coube a um veterano da NBC chamado Richard Greenberg, recém-nomeado chefe interino da divisão de jornalismo investigativo do canal. Greenberg costumava vestir tweeds amassados e usava óculos de leitura. Ele tinha quase dezessete anos de casa, dez deles como produtor do *Dateline*, os outros todos checando matérias para se adequarem ao padrão jornalístico. Era um tipo calado e burocrático, mas gostava de professar suas fortes convicções morais em público. Em seu blog de produtor, na época do *Dateline*, chamava abusadores sexuais de "pervertidos" e "monstros". Depois de trabalhar, junto com Chris Hansen, apresentador de *To Catch a Predator*, numa matéria que se passava num bordel no Camboja, Greenberg escreveu, "Frequentemente acordo no meio da noite, assombrado pelos rostos das meninas que não foram resgatadas, que ainda sofrem abusos por lá".[51] O advogado responsável pela checagem jurídica da série era um ex-aluno da Harvard Law, Steve Chung, um homem de aspecto estudadamente sério.

Naquela semana em fevereiro, McHugh e eu nos reunimos com Greenberg no seu escritório, próximo à redação do quarto andar, e juntos delineamos nosso cronograma de gravações para a semana seguinte, incluindo matérias em que os entrevistados estariam ocultos na sombra, prática frequente tanto no meu trabalho investigativo como em várias reportagens que Greenberg fizera para o *Dateline*. Ele balançou a cabeça em sinal de aprovação. "Já falaram disso tudo com Chung?", perguntou. Eu já tinha falado. Greenberg, então, voltou-se para o computador e abriu um navegador. "Só pra confirmar mais uma vez..."

Digitou o nome dos meus pais, em seguida o de Weinstein. "Boa ideia", respondi. "Não tinha pensado nisso." Os resultados foram os que esperávamos: como quase todos os diretores de estúdio, Weinstein teve algum envolvimento em filmes nos quais meus pais haviam trabalhado; distribuiu vários filmes de Woody Allen na década de 1990 e, mais recentemente, alguns que minha mãe estrelou nos anos 2000. A distribuição cinematográfica é um negócio discreto por natureza: eu nunca tinha ouvido nenhum deles mencionar o nome de Weinstein.

"Parece o.k.", disse Greenberg, depois de passar os olhos por vários artigos. "Só queria garantir que não haveria nenhum interesse escuso envolvido. Claramente não há."

"Não, nenhum interesse além de me importar com o assunto", eu disse. Só me encontrara com Weinstein uma única vez, num evento organizado pelo âncora da CBS News, Charlie Rose, e tinha gostado dele.

Alguns dias depois, eu estava num quarto de hotel em Santa Mônica, sentado com Dennis Rice, executivo de marketing veterano, que suava em bicas. Bloqueadas por rebatedores quadriculados, as luzes do estúdio projetavam uma sombra para ocultá-lo. De início, nosso plano era falar apenas sobre as campanhas de premiação manipuladas. Mas então lhe perguntei sobre a época em que fora diretor de marketing da Miramax, trabalhando para Weinstein, no fim dos anos 1990 e início de 2000. Ele ficou nervoso. "Você não tem ideia do que pode me acontecer se eu abrir a boca", disse. Mas Rice sentiu que podia colaborar com algo importante. Concordou em voltar para uma entrevista complementar, sentado de frente para a luz dura e concentrada do set de filmagem.

"Tinha um caixa reservado para o caso de alguma indiscrição exigir providência", contou, lembrando do seu tempo na Miramax.

"Que tipos de indiscrição?", perguntei.

"Intimidação, abuso físico, assédio sexual."

Ele disse que testemunhou pessoalmente o chefe tocar "de maneira inapropriada" mulheres jovens, e que lamentava não ter feito nada na época. "Elas receberam dinheiro", afirmou. "Foram incentivadas a não fazer muito alarde. Caso contrário, poderiam arruinar suas carreiras." Disse que conhecia casos específicos de retaliação. Quando as câmeras foram desligadas, olhou ao redor por um instante e disse, "Procure Rosanna Arquette". Tratava-se de uma atriz que alcançou o sucesso com o papel principal em *Procura-se Susan desesperadamente*. Em *Pulp Fiction*, distribuído por Weinstein, fez uma ponta inesquecível como a esposa cheia de piercings de um traficante. "Sei lá", disse Rice, limpando o suor acumulado da testa. "Talvez ela fale."

Mais tarde, enquanto revia as filmagens, decidi rebobiná-las até chegar a uma fala sobre o ambiente ao redor de Weinstein, então coloquei o vídeo novamente.

"E, de todas as pessoas próximas a esse homem, que viram essas coisas acontecendo", perguntei, "nenhuma delas reclamou?"

"Não", ele respondeu.

Naquela noite e nos dias seguintes, trabalhei muito por telefone. Estava compilando uma lista de mulheres que talvez tivessem feito acusações contra Weinstein ou se queixado dele em algum momento. Era uma lista com nomes de muitas atrizes e modelos, mas também de algumas produtoras e assistentes, e que só crescia. Certos nomes se repetiam, como o de McGowan e o de uma atriz e diretora italiana, Asia Argento.

Liguei de novo para Nickerson, a produtora que até então hesitara em falar sobre Weinstein.

"Estou de saco cheio do que as mulheres vivem nessa indústria. Quero ajudar, quero muito", ela disse. "Vi coisas horríveis. Aí eles me deram dinheiro e eu assinei um pedaço de papel em troca."

"O que você viu?"

Um breve silêncio. "Ele não conseguia se controlar. É da natureza dele. É um predador sexual."

"E você poderia testemunhar o que viu?"

"Sim."

Ela também topou falar para as câmeras. Sentou-se oculta na sombra na propriedade de Encino onde estava hospedada. E descreveu, sem estímulo externo, um padrão predatório muito semelhante ao descrito por Rice.

"Acho que as apalpadas aconteciam o tempo todo", disse na entrevista. "Não foi um caso isolado. Nem foi só uma fase. Esse comportamento predatório contra as mulheres foi contínuo — não importava se elas consentiam ou não." Ela disse que esse tipo de atitude foi incorporado à cultura corporativa de um modo quase ridículo; na folha de pagamento da empresa, havia um sujeito que era praticamente um cafetão e cujo verdadeiro papel — arranjar mulheres para o patrão — era encoberto apenas por uma descrição de trabalho genérica, e nada mais.

"Todo mundo sabia de seu comportamento 'predatório' com as mulheres, para usar um termo que você mesma utilizou?", perguntei.

"Sem dúvida", ela respondeu. "Todo mundo sabia."

Mandei uma mensagem de texto para Oppenheim, dizendo, "Para o seu conhecimento, aquela matéria vai se transformar num trabalho investigativo pra lá de sério sobre HW". "Os dois executivos citaram o nome dele diante das câmeras, mas um deles me pediu para não exibir as imagens em que diz seu nome", escrevi, me referindo a Rice. "O pessoal está muito assustado com a possibilidade de ser retaliado." Oppenheim escreveu de volta, "Dá pra imaginar".

Quanto mais eu ligava para outras pessoas, mais se confirmavam as alegações de Rice e Nickerson. Também fui atrás de pessoas que defendessem Weinstein, mas as poucas que ouvi me soaram insinceras. Nickerson me deu o nome de uma produtora que ela acreditava ter sido uma das vítimas. Finalmente consegui encontrá-la na Austrália, para onde se mudara em busca de um recomeço. Quando ela disse que não tinha o que dizer sobre Weinstein, senti dor e tristeza em sua voz, e percebi que a colocara numa situação delicada.

Outra conversa, com Donna Gigliotti, produtora de *Shakespeare apaixonado*, se deu de maneira quase idêntica.

"Se ouvi falar? Talvez. Mas daí a presenciar algo?", ela perguntou.

"O que você ouviu?"

Veio um suspiro exasperado, como se aquela fosse uma pergunta ridícula.

"O cara não é santo. E pode acreditar que nossa relação não é nenhum mar de rosas, mas ele não é mais culpado do que outros milhares de homens desse meio."

"O que você quer dizer é que não acha que tenha material aí para uma reportagem?"

"O que *estou* dizendo", afirmou Gigliotti, "é que você está perdendo tempo. Isso já foi investigado antes e todos os jornalistas saíram de mãos abanando, você sabe."

Não, eu ainda não sabia. Mas logo comecei a ouvir falar de outros veículos que já haviam tentado publicar reportagens sobre o assunto. Dois anos antes, a redatora da *New York Magazine* Jennifer Senior tuitou, "Vai chegar a hora em que tds as mulheres com medo de falar sobre Harvey Weinstein vão ter q dar as mãos e se jogar de cabeça".[52] Em seguida, "É um segredo que na verdade todos conhecem. E é asqueroso".

Os comentários dela inspiraram alguns artigos de blog, mas logo foram esquecidos. Mandei uma mensagem de texto para ela com um convite para conversarmos ao vivo. "Eu não estava trabalhando naquilo", me disse. "David Carr, que era meu 'marido de escritório' quando trabalhamos na NYMag, escreveu um artigo sobre o Weinstein e acabou ouvindo um monte de histórias horrorosas sobre ele."[53] Carr, ensaísta e repórter de mídia morto em 2015, contou a Senior sobre os rumores de que Weinstein exibia suas partes íntimas e agarrava mulheres por aí, mas nunca conseguiu reunir evidências suficientes para publicá-los. "Muita gente já tentou escrever essa história", Senior disse. Em seguida, me desejou boa sorte, como se estivesse incentivando um Dom Quixote a investir contra os moinhos de vento.

Liguei para outras pessoas próximas a Carr, que trouxeram um detalhe a mais: quando trabalhou na matéria, Carr teve crises de paranoia. Sua viúva, Jill Rooney Carr, contou que o marido se sentia vigiado, embora não soubesse por quem. "Ele achava que estava sendo seguido", lembrou. Mas, fora isso, os segredos de Carr morreram com ele.

Depois de concluir as entrevistas com Rice e Nickerson, tive um encontro com uma amiga que foi assistente de um grande executivo da NBCUniversal. Ela me repassou contatos para mais uma busca por fontes em potencial. "O que eu quero saber", me escreveu, "é se o *Today* vai mesmo exibir uma coisa dessas. Parece pesado demais para aquela turma."

"Noah, o novo diretor do programa, vai comprar a briga", respondi.

Na semana seguinte, na manhã de 14 de fevereiro, Igor Ostrovskiy, o ucraniano gorducho que se reunira com o careca russo Roman Khaykin no Nargis Cafe, encontrava-se sentado num lobby de hotel em Midtown Manhattan. Khaykin o mandara ao hotel, numa das missões para o novo e misterioso cliente.

Enquanto fingia estar concentrado no celular, Ostrovskiy discretamente gravava um homem de meia-idade quase grisalho e de sobretudo, que apertava a mão de outro homem alto e misterioso, o qual vestia terno. Então, seguiu os dois até o restaurante do hotel e sentou-se a uma mesa próxima.

Havia passado os últimos dias em lobbies de hotel e restaurantes chiques, espionando reuniões entre agentes enviados pelo próprio cliente misterioso e outras pessoas que, aparentemente, eram alvos desavisados. A tarefa de Ostrovskiy era fazer "contravigilância": ele conferia se os agentes do cliente estavam sendo seguidos ou não.

Naquele mesmo dia, no restaurante do hotel, Ostrovskiy enviou uma mensagem para Khaykin com um resumo dos últimos acontecimentos. Então pediu um café da manhã continental. A comida era uma das vantagens do trabalho. "Aproveite", dissera o chefe. "Bom apetite." Chegaram sucos e bolinhos e Ostrovskiy se concentrou ao máximo para ouvir a conversa na mesa ao lado. Os homens tinham sotaques que ele não reconhecia. Leste Europeu, de repente. Conseguiu ouvir partes do diálogo, que falavam de lugares distantes: Chipre; um banco em Luxemburgo; algo sobre uns caras na Rússia.

Normalmente, a rotina de Ostrovskiy consistia em passar dias seguidos vigiando picaretas que pediam compensação trabalhista e fingiam mancar. Ou tentando provar que cônjuges infiéis violaram os termos de seus acordos pré-nupciais. Esses agentes engomadinhos do trabalho novo eram uma novidade, alguns até pareciam militares. Ele deu uma olhada nas gravações e se perguntou quem eram aqueles homens que seguia. E para quem ele os seguia.

7. Fantasmas

Estava no carro, passando por West Hollywood em direção à minha próxima gravação, quando ouvi a notícia: Noah Oppenheim promovido a presidente da NBC News. Estava montando uma lista de projetos tudo-ou-nada, junto a seu chefe, Andy Lack, responsável tanto pela NBC News como pela MSNBC. O primeiro deles: anunciar a entrada de Megyn Kelly, a ex-apresentadora da Fox News, na NBC. Vários perfis positivos foram escritos sobre Oppenheim. Todos ressaltaram sua educação Ivy League, a carreira de roteirista e a rápida ascensão profissional no mundo impiedoso da televisão. Os antecessores imediatos de Oppenheim e Lack eram mulheres. Deborah Turness precedeu Oppenheim. Perfis meio sexistas escritos sobre ela a descreviam como dona de um "jeitinho descolado de princesinha do rock", o que significava, para o meu parco entendimento, que ela devia gostar de vestir calças jeans de vez em quando.[54] Patricia Fili-Krushell, a quem Lack substituiu, era uma executiva que passou pela área de recursos humanos e pela programação vespertina. A cadeia de comando principal ficou nas mãos apenas de homens brancos: Noah Oppenheim, Andy Lack acima dele e, acima *dele*, Steve Burke, o CEO da NBCUniversal, além de Brian Roberts, o CEO da empresa principal, a Comcast. "Eu vibrei muito, muito, muito com esse anúncio. Parabéns, meu amigo!", disse por mensagem de texto a Oppenheim: um pouco puxa-saco, mas sem perder de todo a sinceridade. "Ah... valeu", ele escreveu em resposta.

Então rolei minha lista de contatos pela tela do celular, parei no nome de minha irmã Dylan, e resolvi ligar para ela pela primeira vez em meses. "Estou a caminho de uma entrevista", falei. "Com uma atriz famosa. Ela acusa uma pessoa muito poderosa de um crime muito grave."

Em nossas fotos de família, Dylan, dois anos e meio mais velha que eu, muitas vezes aparece escondida atrás de mim: lá estávamos, de fraldas, no sofá marrom feio da antiga sala de estar; logo antes da minha primeira peça no jardim de infância, ela, fantasiada de coelhinha, me dando um belo cascudo, as juntas dos seus dedos passando com força por minha cabeça; e lá estávamos, em frente a várias atrações turísticas, ela sempre rindo, quase sempre dando abraços.

Fiquei surpreso quando ela atendeu. Quase nunca levava o celular consigo. Durante alguns desabafos, me confessou que toques de telefone lhe causavam arritmia cardíaca. Ouvir vozes de homem no telefone era outra dificuldade. Ela nunca conseguiu manter um emprego que envolvesse atender ligações. Dylan era uma escritora e artista visual de muito talento. As obras dela retratavam mundos muito diferentes do nosso, tão diferentes quanto a imaginação permitisse. Quando éramos crianças, criamos juntos um reino de fantasia superelaborado, povoado por bonequinhos de dragões e fadas. A fantasia continuou sendo sua forma de escapismo. Ela escrevera centenas de páginas de ficção repletas de descrições minuciosas e pintara paisagens de mundos distantes. Essas obras ficavam largadas no fundo das gavetas. Sugeri algumas vezes que ela criasse um portfólio artístico ou enviasse um manuscrito a editoras. Ela primeiro ficava sem reação, depois na defensiva. "Não entendi", me dizia em resposta.

Naquele dia de fevereiro, ela fez uma pausa no telefone. "E você quer um conselho meu?", perguntou, a certa altura da conversa. A acusação que ela fez, as perguntas que pairavam entre nós — se eu tinha realmente prestado a atenção requerida, tão cedo quanto necessário, para ouvir e entender aquelas denúncias graves —, haviam deixado entre nós um vão que não existia nas fotos de infância.

"Sim, eu quero ouvir seus conselhos", respondi.

"Bom, essa parte é a pior. A ponderação inicial. Esperar a divulgação da história. Mas depois que sua voz vier a público, tudo fica muito mais fácil." Ela suspirou. "Diz pra ela que o negócio é segurar a barra. É igual arrancar um band-aid." Agradeci. Outra pausa. "Se esse trabalho inicial der em algo", ela disse, "não desista dele, tá bom?"

A casa de Rose McGowan era o modelo arquetípico de uma casa de estrela de cinema: um conjunto de caixas cor de bronze, em estilo Mid-Century Modern, empilhadas nos fundos de um bosque de ciprestes no alto das colinas de Hollywood. Do lado externo, um amplo terraço com banheira de hidromassagem e vista panorâmica de Los Angeles. Por dentro, a decoração quase sugeria um propósito de revenda da casa: nenhuma foto de família, apenas peças de arte. Próximo à porta ficava um antigo letreiro em neon recuperado, em formato de chapéu-coco derby, com os dizeres "O DERBY: ENTRADA DAS DAMAS". Não muito longe, num lance de escadas que dava para a sala de estar, na parte superior, um quadro de uma mulher numa gaiola, banhada por luz. Ao lado de uma lareira de tijolos brancos, na sala de estar, um modelo em bronze do personagem de McGowan no filme *Planeta Terror* apontava sua perna de metralhadora.

A mulher diante de mim não era a mesma que eu conhecera sete anos antes. Ela parecia abatida, e havia uma rigidez estampada no seu rosto. Estava quase sem maquiagem e vestia um suéter bege folgado. Cabelo raspado em estilo militar. Tinha quase abandonado a carreira de atriz por outra na música. Às vezes essa música vinha acompanhada por vídeos performáticos e surrealistas dela mesma. Dirigiu um curta-metragem, *Dawn*, que foi exibido em Sundance em 2014. No filme, que se passa por volta de 1961, dois jovens atraem um adolescente reprimido para uma área isolada. Lá eles o golpeiam na cabeça com uma pedra e depois o matam a tiros.

McGowan teve uma infância difícil. Cresceu no culto Meninos de Deus, no interior da Itália, onde as mulheres eram ásperas e os homens eram brutais.[55] Um desses homens, ela me contou, cortou uma verruga de seu dedo, sem nenhum aviso, quando ela estava com quatro anos de idade, e depois a deixou, atordoada e sangrando. Por um tempo, durante a adolescência, ela viveu como sem-teto. Quando começou a ficar famosa, em Hollywood, pensou que tinha deixado para trás o risco de abusos. Disse que, certa vez, durante o Festival de Cinema de Sundance de 1997, pouco antes do ataque de Weinstein, ela se virara para um grupo de câmeras que a seguiam e dissera, "Acho que finalmente cheguei na vida mansa".

Na sala de estar, diante das câmeras, ela contou que seu agente havia marcado a reunião em que o suposto ataque ocorreu, e que o local do encontro fora mudado repentinamente, do restaurante do hotel para uma suíte. Relembrou como foi a primeira hora, bem normal, com o homem que ela conhecia apenas como seu chefe. Contou dos elogios dele à sua performance em *Pânico*, filme que ele produziu, e em outro, *Fantasmas*, que ela ainda estava filmando. Então chegou à parte principal da história, uma parte que — era visível — ainda mexia muito com ela. "Quando eu me preparava para sair, aquele encontro de repente virou algo que não era mais uma reunião", disse. "Essas coisas acontecem muito rápido e muito devagar. Acho que qualquer outra sobrevivente diria a mesma coisa... de repente, sua vida dá uma volta de noventa graus na outra direção. É — é — um abalo muito forte. E o cérebro quase não consegue acompanhar o que acontece. De repente, você está nua." McGowan tentava manter a compostura. "Eu comecei a chorar. Não sabia mais o que estava acontecendo", ela recordou. "E eu sou muito pequena. A outra pessoa é muito grande. O resto você pode imaginar."

"Foi uma agressão sexual?", perguntei.

"Sim", ela disse apenas.

"Foi um estupro?"

"Sim."

McGowan disse que falou com uma advogada criminalista e que pensou em denunciar Weinstein à justiça. A advogada a mandou calar a boca. "Ela disse que eu tinha feito uma cena de sexo num filme", ela lembrou. "Ninguém acreditaria em mim." McGowan optou por não prestar queixa. Em vez disso, negociou um acordo financeiro. Ao assiná-lo, perdeu o direito de processar Weinstein. "Foi muito doloroso", ela disse. "Na época, eu pensava que 100 mil dólares era um monte de dinheiro. Eu era uma criança." Ela considerou a oferta, por parte dele, "uma confissão de culpa".

McGowan começou a descrever um sistema — composto de assistentes, agentes e bambambãs da indústria cinematográfica — ao qual ela, com raiva, acusou de cumplicidade. Contou que os funcionários evitaram fazer contato visual quando ela entrou na reunião e depois quando saiu. "Não conseguiam nem olhar pra mim", falou. "Ficaram encarando o chão, aqueles homens. Não conseguiam sequer me olhar nos olhos." Também lembrou do momento em que, após o incidente, encontrou o ator com quem coestrelou *Fantasmas*, Ben Affleck. Viu-a naquele estado claramente confuso e disse, "Puta que pariu, eu já falei pra ele parar de fazer isso".

McGowan acreditava que, após o incidente, fora colocada numa "lista negra". "Depois disso, trabalhei em pouquíssimos filmes. E eu estava num ótimo caminho profissional. Quando finalmente fiz outro filme — foi vendido para Weinstein na parte da distribuição", disse, referindo-se a *Planeta Terror*.

Na experiência de qualquer sobrevivente, as memórias viram fantasmas. Para aqueles cujos agressores são famosos, existe o sentimento adicional do inescapável. "Era só abrir o jornal", McGowan disse, "e lá estava Gwyneth Paltrow dando [um] prêmio a ele." Weinstein era "onipresente". Ainda por cima, houve os tapetes vermelhos e festinhas de imprensa, onde ela teve que posar ao lado dele, sorrindo. "Naqueles momentos, tive a sensação de sair do meu corpo de novo", contou. "Grudei um sorriso falso no rosto." A primeira vez que o viu após o suposto ataque, ela vomitou numa lata de lixo.

Diante das câmeras, McGowan ainda não pronunciava o nome de Weinstein. Ela ainda estava tomando coragem. Mas deixou pistas ao longo da entrevista e pediu que os telespectadores "ligassem os pontos".

"Harvey Weinstein te estuprou?", perguntei. A sala ficou num silêncio sepulcral. McGowan fez uma pausa.

"Jamais gostei dessa palavra", ela disse. "Não gosto nem de pronunciá-la."

Em off, comigo, ela já havia pronunciado o nome de Weinstein. Disse-me que, em parte, sua preocupação era ter certeza de que alguma rede de notícias iria até o fim com a pauta, caso ela caísse em maus lençóis legais. Respondi com franqueza: aquele seria um processo legal bastante difícil na NBC. Eu precisaria de cada detalhe que ela pudesse me dar.

"Me garanta que os advogados vão assistir a essa entrevista", ela me pediu.

"Ah, eles com certeza vão assistir", respondi, dando uma risada maldosa.

"Mas eles precisam assistir", ela disse, fitando a câmera com lágrimas nos olhos. "Não apenas ler. Espero que também tenham coragem. Vou te dizer por quê: o que aconteceu comigo, aconteceu com a filha deles, a mãe, a irmã deles."

8.
Arma

"A entrevista com a Rose é de chocar", escrevi para Oppenheim.

"Uau", ele respondeu.

"Parecia uma bomba explodindo. E, além dela, tenho a gravação de dois executivos da Miramax falando de um padrão de assédio sexual. Vou render muita diversão ao departamento jurídico."

"Caramba", ele escreveu. "Vai render, com certeza."

No fim das filmagens para as matérias sobre Hollywood, McHugh e eu falamos por telefone com Greenberg, o chefe da unidade investigativa, e com Chung, o advogado. Eu já tinha conversado com dois integrantes da antiga equipe de agentes de McGowan, aos quais ela se queixara logo após a reunião com Weinstein. Caso ela estivesse mentindo, era uma mentira repetida desde aquele dia de 1997.

"Sabe, ela me soa um pouco... instável", Greenberg comentou.

McHugh e eu estávamos de volta ao mesmo hotel em Santa Mônica. Era um dia ensolarado, cuidávamos dos preparativos para entrevistar um cineasta chinês. "Bom, é por esse motivo que a gente acumula o máximo de provas e corroborações que puder", respondi a Greenberg. "Mas ela também disse que vai nos trazer o contrato assinado com Weinstein..."

"Toma muito cuidado com isso", disse Greenberg.

"Como assim?", McHugh perguntou.

"Acho que a gente não pode se meter com contratos", Greenberg respondeu. "Se algum contrato nos for entregue, precisamos ser muito cautelosos."

McHugh ficou frustrado. "A gente tem que exibir esse material", disse. "É bombástico. É notícia."

"É que não consigo imaginar como essa parte vai ficar pronta antes da exibição da série", respondeu Greenberg. A exibição das matérias estava agendada para a semana seguinte, pouco antes do Oscar.

"Acho que consigo mais entrevistas com mulheres vítimas antes da série ser exibida", falei.

"Espere o tempo que for preciso", disse Greenberg. "As outras matérias podem sair por agora, nessa pauta você pode continuar trabalhando por mais tempo." Eu sempre me dei bem com os departamentos jurídico e de padrões do canal. Diante deles, sempre defendi minhas matérias de um jeito, digamos, meio exaltado. Mas também sou advogado e admirava o trabalho de checagem cuidadosa e meio antiquada que a produção jornalística de programas como o *Nightly News* exigia. A NBC era um lugar sério, que valorizava a verdade, uma instituição que migrara do rádio para a televisão aberta, depois para a TV a cabo e, finalmente, para a internet — e, se aquele apreço pela verdade importava meio século antes, quando a NBC era um dos três únicos canais de notícias no país, importava ainda mais agora, em nossa época fraturada e frenética. Contanto que o tempo adicional fosse gasto no fortalecimento das reportagens, um atraso não me incomodaria.

"Tá", eu disse. "Vamos atrasar a pauta."

As reportagens começaram a se expandir como uma mancha de tinta. Um dia após as filmagens com McGowan, estávamos nos escritórios da *Hollywood Reporter* para entrevistar o jornalista Scott Feinberg, que cobria as premiações para o programa. Harvey Weinstein foi um assunto inevitável na conversa: foi ele quem inventou a campanha moderna pelo Oscar. Weinstein tocava essas campanhas como se fosse um líder guerrilheiro. Certa vez foi publicado um artigo de opinião elogioso ao filme *Gangues de Nova York*, da Miramax, assinado por Robert Wise, o diretor de *A noviça rebelde*, que tinha, na época, 88 anos. Na verdade, foi escrito por um publicitário da empresa. Contra o filme rival *Uma mente brilhante*, Weinstein orquestrou uma elaborada campanha de difamação, plantando notícias na imprensa: diziam que o protagonista do filme, o matemático John Nash, era gay. Como isso não surtiu efeito, passaram a dizer que ele era antissemita. Depois que *Pulp Fiction* perdeu um Oscar de Melhor Filme para *Forrest Gump*, Weinstein ameaçou publicamente invadir o gramado da casa do diretor Robert Zemeckis e "resolver o negócio à moda medieval".[56]

Antes de deixar as dependências da *Hollywood Reporter*, conheci o novo editor do programa, Matt Belloni. Eu tinha ouvido alguns rumores de que Janice Min, sua antecessora, a mulher que me persuadiu a escrever o artigo falando da necessidade de uma cobertura mais firme sobre os casos de agressão sexual, investigara as denúncias contra Weinstein por anos. Quando perguntei se a HR conseguira algum resultado investigativo substancial, Belloni balançou a cabeça. "Ninguém topa falar."

Mas ele me deu dicas sobre personalidades da indústria cinematográfica que talvez conhecessem outras mulheres possivelmente agredidas. Sugeriu-me que ligasse para Gavin Polone, ex-assessor e agente — descrito pela *Variety* como "um dos agentes de atores que dirigem Ferrari".[57] Ele se tornara um produtor de sucesso, com uma reputação de criador de caso. Em 2014, escreveu uma coluna para a *Hollywood Reporter* intitulada "Bill Cosby e a cultura hollywoodiana do estupro, suborno e sigilo". Nela, mencionou um conjunto de denúncias contra um chefe de estúdio que "usava seu poder e seu dinheiro para mantê-las escondidas". Acusou os jornalistas de fugirem dessa pauta, porque tinham "medo de processos e um medo ainda maior de perder anúncios".[58] Ao que tudo indicava, nenhum jornalista havia comprado essa briga até então.

Polone participou algumas vezes como comentarista no meu programa da MSNBC. À noite, já estávamos nos falando por telefone. "Isso precisa vir à tona", ele disse. Tinha ouvido várias alegações contra Weinstein. Ouvira algumas dessas histórias diretamente da boca das acusadoras, outras ouvira em segunda mão. "O exemplo mais óbvio, o santo graal dessa história, é a Annabella Sciorra", ele disse. "Aquilo ali não foi assédio. Foi estupro." Pedi a ele que perguntasse às mulheres que lhe contaram suas histórias se elas as contariam também para mim. Prometeu que o faria.

"Só mais uma coisa", ele disse, depois que eu já o agradecera pelo tempo concedido. "Fica esperto. Esse cara e as pessoas que o protegem... Eles têm muito a perder."

"Estou tomando cuidado."

"Você não me entendeu. Estou falando pra se preparar pra qualquer coisa. Estou dizendo pra você comprar uma arma."

Eu ri. Ele não.

As fontes tinham medo. Muitas se recusavam a conversar. Mas algumas se dispunham a fazê-lo. Entrei em contato com o agente de uma atriz inglesa que, de acordo com McGowan, talvez tivesse uma acusação a fazer. "Ela me contou a história em detalhes, assim que começamos a trabalhar juntos", disse o agente. "Ele tirou o pênis pra fora e correu atrás dela ao redor de uma mesa durante as filmagens. Pulou em cima dela, segurou-a contra o chão, mas ela conseguiu escapar." Perguntei se a atriz falaria disso comigo. "Naquela época, ela falava disso abertamente", respondeu o agente. "Então não vejo por que não falaria." Um dia depois, ele ligou de volta, e me deu o número de telefone e o e-mail dela: ela negociaria de bom grado uma entrevista sobre o assunto.

Um agente que trabalhava com Rosanna Arquette descobriu logo de cara o motivo do pedido. "Assunto muito complicado pra ela", ele disse. "Mas eu sei que ela se preocupa muito com o problema. Tenho certeza que ela vai falar com você."

Falei com Annabella Sciorra pelo Twitter. Disse-lhe que queria falar sobre um assunto delicado. Ela respondeu apreensiva, um pouco precavida. Mas marcamos uma chamada telefônica.

Eu estava atrás também da única denúncia contra Weinstein que chegou ao sistema de justiça criminal. Em março de 2015, Ambra Battilana Gutierrez, uma modelo filipino-italiana, finalista do concurso Miss Itália, saiu de uma reunião com Weinstein no seu escritório em Tribeca e foi direto à polícia, alegando ter sido apalpada. A polícia de Nova York trouxe Weinstein para um interrogatório. Os tabloides iniciaram uma cobertura frenética do caso.

Então algo curioso aconteceu: os artigos sobre Weinstein foram substituídos por outros, depreciativos, sobre Gutierrez. Os tabloides noticiaram que, em 2010, quando Gutierrez era uma jovem concorrente ao Miss Itália, ela participara de uma festa "Bunga Bunga" oferecida por Silvio Berlusconi, na época primeiro-ministro da Itália, durante a qual, segundo acusações posteriores, ele fizera sexo com prostitutas.[59] As matérias alegavam que a própria Gutierrez era uma prostituta, cheia de amantes velhos e ricos naquele país. O *Daily Mail* informou que, um dia após o suposto incidente, ela foi ver *Finding Neverland*, um musical da Broadway produzido por Weinstein. E a coluna social "Page Six" informou que depois disso ela exigiu um papel num filme. Gutierrez afirmou que nunca foi prostituta, que a levaram à festa de Berlusconi por obrigação profissional, que saiu de lá assim que os propósitos mais devassos da festa se tornaram aparentes, e que nunca exigiu papel nenhum em filmes. Mas esses desmentidos foram impressos como simples adendo, ou nem sequer foram impressos. As fotos de Gutierrez nos jornais mudaram: lá estava ela, dia após dia, de lingerie ou biquíni. Os tabloides davam cada vez mais a entender que o predador da história fora ela, que havia enredado Weinstein numa teia de ardis femininos. E depois, de uma só vez, as acusações sumiram. Assim como Ambra Gutierrez.

Mas o nome de um advogado que tinha representado Gutierrez acabara aparecendo em alguns documentos públicos, e advogados costumam ter telefone. "Eu não tenho permissão para falar sobre isso", ele me disse. "Tudo bem", respondi. Prestei atenção suficiente nas aulas da faculdade de direito (e atenção mais que suficiente na vida real) para reconhecer alusões a um acordo de confidencialidade quando deparo com elas. "Mas você pode repassar uma mensagem a ela?"

Gutierrez me enviou uma mensagem quase de imediato. "Olá, meu advogado disse que você quer entrar em contato comigo. Só queria te perguntar por quê", ela escreveu.

"Eu sou um repórter da NBC News, e o contato é para uma matéria do *Today* na qual estou trabalhando. Acho que seria mais fácil falarmos por telefone, se você se sentir confortável", respondi.

"Você pode ser um pouco mais específico quanto a esse assunto no qual 'estou trabalhando'?", ela escreveu.

Deu para ver de cara que Ambra Gutierrez não era nada boba.

"Diz respeito a uma queixa feita por uma pessoa — e potencialmente por diversas outras — que pode ter algumas semelhanças com aquela feita por você na investigação da polícia de Nova York em 2015. Conversar com você poderia resultar numa grande ajuda a essas outras pessoas."

Ela topou me encontrar no dia seguinte.

Antes do encontro com Gutierrez, comecei a ligar metodicamente para as pessoas envolvidas no caso. Um dos meus contatos na procuradoria me ligou para dizer que os funcionários de lá achavam Gutierrez confiável. "Certas coisas sobre o passado dela foram… postas em evidência", disse o contato.

"Que tipo de coisas?"

"Eu não posso entrar nesse assunto. Mas nenhuma das tais coisas nos convenceu de que ela pudesse ser uma mentirosa. Ouvi dizer que chegamos até a conseguir provas."

"Provas de que tipo?"

"Não sei dizer."

"Você pode averiguar pra mim?"

"Claro que posso. E depois posso pedir demissão também."

9.
Minions

Quando cheguei à Gramercy Tavern, Gutierrez já estava lá, sentada num canto dos fundos, ereta como uma vara, totalmente imóvel. "Eu sempre chego cedo aos lugares", ela disse. Mas isso era só o começo. Logo descobri que ela era uma pessoa incrivelmente organizada e estratégica. Gutierrez nasceu em Turim, na Itália. Cresceu vendo seu pai italiano — a quem descrevia como um "sujeito do tipo Dr. Jekyll e Mr. Hyde" — bater na sua mãe filipina. Quando Gutierrez se metia no meio, era espancada também. Na adolescência, tornou-se a cuidadora da família: sustentava a mãe e distraía o irmão mais novo da violência ao redor. Era exageradamente bonita, como um personagem de anime: quase sumia de tão magra mas tinha olhos inverossímeis de tão grandes. Naquele dia, no restaurante, ela estava nervosa. "Eu quero ajudar", disse, com um leve tremor no sotaque italiano. "Mas estou numa situação ruim." Quando contei que outra mulher havia filmado uma denúncia contra Weinstein, e que outras mais também pensavam em fazê-lo, ela começou a me contar sua história.

Em março de 2015, o agente de Gutierrez a convidou para uma recepção no Radio City Music Hall, na ocasião do *New York Spring Spectacular*, um musical produzido por Weinstein. Como de costume, Weinstein havia reunido amigos influentes do show business para apoiar o espetáculo. Ele convenceu Steve Burke, o CEO da NBCUniversal, a fornecer trajes dos personagens da onipresente franquia Minions. Weinstein passou a recepção toda encarando Gutierrez do outro lado da sala, sem pudor algum. Aproximou-se e disse olá. Depois repetiu várias vezes a Gutierrez e a seu agente que ela se parecia com a atriz Mila Kunis. Após o evento, Gutierrez recebeu um e-mail de sua agência de modelos, dizendo que Weinstein queria marcar uma reunião de negócios com ela o mais rápido possível.

Gutierrez chegou ao escritório de Weinstein em Tribeca no fim do dia seguinte, munida do seu portfólio de modelo. Ela e Weinstein sentaram num sofá para analisar o portfólio. Ele começou a olhar fixamente para os seios dela e perguntar se eram de verdade. Segundo Gutierrez, Weinstein, logo em seguida, se jogou para cima dela, apalpou seus seios e tentou passar a mão por baixo de sua saia enquanto ela dizia não. Por fim ele recuou e disse que seu assistente lhe daria ingressos para *Finding Neverland*, naquela mesma noite, um pouco mais tarde. E disse que iria encontrá-la durante o musical.

Gutierrez tinha 22 anos na época. "Por causa do que sofri no meu passado", ela disse, "ser tocada era algo muito sério para mim." Ela lembrava que, após o encontro com Weinstein, teve tremores, foi a um banheiro e começou a chorar. Tomou um táxi para ir ao escritório de seu agente, onde também chorou. Dali, ela e o agente seguiram para a delegacia mais próxima. Ela lembrava de chegar à delegacia e mencionar o nome de Weinstein aos policiais, e de um deles dizer, "De novo?".

Pouco mais tarde, Weinstein telefonou para ela, ainda naquela noite, irritado porque ela não fora ao musical. Ela atendeu a chamada ao lado dos investigadores da Unidade de Vítimas Especiais. Eles ouviram a conversa toda e elaboraram um plano: Gutierrez aceitaria ver o show no dia seguinte e depois se encontraria com Weinstein. Ela levaria um gravador oculto por baixo da roupa, um grampo, e tentaria extrair dele uma confissão.

"Foi uma decisão assustadora, claro", ela disse. "E óbvio que eu passei a noite em claro depois." Qualquer pessoa incumbida de fazer uma coisa arriscada com o intuito de revelar algo importante precisa harmonizar uma mistura complicada de estímulos, alguns de interesse próprio, outros altruístas. Às vezes, em certas histórias, os dois tipos coincidem. Mas, nesta história aqui, não havia quase nenhuma vantagem. Gutierrez enfrentava o risco de uma aniquilação legal e profissional. O que ela desejava era impedir Weinstein de fazer aquilo de novo. "Todo mundo me disse que o cara podia fechar todas as portas pra mim", falou. "Mas eu estava disposta a me arriscar pelo simples fato de que aquele cara não devia ter feito aquilo a ninguém e nunca mais."

No dia seguinte, Gutierrez se encontrou com Weinstein no Church Bar do Tribeca Grand Hotel, uma sala chique adornada por estrelas douradas e nuvens em estêncil nas paredes azuis. Uma equipe de policiais disfarçados os vigiava. Weinstein estava lisonjeador. Não parava de dizer como ela era bonita. Prometeu que a ajudaria a conseguir empregos de atriz, se em troca ela apenas se tornasse sua amiga. Citou o nome de várias outras atrizes famosas para quem, segundo ele, havia feito o mesmo. O sotaque dela precisaria ser trabalhado, claro, mas ele disse que providenciaria aulas.

Weinstein pediu licença para ir ao banheiro e, ao voltar, pediu com súbita urgência que ela o acompanhasse à sua suíte na cobertura. Disse que precisava tomar um banho. Gutierrez, com medo de que ele a tocasse de novo, ou descobrisse que ela estava usando um grampo, resistiu. Implacável, Weinstein tentou puxá-la para o andar superior repetidas vezes. Na primeira tentativa, ela usou uma tática que os policiais sugeriram: deixou para trás uma jaqueta e insistiu que eles descessem para pegá-la. Na segunda, um dos policiais, disfarçado de fotógrafo da TMZ, se pôs a bombardear Weinstein com perguntas, o que o fez ir reclamar com os funcionários do hotel. Gutierrez continuou tentando se desvencilhar, sempre em vão. Finalmente, Weinstein conseguiu levá-la para o andar superior, e para o quarto. A essa altura, os policiais disfarçados tinham ficado para trás. Para piorar as coisas, a bateria do celular dela estava acabando. Os policiais a haviam instruído a deixá-lo ligado na bolsa, para fazer uma gravação extra.

Cada vez mais agressivo, Weinstein exigia que ela entrasse na suíte. Gutierrez, aterrorizada, implorava e tentava se afastar. Durante esse diálogo, Weinstein confessou tê-la apalpado no dia anterior: uma confissão completa, dramática e gravada no ato. Ela continuou suplicando, até que ele cedeu, e os dois voltaram lá para baixo. Os policiais, já sem esconder sua identidade, abordaram Weinstein e disseram que a polícia queria ter uma palavra com ele.

Se tivesse sido indiciado, Weinstein podia ter enfrentado no tribunal uma acusação de abuso sexual em terceiro grau, contravenção cuja pena era de até três meses de cadeia. "Nós tínhamos tantas provas, de tudo", disse Gutierrez. "Todo mundo me dizia, 'Parabéns, nós pegamos um monstro'." Mas então os tabloides começaram a publicar as histórias sobre o suposto passado de Gutierrez como prostituta. E o escritório do procurador de Manhattan, Cyrus Vance Jr., passou a repetir essas mesmas histórias. Ao ser interrogada por Martha Bashford, chefe da Unidade de Crimes Sexuais de Vance, Gutierrez foi bombardeada com perguntas sobre Berlusconi, sobre o seu histórico sexual íntimo, todas de uma hostilidade incomum, segundo o testemunho de duas fontes de dentro da polícia. A assessoria de imprensa da procuradoria disse depois ao *New York Times* que o interrogatório foi "uma entrevista normal, típica", cujo intuito era antecipar perguntas que pudessem ser feitas num interrogatório cruzado. Minhas fontes discordavam. "Eles foram pra cima dela como se fossem os advogados de defesa de Weinstein", uma delas me contou. "Foi esquisito", Gutierrez disse, lembrando do interrogatório. "Eu estava tipo, 'Qual é o interesse disso? Não entendo. Vocês só têm que ouvir a prova'."

No dia 10 de abril de 2015, duas semanas depois que Gutierrez denunciou Weinstein à polícia, o escritório do procurador anunciou que não iria indiciá-lo.[60] Foi feita uma breve declaração, "O caso foi levado a sério desde o início, passou por uma investigação aprofundada na nossa Unidade de Crimes Sexuais. Após a análise das provas disponíveis, incluindo várias entrevistas com as duas partes, um indiciamento criminal não pareceu sustentável".

A polícia de Nova York ficou indignada com a decisão — tanto que a Unidade de Vítimas Especiais do departamento fez uma auditoria interna das últimas dez queixas criminais em Manhattan decorrentes de denúncias semelhantes de apalpamentos ou toques forçados. "Eles não tinham um quarto das provas que nós tínhamos", notou outra fonte policial, a respeito desses casos. "Não houve reuniões controladas e quase não houve ligações controladas." No entanto, disse a fonte, "todos eles resultaram em prisões". O público nunca chegou a saber das evidências comprometedoras em posse de Vance.

Algumas autoridades policiais começaram a sussurrar entre si que a procuradoria se comportara de maneira estranha. A equipe de Vance recebia com regularidade novas informações sobre o passado de Gutierrez, mas não divulgava de onde vinham. Um funcionário me disse que era como se Weinstein em pessoa tivesse se infiltrado no escritório de Vance.

Na época do incidente com Gutierrez, a equipe de advogados de Weinstein era cheia de gente com influência política. O ex-prefeito de Nova York, Rudolph Giuliani, estava envolvido de perto. "Depois do incidente com a Ambra, Rudy estava sempre no escritório", um funcionário da Weinstein Company lembrou. "Ele ainda estava lúcido então." Giuliani trabalhou por tantas horas no caso Gutierrez que isso deu em briga, por causa dos honorários. Essas disputas por valores eram um leitmotiv nas negociatas de Weinstein.

Vários membros da equipe de advogados de Weinstein haviam feito doações para as campanhas eleitorais de Vance. Um dos advogados, Elkan Abramowitz, era sócio da empresa onde Vance trabalhara, e tinha contribuído com 26 450 dólares para as campanhas de Vance desde 2008.[61] Reconheci o nome de Abramowitz. Quando minha irmã repetiu sua denúncia de abuso sexual, Woody Allen enviou Abramowitz aos programas matutinos para negar as denúncias e exibir um sorriso simpático. Ao contrário do que se podia esperar, essa história deixou meus sentimentos por Abramowitz menos pessoais. Não se tratava de uma vítima em particular; para Abramowitz e muitos outros advogados, essa era uma pequena indústria.

David Boies também trabalhou no imbróglio Gutierrez, e também cultivava a amizade do procurador de Manhattan. Era um doador de longa data das campanhas. Nos meses seguintes à decisão de não indiciar Weinstein, doou 10 mil dólares à campanha de reeleição de Vance.[62]

Após aquela decisão, Gutierrez ficou abalada e, em seguida, preocupada com o futuro. "Eu não conseguia mais dormir, não conseguia mais comer", ela me contou. Quanto mais Weinstein se aproveitava dos seus contatos nos tabloides para inventar matérias que a retratavam como uma aproveitadora, mais Gutierrez tinha a sensação de que a história se repetia. Ela acreditava que as histórias provenientes da Itália sobre um suposto passado como prostituta eram resultado do seu testemunho no caso de corrupção contra Berlusconi. Ela me disse que Berlusconi usara seu poder para manchar a reputação dela. "Disseram que eu era uma garota Bunga Bunga, que tinha casos com velhos ricos por interesse", ela disse. "Qualquer um que me conhece sabe que essas histórias são completamente falsas." O *slut shaming*, ao que me parecia, era uma linguagem universal. Vários editores de tabloides depois me disseram que lamentavam a cobertura do caso Gutierrez, e sentiam que isso expusera, de maneira desagradável, as relações transacionais entre Weinstein e a indústria jornalística.

Weinstein se aproveitou bastante da sua ligação com Pecker e Howard do *National Enquirer*. Os empregados de Weinstein mais tarde relataram um aumento brusco no número de telefonemas dele para Pecker. Howard ordenou à sua equipe que suspendesse as reportagens sobre a denúncia de Gutierrez. Depois tentou comprar os direitos à história dela, a fim de enterrá-la. E o *Enquirer* ainda publicou uma matéria, com base, ao que tudo indica, nos seus próprios pedidos a Gutierrez, dizendo que ela havia posto sua história à venda.

Era como se "só porque eu sou uma modelo de lingerie ou coisa assim, então eu tinha que ser o lado errado", disse Gutierrez. "As pessoas vinham me dizer, 'Talvez seja por causa do jeito como você se veste'." (Ela vestira um traje de funcionária de escritório para o encontro com Weinstein, e meias grossas em razão do tempo frio.) A reputação dela estava em frangalhos. "Meu trabalho depende da imagem, e minha imagem tinha sido destruída", ela disse. As chamadas de casting sumiram. Os paparazzi montaram um cerco ao redor do seu apartamento. Seu irmão ligou da Itália contando que os repórteres o haviam encontrado no local de trabalho.

Quando os advogados que Gutierrez consultou a incentivaram a aceitar um acordo, ela de início resistiu. Mas sua determinação esmoreceu. "Eu não queria causar mais sofrimentos à minha família", ela disse. "Eu tinha 22 anos de idade. Sabia que, se ele podia controlar a imprensa daquela forma, eu não tinha como lutar contra ele." Na manhã de 20 de abril de 2015, Gutierrez sentou-se num escritório de advocacia em Midtown Manhattan, diante de um volumoso acordo jurídico e uma caneta. Em troca do pagamento de 1 milhão de dólares, ela concordaria em nunca mais falar em público sobre Weinstein ou sobre a tentativa de indiciá-lo. "Eu mal entendia o que aqueles papéis estavam fazendo na minha frente", ela me contou. "Estava muito desorientada. Meu inglês era muito ruim. As palavras naquele acordo eram todas superdifíceis de entender.

Acho que nem agora consigo entender tudo." Do outro lado da mesa, o advogado de Weinstein, da firma de Giuliani, Daniel S. Connolly, começou a tremer quando Gutierrez pegou a caneta. "Eu o vi tremendo e percebi o verdadeiro tamanho da coisa. Mas então lembrei que tinha de cuidar da minha mãe e do meu irmão, e que minha vida estava sendo destruída, e segui em frente", ela me falou.

"No momento em que assinei o documento, realmente tive a sensação de que fazia algo de errado." Ela sabia que as pessoas iriam julgá-la por aceitar o dinheiro. "Muita gente tem pouca empatia", falou. "Não conseguem se imaginar no lugar dos outros." Depois de assinar o contrato, Gutierrez ficou deprimida e desenvolveu um distúrbio alimentar. Em dado momento, seu irmão, que estava preocupado, veio para os Estados Unidos. "Ele sabia que eu estava muito mal", ela contou. O irmão a levou para a Itália e, em seguida, para as Filipinas, "para começar uma nova vida". "Eu estava completamente destruída", ela me disse.

10.
Mama

Dois anos depois, a memória ainda fazia Gutierrez fechar os olhos. "Você tem o documento?", perguntei. Ela abriu os olhos, olhou para mim. "Prometo a você", eu disse a ela, "sejam quais forem as informações que eu descubra hoje, só vou usá-las de um jeito que te deixe confortável. Mesmo que isso signifique desistir da matéria." Ela pegou um iPhone branco, deu uns cliques, começou a rolar a tela. Empurrou o telefone em minha direção e me deixou ler o acordo de confidencialidade de 1 milhão de dólares.

O documento tinha dezoito páginas. Foi assinado, na última página, por Gutierrez e Weinstein. Os advogados envolvidos na sua elaboração deviam estar tão certos da sua exequibilidade que nunca chegaram a considerar a possibilidade de que ele se tornasse público. O contrato ordenava a destruição de todas as cópias de gravações de áudio em que Weinstein admitisse as apalpadas. Gutierrez concordou em entregar seu telefone, e quaisquer outros dispositivos que pudessem conter evidências, à Kroll, uma empresa de segurança privada contratada por Weinstein. Também concordou em entregar as senhas das suas contas de e-mail e de outras formas de comunicação digital que pudessem ter sido usadas para transmitir cópias das gravações. "O acordo de confidencialidade de Weinstein é talvez o mais usurário que vi em décadas de carreira", um advogado que representou Gutierrez me contou depois. Uma declaração juramentada, pré-assinada por Gutierrez, foi anexada ao acordo, para ser divulgada no caso de qualquer violação. Dizia que o comportamento que Weinstein admitiu na gravação nunca aconteceu.

Tirei os olhos do acordo e do caderninho em que estivera tomando notas o mais rápido que pude. "Ambra. Todas as cópias da gravação foram destruídas?"

Gutierrez juntou as mãos no colo e ficou olhando para elas.

Momentos depois, eu caminhava rapidamente do restaurante rumo ao metrô, ligando para Rich McHugh. Contei-lhe a história. "É verdadeira", falei. "E também existe um áudio da confissão dele."

Mandei uma mensagem de texto para Noah Oppenheim. "Estou em contato com cinco mulheres com denúncias contra HW, para sua informação. Acabei de me encontrar com uma modelo que usou um grampo numa investigação da polícia de NY em 2015. Ela vai me deixar ouvir as gravações. Ela quer vir a público, mas recebeu um pagamento por um acordo de confidencialidade — ela me mostrou o documento. É legítimo. Assinado por HW, 1 milhão de dólares." Quando ele respondeu, horas mais tarde, apenas perguntou, "Quem é o seu produtor nessa matéria?", e depois ficou em silêncio.

De volta ao 30 Rockefeller Plaza, McHugh e eu estávamos sentados no lado oposto a Rich Greenberg, em seu escritório no quarto andar. "É uma história e tanto", disse Greenberg, reclinando-se para trás na sua cadeira de tela.

"Olha, é uma história imensa", disse McHugh. "Ele admitiu ter cometido um crime."

Greenberg se virou para o monitor.

"Vejamos aqui...", disse, enquanto digitava o nome de Gutierrez no Google e depois selecionava a aba Imagens. Rolou a tela para baixo, passou por algumas fotos de Gutierrez, que se espraiava, sedutora, de lingerie, e disse, "Nada mau".

"Estamos chegando perto de uma grande prova aqui", falei, impaciente. "Ela disse que vai reproduzir o áudio pra mim."

"Bem, isso nós vamos ver", Greenberg falou.
"E tem o contrato", acrescentou McHugh.
"Essa parte é meio complicada", disse Greenberg. "Nós não podemos ser responsáveis por fazê-la quebrar o contrato."
"Nós não a estamos obrigando a fazer nada", respondi.
Ainda naquela tarde, liguei para Chung, o advogado da NBC. "Em tese, alguém poderia dizer que a induzimos a violar o contrato. Mas esse é um delito meio estranho. Há um monte de interpretações conflitantes sobre o que seria necessário para comprová-lo. Alguns dizem que você precisaria demonstrar que o réu tinha o único propósito de violar o contrato, o que claramente não é seu objetivo", ele disse. "Tenho certeza que Rich só está sendo cuidadoso."

Tinha tentado falar com Jonathan algumas vezes ao longo daquela tarde, mas só consegui quando já saía do Rockefeller Plaza, no pôr do sol. "Seis ligações!", ele disse. "Eu pensei que era uma emergência!" Ele estava saindo de uma reunião. "Cinco!", repliquei. Nós nos conhecemos pouco depois que ele largou o emprego de redator de discursos do presidente. Desde que tínhamos começado a namorar, havia alguns anos, ele ficou meio à deriva, criou uma sitcom que durou pouco tempo e tuitou muito. Cerca de dois meses antes, ele e seus amigos abriram uma empresa de mídia focada em podcasts, na Costa Oeste. Ela deu certo mais rápido do que qualquer um teria previsto. Suas viagens para Nova York tinham se tornado mais curtas e menos frequentes.
"Estou conferindo", ele dizia.
"Pode checar", eu disse. Esperei trinta segundos. "Jonathan!"
"Desculpa! Esqueci que você estava aí." Isso acontecia mais vezes do que vocês podem imaginar. Naqueles tempos, nosso relacionamento consistia quase que só em ligações intermináveis. Às vezes ele tentava me pausar, esquecendo que eu não era um podcast.

Meu celular apitou. Olhei para baixo e vi uma sequência de vinte ou trinta alertas de mensagens no Instagram. Vinham de uma conta sem foto de perfil. Elas diziam, todas, "Eu estou de olho em você, eu estou de olho em você, eu estou de olho em você". Eu as deletei. Mensagens esquisitas eram um risco profissional de trabalhar na televisão.

"Os loucos me amam", eu disse a Jonathan, e li as mensagens para ele.

"Ele acha que te ama, mas espera só até ele descobrir o que é te namorar."

"O que você quer dizer?"

"Que eu te amo?"

"Ah, é?"

"Estava apenas ensaiando meus votos de casamento. Na Lua. Em nossas botas de astronauta."

Era uma piada nossa. A mãe de Jonathan queria netos, e não quando o homem já estiver morando na Lua.

"*Esse* papo de novo?", falei, entrando na brincadeira.

"Você precisa pedir a alguém na NBC para dar uma olhada nessas ameaças. Leve isso a sério, por favor."

Após aquele primeiro encontro com Gutierrez, voltei a falar com o mesmo contato no escritório da procuradoria. "Estranho", ele disse. "A gravação. É citada nos arquivos do caso. Mas eu acho que nós não a temos aqui." Isso parecia improvável. A procuradoria, de acordo com o procedimento-padrão, precisava reter qualquer prova, para o caso de a investigação ser reaberta. Eu disse "obrigado" e atribuí o sumiço a uma busca pouco minuciosa.

Uma semana depois da nossa primeira conversa, me encontrei com Gutierrez novamente, num lugarzinho que vendia lámen, num porão perto da Union Square. Recém-chegada de uma chamada de casting, ela estava de maquiagem e cabelos produzidos. Foi como conduzir uma entrevista num comercial de xampu. Ela contou do império de mídia corrupto de Berlusconi e de como tinha reunido forças para ajudar a expô-lo. A cada conversa que tínhamos, parecia mais decidida a repetir o feito.

Mais cedo naquele dia, ela havia fotografado um MacBook muito antigo e me enviara a imagem, dizendo que perdera o cabo de carregamento. Eu encontrei um cabo compatível e pus o laptop para carregar numa cadeira próxima, enquanto conversávamos. Fiquei olhando para o aparelho, impaciente. Enfim, perguntei, afetando tanta indiferença quanto pude, se ela achava que ele já estava suficientemente carregado. O restaurante era barulhento, então saímos e caminhamos até uma Barnes & Noble ali perto. Ela abriu o laptop de novo. Olhando de um lado para outro, navegou por uma série de subpastas, fotos de sessões passadas e documentos do Word de aparência inócua.

"Antes da ordem de dar todos os meus celulares, meu computador", ela disse, enquanto mergulhava mais profundamente no seu disco rígido, "eu enviei a gravação para mim mesma, para todos os meus e-mails." Ela concordou em dar à Kroll as senhas para todas as contas, e sabia que eles encontrariam qualquer uma que ela não contasse. Mas, a fim de deixar para si uma pequena janela de oportunidade, disse-lhes que não conseguia lembrar de uma das senhas. Então, enquanto a Kroll limpava as demais contas, uma por uma, ela logou justamente naquela para a qual estava, supostamente, recuperando a senha. Dessa conta, encaminhou o áudio para um e-mail temporário descartável e, em seguida, limpou a caixa de enviados. Por fim, ela baixou os arquivos naquele velho laptop, que enfiou no fundo de um armário. "Eu não sabia ao certo se funcionaria", ela disse. "Foi parecido com...", fez um barulho de sufoco e segurou a respiração, como alguém se preparando para o pior. Mas a Kroll não voltou a bater na sua porta, e o laptop acumulou poeira, sem carga, por dois anos.

Na tela em frente a ela, Gutierrez chegou a uma pasta nomeada Mama. Nela havia arquivos de áudio intitulados Mama1,

Mama2 e Mama3: as gravações que ela tivera que recomeçar freneticamente a cada vez que seu telefone emitia um novo alerta sobre a vida da bateria, que estava acabando, durante a operação policial. Ela me deu um par de fones de ouvido e eu as escutei. Estava tudo lá: as promessas de ajudar na carreira, a lista de outras atrizes que ele tinha ajudado, o encontro com o policial que Weinstein pensava ser um fotógrafo da TMZ. Na gravação, o pânico de Gutierrez transparecia. "Eu não quero", dizia ela, no corredor do lado de fora do quarto, recusando-se a ir mais longe, enquanto o tom de Weinstein se tornava ameaçador. "Eu quero ir embora", acrescentou. "Eu quero descer." A certa altura, ela perguntou por que ele tinha pegado nos seios dela no dia anterior.

"Ah, por favor, me desculpa, vem, é só entrar", Weinstein respondeu. "Estou acostumado com isso. Vamos lá. Por favor."

"Você está acostumado com isso?", Gutierrez perguntou, incrédula.

"Sim", disse Weinstein. E acrescentou, "Não vou fazer de novo".

Depois de quase dois minutos de discussão no corredor, ele finalmente concordou em voltar ao bar.

Weinstein adulava, ameaçava, intimidava e não aceitava um não como resposta. Porém, mais que isso, era uma prova cabal. Era indiscutível. Ali, ele admitia não apenas um crime, mas um padrão de comportamento. "*Estou acostumado com isso.*"

"Ambra", eu disse, removendo os fones de ouvido. "Precisamos levar isso a público."

Tirei um pen drive do bolso e o empurrei pela bancada na direção dela.

"Eu não posso dizer o que você deve fazer", falei. "Essa decisão é sua."

"Eu sei disso", ela respondeu. Fechou os olhos, parecendo indecisa por um momento. "Eu topo", falou. "Mas não agora."

II.
Bloom

A segunda reunião com Gutierrez me atrasou para um drinque com uma amiga, ex-assistente de Phil Griffin, meu ex-chefe na MSNBC. "Essa é a história mais importante em que já trabalhei", disse a ela por mensagem de texto. "Se estou atrasado, é porque absolutamente não tive escolha." Depois do jornalismo, o drama e o atraso eram as minhas duas grandes paixões.

"Não se preocupe, espero que tudo esteja indo bem", ela respondeu, tolerante.

Ainda estava me desculpando quando cheguei ao pequeno bistrô francês onde tínhamos planejado nos encontrar. Quando perguntei sobre Griffin, ela disse que era curioso que eu o mencionasse — pois ele também tinha perguntado de mim.

Griffin foi quem me deu uma chance e me trouxe para a NBC. Era um produtor talentoso, que fez carreira ocupando diversos cargos na CNN e depois no *Today* e no *Nightly News*. Na CNN, ele havia se especializado em esportes. Era apaixonado por beisebol, e não se irritava com a incompreensão que eu demonstrava durante seus monólogos apaixonados sobre o assunto. Costumava dizer que o sonho da vida dele era trabalhar para o New York Mets, mas a gente tinha a impressão de que estava só brincando. No comando da MSNBC, supervisionou os períodos de maior sucesso do canal de TV a cabo, e também sobreviveu aos seus pontos baixos mais brutais. Griffin era filho de um executivo da Macy's, e cresceu nos subúrbios ricos dos arredores de Nova York e Toledo.[63] Barbeado, careca e emotivo, ele tinha o jeito despreocupado de um homem que quase sempre conseguiu o que quis.

Nos dois anos desde que meu programa fora cancelado, nosso contato se limitou a breves e cordiais encontros de trabalho. Perguntei-me se a ex-assistente foi apenas educada com aquele comentário sobre Griffin ter perguntado de mim e, em caso contrário, por que eu estaria no radar dele.

Harvey Weinstein fizera diversas ligações para Boies, seu advogado, para falar de Rose McGowan, pouco após o tuíte dela no outono anterior. Mas foi só naquela primavera que Weinstein mencionou a NBC.

"Ouvi dizer que eles estão fazendo uma matéria", disse Weinstein. Queria saber se Boies tinha ouvido alguma coisa. Boies disse que não. Dali a poucos dias, Weinstein telefonou de novo e repetiu a pergunta.

Nesse segundo telefonema, Weinstein pareceu insatisfeito com as respostas do advogado. "Conheço gente na NBC", Weinstein lembrou a Boies. "Vou descobrir tudo."

Por anos, Weinstein teve o hábito de ligar apreensivo para seus advogados, para conversar sobre as empresas jornalísticas que investigavam histórias problemáticas sobre ele. Mas havia algo diferente dessa vez: ele começou a dizer às pessoas ao seu redor que recebia informações direto da NBC. Logo depois, mencionou alegações sobre exatamente quanto a rede sabia — e o nome do repórter que trabalhava na matéria.

Nas semanas seguintes, continuei me encontrando com Gutierrez na Barnes & Noble da Union Square. Ela me disse que se reuniria comigo, com Greenberg e com o departamento jurídico da NBC para reproduzir o áudio e mostrar a eles o contrato. Mas ainda estava lidando com a ideia de entregar as provas de fato.

Após um dos encontros, hesitei um pouco, mas acabei ligando de novo para minha irmã Dylan. "Ah, então você precisa dos meus conselhos outra vez", ela disse, com um leve tom de provocação na voz.

Expliquei a situação: uma fonte, uma gravação, um contrato. Todas as pessoas com quem conversei eram informantes em potencial que podiam retransmitir informações para Weinstein. Caso um dia eu chegasse a montar a matéria toda, apresentaria a reportagem a ele e pediria seu comentário. Mas, por enquanto, eu estava vulnerável, e avisos recebidos das minhas fontes sobre as táticas de Weinstein me deixaram nervoso e preocupado. "A quem eu peço ajuda com isso?", perguntei a ela. "Em quem eu devo confiar?"

Ela pensou por um momento. "Você tem que ligar pra Lisa Bloom."

Lisa Bloom era o tipo de advogada que aparece na TV interpretando o papel de advogada, porém o uso que ela fazia dessa plataforma parecia voltado a defender não apenas seus clientes, mas também o ideal de proteger sobreviventes da violência sexual que confrontam os ricos e poderosos. Ela escreveu e falou repetidas vezes em defesa de minha irmã, quando outros poucos o fizeram. "Você, sua irmã e sua mãe se portaram com elegância e dignidade durante a tempestade, empoderando sobreviventes de abuso sexual por toda parte", escreveu uma vez para mim. "O mínimo que eu podia fazer era falar em público sobre a credibilidade óbvia de Dylan."[64]

Bloom tinha aparecido muitas vezes no meu programa, representando as acusadoras de Bill O'Reilly e de Bill Cosby. "Pessoas ricas e poderosas saem impunes. Eu vejo isso todos os dias no meu próprio trabalho", ela disse, durante um bloco sobre Cosby.[65] "Represento muitas vítimas de predadores ricos e poderosos. A primeira coisa que eles fazem é partir para a ofensiva contra a vítima, tentam desenterrar qualquer coisa do passado dela que possam usar para envergonhá-la." Ela vira como "as mulheres têm a reputação manchada, ou sofrem ameaças de ter a reputação manchada".[66]

Quando Bloom atendeu, ofereci manter nossa conversa em off. Ela descartou a proposta. "Por favor", disse. Tinha uma voz calorosa, com um toque de rouquidão. "Na maioria das vezes, eu *quero* fazer comentários, você sabe disso."

"Obrigado", falei. "Mesmo assim, gostaria de lhe dizer uma coisa de forma confidencial."

"Claro", ela disse.

"Eu sei que não temos sigilo cliente-advogado, mas, como um colega advogado, confio em você. Se eu te perguntar sobre uma história delicada, você se sentiria confortável a ponto de prometer não mencioná-la a mais ninguém até que seja divulgada?"

"Completamente", ela respondeu.

Eu disse que estava trabalhando numa matéria que envolvia acordos de confidencialidade barra-pesada e pedi sua opinião quanto à exequibilidade deles. Ela disse que os acordos em geral se sustentavam: muitas vezes estipulavam indenizações financeiramente devastadoras como uma das penalidades da violação e continham cláusulas de arbitragem que lhes permitiam ser executados em segredo, em vez de o serem no tribunal. (Curiosamente, o acordo de Gutierrez, em tudo mais draconiano, não tinha essa cláusula de arbitragem.)

Algumas empresas, como a Fox News, haviam recentemente recusado executar os acordos de confidencialidade assinados por ex-funcionários com queixas de assédio sexual. Bloom disse que tudo dependia de quem impunha a execução.

"Ajudaria se eu soubesse de quem se trata, Ronan." Ela pronunciou isso bem devagar.

"E você me dá a sua palavra de que isso será mantido em segredo?"

"Você tem minha palavra", ela disse.

"É sobre Harvey Weinstein."

Eu estava no meu apartamento, olhando para uma parede de janelas em estilo de armazém lá fora. Através de uma delas, um pedaço de um estúdio de balé era visível. Um vulto de costas, vestindo collant, entrou e saiu do meu campo de visão, num passo retesado.

"Vou atrás dele, vou pedir seu comentário, caso a matéria avance a esse ponto", continuei. "Mas, enquanto isso, é importante para essas mulheres que a informação não chegue ao pessoal dele."

Outra pausa. Então Lisa Bloom falou, "Entendo perfeitamente".

Tanto Gutierrez como McGowan disseram que precisavam de advogados. Como repórter, eu tinha que manter distância das experiências legais das fontes. Disse a ambas que não poderia dar aconselhamento jurídico ou recomendar advogados diretamente. Mas poderia lhes indicar informações públicas sobre certos especialistas na área. Pedi a Bloom dicas de advogados com experiência em casos que envolviam acordos de confidencialidade. McGowan mais tarde faria contato com um deles.

A abordagem-padrão de Harvey Weinstein quando queria fazer ligações era berrar o nome da pessoa para quem ligaria aos assistentes posicionados na antessala do lado de fora do seu escritório. Não muito tempo depois das chamadas para Boies sobre a NBC, ele gritou dois novos nomes, "Quero o Andy Lack, agora", disse. "E Phil Griffin."

Quando Lack atendeu o telefonema de Weinstein, o chefe do estúdio e o chefe da rede televisiva trocaram algumas gentilezas. Mas Weinstein, com voz ansiosa, foi direto ao ponto. "Ei", ele disse, "o seu menino Ronan está fazendo uma matéria sobre mim. Sobre os anos 1990 e aquelas coisas."

Lack pareceu mal recordar meu nome. Sugeriu a Weinstein que tentasse falar com Griffin, meu ex-chefe na MSNBC. Em resposta, Weinstein começou a discursar sobre sua inocência e a besteira que era essa matéria.

"Andy, eram os anos 1990. Sabe? Eu saí com uma assistente ou duas com quem não deveria ter saído, dormi com uma ou duas delas, sim, claro."

Lack não disse nada em resposta.

"Era a década de 1990, Andy", Weinstein repetiu. Para Weinstein, essa parecia ser uma justificativa muito importante. Depois, com uma nota de ameaça, "Nós todos fizemos isso".

Houve uma pausa antes de Andy Lack dizer, "Harvey, não diga mais nada. Vamos dar uma olhada nisso".

Era noite quando Bloom ligou de novo. Eu estava a caminho de casa, subindo de uma estação de metrô. "Como estão indo as coisas?", ela perguntou. "Eu estive pensando. Sabe, na verdade eu conheço um pouco David Boies. E... e até Harvey, um pouco."

"Você não mencionou isso pra mais ninguém, não é?", perguntei a Bloom.

"Claro que não! Eu só, sabe, tive essa ideia de que talvez pudesse conectar você a eles."

"Lisa, esse assunto é muito delicado, e ainda é cedo demais pra isso. Eu prometo, vou entrar em contato com ele quando chegar a hora. Só, por favor, não diga nada ainda. Você me deu a sua palavra."

"Eu só acho que vale a pena avaliar essa opção", ela disse.

"Te mando notícias dos próximos acontecimentos", respondi.

Eu estava passando pela St. Paul the Apostle, uma igreja em estilo neogótico, parecida com uma fortaleza, que ficava perto do meu apartamento. Olhei para cima e logo corri para fora da sombra que ela projetava.

"Estou aqui se precisar de qualquer coisa, está bem?", disse Bloom. "Qualquer coisa mesmo."

12.
Engraçado

Naquela semana, McHugh e eu fomos ao escritório de Greenberg para atualizá-lo sobre as conversas com Gutierrez. Contei que ela se disponibilizara a fazer uma reunião com o nosso departamento jurídico para apresentar as evidências a eles. "Vamos combinar isso antes que ela dê pra trás", falei.

Greenberg estava reticente à ideia da reunião. Disse que não bastava ouvirmos o áudio: era preciso tê-lo em nossas mãos. Concordei, mas disse que Gutierrez estava prestes a compartilhá-lo, e argumentei que a reunião com a NBC poderia ajudar a convencê-la. Ele mencionou mais uma vez a preocupação de que examinar contratos pudesse nos colocar numa saia justa jurídica. "É imprescindível que cada um dos seus passos esteja dentro da lei", insistiu. Enquanto falava, fazia malabarismos com uma caneta na mesa em frente.

Eu estava assegurando a ele que todas as etapas da reportagem estariam rigorosamente dentro da lei quando o telefone de sua mesa tocou. Ele olhou para o identificador de chamadas e ficou imóvel.

"É Harvey Weinstein", disse Greenberg. "Ele havia ligado mais cedo." Eu e McHugh olhamos um para o outro. Aquilo era novidade para nós. Greenberg disse que Weinstein estava pressionando para saber detalhes acerca da matéria. Ele tinha sido todo elogioso, disse que era fã do meu trabalho, fã do canal. Depois mostrou as garras.

"Ele disse que tinha contratado advogados", disse Greenberg. Folheou algumas notas diante de si.

"David Boies?", perguntei.

"Ele mencionou Boies, mas tinha outro cara também. Aqui está, Charles Harder." Harder era um advogado do mais alto estilo pit bull que, recentemente, conseguira fechar o site de fofocas Gawker num caso de invasão de privacidade movido pelo bilionário Peter Thiel.[67]

"Disse a ele que obviamente não poderia entrar em detalhes da reportagem", continuou Greenberg. "Vamos fazer tudo segundo a lei. Ele que ligue quantas vezes quiser."

Nossa reportagem estava num limbo. Gutierrez ainda estava pensando se ia ou não liberar o áudio. A agente de Rosanna Arquette parou de retornar minhas ligações. A atriz inglesa tinha confirmado a história que sua agente me contara, depois ficou receosa e se calou. Ashley Judd, cujos comentários sobre um executivo de estúdio não identificado apresentavam ecos das alegações de McGowan e Gutierrez — uma reunião que havia passado do restaurante para o quarto do hotel, um pedido esquisito de que ela assistisse o cara tomando banho —, não respondeu às minhas perguntas.

Certa tarde, em março, achei um canto tranquilo na redação — perto de umas baias que tinham sido esvaziadas por conta de uma reforma — e liguei para Annabella Sciorra. Fazia semanas que um ou outro me dizia que ela podia ter o que contar. Sciorra fora criada no Brooklyn, numa família de italianos, e fez seu nome em filmes como *A mão que balança o berço*. Mais tarde, recebeu uma indicação ao Emmy por seu papel como atriz convidada em *Família Soprano*. Tinha fama de interpretar personagens difíceis e duronas, mas, quando atendeu o telefone, sua voz soou fininha e cansada. "Achei tão estranho você ter me escrito", ela disse, a respeito da mensagem privada que lhe enviei no Twitter pedindo seu número. "Não sabia do que se tratava, mas sou telespectadora da MSNBC, sabe, então fiquei feliz em ajudar."

Respondi que estava fazendo uma matéria sobre denúncias de assédio sexual contra Harvey Weinstein, e que duas pessoas disseram que ela talvez tivesse algo para me contar.

"Ah, isso", ela disse, dando uma risada muito breve e talvez forçada. "Estranho, já ouvi algo sobre isso antes. Quem te contou?"

Disse a ela que não poderia revelar minhas fontes sem permissão. "Se você souber de algo, pode ajudar muita gente", falei. "Mesmo que só possa falar como anônima."

Do outro lado da linha, Sciorra estava em sua sala de estar no Brooklyn, fitando o East River. Ela hesitou, depois disse, "Não, não teve nada". Outra risada minúscula. "Sei lá, acho que eu não fazia o tipo dele." Agradeci e disse para me ligar caso lembrasse de alguma coisa. "Queria poder ajudar", respondeu. "Sinto muito."

No início de abril, sentei à minha mesa e vi uma mensagem que acabara de chegar. "Ei", estava escrito. "Aqui é Matthew Hiltzik. Tenho uma perguntinha rápida pra te fazer." Hiltzik era um nome famoso das relações públicas. Costumava trabalhar para personalidades da imprensa, que o consideravam confiável, e por anos cuidou da comunicação de Katie Couric. Anos antes, cheguei a ser cliente dele por um breve período, quando me vi tragado pela enxurrada de fofocas sobre mim e minha família. A própria MSNBC havia sugerido seu nome, e achei que ele teve bastante empatia ao tratar do caso. Era uma espécie de profissional isento que não fazia distinção ideológica e lidava com os dois lados da moeda. Tinha fortes ligações tanto com os Clinton como com os Trump. Ivanka Trump era cliente de sua empresa, e dois subordinados dele, Hope Hicks e Josh Raffel, foram trabalhar na Casa Branca na gestão Trump.

Pouco depois, Hiltzik telefonou. "E aí, como vai?", falou, num tom animado. No fundo, um zumbido de vozes dava a impressão de que ele estava saindo de uma festa. "Estou num evento e a Hillary está falando agora."

Hiltzik nunca telefonava sem motivo. Contei apenas vagamente como estava. "Fazendo uma coisa aqui, outra ali", respondi. "Tentando entregar um livro no prazo." Na época, minhas noites eram gastas na longa e dura elaboração de um livro sobre o declínio da diplomacia na política externa americana.

"Então imagino que suas outras pautas estejam na gaveta por enquanto", disse Hiltzik. "Como te disse, estou aqui com a Hillary e encontrei o Harvey, com quem já trabalhei algumas vezes."

Fiquei em silêncio.

"Na verdade, ele acabou de chegar aqui e ficou me perguntando, 'Quem é esse tal de Ronan? Ele anda fazendo perguntas sobre mim? Está me investigando?'."

"Você está trabalhando pra ele?", perguntei.

"Não exatamente. Eu e ele temos uma história de anos. Ele sabe que te conheço e me pediu um favor. Eu disse, 'Fique calmo, Harvey, Ronan é um cara legal, vou conversar com ele'."

"Estou apurando uma série de pistas e realmente não posso falar de nenhuma delas até que estejam de fato apuradas."

"É para a NBC?", perguntou Hiltzik.

"Bem, é lá que eu trabalho. Sou repórter investigativo da NBC."

"Isso é sobre Rose McGowan?", pressionou. "Porque ele me disse que podia esclarecer esse assunto." Medindo minhas palavras, respondi que informações eram sempre bem-vindas. Ouvi uns gritos abafados ao fundo. "Ele é muito engraçado", disse Hiltzik. "Está sempre falando um monte de..." (pausa para efeito dramático) "... coisas *engraçadas*."

Duas horas depois, recebi uma mensagem de Hiltzik. "Esse cara é hilário. Falei pra ele o que você me disse e ele me pediu pra te retornar." Então, me ligou novamente para falar de Weinstein. "Ele nem sempre reage de um jeito normal", disse Hiltzik. "Está meio perturbado com isso. Está chateado."

"Que pena", respondi.

"Às vezes as pessoas ficam agressivas e tentam esculhambar a vida dele sugerindo que tenha algo de podre nessa história. Ele me disse que as mesmas histórias ficam voltando o tempo todo e que a conclusão é sempre que não eram verdadeiras, ou que o eram só até certo ponto, e jamais tão graves quanto as pessoas achavam." Contou que a *New Yorker* e a *New York Magazine* foram atrás dessas histórias, e que um dos repórteres "tinha acabado de ligar pra todos os conhecidos dele. Isso o deixou meio acuado, meio à flor da pele".

"O que você quer dizer com 'à flor da pele'?", perguntei.

"O cara está mais velho, amadureceu um tanto. Não acho que vá agir agora, mas..."

"Agir?", eu disse.

"Bem, o cara não é burro. Ele vai fazer alguma coisa. Olha, você tem seu livro pra terminar, certo? Então, isso está na gaveta agora", ele disse. Olhei para as anotações que fizera durante a ligação, e minhas sobrancelhas se ergueram quando percebi que Hiltzik deixara escapar uma pista pequena porém útil.

Aplausos soaram do outro lado da linha. "Em que evento você está?", perguntei.

Hiltzik explicou que Hillary Clinton acabara de ter uma conversa de bastidor com Weinstein, que era seu amigo de longa data e arrecadava fundos para sua campanha. Depois disso, ela subiu ao palco para discursar no Women in the World.

Na mesma hora, mandei uma mensagem para Greenberg contando da ligação de Hiltzik. No dia seguinte, ele me ligou. A conversa começou com amenidades, mas de um jeito meio tenso. Ele ficou falando do meu livro de diplomacia de um jeito que dava para perceber que estava contornando para falar de outro assunto. Então disse, "A propósito, encontrei o Noah hoje. A gente falou de um milhão de coisas, não foi uma reunião pra falar disso nem nada, mas daí ele perguntou sobre a sua pauta favorita". Deu risada. "Falei pra ele que havia fumaça, mas que eu não sabia se necessariamente havia fogo. Não temos prova de nada concreto. Disse a ele: Noah, se você me perguntar agora, vou te dizer que, na verdade, acho que não temos uma história."

Lembrei a Greenberg que eu tinha ouvido um áudio no qual Weinstein admitia ter assediado uma mulher, e que eu tinha visto sua assinatura num acordo de confidencialidade no valor de 1 milhão de dólares. Insisti para agendarmos a reunião entre Gutierrez e os advogados do canal. "Isso não está na pauta do dia, acho que não é prioridade agora", disse. "Acho que, no ponto em que estamos, é melhor deixar esse assunto descansar um pouco."

"O que você quer dizer com 'descansar um pouco'?", perguntei.

"Quero dizer, você sabe, deixar esse negócio na gaveta", disse Greenberg. *Essa frase, de novo*, pensei. "Tem um monte de coisas promissoras acontecendo pra você, Ronan. Você tem uma porção de pautas em andamento, a série está indo bem. Você sabe que não precisa focar nisso nem nada."

Minutos depois, eu estava com McHugh na linha. Ele estava tão confuso quanto eu. "Parece que alguém deu uma chamada nos caras", ele disse. "Primeiro essa história com Hiltzik e Harvey, agora isso? Não parece coincidência."

"Tenho certeza que estão sofrendo pressão e tenho certeza que vão resistir. O Noah vai bancar isso."

"Bem... Nosso chefe imediato não quer que a gente continue com a reportagem. Você vai ter que decidir se obedece ou não."

"Se a gente conseguir mais evidências, eles mudam de ideia", respondi.

Um dia, no entanto, McHugh disse a Greenberg que tinha reservado uma tarde para dar uns telefonemas sobre a pauta de Weinstein, e Greenberg simplesmente disse que "isso pode ficar pra depois". Estava se criando uma situação inescapável, do tipo Ardil 22: precisávamos de mais evidências para sustentar a matéria, mas agora, se fôssemos atrás das pistas abertamente, corríamos o risco de arruinar tudo. "E quando a gente precisar rodar mais entrevistas? Como vai ser?", perguntou McHugh.

"Estamos indo superbem", me disse Alan Berger, da Creative Artists Agency (CAA). A Falha de Santo André podia se romper totalmente, e Los Angeles podia escorregar para dentro do Pacífico, que os agentes ainda diriam a seus clientes que tudo estava indo superbem. "Aquela sua matéria sobre prisões que passou no noticiário da noite... Uau!", continuou. Ele tinha uma voz calorosa e avuncular, com um sotaque que se sentiria à vontade em qualquer parte de Long Island. Era conhecido no meio como um ótimo negociante.

"Você sabe que seu contrato termina neste outono, né?"

"Eu sei", respondi. Estava em casa. No estúdio de balé do outro lado da rua, alguém encerava o chão. A apuração do caso Weinstein crescera tanto que havia suplantado outras pautas e interesses de carreira. Naquela mesma semana, a editora que publicaria meu livro sobre política externa tinha cancelado o contrato e jogado a toalha após vários atrasos da minha parte em entregar o texto.

"Eles te amam lá na NBC", ele disse. "Noah vai muito com a sua cara. Todo mundo te vê fazendo coisas maiores lá dentro."

"Bem, estou trabalhando numas pautas que estão tornando as coisas um pouco..."

"Um pouco o quê, Ronan?"

"Não posso falar disso, Alan. Só me avise se achar que há algo estranho."

"Você é hilário, Ronan", disse Berger, rindo. "Continue como está. E não encha o saco de ninguém."

13.
Pau

Folheei as anotações que fiz durante o telefonema com Hiltzik, e reli o que ele disse sobre a *New Yorker* e a *New York Magazine*. Eu sabia que Carr, com suas suspeitas de perseguição e intimidação, já fora atrás dessa história pela *New York Magazine*. Mas isso tinha sido no começo dos anos 2000. O comentário de Hiltzik sobre Weinstein estar "à flor da pele" sugeria que alguém havia tentado mais recentemente.

Enviei outra mensagem para Jennifer Senior, redatora que trabalhou com Carr. "Você consegue descobrir se mais alguém da *New York Magazine* foi atrás daquela pauta que a gente discutiu? Ouvi falar que alguém cavou essa história mais recentemente, depois do David."

"Sim, teve isso aí", ela respondeu. "Acabei de olhar no meu e-mail. Mas, nesse caso, não me sinto à vontade em te contar quem foi." Ao que tudo indicava, a tentativa de pauta não tinha dado certo. Pedi que ela transmitisse uma mensagem minha ao repórter misterioso.

Já na *New Yorker*, Ken Auletta — redator conhecido por seus perfis meticulosos e bastante completos de executivos de negócios e da mídia — havia perfilado Weinstein em 2002. Sob o título "A Bela e a Fera", a matéria não fazia nenhuma menção explícita a assédio sexual, mas insistia na ideia de que a brutalidade seria a marca de Weinstein. Auletta escreveu que ele era "espetacularmente grosseiro, até ameaçador". E havia uma passagem curiosa e chamativa que falava nas entrelinhas. Auletta notou que as pessoas que faziam negócios com Weinstein "se sentiam 'estupradas' — uma palavra frequentemente invocada por quem lida com ele".[68] Enviei uma mensagem a um conhecido que trabalhava na *New Yorker* pedindo o e-mail de Auletta.

Auletta tinha 75 anos. Crescera em Coney Island, filho de mãe judia e pai italiano. Havia algo de elegante e europeu no modo como ele falava e se portava. E ele era um repórter experiente e cuidadoso. "É claro que a história ia além do que pudemos colocar na revista", me disse por telefone. Ele estava numa sala vazia perto da redação. Em 2002, Auletta foi atrás das alegações de que Weinstein teria atacado mulheres, e chegou a perguntar isso diretamente numa entrevista gravada. Os dois estavam sentados no escritório de Weinstein em Tribeca. Weinstein se levantou, o rosto todo vermelho, e gritou para Auletta, "Você está querendo fazer minha mulher largar de mim?". Auletta também ficou de pé, "pronto pra dar uma surra nele", mas Weinstein se encolheu, voltou para a cadeira e se pôs a choramingar. "Ele basicamente me disse, 'Olha, eu nem sempre ando na linha, mas amo minha esposa'." Weinstein não negou as acusações.

Auletta não havia conseguido uma confissão gravada como a de McGowan, nem uma prova concreta como a gravação e o contrato de Gutierrez. Mas tinha conversado com Zelda Perkins, uma das duas ex-funcionárias da Miramax em Londres que estavam envolvidas num acordo de assédio sexual com Weinstein. Embora Perkins estivesse assustada demais para falar abertamente, Auletta conseguiu usar seu relato para forçar Weinstein a admitir que existia algum tipo de acordo com ela e com outra funcionária em Londres. Weinstein chegou a apresentar à *New Yorker* o cheque anulado usado na transação, provando que ele não fora emitido pela Disney, empresa que controlava a Miramax, mas por dinheiro privado de uma conta pertencente ao irmão de Weinstein, Bob.

Acontece que ele só pôde ver os cheques em off. Quando os dois irmãos foram se encontrar com Auletta e com o editor da *New Yorker*, David Remnick, levando David Boies a tiracolo, Weinstein não forneceu nenhuma das informações adicionais que eles esperavam que pudesse tornar aquilo tudo publicável. Ele apresentou aos jornalistas apenas negações furiosas e um temperamento descontrolado.

Anos mais tarde, Auletta continuava visivelmente frustrado. Era como um desses investigadores de homicídio que passam a noite em claro pensando no caso que escapou de suas mãos. "Fiquei obcecado por isso", me contou. "Quando terminei a matéria, estava convencido de que ele é um predador, um estuprador em série, e que expor tudo isso seria uma espécie de serviço à sociedade." Após a investigação inicial, tentara desenterrar essa pauta duas vezes — uma delas recentemente, depois do incidente com Gutierrez —, mas não obteve apoio. "Se você tiver alguma chance de conseguir o que eu não consegui", ele disse, "siga em frente."

Rose McGowan havia permanecido em contato conosco, pedindo que fôssemos gravar mais coisas com ela. Em nossas conversas, mencionou que estava recebendo demonstrações de apoio. A agente literária Lacy Lynch, que repassou para ela o contato de Seth Freedman (aquele ex-redator empático do *Guardian*), também estava encaminhando manifestações de solidariedade. Um desses e-mails chegara no mesmo dia em que conversei com Auletta: era uma mensagem da Reuben Capital Partners, empresa de administração financeira sediada em Londres, convidando McGowan para um projeto de caridade chamado Mulheres em Foco.[69] A empresa planejava um jantar de gala no fim do ano e queria que McGowan fizesse um discurso, "Temos grande interesse no trabalho de Rose McGowan em defesa dos direitos das mulheres e acreditamos que seus ideais coincidem com os de nossa nova iniciativa".

"Parece legal", escreveu Lynch a McGowan. "Adoraria falar com eles por telefone para saber mais disso aí."

O e-mail da Reuben Capital Partners estava assinado por Diana Filip, vice-diretora de investimentos sustentáveis e responsáveis.[70]

Na manhã seguinte, um e-mail que eu só obteria vários meses depois chegou à conta privada de Harvey Weinstein no Gmail. "Informações de RF" era o assunto da mensagem. "SIGILO PROFISSIONAL."

"Harvey", dizia a mensagem, "segue um resumo das informações que coletei até agora sobre Ronan Farrow."[71] Havia vários documentos anexados. Uma seção do e-mail intitulada "Pessoas relevantes que Farrow anda seguindo" trazia uma lista de acusadores que eu de fato tinha encontrado e outros que eu não tinha. O e-mail dizia que McHugh e eu havíamos passado a seguir "do nada", nas redes sociais, um punhado de pessoas associadas a McGowan, em datas próximas à de nossa entrevista com ela, e especulava que eu talvez tivesse conseguido fazê-la falar. A mensagem também dizia que eu era "um fã" de Lisa Bloom, parecendo avaliar seu nível de acesso a mim, e falava das minhas tentativas de entrar em contato com Judd, Sciorra e Arquette. Por fim, havia uma análise da probabilidade de cada uma delas falar, e menções a todas as declarações públicas que aquelas mulheres fizeram sobre violência sexual e que podiam servir como um sinal de alerta.

Uma seção intitulada "Emprego de Farrow" continha uma lista exaustiva de colegas de trabalho que poderiam fornecer acesso ou informações. Havia os nomes mais óbvios, como os dos correspondentes investigativos com quem eu trabalhava e que apareciam na televisão, a exemplo de Cynthia McFadden e Stephanie Gosk. Mas a lista também incluía colegas de trabalho que não seriam publicamente identificáveis, como um estagiário da NBC cuja mesa ficava ao lado da minha.

Uma seção biográfica parecia procurar por coisas que pudessem ser usadas contra mim. Lá estava o que eles descreveram como "drama familiar" causado por "sua irmã Dylan Farrow, que acusou o pai deles, Woody Allen, de estupro". O assunto do qual passei anos tentando fugir voltava para me assombrar.

O e-mail fora enviado por Sara Ness, investigadora de uma empresa chamada PSOPS. A firma era administrada pelo casal Jack Palladino e Sandra Sutherland. Um raro perfil dos dois na revista *People* os comparava a uma versão menos glamourosa de Nick e Nora Charles, o casal de detetives de *A ceia dos acusados*.[72] Segundo o *Washington Post*, Bill Clinton contratou Palladino durante a campanha presidencial de 1992, para "desmentir histórias de mulheres que diziam ter tido relações com o governador do Arkansas".[73] No fim dos anos 1990, Palladino recebeu o apelido de Pau do Presidente.[74] Ele disse que nunca violou a lei, mas tinha orgulho de acrescentar que "ia até o seu limite".[75]

"Jack está no exterior, mas eu o mantive informado sobre a investigação e conversarei com ele esta semana sobre todas as questões e possíveis estratégias que eu e você discutimos ontem", escreveu Ness a Weinstein naquele dia, em abril. Ela prometeu que enviaria um dossiê mais completo e formal. A mensagem deixava claro que aquela pesquisa inicial faria parte de um esforço maior envolvendo outras partes, não só a empresa de Palladino, e que o dossiê era apenas uma salva de abertura.

Enquanto isso, Rich McHugh e eu continuávamos insistindo na ideia de apurar melhor a história de Weinstein, e Greenberg continuava dizendo para nos concentrarmos em outras pautas. Greenberg era nosso chefe. As conversas começavam a ficar esquisitas e desconfortáveis. Mas, depois do contato com Auletta, ficava cada vez mais claro que tínhamos conseguido mais evidências concretas do que qualquer jornalista antes sobre uma história que permaneceu enterrada por décadas.

"O que a gente vai fazer?", perguntei a McHugh. Estávamos encolhidos num canto da redação.

"Não faço ideia", ele respondeu. "Acho que se você procurar o Greenberg... bem, ele disse pra você deixar a pauta na gaveta..."

"Ele não nos deu nenhuma ordem direta para parar", argumentei, meio cansado de tudo. "Disse que poderíamos fazer outra reunião para tratar desse assunto."

"É", disse McHugh, num tom cético.

"Mas talvez a melhor estratégia seja a gente se armar com o máximo de argumentos possível antes dessa reunião", admiti.

"É o que eu penso", ele disse. "Vamos continuar a apuração."

Concordamos em reforçar a apuração até termos um corpo de evidências simplesmente inquestionável. Só então voltaríamos a procurar a chefia, pedindo perdão em vez de permissão. Ligações podiam ser feitas discretamente. Mas discutimos sobre como continuar gravando entrevistas em vídeo sem que isso chegasse aos ouvidos de Greenberg.

No dia seguinte, McHugh me levou até o computador dele. "Já temos o o.k. da direção pra filmar o quê? Três, quatro matérias?" Estávamos trabalhando em várias pautas sobre abuso de drogas, e naquela sobre a Dow Chemical e a Shell que estavam contaminando terras da Califórnia com resíduos tóxicos. "Você acha que consegue agendar as entrevistas do caso Weinstein dentro do cronograma das outras pautas?", ele perguntou.

"Bem... Consigo. Mas elas ainda assim continuarão aparecendo como entrevistas do caso Weinstein", respondi.

"Não necessariamente", ele disse. "É bem comum a gente acrescentar uma entrevista que surgiu do nada enquanto estávamos viajando. E podemos rotulá-las como quisermos."

Havia um limite para quanto dava para escondermos um trabalho. O tema de qualquer nova entrevista continuaria aparecendo em relatórios de despesa, mas talvez desse para evitar chamar a atenção da chefia.

McHugh foi passando pelo servidor da NBC onde havia uma lista de diretórios com os conteúdos da nossa pauta. Em seguida, transferiu os arquivos de Weinstein de uma pasta chamada "MANDACHUVA DO CINEMA" para outra. Olhei para a tela e dei risada. A nova pasta, relacionada à pauta dos resíduos na Califórnia, se chamava "VALE DO VENENO".

Parte 2

Baleia-branca

14. Foca

Os homens estavam sentados à mesa habitual de Harvey Weinstein nos fundos do Tribeca Grill, perto da cozinha. Era dia 24 de abril. Weinstein estava lá, assim como Dylan Howard, do *National Enquirer*, e um agente da Black Cube. O agente parecia jovem, com cabelos escuros e um forte sotaque.

Lanny Davis entrou e examinou o salão de cima a baixo. Era um sujeito magro, de sessenta e poucos anos, cabelos grisalhos e com bolsas debaixo dos olhos. Foi criado em Jersey por um pai dentista e uma mãe que trabalhava como gerente no consultório do marido. Na Faculdade de Direito de Yale, tornou-se amigo de Hillary Rodham e, depois, de Bill Clinton. Após uma fracassada candidatura ao Congresso e alguns anos de prática jurídica, converteu essa amizade no cargo de defensor mais caloroso do casal em momentos de escândalo e impasse político.[1]

Foi assim que Davis subiu de nível e passou a ser chamado para trabalhos que lhe pagavam 1 milhão de dólares para, por exemplo, dissimular o abuso de direitos humanos na Guiné Equatorial com suas habilidades de lobista, ou 100 mil por mês para fingir que estava tudo normal numa eleição fraudulenta na Costa do Marfim.[2] Se um passageiro desaparecesse deixando uma mancha de sangue no convés do seu navio de cruzeiro, ou se o presidente criticasse o nome racista do seu time de futebol, lá estaria Davis. Certa vez, tentando entrar em contato com a figura, perguntei a Jonathan quem poderia ter seu número. "Sei lá, Pol Pot?", ele respondeu.

Weinstein — que o conhecera num evento em homenagem a Hillary Clinton e sabia quanto David estava familiarizado com as acusações sexuais feitas contra Bill Clinton — telefonara para ele naquela primavera, a fim de recrutá-lo.

Assim que chegou ao Tribeca Grill naquela manhã, Davis disse a Weinstein que não poderiam conversar na presença do agente da Black Cube caso Weinstein quisesse manter o sigilo profissional entre cliente e advogado. "Não posso falar na presença de quem não é advogado", disse Davis. "Se eu for intimado, terei que informar se havia mais alguém na reunião."

Weinstein pareceu se irritar.

"Ah, pode. Pode, sim", ele disse. "Você pode manter o sigilo profissional, já que ele trabalha pra mim." Aquilo era uma simplificação grosseira da lei, mas Weinstein foi insistente e Davis cedeu.

Weinstein começou a falar sem parar. Disse que McGowan era uma doida, uma mentirosa. Weinstein queria desacreditar todas as mulheres que, segundo ele, faziam-lhe acusações falsas.

"Meu conselho é: não faça isso", disse Davis a Weinstein. "Mesmo que você realmente ache que está certo."

Weinstein se pôs a berrar, "Por quê? Por quê? Por quê? Por quê?".

"Porque pega mal", disse Davis.

Dylan Howard sorriu, o que era comum. O homem da Black Cube, não. Poucas horas após a reunião no Tribeca Grill, o dr. Avi Yanus, diretor financeiro da Black Cube, enviou um e-mail aos advogados de Weinstein na Boies Schiller Flexner, dizendo que o encontro fora "produtivo" e que Weinstein concordara com uma prorrogação de dez dias no serviço que a Black Cube lhe prestava. Uma fatura foi anexada à mensagem. O e-mail continuava, "Estamos como sempre empenhados em lhe proporcionar serviços de inteligência cruciais a este caso e em alcançar todos os nossos principais objetivos com absoluto sucesso".[3]

Dissequei o antigo perfil que Auletta escrevera sobre Weinstein em busca de fontes que pudessem me levar aos dois acordos sucessivos fechados em Londres. Liguei para um monte de gente. Uma dessas ligações foi para Donna Gigliotti, a produtora de *Shakespeare apaixonado* que havia me desencorajado quando nos falamos pela primeira vez. Agora, no entanto, ela se mostrou mais aberta. "Tem uns documentos desses, sim. Documentos em que ele nunca admite nenhum tipo de culpa, mas que envolvem grandes pagamentos em dinheiro", ela disse. "Você precisa encontrar esses documentos, mas as vítimas jamais têm permissão de ficar com eles." Perguntei se ela se referia a documentos como, por exemplo, aqueles contratos das duas mulheres que fizeram acusações contra Weinstein em Londres. "Se você encontrar esses papéis, talvez a gente possa conversar. Antes disso, acho que não posso fazer nada por você", ela disse, não sem antes me repassar os nomes de vários ex-funcionários que trabalhavam no escritório de Londres na mesma época e que poderiam ajudar.

Agradeci pela ajuda, mas ela não estava nada otimista. "Nada vai parar esse cara", me disse. "Ele vai esmagar essa matéria."

Celebridades desciam de SUVs, inclinavam a cabeça se desviando da tempestade e ingressavam no jantar de gala anual da revista *Time*, comemorando sua lista das "100 pessoas mais influentes". Eu não estava na lista. Estava, contudo, encharcado.

"Sou um aquário", falei, entrando no Time Warner Center. "Sou o enredo de *Chinatown*."

Minha mãe deu de ombros. "Chuva está sempre na moda. É um clássico."

O evento estava repleto de figuras da televisão, e tive a oportunidade de cometer gafes com várias delas. Megyn Kelly, toda elegante num vestido de lantejoulas, com seu carisma capaz de te fazer se sentir a única pessoa importante num salão apinhado de gente, mencionou o novo programa que faria na NBC. Eu a parabenizei, mas logo engatei que sentia muito por "aquele negócio no Twitter". No mesmo minuto, percebi minha bola fora. Kelly saiu da Fox News depois que divulgaram uma sequência de vídeos curtos nos quais ela fazia comentários sobre pessoas negras que, dependendo do ponto de vista, podiam parecer ou desajeitados ou maldosos. "Aquele negócio no Twitter" era uma publicação minha, em que eu dizia que um de seus comentários era racista. Um tendão se destacou em seu pescoço. "Eu também cometi muitos erros quando estava nesse ponto da carreira em que você se encontra agora", ela disse, com um sorriso duro. "Você é tipo um foca."

Ainda molhado, dei meia-volta em direção ao banheiro, ao balcão de bebidas ou a qualquer lugar onde não tivesse que conversar com ninguém. Em vez disso, esbarrei em Andy Lack. Ao nos cumprimentarmos, ele olhou para mim como se estivesse processando alguma informação. Tinha algumas entradas no cabelo grisalho, e seu sorriso era afável porém avassalador. Aos quase setenta anos, tivera uma carreira eclética cuja constante fora sua vocação criativa. Assim como Oppenheim, sonhara com Hollywood quando jovem. Estudou teatro na Universidade de Boston e, depois de se formar, conseguiu papéis em alguns comerciais e num espetáculo da Broadway intitulado *Inquest*, sobre Julius e Ethel Rosenberg.[4] "Era um sujeito charmoso e carismático", me diria uma pessoa próxima a ele. "Sua formação no teatro realmente trouxe um diferencial para a área de criação." Durante os anos 1980, sua grande conquista foi o *West 57th*, na CBS News: um programa ousado e elegante inspirado no formato clássico das revistas antigas. Em sua primeira passagem como executivo da NBC News, na década de 1990, conseguiu pôr ordem na casa após uma fase de confusão e queda de audiência.[5] Depois disso, assumiu cargos na Sony Music e na Bloomberg Television, e, em 2015, a NBC o trouxe de volta ao antigo lar.

Lack continuava me examinando.

"Ronan", me apresentei.

"Sim", ele disse, finalmente, como se estivesse puxando uma âncora lá do fundo da memória até a superfície. "Claro, claro."

Disse que Oppenheim falava muito de mim. Agradeci seu apoio ao jornalismo investigativo e busquei algum tipo de conexão pessoal com ele. Então lembrei que meu irmão tinha acabado de comprar sua antiga casa em Bronxville, Nova York.

"Parece que você deixou um cofre gigante que eles ainda não conseguiram abrir", eu disse.

Lack deu risada. "É verdade. Deixei um cofre velho ali." Contou que o cofre já estava lá quando ele se mudara para aquela casa, e que também nunca tinha conseguido abri-lo. "Às vezes é melhor deixar as coisas como estão", disse, dando de ombros.

O salão começou a esvaziar conforme as pessoas se dirigiam a um anfiteatro ao lado para o jantar. Caminhando na mesma direção que a turba, encontrei minha mãe. Logo em seguida, vi que Oppenheim se aproximava de nós. "Esse é o Noah", sussurrei para ela. "Diga a ele que você gostou de *Jackie*."

"Mas eu não gostei de *Jackie*", ela disse.

Lancei-lhe um olhar fulminante.

Eles se cumprimentaram, e Oppenheim me puxou para o lado.

"Harvey está aqui", ele disse. "Vai sentar ao meu lado no jantar."

Olhei-o fixamente. Ele estava a par de todos os dados da investigação. "Você sabe que ouvi uma gravação na qual ele admitia que assediou uma mulher", eu disse.

Oppenheim ergueu as mãos num gesto defensivo. "Eu acredito em você!", ele disse.

"Não se trata de *acreditar*..." Deixei a frase morrer. "Não mencione nada disso, é claro."

"Claro", ele disse.

Momentos depois, vi Oppenheim na entrada do anfiteatro, conversando com um sujeito enorme, enfiado num smoking preto folgado. Harvey Weinstein estava se recuperando de uma cirurgia no joelho e se apoiava numa bengala.

Na primeira semana de maio, a Black Cube ligou para Weinstein com novidades promissoras. "Informamos ao cliente que, após esforços significativos de nossa parte, agendamos uma reunião em Los Angeles na semana que vem. Acreditamos que essa reunião levará à descoberta de inteligência de alta qualidade e de evidências concretas para os fins do nosso trabalho", escreveu Yanus, diretor da Black Cube, aos advogados de Weinstein na Boies Schiller.[6] Essa nova fase do projeto também exigiria uma nova injeção de recursos. Passados alguns dias, em 12 de maio, Christopher Boies, filho de David Boies e sócio do escritório, supervisionou a liberação de outros 50 mil dólares para a Black Cube.

Dias antes, Lynch, agente de Rose McGowan, havia proposto que McGowan se encontrasse com Diana Filip, da Reuben Capital Partners, que estava interessada em incluí-la no evento Mulheres em Foco.

"É um prazer entrar em contato contigo, Rose", escreveu Filip.

"O prazer é todo meu", respondeu McGowan.

No mesmo dia em que esse último pagamento da Boies Schiller caiu na conta da Black Cube, Filip e McGowan por fim se encontraram no Belvedere, o arejado restaurante mediterrâneo em tom pastel do hotel Peninsula, em Beverly Hills. Filip tinha maçãs do rosto salientes, nariz proeminente e um cabelo loiro puxando para o castanho. Também tinha um sotaque elegante cuja origem McGowan não conseguiu identificar. McGowan era cética em relação a estranhos, mas Filip parecia saber tudo sobre ela e, mais que isso, entendê-la. A atriz baixou a guarda, só um pouquinho.

15. Ruído

Jennifer Senior cumpriu sua promessa e me apresentou a Ben Wallace, repórter da *New York Magazine*, responsável pela mais recente tentativa do veículo de investigar a pauta de Weinstein. Liguei para ele numa tarde de maio, quando saía do Rockefeller Plaza, e Wallace me contou o quão frustrante tinha sido aquela pauta, e como tudo que ele apurava parecia cair magicamente e de imediato nos ouvidos de Weinstein. "Todo mundo era agente duplo", me disse.

Isso parecia especialmente verdadeiro no caso de várias fontes que ofereceram ajuda. Ele suspeitava que a tal Anna, a europeia que lhe contou uma história sobre Weinstein, estivesse escondendo algo. Suas perguntas pareciam estranhas. Ela queria saber não apenas quantas fontes ele tinha, mas quem eram elas, e parecia querer extrair muito mais informação do que ela própria fornecia. Às vezes, parecia pressioná-lo a dizer coisas que provariam que ele já tinha um lado e estava sendo parcial. Quando finalmente contou sua história naquele bar de hotel, o relato era banal e vago. Disse que ela e Weinstein tiveram um caso, e que as coisas terminaram mal. Queria vingança. Sua atitude melodramática parecia saída de um novelão. Quando estendeu o pulso na direção dele, Wallace desconfiou que ela pudesse estar gravando a conversa. Disse a Anna que entendia seu lado, mas que os relacionamentos consensuais de Weinstein não eram da conta dele. Depois foi embora do bar e nunca mais atendeu suas ligações.

Wallace teve a mesma impressão ao receber um e-mail de Seth Freedman, o ex-redator do *Guardian* que também se oferecera para ajudar. Freedman disse que estava "fazendo uma grande reportagem sobre a indústria cinematográfica com um grupo de jornalistas internacionais". O objetivo era "dar um panorama atual de como Hollywood e outras capitais cinematográficas funcionavam". Sua conversa era a de que ele havia esbarrado "em diversas informações que não poderíamos usar nas nossas matérias e que poderiam ser úteis para você. Ficaria feliz em compartilhá-las com você, caso tenha interesse".[7] Acontece que, depois de várias conversas com Freedman, Wallace não conseguiu extrair dele nenhuma informação relevante. "O que ele queria era arrancar de mim tudo que eu tinha ouvido das minhas fontes, o que eu tinha descoberto", explicou Wallace. Desconfiado, eliminou esse contato também.

Pessoas ligadas a Weinstein começaram a ligar para a revista. Às vezes, ameaçavam revelar informações comprometedoras sobre Wallace sem nunca especificá-las. Weinstein exigiu que a revista marcasse uma reunião com sua equipe jurídica e com investigadores da Kroll. Wallace achava que o objetivo da reunião era "entregar alguma espécie de dossiê desmoralizando mulheres que poderiam ter sido minhas fontes, e a mim mesmo". A *New York Magazine* se recusou a marcar a tal reunião. Em janeiro de 2017, após três meses de apuração, Wallace e seu editor, Adam Moss, decidiram desistir do assunto. "Chegou uma hora que a revista simplesmente não podia se dar ao luxo de gastar um tempo indefinido naquela pauta", me disse Wallace.

Aquilo tudo claramente mexeu com ele. Quando Weinstein e sua equipe começaram a telefonar para a *New York Magazine* demonstrando estarem estranhamente a par de tudo que ele apurava, Wallace comprou uma trituradora de papel e destruiu suas anotações. "Nunca estive tão paranoico", me contou. "Havia muito mais ruído do que em qualquer matéria que eu já tinha apurado."

Wallace não obteve nenhuma declaração em on, tampouco teve acesso a acordos ou gravações. No entanto, conseguiu reunir uma lista de mulheres com queixas e acusações. Nela, estavam nomes que eu já tinha ouvido, como o de Asia Argento, a atriz italiana que vários ex-colegas de Weinstein me sugeriram que encontrasse. Ele também conseguiu algumas entrevistas em off nas quais vítimas faziam relatos completos, ainda que não revelassem seus próprios nomes — incluindo o relato de uma ex-assistente que fora assediada por Weinstein e que prestou queixa ao RH de sua empresa.

"Por favor", eu disse. "Pergunte a ela se toparia falar comigo."

O estúdio do quarto andar era separado da redação por um vidro onde eu às vezes vislumbrava meu reflexo. Ganhei uns quilos na primavera, e todas aquelas externas em Los Angeles me renderam algum bronzeado. Havia certa euforia em torno de mim, de McHugh e de nossa pequena série investigativa. Estávamos recebendo aquele tipo de prêmio de jornalismo de TV do qual uma pessoa normal nunca ouviu falar. De vez em quando surgia um elogio na mídia ou em veículos que cobrem a mídia. O chefe de comunicação da NBC News, Mark Kornblau, trabalhou no Departamento de Estado na época em que eu estava lá. De vez em quando tomávamos café, e ele sempre me encorajou, desde minha transição da MSNBC para o canal aberto. Kornblau e sua equipe ajudavam nessa cobertura positiva, fornecendo citações ou permitindo que eu fornecesse.

A boa vontade parecia se estender a outros. Um veterano da NBC chamado David Corvo me parou no corredor. Ele era produtor executivo do *Dateline*. Um sujeito baixo e empolgado, com uma barba espessa, que trabalhava na NBC desde meados dos anos 1990. Ele era próximo a Lack. "Vamos tomar um café", disse Corvo. "Você está fazendo exatamente o tipo de matéria que a gente quer."

Acabara de anoitecer quando Ambra Gutierrez e eu nos sentamos à mesa de um restaurante tranquilo no bairro dos teatros. O lugar se chamava Brazil Brazil. Eu havia passado o mês inteiro tentando encontrar outra forma de conseguir a gravação. Fontes da polícia me disseram que acreditavam em Gutierrez. Estavam convencidos de que tinham as provas necessárias para acusar Weinstein, apesar da decisão da procuradoria de não fazê-lo. Nenhuma dessas conversas, no entanto, me deixou mais próximo da gravação.

Já havia tentado tudo que podia com Gutierrez para ver se ela me deixava acessar sua cópia. E se eu simplesmente xeretasse o computador enquanto ela fosse ao banheiro? "Não", ela disse. Tinha muito a perder e estava preocupada com o irmão. "Preciso trazê-lo das Filipinas para cá", falou. Parecia cada vez mais nervosa.

Fora Jonathan quem, na noite anterior, tinha sugerido outra manobra que talvez fornecesse uma negação plausível.

"E se você gravar a gravação dela? Se colocar um microfone junto ao alto-falante? Desse modo, seria um arquivo novo. Ela nunca teria te transferido nada."

"Que diferença faz?"

"Me parece um passo a menos. Não haveria troca de arquivos. Esqueça, é viagem minha."

"Peraí, acho que pode funcionar."

"É boa demais a minha ideia."

Dei risada.

Além do mais, eu não tinha nenhuma ideia melhor. Naquela noite, virei para Gutierrez e fiz essa última tentativa. "Isso não deixaria nenhum rastro de compartilhamento, nenhum pen drive que pudesse ser descoberto. Eu teria um documento que simplesmente não saiu do seu disco rígido."

Ela respirou fundo. Continuei sentado, olhando para ela, pensando que não havia a menor chance de ela aceitar.

"Talvez", ela disse, tirando da bolsa um MacBook velho. "Tá, talvez valha a pena tentar."

Senti uma onda de adrenalina. Nós dois sabíamos da precariedade daquela cobertura. Ela estava assumindo um risco.

Agradeci. Ela aquiesceu, abrindo o laptop. Na mesma hora, peguei meu telefone.

"Espera", ela disse. "Tem um problema."

O MacBook era velho e os alto-falantes já não funcionavam. Me inclinei em sua direção e disse bem rápido, "Ambra, se eu conseguir um alto-falante externo, você estará aqui quando eu voltar?".

Ela olhou ao redor e fez uma cara de dúvida.

"Me dê vinte minutos", falei.

Saí correndo do restaurante e peguei o lado oeste da rua 46. Para onde ir? Aquelas lojinhas para turistas que vendem bonés com a inscrição "I Love New York" na Broadway deviam ter uma seção de eletrônicos, mas eu não sabia ao certo onde procurar. Peguei o celular e busquei a loja de eletrônicos mais próxima. Era mais longe, mas ao menos era certeza que eu teria o que precisava. Passei pela multidão que aguardava o horário dos musicais, cheguei à esquina e acenei freneticamente para os táxis que passavam.

Quando finalmente tropecei para dentro da loja, estava ensopado de suor. Desci apressado uma escada rolante e parei diante de uma prateleira que parecia conter milhares de caixas de som.

"Oi, posso ajudar?", perguntou um funcionário.

"Preciso de uma caixinha de som", ofeguei.

"Bem, acho que o senhor veio ao lugar certo", ele disse, sorridente. "Temos caixas em Bluetooth, Wi-Fi, USB. O senhor está procurando algo que seja ativado via Alexa? Essa aqui tem luzes de LED bem legais." Olhei para ele com cara de maluco. Quinze minutos depois, corria de volta para o restaurante com quatro alto-falantes diferentes, todos mais caros do que deviam custar, batendo uns contra os outros dentro da sacola. Gutierrez ainda estava lá, e me deu um sorriso nervoso.

Tirei uma das caixas de som da embalagem num jardim que ficava nos fundos do restaurante. Felizmente, o Bluetooth do Mac velho funcionou. Combinamos que ela acionaria o play entre um arquivo e outro. Se reproduzíssemos as quebras entre as seções, daria para sacar que aquilo vinha do telefone dela, e não da cópia presumivelmente ininterrupta da polícia. Ela respirou fundo e disse, "Espero que a justiça seja feita a outras mulheres". Nos afundamos atrás do laptop. Ela acionou o play, e capturei dois minutos de uma mulher aterrorizada lutando para fugir de uma suíte de hotel enquanto um homem bruto não aceitava ouvir um não como resposta. "Vamos lá", ouvi-o dizer novamente. "Estou acostumado com isso."

Eu precisava de uns conselhos. No dia seguinte, bati na porta do escritório de Tom Brokaw, no quinto andar do 30 Rock. Nos meus primeiros meses de NBC, Brokaw se aproximou de mim na fila de um café que havia no saguão do prédio e disse que tinha visto meu programa. Ele achava que eu estava tentando fazer algo mais inteligente que a média naquele formato.

"Obrigado", eu disse. "Vindo do senhor, isso significa muito pra mim."

"Tom, por favor", ele replicou. "Ninguém aqui é professor nem aluno."

Ele aceitava meus convites para ir ao ar comigo mais vezes do que o estritamente necessário em termos de cortesia, e sempre fazia ótimos comentários, cheios de eloquência e conteúdo histórico.

Àquela altura Brokaw tinha uns setenta e tantos. Alguns anos antes, fora diagnosticado com câncer de sangue. Naquele dia de maio, caminhou por seu escritório, me mostrou fotos de Meredith, sua esposa havia mais de cinquenta anos, e contou histórias da velha Hollywood.

"Mas e aí? O que posso fazer por você?", disse finalmente.

Contei-lhe que estava trabalhando numa pauta complicada e achava que ela não estava recebendo o devido cuidado. Mencionei os comentários de Greenberg nos aconselhando a deixá-la na gaveta.

"Sei que o Noah vai bancar minha pauta", eu disse. "Só fico preocupado com a interferência até que ela fique pronta."

"Você tem que confiar no seu taco, Ronan", ele disse. "Se desistir, sua credibilidade vai pro saco." Dei risada. Brokaw concordava com a ideia de juntar o máximo de pistas possível antes de voltar a falar com a chefia. Quando eu tivesse tudo arrumado, ele ligaria para Andy Lack e Noah Oppenheim.

"Aliás, sobre quem é a pauta?", enfim perguntou.

Hesitei por um momento, mas logo disse que era sobre Weinstein. O clima caloroso que preenchia o escritório logo se dissipou. "Sei", ele disse. "Bem, nesse caso tenho que te contar que Harvey Weinstein é meu amigo."

Os dois se conheceram quando Brokaw estava buscando dicas para um documentário sobre veteranos de guerra, ele disse. Weinstein havia sido legal com ele.

Merda, pensei. *Tem alguém que não seja amigo desse cara?*

"Suponho que ainda possa contar com a sua confiança", falei.

"Claro", ele respondeu, me levando até a porta com uma expressão perturbada.

O telefone tocou assim que saí. Era Lisa Bloom. "Ei!", ela disse animada, e começou a falar sobre uma modelo que ela representava e que tinha sido vítima de *revenge porn*. "A gente devia se encontrar para conversar", disse Bloom. "Posso te conseguir uma entrevista com ela."

"Claro", respondi, distraído.

"A propósito, você ainda está trabalhando naquela pauta sobre acordos de confidencialidade?"

Bloom me disse que conhecia Weinstein e sua equipe — e claro que ela estava interessada na sua marca e tinha todo o interesse do mundo em manter a imprensa por perto —, mas era uma pessoa de caráter, e eu sentia que podia confiar nela. Além disso, era advogada. Respeitar os segredos alheios era a base de nossa profissão.

"Estou", respondi, depois de um instante.

"Então está avançando", ela disse.

"Bem... estou trabalhando nisso."

"Você conseguiu ver algum desses acordos?"

Fiz uma pausa novamente. "Estou ciente de alguns acordos específicos, sim."

"Com quantas mulheres você está conversando? Pode me dizer quem são?", perguntou. "Se puder me dizer com quem está falando, talvez eu possa te ajudar a descobrir mais coisas."

"Não posso falar sobre fontes específicas", respondi. "Mas já formam um grupo considerável, e ele está crescendo. Se tiver algum conselho pra me dar de como protegê-las contra qualquer tipo de responsabilização judicial, agradeço."

"Claro", ela disse.

Desligamos o telefone, e vi que tinha recebido outra saraivada de mensagens no Instagram vindas do mesmo usuário misterioso. Dessa vez, a mensagem final trazia a foto de uma pistola. Uma das mensagens dizia, "Às vezes temos que ferir aqueles que amamos". Tirei umas cópias impressas e fiz uma nota mental para buscar alguém na NBC com quem pudesse falar sobre segurança.

16.
ADH

Quando o telefone tocou novamente, as notícias eram bem melhores. Ben Wallace, da *New York Magazine*, tinha novidades para mim. Disse que aquela ex-assistente que não havia topado falar em on na matéria dele, concordara em conversar comigo.

Na semana seguinte, últimos dias de maio, fui encontrá-la no saguão de um hotel de Beverly Hills. Não sabia como ela era fisicamente, mas não foi difícil reconhecê-la. Era loira, esbelta e incrivelmente bonita. Quando me viu, deu um sorriso nervoso. "Ei", ela disse. "Eu sou a Emily."

Emily Nestor tinha vinte e tantos anos, e era formada em direito e em administração pela Universidade Pepperdine. Na época, trabalhava para uma startup de tecnologia, mas buscava algo que lhe desse um senso de propósito um pouco maior. Falou que queria fazer algo no ramo de educação, quem sabe com crianças carentes. Anos antes, nutrira ambições no ramo cinematográfico. Sonhava em trabalhar com produção, talvez um dia administrar um estúdio. Sua experiência como assistente temporária, no entanto, serviu para abalar a confiança dela naquele meio. O assédio ocorrera de forma casual e metódica, e isso a fez recear que houvesse ali um padrão. A resposta que obteve quando se queixou daquele comportamento a deixou desiludida.

Expliquei o que já havíamos conseguido: que McGowan e Gutierrez teriam seus nomes publicados na matéria, havia um áudio e cada vez mais executivos aceitavam falar diante das câmeras. Mas reconheci o quão precário ainda era tudo aquilo.

Quando Nestor me disse que pensaria no assunto, ela ainda parecia assustada. Temia uma retaliação, mas dava para notar que tinha convicções fortes demais para se esquivar.

Dias depois, ela me disse que topava. Concordou em falar diante das câmeras, embora não quisesse revelar o nome e exigisse que se ocultasse seu rosto, ao menos no começo. Mais tarde ela veria como se sentia e se topava avançar um pouco mais. Além disso, tinha provas: mensagens de Irwin Reiter, executivo sênior que trabalhou para Weinstein por quase três décadas, reconhecendo o incidente e dizendo que fazia parte de uma cultura predatória dentro da empresa. Uma terceira mulher e mais evidências concretas: parece que esse era o salto que eu estava esperando.

"Quando mostrarmos isso pra ele, Noah vai pôr no ar. Tem que pôr no ar", eu disse a McHugh.

De volta a Nova York, fui a um jantar de gala no Museum of the Moving Image, onde os figurões do cinema e da imprensa se reuniriam para homenagear Lester Holt e Roy Price, diretor da Amazon Studios. O ator Jeffrey Tambor, que estrelava a série *Transparent*, da Amazon, fez um brinde a Price. Noah Oppenheim fez as honras em nome de Holt, elogiando sua cobertura inflexível de temas difíceis. Em seguida, voltou ao seu lugar na mesa da NBC, ao lado de David Corvo, produtor do *Dateline*. Perto dali, na mesa da Amazon, Harvey Weinstein aplaudia.[8]

Pouco tempo depois, Nestor, McHugh e eu estávamos num quarto de hotel com vista para a marina que cintilava sob o sol em Santa Mônica. Amarrávamos as pontas da matéria, tentando torná-la simplesmente inderrubável antes de mostrá-la à chefia. A entrevista com Nestor foi agendada na esteira de uma viagem ao Vale Central da Califórnia para a matéria dos poluentes.

Enquanto ajustávamos a iluminação e ocultávamos o rosto dela na sombra, Nestor disse que, assim que Weinstein visse a matéria, lhe daria um troco "pessoal e vingativo". Em dezembro de 2014, ela trabalhara como assistente temporária na Weinstein Company, em Los Angeles. Tinha 25 anos e ficava no balcão de entrada da empresa. Era qualificada demais para o emprego, mas achou que aquilo seria divertido e que lhe daria uma boa ideia de como funciona a indústria do entretenimento. Em seu primeiro dia, dois colegas já lhe disseram que ela "fazia o tipo" de Weinstein. Assim que chegou ao escritório, o próprio Weinstein fez comentários sobre sua aparência, referindo-se a ela como "aquela moça bonita". Perguntou sua idade e, em seguida, mandou todo mundo sair da sala. Ele a fez anotar seu número de telefone num papel.

Weinstein disse para ela ir tomar um drinque com ele naquela noite. Nestor inventou uma desculpa, mas ele continuou insistindo até que ela propôs um café da manhã bem cedo, no dia seguinte, imaginando que ele não aceitaria. Weinstein lhe disse para encontrá-lo no hotel Peninsula, um de seus lugares favoritos. A essa altura, amigos que trabalhavam na indústria do entretenimento e funcionários da empresa já a haviam alertado sobre a reputação de Weinstein. "Me vesti do jeito mais desleixado possível", ela relembrou.

No encontro, Weinstein se ofereceu para ajudá-la na carreira e começou a se gabar, enumerando seus envolvimentos sexuais com outras mulheres, incluindo atrizes famosas. "Ele virou para mim e disse, 'A gente pode se divertir bastante juntos. Posso te colocar para trabalhar no meu escritório em Londres. Você podia ser minha namorada'", relembrou Nestor. Ela recusou. Ele pediu para segurar sua mão. Ela negou. Weinstein disse, "Ah, as mulheres sempre dizem não. Ficam nessa de não, não, mas basta tomarem uma cerveja ou duas para se jogarem em cima de mim". Depois, acrescentou que "nunca tivera que fazer nada daquelas coisas que Bill Cosby fazia", num tom que Nestor descreveu como sendo "bizarramente orgulhoso". Ela presumiu que ele estivesse se vangloriando de nunca ter tido que drogar uma mulher. "O comportamento dele era a definição clássica de assédio sexual", disse Nestor. Recusou suas investidas ao menos uma dúzia de vezes. "Para ele, 'não' não era 'não'", ela disse.

Durante o café, Weinstein interrompeu a conversa para berrar com — dentre todas as pessoas possíveis e imagináveis! — um dos diretores do *Today*. Estava enfurecido porque o programa decidira cancelar um bloco com Amy Adams — estrela de *Grandes olhos*, filme produzido por Weinstein — depois de ela ter se recusado a responder perguntas sobre um escândalo recente envolvendo executivos da Sony. Após os berros, Weinstein disse a Nestor que atentasse para as notícias, pois a imprensa ficaria do lado dele e contra a NBC. Naquele mesmo dia, surgiram notas criticando o papel da NBC na briga, conforme o prometido. Weinstein ainda fez questão de parar na mesa de Nestor para se certificar de que ela havia assistido aos noticiários.

Nestor ficou perturbada ante a brutalidade com que seu chefe agia para intimidar um veículo de imprensa. A essa altura, ela já "estava com muito medo dele". "Eu sabia que ele era bem relacionado e que, se o irritasse, podia dar adeus à ideia de ter uma carreira naquele meio." Mesmo assim, decidiu contar o incidente a um amigo, e ele alertou o setor de recursos humanos da empresa. Nestor chegou a conversar com o pessoal do RH, mas desistiu de prosseguir com a queixa quando lhe disseram que Weinstein seria informado de tudo que ela dissesse. Posteriormente, várias pessoas que tinham trabalhado lá me contaram que o escritório de recursos humanos da empresa não passava de uma farsa, um lugar onde as queixas eram meramente arquivadas.

Depois disso, Irwin Reiter, vice-presidente executivo do setor financeiro da Weinstein Company, entrou em contato com ela via LinkedIn. "Nós encaramos esse assunto com muita seriedade e, pessoalmente, lamento muito que seu primeiro dia de trabalho tenha sido assim", escreveu Reiter, acrescentando que "caso esses avanços indesejados se repitam, por favor, volte a nos informar".[9] No fim de 2016, pouco antes da eleição presidencial, Reiter a procurou novamente e escreveu que "essa coisa toda com o Trump me fez pensar em você". Disse que o que acontecera com ela fazia parte de uma série de episódios de má conduta de Weinstein. "Três semanas antes daquele incidente com você, eu havia brigado com ele por causa de maus-tratos a mulheres. Mandei um e-mail duro que o levou a me chamar de 'polícia do sexo'", ele escreveu. "Tivemos uma briga épica por sua causa. Eu disse a ele que, se fosse minha filha, aquilo não teria ficado barato."[10] Nestor me enviou essas mensagens e, depois, permitiu que eu as usasse na matéria.

Nestor, traumatizada, deixou a empresa logo que cumpriu seu contrato temporário. "A verdade é que esse incidente me fez desistir de trabalhar na indústria do entretenimento", ela me contou. Às suas costas, o sol se punha sobre a marina. "É assim que o mundo funciona?", ela se perguntou. "Os caras simplesmente fazem esse tipo de coisa e saem ilesos?"

Enquanto McHugh e eu suávamos para entrevistar toxicologistas, autoridades locais e residentes expostos a lixo tóxico no Vale Central, o número de fontes da Miramax e da Weinstein Company dispostas a conversar crescia. Num bar em West Hollywood, encontrei uma ex-funcionária que havia trabalhado muito próximo a ele. Ela disse que o assédio já era parte constitutiva da vida profissional de Weinstein. Quando trabalhavam juntos, ele ficava pedindo a ela que estivesse presente no início de suas reuniões com mulheres jovens. Reuniões essas que, em muitos casos, já tinham sido transferidas do dia para a noite, do saguão para o quarto de hotel. Ela contou que o comportamento de Weinstein era descarado. Durante uma reunião com uma modelo, ele exigiu que a funcionária dissesse à moça "o bom namorado que ele era". Quando ela se recusava a participar de reuniões com mulheres, Weinstein reagia com uma raiva por vezes aterrorizante. Uma ocasião, eles estavam numa limusine quando ele começou a abrir e fechar a porta várias vezes berrando, com a cara toda vermelha, "Vai se foder! Você tinha que me dar cobertura!".

Weinstein fazia os assistentes administrarem suas relações com mulheres. A pessoa que estava no cargo antes dela arquivara vários contatos em seu telefone numa pasta chamada "ADH": Amigas de Harvey. "Aquele era um comportamento sistemático que ele mantinha havia muito tempo", ela me disse.

Pegou seu iPhone e buscou uma frase que escrevera no bloco de notas alguns anos antes. Fora algo que Weinstein tinha sussurrado — aparentemente para si mesmo — depois de uma de suas explosões de raiva, e que a deixou tão nervosa que ela simplesmente pegou o celular e anotou palavra por palavra, "Fiz coisas na vida que ninguém sabe".

Essa mesma ex-funcionária me indicou outras tantas pessoas e, na virada de junho para julho, comecei a gravar entrevistas com elas. "Havia um monte dessas reuniões entre Harvey e jovens que queriam ser atrizes ou modelos", disse uma ex-executiva chamada Abby Ex, com o rosto oculto na sombra, numa entrevista gravada num quarto de hotel em Beverly Hills. "Ele marcava os encontros tarde da noite, geralmente em bares ou quartos de hotel, e pedia que uma executiva ou assistente mulher estivesse lá no início, para que as moças se sentissem mais confortáveis." Disse que se recusava a participar desse tipo de reunião, a despeito da insistência de Weinstein, mas que viu algumas delas acontecerem e testemunhou em primeira mão que havia uma cultura de agressões físicas e verbais.

Ex me disse que seu advogado a alertara sobre o risco de me contar aquelas coisas. Seu contrato de trabalho incluía um acordo de confidencialidade que podia lhe render um processo de centenas de milhares de dólares. "Mas", ela disse, "acredito que isto seja mais importante do que manter um acordo de confidencialidade."

***

Voltei para a casa de Jonathan depois das entrevistas e sentei à mesa da cozinha, debruçado sobre as transcrições das conversas. Ele apareceu vestindo uma camiseta com motivos científicos e um astronauta.

"Você jantou?", ele perguntou.

"Não", respondi, ainda olhando para a tela.

"Vamos sair para comer algo saudável. Ou qualquer porcaria, tanto faz."

"Não posso", eu disse. Me toquei de que fazia um tempo que a gente não fazia nenhum programa juntos. Tirei os óculos e esfreguei os olhos. "Desculpa, sei que ando cheio de coisa."

Ele sentou à mesa a meu lado. "Sim, agora a gente só fala de assédio sexual. Uma merda."

Meu telefone apitou. Era uma notificação de mensagem. "Digite Sim para receber alertas meteorológicos", dizia. Fiquei olhando para a mensagem, confuso. Aquilo era Los Angeles: uma cidade que simplesmente não tem variação climática.

"Você está escrevendo pra alguém!", disse Jonathan ao fundo. "Espero que ele valha a pena! Espero que ele seja melhor do que isso aqui!"

"Sim, com certeza", respondi, ignorando a mensagem.

17.
666

Enquanto os ex-funcionários de Harvey Weinstein conversavam comigo, o próprio Weinstein conversava com a Black Cube. No dia 6 de junho, os representantes da agência se encontraram com Weinstein e seus advogados no escritório da Boies Schiller em Nova York para anunciar notícias exuberantes. Após a reunião, Yanus, diretor da Black Cube, escreveu para Christopher Boies. "Foi um grande prazer encontrar você e seu cliente hoje e apresentar nosso relatório final. Conseguimos alcançar os objetivos do projeto e atender às três cláusulas da taxa de sucesso [...], a mais importante das quais é identificar quem está por trás da campanha negativa que está sendo perpetrada contra o cliente." Ele anexou uma fatura no valor de 600 mil dólares.[11] O contrato com a Black Cube estipulava que as "taxas de sucesso" mencionadas por Yanus fossem pagas caso Weinstein utilizasse frutos do trabalho da agência em litígios ou na imprensa; caso a Black Cube "conseguisse parar a campanha de difamação" contra Weinstein; ou caso seus operadores descobrissem o "indivíduo ou entidade por trás" dessa campanha.

Uma semana depois, Yanus enviou outro e-mail. "Bom dia, Chris. Será que pode nos dizer o status do nosso pagamento?"[12] Mais uma vez, sem resposta. No dia 18 de junho, Weinstein se encontrou com a Black Cube em Londres e, segundo o e-mail bastante mal-humorado que Yanus enviou a Boies logo em seguida, "repassou todas as nossas descobertas e discutiu possíveis etapas futuras para ajudar no caso do cliente de vocês, que novamente elogiou bastante o nosso trabalho".[13]

Enquanto Weinstein deixava a fatura na geladeira, seu relacionamento com a Black Cube se tornava mais e mais tenso. Yanus ligava para ele e dizia com toda a delicadeza, "Você não nos pagou". Num dia bom, Weinstein fingia não estar ciente do fato e punha alguém do conselho da Weinstein Company na linha. "Eu não sabia disso", ele gritava para o advogado da empresa. "Pague a eles!" Mas, na maioria das vezes, o que ele fazia era gritar com a pessoa da Black Cube. "Por que estou te pagando? Você tinha que estar trabalhando nisso", dizia.

As coisas azedaram de vez no fim de junho. Weinstein perguntou se o trabalho da Black Cube poderia ter infringido a lei, o que lhe causaria eventuais problemas futuros. Ele insistia que a operação "não resolveu completamente o problema", conforme explicou um subalterno de Yanus num e-mail que resumia o impasse.[14] Weinstein lembrou à Black Cube que "outras empresas de inteligência estão envolvidas na solução dessa crise, e que a BC é apenas uma das peças de um quebra-cabeça muito maior".

No início de julho, Boies e a Black Cube finalmente assinaram um novo acordo. Weinstein concordou em pagar 190 mil dólares para dissipar o clima ruim trazido pela discordância em relação à taxa de sucesso. E a Black Cube foi contratada para implementar um novo cronograma de trabalho que duraria até novembro daquele ano, com um novo conjunto de metas mais bem definidas.

Internamente e em particular, o gerente do projeto admitiu que eles acabaram escalando menos agentes que o necessário para "resolver certas questões". Durante aquelas conversas cheias de tensão travadas com Weinstein, prometeram trabalhar mais. Eles ainda podiam resolver o problema. Só precisavam adotar uma abordagem mais agressiva.

Toda vez que McHugh e eu admitíamos aos nossos chefes da NBC que continuávamos de olho na história de Weinstein, eles começavam a falar da nossa falta de produtividade em outras frentes. McHugh logo passou a ser escalado para tarefas com outros correspondentes. Steve Chung, o advogado da NBC que tinha atenuado as hesitações de Greenberg em relação aos acordos de confidencialidade, dizendo que havia ao menos uma zona cinzenta em termos de jurisdição que poderia permitir que um veículo noticioso utilizasse aqueles acordos, me ligou para dizer que estava saindo da empresa. "Você estará em boas mãos com o restante da equipe jurídica", ele disse.

Aqui e ali, surgiam sinais de que alguém poderia nos furar. Fiz uma última tentativa desesperada de chegar a Ashley Judd: liguei para o colunista do *New York Times*, Nicholas Kristof, que havia trabalhado num documentário onde tanto eu como Judd aparecíamos. Kristof era um sujeito que escrevia sobre questões delicadas de direitos humanos e a quem eu respeitava imensamente. Achei que se alguém fosse capaz de convencer Judd a falar, esse alguém seria ele.

Quando eu disse que estava trabalhando numa reportagem sobre as mesmas questões de direitos das mulheres com que Judd tanto se importava, ele imediatamente me perguntou, "Por acaso essa matéria trata de uma pessoa cujo nome começa com H?". Respondi que sim, e Kristof ficou mudo por um momento. Depois disse, bem devagar, "Não tenho liberdade para continuar essa conversa". Desligou o telefone rapidamente.

McHugh e eu achamos que a única explicação para aquilo era que alguém do *New York Times* estava trabalhando na mesma pauta. Fiquei feliz em saber que não estávamos sozinhos, mas ansioso para seguir adiante. Quando contamos a Greenberg, ele também pareceu feliz, mas por outros motivos. "Às vezes", ele disse, "é melhor deixar alguém passar na frente."

Surgiam sinais de que nem todas as fontes esperariam para sempre. Rose McGowan passou meses envolvida com essa matéria. Desde a nossa entrevista, ela havia mandado mensagens dizendo coisas como “Posso te dar mais material” e “Isso devia ser um especial noturno. Ou uma reportagem longa, logo pela manhã. Acho que você deveria voltar para gravarmos mais coisas”.

Mas, naquele mês de julho, sua paciência parecia vacilar. “Pensei sobre o assunto e decidi que não quero prosseguir com a matéria da NBC”, ela disse. Meu estômago revirou. Ela não era a única mulher citada na história, mas sua entrevista era uma peça importante. Pedi-lhe que ouvisse o que eu tinha descoberto, antes de tomar uma decisão. Marcamos um novo encontro.

Fui até sua casa em Hollywood Hills mais uma vez. Ela abriu a porta de camiseta, sem maquiagem. Parecia cansada. Sentamos à mesa da cozinha e, enquanto ela passava um café, me disse que já tinha começado a pagar o preço por ter aberto o bico. Ela contou a Price, diretor da Amazon Studios, que Weinstein a havia estuprado. Pouco depois, seu contrato com o estúdio foi encerrado.

Enquanto isso, suspeitava estar sendo seguida. Não sabia em quem podia confiar. Perguntei-lhe se tinha amigos e familiares por perto. McGowan deu de ombros. Disse que tinha algum apoio. Ela e Diana Filip, gerente de patrimônio do projeto de direitos das mulheres, estavam ficando mais próximas. E havia outros jornalistas que a apoiavam, como Freedman, o ex-redator do *Guardian*.

McGowan disse que ficara desconfiada em relação à NBC, desconfortável com os atrasos, preocupada com — fez uma pausa — coisas que ouvira sobre pessoas de lá. Perguntei o que queria dizer com aquilo e ela balançou a cabeça. “Eu só não quero servir de carniça matinal na TV”, respondeu. Eu disse que esse não era o plano; que já tinha feito reportagens para o *Nightly News* e que aquele era o tipo de matéria que podia ir ao ar em qualquer lugar, não apenas na parte da manhã.

Disse a McGowan que havia gente boa na NBC. Como Oppenheim, que já fora roteirista e não cederia à reticência tradicional da TV. Mas disse que, para apresentar o material a ele, eu tinha que deixá-lo o mais consistente possível, e que, para isso, precisava dela. Contei a McGowan sobre o que tínhamos. Disse que havia encontrado outras histórias sobre Weinstein — não apenas boatos ou insinuações — e que as pessoas concordaram em falar, em parte porque sabiam que ela daria a cara a tapa. Ao ouvir isso, seus olhos se encheram de lágrimas. "Eu me senti sozinha por tanto tempo", ela disse.

McGowan disse que andava pensando bastante, fazendo música. Quando nos conhecemos, eu e ela criamos uma conexão justamente em torno das músicas que nós dois compúnhamos. Naquele dia, na casa dela, ficamos um tempo mostrando nossas gravações um para o outro. Enquanto uma música sua intitulada "Casa solitária" tocava, ela fechou os olhos e se ouviu cantar:

Eu me coloco em defesa
Das mulheres que não podem se defender
E dos homens medrosos
Para derrotar aquele animal
Para vê-lo afundar

McGowan recuperou a coragem. Disse que podíamos, sim, usar sua entrevista. Disse que gravaria um novo depoimento, identificando Weinstein de forma mais explícita. E se ofereceu para telefonar para o departamento jurídico da NBC e deixar claro para eles que havia dito o nome de Weinstein em on.

Minutos depois, eu estava na linha com a assistente de Oppenheim. Disse a ela que tinha conseguido algo muito importante para a matéria e que voltaria para casa num voo de madrugada para vê-lo no dia seguinte. Pedi que me encaixasse em qualquer brecha que houvesse em sua agenda.

"Já temos a matéria", disse McHugh. "O tempo está correndo."

Na manhã seguinte, já em Nova York, desci uma escada em espiral até o porão que ficava embaixo de uma agência do Bank of America. Era uma caixa-forte rara e antiquada, com uma porta circular que tinha ferrolhos nos cantos, e dava para um corredor de cofres. Um gerente do banco pegou uma caixa de metal rasa. Estava marcada com o número 666.

Ficamos olhando para o número por um instante.

"Sabe de uma coisa", ele disse, "vou pegar outra caixa pra gente."

Numa caixa menos ameaçadora, coloquei uma lista com todas as dezenas de fontes, transcrições das conversas que tivemos com elas, e uma descrição de como funcionava o padrão de assédios e acordos. Também deixei um pen drive com o áudio interceptado pela polícia. Em cima disso tudo, pus um bilhete escrito por alguém muito cansado e que já não sabia ao certo a diferença entre paranoia e pragmatismo. Seja como for, aqui vai:

> Se você está lendo isto, é porque eu próprio não posso trazer estas informações a público. Aqui estão as peças de uma reportagem que pode levar um predador em série à justiça. Vários repórteres que tentaram desvendar esta história enfrentaram intimidações e ameaças. Eu mesmo já recebi ligações ameaçadoras. Noah Oppenheim, da NBC News, tem acesso aos vídeos que integram esta matéria. Se algo acontecer comigo, por favor, faça com que estas informações sejam divulgadas.

18.
Quadribol

Noah Oppenheim parecia sem palavras. Entreguei-lhe uma lista impressa com todos os elementos da reportagem. "Uau", ele disse. "É muita coisa para digerir." Era dia 12 de julho. Da janela de seu escritório, via-se a luz do sol cair sobre o Rockefeller Plaza. Expliquei que tínhamos várias evidências concretas e fontes confiáveis. Algumas eram até suas conhecidas. Abby Ex, uma das ex-executivas que falou diante das câmeras, havia recrutado Oppenheim para dar uma melhorada, sem créditos, no roteiro de *Outro/eu*, com Ryan Reynolds.

"Levaremos esse material para Greenberg e passaremos pelos canais habituais", eu disse rapidamente. "Só queria que você estivesse ciente."

Ele ergueu a lista outra vez e olhou a página seguinte. "É claro que vou mandar isso para Rich, mas..." Pôs o papel no colo e suspirou. "Nós vamos ter que tomar algumas decisões."

"Decisões?", eu disse.

"Do tipo: será que isso realmente vale a pena?"

Ele estava sentado num sofá bege. A parede a seu lado trazia uma tela brilhante onde uma série de notícias corria ininterruptamente. Perto dali, um díptico emoldurado trazia um jogo de quadribol, feito em marcadores de texto sobre papel e assinado pelo filho de oito anos de Oppenheim.

"É uma pauta importante", eu disse. "É um cara conhecido admitindo que assediou uma mulher, e temos uma gravação disso."

"Bem, pra começo de conversa, eu não sei se isso é, você sabe, um crime", ele disse.

"É um delito", falei. "Pode dar meses de cadeia."

"Tá bom, tá bom", ele disse. "Mas temos que decidir se isso vale uma reportagem."

Encarei-o.

"Escuta", ele disse. "Você sabe quem é Harvey Weinstein. Eu sei quem é Harvey Weinstein. Mas eu faço parte dessa indústria. Não sei se os americanos comuns sabem quem ele é."

"Roger Ailes também não era um nome que todo mundo conhecia", argumentei. "Weinstein é mais famoso que ele. E se trata de um sistema, você sabe. É algo que ultrapassa sua figura individual."

"Eu sei disso. Só estou falando que vamos ter que convencer os advogados de que isso vale a dor de cabeça. Porque certamente haverá bastante dor de cabeça se a gente puser isso no ar." As lembranças paranoicas de Wallace me diziam que aquilo era verdade.

Saindo da sala, agradeci a ele e disse, "Caso eu sofra algum 'acidente'...".

Ele deu risada, bateu no papel que eu tinha lhe entregado e respondeu, "Pode deixar, farei com que isso vá ao ar".

"Obrigado. Ah, e não faça *Outro/eu 2*."

"Não sei", brincou, com ar impassível. "Talvez eu precise pensar em opções de carreira depois disso aqui."

Naquela tarde, recebi outra saraivada de mensagens estranhas no Instagram, com outra foto de arma. Mandei uma mensagem para Anna, assistente de Oppenheim, "Ei, não quero levar esse assunto até Noah, mas será que tem algum especialista em segurança na NBC com quem eu possa conversar?". Eu vinha sendo perseguido por alguns "stalkers" na internet. Coisas que pareciam "um pouco mais preocupantes que o habitual".

Ela disse que veria o que fazer.

Algumas horas depois, recebi outra ligação de Matthew Hiltzik, o assessor de comunicação. "Estou só mantendo contato", ele disse, animado. "Você estava na minha lista." Desde sua última ligação, Hiltzik havia mandado mensagens me chamando para almoçar, perguntando como eu estava, o que andava fazendo. Era um nível de interesse incomum. Naquele dia, contei que continuava lutando para fechar o livro e trabalhando em várias pautas diferentes para a NBC.

"Então você continua com aquela pauta sobre o Harvey?"

Olhei para o estúdio, ali perto. Detrás do vidro coberto de logotipos de pavão, uma âncora do jornal do meio-dia mexia os lábios, lendo manchetes que eu não podia escutar. "Estou trabalhando numa porção de pautas", repeti.

"Tudo bem!", ele disse, rindo levemente. "Sempre que precisar, estou aqui para te ajudar com informações. E acho ótimo que esteja ocupado com outras coisas."

Cheguei em casa naquela noite um pouco tenso. No elevador, ensaiei um oi para o vizinho com cara de menino que o zelador sempre dizia ser parecido comigo. Logo depois, Jonathan me ligou de um Bank of America na Costa Oeste, onde finalizava a papelada que o tornava coproprietário do cofre que eu acabara de ocupar. "Não. Perca. A chave", eu disse a ele. Enquanto conversávamos, o telefone apitou novamente: outra mensagem oferecendo alertas meteorológicos. Deslizei o dedo para recusar.

Assim que fui para a cama, apareceu uma mensagem de Lisa Bloom. "Ei, Ronan, você ainda está escrevendo sobre acordos de confidencialidade? Tenho novidades no caso Kardashian (você deve ter ouvido falar que estou representando Blac Chyna e que a família K está levantando uma questão de confidencialidade). De todo modo, estarei em NY amanhã para gravar o *The View*. Café/almoço na quinta ou sexta-feira?"[15]

Pus o telefone de lado e tentei inutilmente dormir.

McHugh e eu tínhamos marcado uma reunião com Greenberg às oito e meia da manhã. Quando ele chegou, eu estava na minha baia, exausto.

"Você está com uma cara péssima", ele disse.

"Obrigado, bom te ver também."

Minutos depois, estávamos no escritório apertado de Greenberg. "Vocês têm bastante coisa", ele disse, folheando a mesma lista impressa que eu havia entregado a Oppenheim na véspera. Então, olhou para cima e perguntou, "Posso ouvir a gravação?".

Deslizei meu telefone sobre a mesa diante dele e acionei o play. Mais uma vez, escutamos Weinstein dizer que estava acostumado com aquilo.

Um sorriso de determinação brotou nos lábios de Greenberg enquanto ele ouvia a gravação. "Foda-se esse cara, ele que processe a gente", disse, assim que o áudio terminou. "Se isso for ao ar, ele está frito."

Dissemos a ele que gravaríamos mais algumas entrevistas em vídeo com fontes da empresa de Weinstein, e escreveríamos um roteiro para a TV e uma matéria para o site. Com uma expressão que ainda parecia empolgada, Greenberg disse para nos prepararmos para a reunião com o departamento jurídico. Ao sairmos de seu escritório, McHugh e eu nos sentíamos triunfantes.

Mais tarde, recebi uma mensagem de Anna, assistente de Oppenheim, sobre os stalkers. "Passei o assunto para o RH, eles sabem como lidar com isso", escreveu. "Infelizmente, essas coisas acontecem com mais frequência do que você imagina." O RH, por sua vez, me pôs em contato com Thomas McFadden, um ex-policial já de certa idade. "Isso é bem comum", ele disse, analisando meu telefone em seu pequeno escritório. "Já vi acontecer um milhão de vezes."

"Imagino", eu disse.

"Vamos investigar", ele disse. "Geralmente descobrimos quem está te enchendo o saco, às vezes ligamos para a pessoa e pedimos pra ela parar de fazer isso. Lá de vez em quando, quando a coisa fica mais séria, acionamos nossos amigos na polícia."

"Obrigado", respondi. "Talvez não sejam só doidos que estão mandando essas mensagens. Tenho recebido uns spams esquisitos, parece que..."

"Parece que está sendo seguido?"

Dei risada. "Bem...", respondi.

Ele se inclinou na cadeira, pareceu digerir o assunto. Então me lançou um olhar simpático e disse, "Você está passando por um momento de muita pressão. Deixe isso comigo e descanse um pouco".

McGowan e sua nova amiga, Diana Filip, da Reuben Capital Partners, trocaram e-mails e telefonemas durante o mês inteiro. Para onde quer que McGowan fosse, Filip parecia magicamente ter que ir também. Alguns dias depois da minha reunião com Oppenheim, elas foram a uma festa no hotel Peninsula, em Nova York. Instigada pelas perguntas gentis da amiga, McGowan falou francamente sobre seus esforços para tornar pública sua alegação de estupro. Ela até revelou que estava conversando com um repórter da NBC News. Durante toda a conversa, Filip ficou sentada bem perto dela, ouvindo atentamente, a simpatia estampada no rosto.

No mesmo dia, Sara Ness, investigadora da empresa de Jack Palladino em San Francisco, enviou novo e-mail a Harvey Weinstein. A mensagem continha outro dossiê, bem mais detalhado.[16] Suas quinze páginas refaziam exaustivamente todos os passos da minha apuração nos meses anteriores, identificando muitas das minhas fontes. O dossiê concluía que eu entrara em contato com Sciorra, que, como "HW já havia confirmado", era "uma fonte potencialmente adversa".

A lista de repórteres também crescera: o dossiê mencionava Kim Masters, o combativo redator da *Hollywood Reporter*, além de Nicholas Kristof e Ben Wallace, e concluía que era possível que Wallace estivesse "ajudando a guiar Farrow". Também havia um novo alvo: uma repórter do *New York Times* chamada Jodi Kantor.

O dossiê identificou vários agentes duplos de Weinstein, que tinham entrado em contato comigo e em seguida informado Weinstein sobre minhas atividades. Aquela produtora na Austrália, de voz tensa, era um deles. Ela "alertou HW sobre o contato de Farrow", dizia o documento, "e não ofereceu nenhuma informação negativa sobre HW".

E havia referências mais veladas a outros colaboradores. O dossiê dizia que alguém identificado apenas como "LB" se envolvera no esforço de Weinstein para obter informações, conversando discretamente com ao menos um advogado consultado por uma das acusadoras.

"A investigação prossegue", concluía o dossiê.

Continuamos deparando com fontes que na verdade só queriam nos despistar ou que contavam tudo a Weinstein. Por outro lado, encontrávamos cada vez mais pessoas dispostas a enfrentá-lo. Havia uma ex-assistente que trabalhara com Weinstein num esquema de meio período durante suas viagens a Londres e que, segundo ela me contou, fora assediada por ele. Inicialmente, não queria falar, achando que um depoimento não valeria o risco da represália. Seus medos se agravaram quando gente ligada a Weinstein começou a telefonar para ela num tom "enfurecido", depois de vinte anos sem entrar em contato. "É uma coisa muito perturbadora. Nessa hora, você percebe que o cara está no teu encalço", ela disse. Paradoxalmente, as ligações a levaram a querer ajudar. "Eu não queria falar nada", ela disse. "Mas aqueles telefonemas me deixaram com muita raiva. Raiva de que ele ainda pense que pode silenciar as pessoas."

Essa assistente também sabia sobre Zelda Perkins, a mulher que conversou com Auletta, e sobre o acordo de assédio sexual que ela e outra colega haviam assinado. Katrina Wolfe, ex-assistente da Miramax, que mais tarde se tornou executiva, também sabia dos acordos. Wolfe gravou uma entrevista naquele mesmo mês, com o rosto oculto na sombra. "Enquanto eu trabalhava na Miramax, tomei conhecimento de duas funcionárias da empresa que tinham acusado Harvey Weinstein de agressão sexual e cujos casos foram resolvidos através de um acordo", me disse Wolfe. Não era boato: ela testemunhou diretamente o planejamento e a execução da transação.

Certa noite, em 1998, Weinstein entrou abruptamente no escritório procurando Steve Hutensky, um advogado da Miramax apelidado de Vassourinha pelos demais funcionários de Weinstein. Os dois passaram 45 minutos conversando num canto. Quem estava por perto conseguia ouvir a voz ansiosa de Weinstein. Depois disso, Hutensky ordenou que assistentes trouxessem os arquivos pessoais de duas funcionárias, incluindo Perkins, que na época era assistente de Donna Gigliotti, produtora de *Shakespeare apaixonado*.

Nos dias e semanas seguintes, Weinstein trocou ligações frenéticas com seus conselheiros, entre eles Herb Wachtell, um dos advogados mais requisitados de Nova York. (Quando eu era estudante de direito, o escritório de Wachtell era o santo graal dos estágios de verão. Cheguei a tentar uma vaga e fiquei arrasado — como só universitários ficam — quando recusaram minha candidatura. Tive que me contentar com o escritório Davis Polk, como um advogado de porta de cadeia ou como o presidente Grover Cleveland.) Wachtell e Hutensky foram atrás de um advogado britânico para Weinstein — Hutensky pediu que lhe indicassem "o melhor advogado de defesa criminal da Inglaterra". Em seguida, Weinstein embarcou num Concorde rumo a Londres para lidar pessoalmente com o problema.

Eu estava a um passo de tornar publicáveis aqueles acordos londrinos.

Continuamos gravando cada vez mais entrevistas em vídeo. Dias após a entrevista com Wolfe, conduzi outra com um ex-assistente e produtor da Weinstein Company. Ele deixou claro que o padrão de recorrência das queixas de assédio não cessou após a década de 1990. Mais recentemente, ele fora encarregado de trazer jovens mulheres para as mesmas reuniões-armadilha descritas por outros ex-funcionários. Algumas delas "não pareciam cientes da natureza dessas reuniões" e "ficavam absolutamente assustadas", disse.

Às vezes ele também ficava perturbado com o resultado das tais reuniões. "Você via mulheres que saíam daquela sala e de repente havia uma grande necessidade de... não quero dizer lidar com a situação, mas garantir que elas achassem que foram compensadas de algum modo, que receberam alguma recompensa profissional pelo que tinha acabado de acontecer", ele lembrou. "As moças pareciam completamente apavoradas." Weinstein, ele disse, tinha um comportamento "predatório" e "acima da lei que se aplica à maioria de nós e que deveria se aplicar a todos".

Filmamos a entrevista no hotel Four Seasons, em Beverly Hills. Éramos eu, McHugh e um cinegrafista freelancer chamado Jean-Bernard Rutagarama, espremidos numa baia ao lado de nossas luzes, tripés e câmeras.

Naquele mês, a Black Cube enviou a versão mais recente de uma lista de nomes. Um gerente de projetos revisou a lista no escritório satélite da Black Cube, em Londres — meio andar num arranha-céu de vidro na rua Ropemaker, onde os quadros na parede exibiam silhuetas de detetives pairando acima das agitadas paisagens urbanas. Em seguida, o gerente encaminhou a lista para uma rede de contatos em todo o mundo.

A lista continha muitos dos nomes que já apareciam nos dossiês gerados pela empresa de Jack Palladino. A linguagem das duas empresas também era semelhante. Mas a pesquisa progredira: agora, fontes secundárias que corroboravam as histórias de McGowan, Nestor e Gutierrez também eram alvos.

À medida que o verão avançava, a lista crescia e os destaques apareciam em amarelo, depois em vermelho, indicando urgência. Alguns nomes ganhavam perfis separados. Logo após nossa entrevista no Four Seasons, o perfil de um tal "JB Rutagarama" foi enviado aos mesmos destinatários de sempre. Um subtítulo explicava, "Relevância: cinegrafista que trabalha com Ronan Farrow e Rich McHugh na matéria sobre HW".[17] O perfil incluía os lugares onde Rutagarama havia estudado em Ruanda e elencava "formas de abordá-lo". Sua formatação era bem característica, com cabeçalhos em fonte Times New Roman azul, em itálico, e erros típicos de quem aprendeu inglês como segunda língua.

Entre os contatos para os quais o gerente de projetos da Black Cube enviou aquela lista e o perfil de Rutagarama, estava Seth Freedman, ex-redator do *Guardian*.

19.
Espiral

Naquele mês de julho, liguei para Auletta para contar que tinha mais informações sobre os acordos de Londres. Perguntei se ele teria mais alguma coisa que pudesse ajudar a reforçar minhas matérias. Para minha surpresa, ele disse, "Na verdade, tenho, sim". Havia entregado todos os seus blocos de anotação, documentos impressos e gravações à Biblioteca Pública de Nova York. O material não estava disponível para o público, mas ele disse que eu poderia dar uma olhada.

Os arquivos Auletta estavam guardados na Sala de Leitura de Livros Raros e Manuscritos, depois do salão principal. Era uma sala escura com estantes de vidro trancadas e filas de mesas baixas que brilhavam sob os abajures de leitura. Ao todo, a biblioteca possuía mais de sessenta caixas de papelão com os papéis de Auletta. Quando McHugh e eu entramos na sala, um bibliotecário trouxe as caixas.

Cada um de nós pegou uma caixa, e começamos a examinar seu conteúdo. Auletta havia encontrado bem menos do que nós, mas conseguira captar algumas peças essenciais do quebra-cabeça. Era estranho ver notas de quinze anos antes percorrendo caminhos tão parecidos com os nossos. E mesmo naquela época Auletta já tinha deparado com apurações inacabadas. Numa página de anotações, ele rabiscou em tinta azul, numa letra quase ilegível de médico, "David Carr: acredita em assédio sexual".

Nos blocos de espiral de Auletta, encontrei pistas que me levaram a outras pistas, e se harmonizaram com o quadro que eu vislumbrava sobre o que acontecera entre Weinstein e as duas assistentes em Londres.

No fim dos anos 1990, Perkins começou a trabalhar como assistente de Gigliotti. Na prática, isso significava trabalhar para Weinstein a maior parte do tempo. "Desde a primeira vez que fiquei sozinha com Harvey", me contou mais tarde, "tive que aprender a lidar com o fato dele estar constantemente de cueca ou simplesmente nu."[18] Ele tentava puxá-la para a cama. Perkins era magrinha, loira e parecia mais jovem do que era de fato. Contudo, já tinha uma personalidade afiada, com respostas desafiadoras e assertivas. Os avanços físicos de Weinstein nunca deram em nada, mas aquelas tentativas insistentes e intermináveis exauriam as forças de Perkins. Então ele passou a utilizá-la de outras formas. Como tantos ex-funcionários de Weinstein, ela se viu escalada como facilitadora de relações sexuais com aspirantes a atriz e modelos. "A gente tinha que trazer meninas para ele", ela disse. "No início, eu não entendia direito, mas minha função ali era a de montar armadilhas." Weinstein lhe pedia que comprasse preservativos para ele e arrumasse o quarto do hotel depois das reuniões com as jovens.

Em 1998, Perkins recebeu sinal verde para contratar uma assistente para si, o que ela esperava que diminuiria seu contato direto com Weinstein. Alertou as candidatas ao cargo de que Weinstein faria avanços sexuais e chegou a rejeitar moças "atraentes demais", "porque eu sabia que ele nunca as deixaria em paz, que aquilo não acabaria nunca". No fim, escolheu uma garota "prodígio e brilhante", formada em Oxford, mas que, mesmo décadas após o incidente, tem medo demais de retaliações para dizer o próprio nome em on.

Em setembro de 1998, durante o Festival de Cinema de Veneza, a equipe estava no Hotel Excelsior quando essa assistente apareceu tremendo depois de ficar sozinha pela primeira vez com Weinstein no quarto dele. Chorando, disse ter sofrido abuso sexual. Perkins confrontou Weinstein imediatamente, interrompendo uma reunião de almoço com um diretor proeminente no terraço do hotel. "Ele mentiu, mentiu na minha cara", lembrou Perkins. "Eu disse, 'Harvey, você está mentindo', e ele disse, 'Eu não estou mentindo; juro pela vida dos meus filhos'."

Segundo Perkins, a assistente ficou "num estado catatônico, completamente traumatizada", e com muito medo de ir à polícia. O lugar onde elas estavam, a ilha de Lido em Veneza, tornava ainda mais difícil prestar queixa. "Eu não sabia a quem recorrer", disse Perkins. "À segurança do hotel?"

Perkins fez o que pôde para garantir que a nova assistente ficasse longe de Weinstein pelo resto da viagem. Quando retornou à Inglaterra, ela notificou Gigliotti, que a encaminhou a um advogado trabalhista. Pouco depois, ela e a assistente enviaram um aviso de que estavam se demitindo da Miramax e dando início a uma ação legal.

Sua saída da empresa desencadeou aquelas frenéticas reuniões na Miramax que Wolfe me descrevera. Weinstein e outros executivos ligaram para Perkins e para a nova assistente várias vezes. Na noite em que se demitiu, Perkins recebeu dezessete telefonemas, "cada vez mais desesperados". Nas mensagens que deixava, Weinstein oscilava entre a súplica e a ameaça. "Por favor, por favor, por favor, por favor, por favor, por favor, me ligue. Estou te implorando", disse numa delas.

Perkins e a assistente contrataram advogados do escritório Simons Muirhead & Burton, com sede em Londres. No começo, Perkins se recusou a aceitar um dinheiro que ela considerava "sujo" e perguntou se não deveriam ir à polícia ou à Disney, empresa controladora da Miramax. Mas os advogados pareciam empenhados em garantir que o único resultado daquilo fosse um acordo de confidencialidade. No fim, ela e a nova assistente aceitaram um acordo de 250 mil libras, a serem divididas igualmente entre as duas. O irmão de Weinstein,

Bob, emitiu o cheque em nome do escritório de advocacia, ocultando a transação da Disney e distanciando-a de Harvey.

Num exaustivo processo de negociação que durou quatro dias, Perkins conseguiu adicionar ao contrato cláusulas que ela esperava que poderiam mudar o comportamento de Weinstein. O acordo exigia a nomeação de três "administradores", sendo um deles advogado, que ficassem responsáveis por lidar com denúncias de assédio sexual na Miramax. A empresa foi obrigada a fornecer provas de que Weinstein faria terapia por um período de três anos ou "enquanto o terapeuta julgasse necessário". O acordo também exigia que a Miramax informasse a Disney sobre o comportamento de Weinstein e o demitisse caso outro acordo de assédio sexual fosse assinado nos dois anos seguintes.

A empresa implementou as mudanças solicitadas no setor de recursos humanos, mas as demais partes do contrato não foram cumpridas. Perkins passou meses pressionando, depois desistiu. "Eu estava exausta. Me senti humilhada. Já não conseguia trabalhar nesse ramo no Reino Unido por causa das histórias que circulavam a respeito", relembrou. Acabou se mudando para a América Central. Não aguentava mais. "O dinheiro, o poder e o sistema legal permitiram que aquilo continuasse", me disse por fim. "Em última análise, a razão pela qual Harvey Weinstein trilhou esse caminho foi que ele teve permissão para tanto, e isso é culpa nossa. Enquanto sociedade, a culpa é nossa."

Auletta não chegou aos detalhes do caso, mas captou sua essência. Olhei aquelas anotações meticulosamente organizadas, e por um momento me emocionei diante das caixas empoeiradas e dos velhos segredos que elas guardavam. Queria muito acreditar que as notícias não morriam, mesmo quando eram renegadas por tantos anos.

Quando terminei nosso roteiro para a televisão e uma matéria de 6 mil palavras para o site da NBC News, os fantasmas das apurações fracassadas pareceram despertar. Nos últimos dias de julho, enfim liguei para Janice Min, ex-editora da *Hollywood Reporter*. Ela acreditava firmemente que a história era real, mas duvidava que um dia viesse à tona. Min trabalhou na *Us Weekly* antes de ir para a *Hollywood Reporter*, mas suas raízes eram de jornalista criminal do *Reporter Dispatch* em Nova York. "Todos nós sabíamos que era verdade", ela me contou. "Mas nunca alcançamos a linha de chegada. Todo mundo tinha muito medo de abrir a boca." Disse que me poria em contato com Kim Masters, a redatora que trabalhara naquela pauta durante o período de Min na revista.

"É uma pauta impossível", disse Min, antes de desligarmos o telefone. "É a baleia-branca do jornalismo."

"Baleia-branca", disse McHugh por mensagem de texto. "Esse seria um ótimo título."

Masters invariavelmente era descrita como uma jornalista veterana na cobertura da mídia, o que, brincava ela, era um eufemismo para chamá-la de velha. Trabalhara como redatora do *Washington Post* e como colaboradora da *Vanity Fair*, da *Time* e da *Esquire*. Me disse que ouvira rumores sobre Weinstein "desde sempre". Uma vez, anos antes, chegara a confrontá-lo a esse respeito.

"Por que está escrevendo uma merda dessas sobre mim", ele rugiu para ela num almoço no Peninsula, em Beverly Hills. "Por que está dizendo que ameaço as pessoas?"

"Bem, Harvey", disse-lhe Masters. "Ouvi dizer que você estupra mulheres."

"Às vezes você transa com uma mulher que não é sua esposa e há um desentendimento entre as partes sobre o que aconteceu, então você só precisa assinar um cheque para que o assunto se encerre", respondeu Weinstein calmamente. Hiltzik, o assessor de comunicação, também estava presente naquele dia. Masters lembrou que ele pareceu chocado com a resposta de Weinstein. Mais tarde, negou tê-la ouvido mencionar a palavra "estupro".

Masters não estava convencida de que muita coisa houvesse mudado depois de todos aqueles anos. Meses antes, tinha trabalhado numa pauta sobre uma acusação de assédio sexual contra Roy Price, o executivo da Amazon Studios, que encerrara o contrato de McGowan. Era uma figura em torno da qual esse tipo de alegação circulava havia muito. Mas a *Hollywood Reporter*, revista em que ela escrevia fazia sete anos, não teve interesse na matéria. No verão em que conversamos, ela ainda tentava insistir na pauta, oferecendo-a ao *BuzzFeed* e, em seguida, ao Daily Beast.[19] Price havia contratado Charles Harder, o mesmo advogado que encerrara as atividades do Gawker e que Weinstein andava usando para lidar com veículos de imprensa. "Um dia desses", Masters me disse, exausta, "a barragem vai ter que romper."

Entrei novamente em contato com Ken Auletta e perguntei se ele me daria uma entrevista. Para nós, da televisão, pôr diante das câmeras um repórter que havia trabalhado numa pauta era a coisa mais normal do mundo. Para ele, retomar uma antiga reportagem era algo totalmente insólito. Todavia, quando contei o que tínhamos, incluindo o áudio com a confissão de Weinstein, ele disse que abriria uma exceção. Chegamos à casa de Auletta em Long Island no meio de uma chuva torrencial e transportamos nossos equipamentos debaixo d'água. Ele confirmou que tinha visto evidências dos acordos feitos em Londres e, assim como nós, concluíra que Weinstein havia sistematicamente comprado o silêncio das mulheres. Auletta também falou de seus quixotescos retornos a esse tema ao longo de décadas. Contar a história era importante, ele disse, "porque talvez impeça Weinstein de fazer isso novamente".

Sem que ninguém lhe pedisse, Auletta encarou a câmera. "Diga a meu amigo Andy Lack que ele deveria publicar essa história. Ele vai publicar."

"Digo", respondi.

“Se a NBC, que tem provas concretas, não seguir adiante com a pauta, será um escândalo.” Nosso cinegrafista trocou um olhar nervoso com McHugh. Eu disse a Auletta que tinha certeza de que a NBC iria pôr no ar. “Bem, é melhor você se apressar”, ele respondeu. “Se o *Times* estiver nisso...”

“Eu sei”, falei. E, da sala de estar, nós dois encaramos a tempestade que caía lá fora.

No mesmo dia, Diana Filip tornou a escrever para Rose McGowan. “Estou de volta e queria agradecer novamente pela noite maravilhosa!”, ela dizia. “É sempre um prazer te encontrar :). Espero sinceramente voltar em breve e que dessa vez a gente consiga passar mais tempo juntas!”

E então ela chegou ao ponto, “Eu estava pensando em Ronan Farrow, a quem você mencionou durante o nosso encontro. Não consegui tirar da cabeça a foto dele. Me parece um sujeito realmente doce e admirável. Li um pouco sobre ele e fiquei muito impressionada com seu trabalho, apesar da ligação familiar um tanto quanto problemática... Fiquei pensando que seria interessante ter alguém como ele em nosso projeto (não para a conferência, mas para as atividades que desenvolvermos ao longo de 2018). Achei legal, considerando que ele é um homem favorável à causa feminina”, continuou Filip.[20] “Será que você poderia nos apresentar, para que a gente avalie melhor essa oportunidade?”

20.
Culto

O roteiro que desenvolvemos no fim de julho era breve e sucinto. Incluía o áudio, citando Gutierrez com a sua cooperação, assim como a entrevista direta e oficial de McGowan, e a entrevista de Nestor com o rosto oculto, acompanhada por imagens das mensagens que ela recebeu de Irwin Reiter, documentando que o comportamento de Weinstein era visto como um problema recorrente na empresa. As provas que conseguíramos obter sobre os dois acordos feitos em Londres estavam também incluídas, baseadas em vários relatos em primeira mão das negociações e no cheque provindo da conta de Bob Weinstein. E havia gravações em áudio das quatro ex-funcionárias que tinham sido filmadas.

Nesse mesmo período, McHugh topara com uma trama secundária. Numa partida de hóquei — ele jogava bastante, e periodicamente chegava mancando ao escritório, com ferimentos misteriosos sofridos no gelo — havia esbarrado com um amigo da indústria cinematográfica que lhe deu a seguinte dica: a participação de Weinstein no conselho da amfAR, a Fundação para a Pesquisa da Aids, estava sendo cada vez mais investigada. Colegas seus no conselho desconfiavam que Weinstein tivesse feito uso indevido de recursos destinados à instituição beneficente. Ele estava tentando fazê-los assinar acordos de confidencialidade.

"Parece uma coisa menor", escreveu McHugh numa mensagem, "mas quem sabe não vale a pena sermos agressivos?"

"Eu investigaria discretamente", respondi. "Não quero provocar nada que possa ter um impacto negativo nessa primeira matéria."

Depois de me mandar suas observações sobre o roteiro, McHugh escreveu, "Está na hora da gente começar a se reunir pra valer, você, o jurídico, Rich e eu, e ver o quanto esse grupo de mídia de fato vale."

"É", respondi.

"Nossa parceria é estranhamente boa", ele acrescentou. "Não pq trabalhamos bem juntos, mas porque tenho certeza que é frustrante para quem estiver tentando desencavar podres ou nos difamar individualmente." Nenhum de nós dois sabia que, a essa altura, o nome de McHugh e até os nomes dos membros da nossa equipe já estavam espalhados em dossiês que iam se propagando discretamente mundo afora.

Conforme terminávamos a matéria, nós dois tínhamos o pressentimento de que os ataques viriam. Só não sabíamos que forma eles iriam tomar. "Se ficar encurralado, ele tem muito a perder", assinalou McHugh. "Vai ser uma guerra."

Na última semana de julho, Susan Weiner, diretora jurídica da NBC News, sentou-se com Rich Greenberg, McHugh e eu na sala de Greenberg, e leu o roteiro e a lista de elementos da matéria. Eu já tinha trabalhado com ela em reportagens consideradas particularmente delicadas ou passíveis de gerar litígio. Considerava-a uma boa advogada, com intuições sensatas. E ela apoiara a divulgação das matérias, mesmo quando eu escolhera temas como um controverso culto apocalíptico coreano. Antes de entrar na NBC, onde passou mais de vinte anos, Weiner fora vice-diretora jurídica da New York Metropolitan Transportation Authority. Era magra, pálida, e tinha um chumaço de cabelos crespos. Nesse dia na sala de Greenberg, ela espiou por cima dos óculos e contraiu os lábios. "Vocês têm bastante coisa", falou.

"Podem mostrar as imagens pra ela?", pediu Greenberg, visivelmente animado. Ele já tinha lido o roteiro e gostara. Numa reunião com ele, mais cedo naquele mesmo dia, McHugh conseguira defender um roteiro mais longo que o padrão, com possibilidade de veiculação na internet. Seria fácil produzir versões mais curtas para o *Today* e para o *Nightly News*.

Quando o áudio terminou, a expressão contraída de Weiner se desfez num meio sorriso.

"Uau", ela disse.

"E a fonte está disposta a encontrar com você, ou com quem você quiser do jurídico, para mostrar o contrato assinado por Weinstein", falei.

Perguntei se, pelo exame que fizera do material até ali, ela via alguma questão jurídica evidente, e ela respondeu que não. "Acho que nosso próximo passo é pedir um comentário", disse. McHugh me lançou um olhar aliviado. Tanto a principal advogada da divisão de notícias como Greenberg, um veterano em seu departamento de padrões, queriam seguir em frente. Greenberg meneou a cabeça para Weiner. "Quero avisar o Noah antes de fazermos isso", ele disse.

Greenberg ainda estava animado e mal conseguia esconder um sorriso quando ele, Weiner, McHugh e eu sentamos com Oppenheim em sua sala mais tarde naquele dia. Oppenheim folheou sua cópia do roteiro, da matéria escrita e da lista de elementos. Um sulco se aprofundou na testa dele.

"É só um roteiro preliminar", falei. "A gente afina."

"Tá bom", ele disse numa voz sem entonação.

"Achamos que você deveria escutar o áudio", disse Greenberg. Ele parecia ter sido pego desprevenido pela falta de entusiasmo de Oppenheim. "É bem forte."

Oppenheim aquiesceu. Continuava examinando as páginas, sem travar contato visual. Greenberg meneou a cabeça para mim. Acionei o play e estendi meu celular.

"Não", disse Ambra Gutierrez com uma voz amedrontada. "Eu não estou me sentindo à vontade."

"Estou acostumado com isso", repetiu Harvey Weinstein.

Oppenheim afundou mais na cadeira, como se estivesse se encolhendo para dentro de si.

Quando a reprodução do áudio terminou, fez-se um grande silêncio. Aparentemente percebendo que estávamos esperando que ele dissesse alguma coisa, Oppenheim produziu um som a meio caminho entre um suspiro cansado e um "hum" apático, e deu de ombros. "*Enfim...*", ele disse, prolongando a palavra. "Eu não sei o que isso prova."

"Ele admite que a agarrou", falei.

"Ele está tentando se livrar dela. As pessoas dizem muitas coisas quando estão tentando se livrar de uma garota assim."

Eu o encarei. Greenberg e Weiner o encararam.

"Vejam", ele disse, com um viés de irritação na voz. "Não estou dizendo que não é nojento, mas ainda não tenho certeza se é notícia."

"Nós temos uma pessoa importante admitindo em áudio uma conduta inadequada grave", falei. "Temos relatos de várias fontes sobre cinco ocorrências de conduta inadequada, com duas mulheres dispostas a dar seus nomes, temos várias ex-funcionárias dizendo que isso era um padrão, temos a assinatura dele no contrato de um acordo de 1 milhão de dólares..."

Ele me acenou com uma das mãos. "Não sei se podemos mostrar contratos", disse. McHugh e eu nos entreolhamos. Não conseguíamos entender por que um grupo de mídia que rotineiramente divulgava informações protegidas por contrato em contextos de segurança nacional e empresarial, de repente ficaria tão preocupado em revelar acordos relacionados a assédio sexual.

"É claro que nós não estamos nos apoiando só nos contratos", eu disse. "Mas esses acordos em série são notícia. A reportagem da Fox, por exemplo..."

"Aqui não é a Fox", ele disse. "Eu ainda não acho que Harvey Weinstein seja um nome que o público do *Today* conheça." Tornou a olhar as páginas. "De toda forma, onde é que iríamos veicular essa matéria? Isto aqui me parece longo."

"Nós já demos matérias de sete minutos no *Today*. Eu posso reduzir para esse tempo."

"Talvez no programa da Megyn, mas agora vai acabar", ele disse, parecendo ignorar meu comentário. Megyn Kelly estava fazendo uma breve temporada como âncora de um programa de notícias e variedades no domingo à noite.

"Podemos pôr na internet", sugeriu McHugh.

Assenti. "E as versões escritas também podem ficar online."

Oppenheim se virou para Greenberg. "O que vocês propõem fazer agora?"

"Gostaríamos de procurar Harvey Weinstein e pedir um comentário", disse Greenberg. Oppenheim olhou para Weiner, que aquiesceu. "Acho que tem coisa suficiente aqui para dar esse passo", ela disse.

Oppenheim olhou para as páginas diante de si.

"Não, não, não", falou. Deixou escapar uma risada nervosa. "Não podemos ligar para o Harvey. Preciso consultar o Andy."

Ele se levantou com as páginas na mão. Era o fim da reunião.

"Obrigado. Eu acho que o impacto vai ser grande, seja qual for a plataforma em que pusermos", disse eu, feito um bobo, enquanto Oppenheim me acompanhava até a porta da sala.

McHugh me lançou um olhar atônito. Nenhum de nós dois conseguia entender aquela reação.

Os primeiros meses do ano tinham sido dominados pelo tipo de alvo com que o detetive particular ucraniano Ostrovskiy estava acostumado: quatro horas perseguindo uma esposa adúltera aqui, seis na cola do filho adolescente problemático de uma mãe aflita ali. Em troca disso, Khaykin, o russo careca, mandava os 35 dólares por hora combinados, despesas extras por fora. À medida que o verão ia avançando, contudo, Khaykin começou a lhe atribuir missões que pareciam diferentes. Esses trabalhos fizeram Ostrovskiy parar e pensar. Empurraram-no de volta àquela incômoda tendência de fazer perguntas.

Antes do amanhecer do dia 27 de julho, Ostrovskiy estava se dirigindo a um desses trabalhos "diferentes". Chegando ao que parecia ser um endereço residencial, encontrou o carro de Khaykin, um Nissan Pathfinder prata. Ele e Khaykin combinaram que iriam se separar: Ostrovskiy ficaria de olho na casa do alvo, enquanto Khaykin ficaria a postos para segui-lo até um endereço profissional.

Khaykin não tinha dito grande coisa sobre os trabalhos daquele tipo. Limitara-se a mandar uma série de capturas de tela tiradas de alguma espécie de dossiê de um cliente. As imagens continham endereços, números de telefone, datas de nascimento e informações biográficas. Identificavam cônjuges e outros familiares. Primeiro Ostrovskiy pensou que eles estivessem trabalhando em algum tipo de disputa por guarda de filhos, mas essa explicação foi se encaixando cada vez menos à medida que o verão avançava.

Ostrovskiy afundou no banco do carro para ficar de olho no endereço e começou a examinar as capturas de tela. A formatação era idêntica à dos documentos oriundos do escritório londrino da rua Ropemaker, com cabeçalhos em fonte Times New Roman azul, em itálico, e escritos em inglês ruim. Conforme ele ia examinando os detalhes, foi tomado por uma estranha sensação. Não estava acostumado a seguir jornalistas.

21. Escândalo

Numa manhã de calor pegajoso, poucos dias após a reunião com Oppenheim, atravessei a multidão suada em frente ao cubo inclinado da Astor Place em direção ao East Village. Tinha mandado uma mensagem de texto para McGowan, e ela aceitara me encontrar. No Airbnb em que estava hospedada, apareceu de pijama, com uma bolsa de silicone em formato de meia-lua debaixo de cada olho. Indicou com um gesto o quarto absurdo em volta, todo rosa-bebê e cheio de almofadas de pelúcia. "A decoração não é minha", foi logo dizendo. Estava tensa, nervosa, mais estressada ainda que no nosso último encontro. Eu lhe disse que tínhamos um material mais forte do que nunca, mas que a voz dela seria importante. Queria aceitar sua sugestão de gravarmos mais imagens, e sua proposta de citarmos o nome de Weinstein para os advogados da NBC.

"Não confio na NBC", ela disse.

"Eles estão sendo..." Fiz uma pausa. "... cautelosos. Mas sei que são pessoas do bem e que vão tratar a história como ela merece."

Ela respirou fundo e pareceu tomar coragem. "Tá", disse. "Eu topo."

Aceitou gravar uma segunda entrevista alguns dias depois. Mas primeiro precisava substituir Val Kilmer na Comic Con de Tampa Bay. "Vai ser divertido", falei, logo antes de voltar para o calor. "Não vai não", ela respondeu.

Eu estava no trabalho, no café, quando o celular tocou. Era Greenberg.

"Ótimas notícias", comecei. "Eu falei com a Rose e..."

"Está podendo falar?", ele perguntou.

Na sua salinha, Greenberg me deixou tagarelar sobre meu encontro com McGowan.

"Então, eu sei que você vem pedindo uma atualização", ele disse. Nos dois dias desde o encontro com Oppenheim, eu havia passado na sala de Greenberg três vezes para perguntar se ele tinha alguma notícia de Lack.

Ele respirou fundo, como quem está se preparando para alguma coisa. "A matéria agora está sendo *avaliada pela NBCUniversal*." Pronunciou as últimas palavras de um jeito estranho, como se estivesse citando uma letra de música em outra língua. *Domo arigato, Mr. Roboto.*

"A NBCUniversal", falei. "Não a NBC News."

"O negócio está lá em cima. Não sei se isso quer dizer que Steve Burke ou Brian Roberts estão envolvidos", ele disse, referindo-se aos principais executivos da NBCUniversal e da sua empresa-mãe, a Comcast, "mas está sendo feita uma avaliação jurídica." Greenberg estava ansioso e sacudia um dos joelhos debaixo da mesa. "Acho que só uma vez, quando chegamos perto da data de pôr no ar uma matéria complicada, eu vi uma avaliação de alto nível corporativo. Mas isso é muito atípico."

"Eles estão fazendo essa avaliação com base no quê?" Ninguém tinha nos pedido cópias suplementares de material, nem o áudio.

"Não sei", ele respondeu, vago.

Uma avaliação jurídica da NBCUniversal significava Kim Harris, diretora jurídica da NBCUniversal — que, junto com Weiner, tomara a liderança durante as confusões geradas pela gravação do "pegar gatinhas pela xoxota" no ano anterior. Anos antes, Harris tinha também me contratado como advogado associado durante o verão no escritório Davis Polk.

"Eu ficaria feliz em mandar o material para a Kim", sugeri. "Posso mostrar a gravação pra ela."

"Não, de jeito nenhum!", disse Greenberg, consternado, como se eu tivesse sugerido uma suruba com seus avós ou algo assim. "Não, não, não! Vamos... vamos respeitar o processo e dar espaço pra eles. Vou me certificar de que Susan mande tudo de que precisam."

Fiquei pensando que lógica haveria em "dar espaço" aos nossos próprios advogados, mas em vez disso falei, "Bom, eu gostaria de saber o quanto puder, o quanto antes. E te mantenho informado sobre a segunda entrevista com a Rose".

Ele se retraiu. "Nós precisamos interromper toda a apuração."

"Rich. Já foi uma luta segurar a Rose. Agora que conseguimos mais dela, você quer que eu chegue e cancele tudo?"

"Cancelar, não", ele disse, "interromper."

"A entrevista já tem data marcada. Seria um cancelamento."

Perguntei a ele por quanto tempo deveríamos "interromper" a apuração.

"Eu... imagino que não vá ser rápido", ele disse. "Quero dizer, não faço ideia de como é o procedimento deles. Mas poderia levar mais do que alguns dias."

"Rich. Não acho que ninguém na nossa cadeia de comando deseje estar na posição oficial de ter cancelado apurações jornalísticas obtidas a duras penas durante uma avaliação corporativa conduzida pela nossa empresa-mãe."

"As coisas são canceladas por todo tipo de motivo. Ninguém de fora da empresa precisa saber por quê."

"Se você disser a eles o que disse pra mim e pro Rich, isso vai influenciar o destino da matéria", eu disse, referindo-me a quando ele tinha dito "foda-se, ele que processe" e à sua decisão de pedir a Weinstein que comentasse as alegações. Estava difícil conciliar aquele cara com o cara de agora.

"Essa é uma decisão para o Steve Burke. É uma decisão para o Andy", ele respondeu. Seu olhar se desviou do meu. "O que eu disser não vai ter importância." Eu acreditava em Rich Greenberg quando ele dizia se importar com o jornalismo. Acreditava que, não fosse a pressão, ele teria apoiado a apuração e ido adiante na entrevista com McGowan. Mas vários de seus colegas disseram que ele se esquivava de confrontos difíceis. "Ele é muito bom, contanto que não esteja na linha de frente", me disse mais tarde um correspondente veterano. "Não tem estômago para jornalismo investigativo do tipo que vai deixar alguém bravo." Poucas matérias deixaram as pessoas mais bravas do que essa. Nesse dia, na sala de Greenberg, lembro de pensar como ele parecia pequeno — nem tanto derrotado, mas confortável nos limites estreitos do que podia e do que não podia fazer dentro de uma organização à qual havia dedicado dezessete anos de sua vida.

Irritado, eu lhe disse, "Olhe aqui, o Ken Auletta acabou de virar para a câmera e dizer 'Andy Lack, é um escândalo se você não veicular isso'".

Os olhos de Greenberg se arregalaram. "Nós temos isso? Está no roteiro?"

Olhei para ele sem entender. "Está na transcrição."

"Mande pra mim", ele disse.

Enquanto eu saía pela porta dos fundos do 30 Rockefeller Plaza para o calor do verão, McHugh e eu trocamos mensagens de texto discutindo como agir. Não parecia haver interesse nos escalões mais altos da empresa em escutar a gravação ou saber qual era o escopo total da reportagem. A única pessoa que poderia ter tido acesso à avaliação corporativa e a quem Greenberg não havia nos desencorajado a recorrer era Weiner, que na condição de principal advogada da divisão de notícias era subordinada a Harris. Eu tinha começado a ligar para ela assim que saíra da reunião com Greenberg. Um assistente com quem consegui falar me disse para não passar na sua sala. Depois de horas de telefonemas, Weiner me mandou um e-mail dizendo que estava ocupada, e em seguida saiu para um fim de semana prolongado.

Havia também o dilema sobre o que fazer em relação à entrevista com McGowan. "Vamos gravar com a Rose. Não vamos cancelar", escreveu McHugh. Ambos sabíamos que cancelar significava perder totalmente a entrevista. Por outro lado, desobedecer à ordem de Greenberg de cancelar a gravação poderia significar pôr em risco o apoio cada vez mais tênue para a matéria dentro da empresa.

Já que o departamento jurídico não atendia nossas ligações, fiquei sem saber a quem me dirigir. Ao chegar em casa, resolvi arriscar e liguei para Tom Brokaw. "Tom, vou precisar confiar naquela promessa que você fez", disse. "De não falar com o personagem-tema daquela matéria sobre a qual a gente conversou."

"Você tem minha palavra", disse Brokaw.

Contei-lhe da intervenção corporativa. Enumerei a lista de entrevistas e provas.

"Isso está errado", ele disse. Falou que entraria em contato com a chefia da empresa em relação àquilo. "Vocês precisam falar com o Andy. Precisam ir lá e mostrar essa gravação pra ele."

Mandei para Greenberg a transcrição de Auletta, como ele havia pedido, com o comentário de que seria um escândalo não divulgar a matéria grifado. Então encaminhei o e-mail para Oppenheim.

Poucas horas depois, o telefone tocou.

"Recebi seu e-mail", disse Oppenheim. "Entãããão..." Ele alongou a palavra para enfatizá-la, como um adolescente. "Eu espero, com base na nossa relação de dois anos e meio ou sei lá quanto tempo, que você saiba que pode confiar em mim para proceder de forma correta em relação a isso. E não se trata de 'o Andy não quer fazer isso', nem de 'eu não quero fazer isso'. Se conseguirmos estabelecer que ele é um... um 'predador', para usar a palavra que você usou..."

"Só pra ficar claro, isso não veio de mim. Nós temos documentos e fontes dentro da empresa dele que alegam isso."

"Tá, tá bom", ele disse. "Entendi. Se conseguíssemos provar que ele é isso aí, claro que iríamos querer divulgar. Só precisamos, hã, ver se está tudo bem amarrado, e a Kim, que eu sei que você conhece desde que tem tipo dezesseis anos, vai fazer isso e nos dizer o que podemos publicar com total segurança, o que vai se sustentar no tribunal."

Eu lhe disse que tudo bem, ótimo, contanto que a apuração não fosse interrompida. Mencionei a entrevista que tínhamos marcado com McGowan.

"Não dá, Ronan", ele respondeu. "Se a Kim decidir que a interferência danosa de terceiros ou a indução à quebra de contrato são problemas grandes para nós, não podemos correr com uma entrevista antes da decisão dela."

"Não é assim que funciona", falei. "Nós podemos gravar a entrevista e decidir avaliar depois. O que dá brecha para um processo é a veiculação."

"Eu não sei", ele disse, na defensiva. "Não sou advogado. Se eles estão falando em interferência danosa, eu tenho que ouvir."

"Noah, eu *sou* advogado. Esse raciocínio não se sustenta. Metade das nossas reportagens de política não seria possível se nos recusássemos a falar com fontes que estivessem violando contratos." Era verdade: poucos precedentes sólidos sustentavam a ideia de que as empresas de notícias, agindo de boa-fé, poderiam ser responsabilizadas juridicamente de modo significativo em casos como aquele.

"Bom, me desculpe se eu acatar a recomendação jurídica da Kim Harris e não a sua", ele disse, desagradável.

Tentei pensar em como ressaltar o que estava em jogo ao mesmo tempo que passava a ideia de que eu fazia parte da equipe. "Minha sensação é que isso vai vir à tona", falei, "e a questão é se vai vir à tona com as nossas provas engavetadas ou não."

Seguiu-se um longo silêncio. "É melhor você tomar cuidado", disse Oppenheim por fim. "Porque eu sei que não está ameaçando, mas as pessoas poderiam *pensar* que você está ameaçando vir a público." Entendi o que ele quis dizer, mas sua escolha de palavras me pareceu estranha. Nosso trabalho não era justamente vir a público?

"Mas é exatamente isso", falei. "Eu acho que nos ameaçar era justamente o que Ken Auletta estava fazendo. E acho que foi por isso que Rich me pediu para mandar aquela declaração pra ele. E foi por isso que eu te encaminhei. Muita gente sabe que a gente está com isso."

"Bom, nós não 'engavetamos' isso", ele disse. "Estamos avaliando cuidadosamente."

Ele amoleceu um pouco e tentou uma tática diferente. "Ronan, você sabe que durante todos os anos que eu te apoiei nós veiculamos uma série de reportagens que poderiam nos render processos, e nós as apoiamos."

"Estou confiante de que vocês vão fazer a coisa certa", falei. "Mas é que houve uns sinais esquisitos."

"Estamos só acionando o pause por um tempo, enquanto absorvemos tudo", ele disse. "É só isso que eu estou pedindo." De certa forma, eu sabia que aqueles eufemismos — as "pausas", o "absorver tudo" — eram um absurdo. Cancelar uma entrevista era cancelar uma entrevista. A palavra "dupliplusruim" me passou pela cabeça. Mas eu precisava do apoio de Oppenheim para fazer a matéria cruzar a linha de chegada.

Olhei pela janela. Do outro lado da rua, a luz estava apagada e o estúdio de dança às escuras. "Que bom que você ligou", falei. "Eu confio em você, sim."

"Aguente firme", ele disse. "Segure a apuração por um tempinho."

22.
Pathfinder

"Estávamos certos em ficar de boca fechada", escreveu McHugh. Nós decidimos que já tínhamos pressionado Oppenheim o máximo que podíamos. "Eu ficaria na minha, dando telefonemas e tal, mas deixaria a equipe da NBC em paz. Você já disse o que tinha pra dizer." Restava ainda, contudo, a questão espinhosa da gravação com McGowan e da ordem para cancelá-la.

"Noah falou para não fazer?", escreveu McHugh.

"Falou."

"Que sinuca."

"Fico tentado a simplesmente adiar e correr o risco de perdê-la", respondi. "Só pra evitar briga com o Noah. Você acha que posso falar sobre isso livremente com o Greenberg?"

"Não sei mais", ele escreveu.

Estávamos começando a aceitar que talvez tivéssemos de correr o risco de remarcar a entrevista com McGowan. "Não tenho certeza que outra entrevista com a Rose seja crítica para a nossa reportagem. Mas o apoio da NBC de certa forma vai ser", escreveu McHugh. "Estava aqui pensando: e se tiver um jeito de empurrar a entrevista para LA e ganhar um pouco mais de tempo?"

Respirei fundo e liguei para McGowan. "Estávamos pensando em talvez mexer na data", falei, tateando o terreno. "Poderíamos gravar mais com você em Los Angeles, ir à sua casa."

A voz dela soou fraca do outro lado da linha. "Não tenho certeza se consigo fazer isso", ela disse. "Tem muita coisa vindo em cima de mim."

"Só... só aguente firme", eu disse. "Por favor. Pelas outras fontes envolvidas. Eu prometo que é só mais um tempinho."

"Eu sabia que a NBC não levaria a sério."

"Eles estão levando a sério. Eu estou levando a sério."

"Eu propus ligar para os advogados."

"Eles... nós vamos fazer isso, eles estão só avaliando tudo", eu disse. Ela não disse nada. "Se você só puder na terça, a gente faz na terça", falei depressa. "Não se preocupe."

Ela disse que podíamos avaliar outras opções de data. Mas pude perceber a incerteza permeando sua voz.

Poucos minutos depois, numa ligação de Los Angeles, Jonathan pôs mais lenha na fogueira. Ele achava que eu deveria ignorar as ordens de Greenberg e ligar para Kim Harris. Não estava acreditando nos argumentos jurídicos mencionados por Oppenheim. Para qualquer leigo com uma vaga lembrança da expressão, "interferência danosa de terceiros" provavelmente era mais conhecida como o raciocínio falacioso usado pela empresa-mãe da CBS News para interromper a apuração do canal sobre a indústria do tabaco. Nesse dia, tanto McHugh como Jonathan fizeram a mesma comparação. "Será que *ninguém* nessa empresa viu *O informante*?", perguntou Jonathan, exasperado.

Na manhã seguinte, liguei diversas vezes para o escritório de Kim Harris, até que ela me respondeu por e-mail. Escreveu que tinha passado vários dias viajando. Talvez pudéssemos nos encontrar na semana seguinte. Mas aí já seria tarde demais para a entrevista com McGowan. Eu implorei. "Cancelar talvez signifique perdê-la para sempre", respondi. Sugeri me reunir com Harris antes da entrevista e deixar que ela ditasse minha postura no encontro, como havia feito com Chung. Então liguei para Weiner e deixei uma mensagem de voz repetindo os mesmos pontos. "Susan, só para que fique registrado, eu não quero que a gente tenha que cancelar a apuração. Sei que vocês duas estão fora, mas, por favor, responda."

Quando eu estava desligando, Greenberg me chamou para sua sala com um aceno. "Então", ele disse, "retornei a ligação do Harvey."

"Como é que é?", falei.

"Disse a ele que o jurídico está avaliando e que nada vai ser veiculado por enquanto." Segundo ele, Weinstein tinha lhe dito que queria mandar uma carta para o departamento jurídico da NBC, e Greenberg o encaminhara a Susan Weiner. "Ele talvez te acuse de caluniá-lo em conversas", acrescentou.

Eu ri. Greenberg continuou sério. "É claro que tomamos extremo cuidado para não caluniá-lo, fazendo apenas perguntas neutras", falei. "Defendo qualquer coisa que tenha dito ou escrito."

"Só tome cuidado, só isso", disse Greenberg.

Perguntei se tinha alguma novidade sobre a entrevista com McGowan, e ele respondeu que o jurídico ainda estava decidindo se ela poderia ser feita. Pensei na crescente indeterminação de McGowan, em como recebera mal minha tentativa de cancelar.

Pouco tempo depois chegaram notícias. Minhas súplicas tinham surtido efeito. O jurídico iria permitir a entrevista para a semana seguinte. Mas a hesitação havia cobrado seu preço. Na mesma hora que eles estavam tomando a decisão, McGowan mandou a seguinte mensagem de texto, "Não vou poder gravar. Nem participar da sua reportagem. Sinto muito. Não tenho como escapar das questões jurídicas".

Ao longo das horas seguintes, minhas tentativas de trazê-la de volta não deram em nada. "Eu estou de mãos atadas", ela disse por fim. "Não posso falar." McGowan parecia cada vez mais nervosa. Nas semanas seguintes, os advogados levariam adiante o rompimento, com cartas agressivas solicitando que eu parasse de importuná-la.

Entrei na sala de Greenberg e lhe contei na hora. "Vou tentar fazê-la embarcar outra vez", falei. Ele pensou por um instante, então deu de ombros. "Sinceramente, ela não estar no roteiro me deixa menos nervoso", disse. "Ela sempre soou meio... bom, você sabe."

"Emily Nestor chegou bem perto de deixar filmar seu rosto. Eu posso voltar a ela."

"Espere", ele disse.

"Seria recorrer a uma fonte já existente."

"Vamos seguir a cartilha a partir daqui. Nada de apurar por enquanto", ele disse, assim como dissera Oppenheim.

Cheguei em casa do trabalho e o telefone apitou: mais uma mensagem pedindo que eu me inscrevesse num programa de alertas meteorológicos. Passei o dedo pela tela e a descartei. Outro apito: dessa vez era uma velha amiga de escola ligando. Fechei os olhos com força. "Erin, eu não posso sair", falei. Erin Fitzgerald tinha um emprego de consultoria de alto nível, do tipo que continua obscuro mesmo após sucessivas explicações.

"Faz o quê, uns seis meses que ninguém te vê", ela disse, por cima de um zum-zum de conversas numa festa. "O que está acontecendo com você?"

"Você sabe. Uma reportagem importante."

"Seja lá o que isso queira dizer."

"É", falei.

"Bom, hoje você vem." E ela não aceitou um não como resposta. Fui sentar com ela e outra amiga num terraço lotado no Brooklyn, olhei para Manhattan e me dei conta de que mal saíra de casa naquele verão. "Estou trabalhando numa pauta que me dá a sensação de estar queimando todas as minhas pontes uma depois da outra", falei. Ela deu de ombros. "Venha, vamos lá!", disse, puxando-me até o parapeito. Fomos nos postar diante da cintilante linha de prédios de Manhattan e posamos para uma foto.

No dia seguinte, Ostrovskiy iniciou sua inspeção rotineira das minhas redes sociais e daquelas dos meus amigos e parentes. Ao deparar com um post no Instagram em que eu aparecia ao lado de uma garota bonita com o *skyline* de Manhattan ao fundo, demorou-se e se sentiu por um instante aliviado. Eu estava na cidade, no fim das contas.

A essa altura, ele e Khaykin já haviam começado seu serviço mais recente, mas sem muito sucesso. Cobraram algumas horas de trabalho depois de seguir a mulher do *New York Times* e tirar algumas fotos dela no metrô, mas desistiram quando ela desapareceu no prédio do jornal. A atenção do cliente logo se voltou para o jornalista televisivo responsável pela reportagem que parecia estar a pleno vapor.

Só que aquilo também estava se revelando um desafio. Uma manhã, ao me verem aparecer no *Today*, Ostrovskiy e Khaykin discordaram em relação à melhor maneira de capitalizar a oportunidade.

"Ei, ele está no programa", tinha dito Ostrovskiy.

"Será que vale a pena ir até lá? Pra ver se o pegamos saindo?", replicou Khaykin.

Ostrovskiy parou para pensar. Alguma coisa naquilo o deixava pouco à vontade. "O Rockefeller Center é uma área bem movimentada", assinalou. "Não podemos chegar lá de carro. Não temos gente suficiente pra cobrir todas as entradas e saídas."

Pouco tempo depois, enquanto o quente julho cedia lugar a um agosto mais quente ainda, saí de casa de manhã e passei bem em frente ao Nissan Pathfinder prata estacionado diante do meu prédio, do outro lado da rua. Só mais tarde registrei a lembrança dos dois homens que estavam lá dentro: um magro e careca, o outro corpulento, com cabelos escuros encaracolados.

Durante toda aquela primavera e verão, as manchetes relativas a assédio e abuso se multiplicaram: uma nova rodada de reportagens sobre a Fox News; mais revelações sobre o presidente Trump. Eu estava começando a receber comunicados de ativistas de direitos das mulheres em apoio ao meu trabalho jornalístico sobre a discriminação de gênero. Enquanto Ostrovskiy e Khaykin discutiam a respeito da possibilidade de interceptar alguém no 30 Rockefeller Plaza, uma dessas mensagens caiu na minha caixa de entrada; ela descrevia um programa de defesa das mulheres administrado por uma empresa de gestão patrimonial. Incluía um pedido de reunião para a semana seguinte. Passei os olhos pelo e-mail e o deixei sem resposta. "Estou muito impressionada com seu trabalho como defensor da igualdade de gênero, e acho que você daria uma contribuição de valor incalculável para as nossas atividades",[21] escreveu Diana Filip, da Reuben Capital Partners.

23.
Candy

Na primeira semana de agosto, cheguei ao escritório de Harris, uma sucessão de salas bem iluminadas num andar alto do prédio. Recusei uma ligação da minha mãe ao chegar e lhe mandei uma mensagem, "Vou me reunir com a advogada da empresa-mãe. Reze por mim". Eu tinha passado por cima dos meus superiores ao entrar em contato com Harris, e ela não havia copiado ninguém nos nossos e-mails. Mesmo assim, Greenberg chegou poucos minutos depois, seguido por Weiner.

A diferença entre as duas mulheres na sala era elementar, quase atômica. Enquanto Weiner era discreta e burocrática, Harris tinha um carisma fora do normal. Ela havia se formado nas melhores instituições da Ivy League, na sequência necessária para obter o máximo de prestígio. Trabalhara na Casa Branca de Obama e como sócia num escritório renomado. Era mais ágil do que os veteranos da empresa ali presentes, e menos preocupada com formalidades. Tinha um rosto grande, simpático, e sorriso fácil. Harris era o tipo mais mortal de advogada que existe: aquela tão sofisticada que você nem a vê fazendo o trabalho.

Sacou uma cópia do roteiro e percorreu umas poucas anotações breves sobre o texto. Então disse, "Também acho que estamos vulneráveis a um argumento de interferência danosa de terceiros". Mantive o semblante calmo. Não ia começar a discutir jurisprudência com a principal advogada da empresa, mas sabia que ela estava falando bobagem.

Apesar disso, a conversa com Harris foi de modo geral tranquilizadora. De um ponto de vista jurídico — distinto da decisão editorial da divisão de notícias — sua ordem foi não recuar. Ela queria outro roteiro, com as mudanças que discutíramos.

Poucas horas depois, quando eu estava saindo do prédio, esbarrei com Weiner. A chuva lá fora castigava as portas giratórias do lobby. Para minha surpresa, ela me encarou com um olhar pleno de significado e disse, "Vá em frente".

À medida que a reportagem sobre Weinstein crescia, ocupando parte cada vez maior dos meus dias e noites, assim como das noites e dias de McHugh, lutei para manter vivo meu livro sobre política externa que fora cancelado, e tentei encontrar outra editora para ele. Todos os secretários de Estado tinham concordado em dar depoimentos para o projeto, e eu sempre saía correndo no fim das gravações para entrevistá-los. Hillary Clinton, que soubera do livro desde que eu o mencionara na época em que trabalhava para ela no Departamento de Estado, logo havia concordado, e com entusiasmo. "Obrigada, meu amigo, pela sua mensagem; é ótimo ter notícias suas, e fico muito feliz em saber que está perto de concluir seu projeto de livro",[22] escreveu em julho. A carta estava impressa em papel timbrado numa fonte art déco rebuscada, como o título de uma matéria da *New Yorker* ou um elemento do cenário do game BioShock. Era muito bonita, mas não era o tipo de coisa que ganha uma eleição. Tinham se seguido várias rodadas de ligações e e-mails, e uma data de entrevista fora prometida para aquele mês, antes do início de uma turnê promocional do último livro de memórias de Clinton.

Na tarde da reunião com Harris, quando encarei o pé-d'água até entrar pela porta da frente do meu edifício, recebi uma chamada do assessor de comunicação de Hillary Clinton, Nick Merrill, no celular. Conversamos um pouco sobre o livro, então ele disse, "Aliás, nós sabemos da reportagem importante em que você está trabalhando".

Sentei numa das cadeiras no hall do prédio. "Bom, Nick, naturalmente estou sempre trabalhando em várias reportagens."

"Você sabe a qual estou me referindo", ele disse.
"Na verdade não posso falar nada."
"Bom, isso nos deixa *preocupados*, sabe?"
Senti um riacho escorrer pelo pescoço. "Posso perguntar quem falou sobre isso com você?", eu disse.
"Quem sabe em off, bebendo alguma coisa", ele respondeu. "Digamos apenas que as pessoas estão comentando."
Quando tornei a direcionar a conversa para a entrevista com Clinton, ele disse que ela estava "*realmente* ocupada com a turnê do livro". Assinalei que por isso é que tínhamos marcado a entrevista para antes da turnê. "Como eu falei", ele reiterou, como se não tivesse escutado, "*realmente ocupada*." Ao longo das semanas seguintes, todas as tentativas de fechar uma data para a entrevista provocaram novo comentário abrupto de que ela ficara subitamente indisponível. Machucou o pé. Estava cansada demais. Enquanto isso, Clinton estava se tornando uma das entrevistadas mais disponíveis de todo o mundo político.
Mais tarde, Merrill juraria para quem quisesse ouvir que a reticência repentina de Clinton tinha sido coincidência. Fosse qual fosse a motivação, parecia um mau presságio: mais um parafuso girando, mais um sinal de que minha vida externa à reportagem estava encolhendo. Era difícil não sentir um padrão se formando: toda vez que procurávamos nossos chefes com novas informações apuradas, a notícia da reportagem parecia se espalhar mais. Tanto McHugh como eu estávamos preocupados com a proteção de nossas fontes.
"Se alguém está falando com a Hillary Clinton, o que deve estar vazando para o Harvey?", ponderou McHugh.
"Merda", falei. "Você não acha que eles iriam..."
"Não sei", ele disse. "O problema é esse."
Conforme a pressão relacionada à reportagem aumentava, as fissuras entre mim e McHugh se ampliavam. Nossas conversas se tornaram tensas. Depois da reunião com Harris, ele ficou melindrado por não ter sido incluído, e pareceu questionar

minha lealdade. "Só acho estranho que no fim você foi sozinho", ele falou. Expliquei que havia tentado deixar a porta aberta para um encontro mais franco, apenas entre mim e Harris, e que não sabia que Greenberg também estaria lá. "Só não quero que eles nos isolem", disse McHugh, desconfiado.

Um dia no começo de agosto, quando cheguei em casa do trabalho, meu zelador, corpo atarracado, maxilar quadrado e cabelos grisalhos, me abordou debaixo do toldo do prédio. Estava contrariado.

"Você conhece esses caras que estão aí fora hoje?", perguntou, com um sotaque albanês.

"Que caras?", eu disse.

"Ah, dois caras. Num carro. Fumando perto de um carro. O tempo todo."

Olhei para um lado e outro do quarteirão. A rua estava praticamente vazia. "Por que acha que eles estavam aqui por minha causa?"

Ele revirou os olhos. "Ronan. É sempre você. Você se mudou, espalhou o endereço por toda parte, e agora eu não tenho paz."

Eu lhe disse ter certeza de que deviam ser só uns caras de algum tabloide, num dia sem muito que fazer. "Se eles voltarem, eu levo um café e peço para irem embora", falei. Ele balançou a cabeça e olhou para mim com ar de quem duvida.

Estava claro que, se a NBC quisesse, poderíamos ampliar a apuração. "Eu sei que você vem pensando em dar o último passo e fazer uma entrevista mostrando o rosto", falei para Nestor por telefone, enquanto a avaliação jurídica prosseguia. "Detesto pôr esse peso nas suas costas, mas talvez fosse importante você fazer isso."

"Estou me candidatando a empregos. Não sei mesmo", ela disse.

"Não estaria pedindo se não achasse que pode fazer diferença."

Ela pensou alguns instantes. "Se acabar se mostrando tão importante assim, estou aberta", falou. "Eu faço."

Apesar dos sinais estranhos de nossos chefes, McHugh e eu continuamos a trabalhar. Ele ajudava com a pesquisa, trocando de janela no navegador quando Greenberg passava. Ficava acordado até tarde, ligando para ex-funcionárias de Weinstein no mundo todo. Precisava do tipo de divisor de águas capaz de pôr fim à interrupção da apuração.

Uma manhã, ao sair de casa, vi algo na rua que me fez estacar abruptamente: um Nissan Pathfinder prata que tive certeza de já ter visto naquele mesmo lugar. Outros moradores estavam saindo para a luz do sol. Meu vizinho um pouco parecido comigo sorriu ao passar. Fiquei parado ali, me sentindo ridículo. Havia um milhão de motivos para dois caras estacionarem perto de Columbus Circle algumas vezes por semana, lembrei a mim mesmo. Mas decidi que teria mais privacidade trabalhando de casa e tornei a subir.

Passava um minuto do meio-dia quando Greenberg telefonou.

"Como anda o roteiro?", ele perguntou. Eu o revisara conforme as especificações de Harris.

"Sólido como uma rocha", falei. "E continuamos recebendo qualquer ligação relevante de fontes, claro."

"O jurídico ligou e quer que vocês interrompam a apuração", ele disse.

De novo, pensei.

"Por quê?", perguntei. "Como eles nos deram sinal verde para entrevistar a Rose, pensei que..."

"Não, vamos interromper. Como está seu livro? As entrevistas estão indo bem?"

Greenberg nunca havia demonstrado nenhum interesse pelo meu livro. Passamos alguns minutos conversando sobre Condoleezza Rice antes de eu dizer, "Rich, quanto a parar com a apuração...".

"Tenho que ir", ele me interrompeu. "Vou pegar um avião pra visitar meu pai. Vou passar o fim de semana inteiro fora. Podemos falar semana que vem."

E desligou.

"Greenberg ligou", escrevi para McHugh. "O jurídico quer que a gente interrompa todas as ligações novas. Então seja discreto."

"Ah, cacete", ele escreveu de volta. "Por quê?"

Não fazia sentido. Desencorajar era uma coisa, mas não fazia sentido, nem do ponto de vista jornalístico nem do jurídico, nos mandar parar de apurar. Liguei para Greenberg.

"Rich, desculpe te incomodar de novo, só preciso entender uma coisa. O que exatamente o 'jurídico' falou? Quem no jurídico? Por quê?"

"Não sei, não sou advogado. Preciso mesmo desligar agora, tenho que pegar meu avião", ele disse rapidamente. Como para suavizar o tom, acrescentou, "Foi mal, cara".

Eu estava respondendo quando ele desligou. A ligação durou exatos 37 segundos.

Fiquei andando pelo apartamento. Liguei para o escritório de Harris, falei que era urgente, não tive retorno. O telefone apitou: outra mensagem de Diana Filip, da Reuben Capital Partners, pedindo para me encontrar e falar sobre meu trabalho jornalístico relacionado às questões de gênero.

Ao sair de casa naquela tarde, fui de fininho até a porta da frente, onde tinha visto o carro. Nada. *Você parece um bobo*, pensei. Mas estava começando a tomar cuidado. Estava anotando em papel informações sensíveis. Transferindo documentos novos para o cofre no banco. Acabaria consultando John Tye, um ex-informante de práticas de vigilância do governo, que abrira um escritório de advocacia sem fins lucrativos chamado Whistleblower Aid. Ele me ajudou a formatar um iPod Touch com apenas um aplicativo de mensagens criptografado instalado, e conectado à internet por meio de um hotspot Wi-Fi anônimo comprado com dinheiro vivo. O número estava registrado sob pseudônimo. O meu era Candy.

"Ah, fala sério", eu disse, sem acreditar.

"Não sou eu quem escolhe os nomes", disse Tye, seríssimo.

"Parece que eu sou uma menina de família do Meio-Oeste que não deveria ter se mudado para LA."

"Não sou eu quem escolhe os nomes."

24.
Pausa

"Estava esperando essa ligação", disse um forte sotaque inglês. Ally Canosa, que trabalhara para Weinstein desde 2010, confirmou na mesma hora que sabia sobre o padrão de reuniões-armadilha. E havia mais, "Eu fui abusada sexualmente por Harvey Weinstein", ela disse. "Várias vezes." Arrisquei, mostrei minhas cartas, e disse a Canosa exatamente o que tinha.

"Ai, meu Deus", ela disse, começando a se emocionar. "Finalmente vai vazar."

Quando perguntei se ela se deixaria filmar, pareceu assustada, mas aberta à possibilidade. "Eu quero ajudar", falou. "Vamos conversar." Aceitou me encontrar pessoalmente em Los Angeles. Estava disponível no fim de semana. Quando uma fonte lhe oferece um presente desses, você agarra.

Iniciei o processo de reservar uma passagem de avião, então parei. Era quinta-feira à tarde. Para conseguir encontrar Canosa no fim de semana, eu precisaria embarcar logo. Mas Greenberg tinha acabado de dar sua última ordem para interromper a apuração, dessa vez citando o departamento jurídico.

McHugh tornou a sugerir que pedíssemos perdão, em vez de permissão. "Se você não explicar nada pra ninguém, garante esse encontro, consegue encontrá-la este fim de semana e conversar, e quem sabe convencê-la a se deixar filmar. Se contar pra eles, vai deixar pessoas muito mais poderosas que nós ditarem o que acontece." Mas desobedecer explicitamente, em vez de só ficar voando baixo como tínhamos feito naquela primavera, parecia um passo arriscado demais. Liguei para Weiner e disse a ela que a entrevista era importante. Então mandei um e-mail implorando autorização para prosseguir com a apuração.

Ninguém respondeu. "Eles devem estar conversando", escreveu McHugh. "Tente esquecer o assunto."

Esperei um dia, então reservei minha passagem para LA.

No dia seguinte estava chovendo outra vez, uma garoa cinza opressiva. McHugh ligou da redação cedo, quando eu estava jogando roupas sem dobrar na mala. "Você não disse que o Greenberg estava pegando um voo ontem?", perguntou McHugh. Estava falando bem baixinho.

"Isso", falei. "Ele teve que desligar às pressas."

"Que engraçado", ele disse. "Porque ele está aqui."

"Vai ver o voo dele foi cancelado."

"É, vai ver."

Eu estava pondo a mala no bagageiro de um sedã quando Greenberg tentou me ligar. Ele então mandou a seguinte mensagem, "Me ligue o quanto antes".

"Oi", falei. "Estou a caminho do aeroporto."

"Quê?", ele disse. Sua voz soou assustadíssima. "Tenho que pôr a Susan pra falar com você." Ela então entrou na linha e falou lenta e cuidadosamente. "Nós conversamos sobre o seu e-mail com relação ao encontro deste fim de semana. A empresa gostaria de fazer uma pausa em toda apuração e em todo contato com fontes."

"Todo *contato* com fontes?", repeti, incrédulo. Agora havia um peso naquelas conversas, uma sensação estranha de que não estávamos apenas falando uns com os outros, mas também, de certa forma, preparando terreno para as pessoas que um dia talvez viessem a examinar nossas decisões. Eu senti isso, em seguida senti que talvez estivesse me superestimando. Mas isso me deu um estranho tipo de autoridade para pressioná-los a dizer o que esperavam poder deixar nas entrelinhas.

“Não estou entendendo”, continuei. “Alguém em algum momento questionou algo em relação à apuração ou ao meu comportamento?”

“Não, não”, disse Greenberg.

“Existe alguma dúvida sobre o *valor jornalístico* dessa mulher se oferecer para conversar sobre uma denúncia grave de abuso sexual cometido por uma pessoa importante?”

“Isso aí, bom... isso aí é uma decisão que está acima do meu cargo”, ele conseguiu responder.

“Tá. Então de onde está vindo? É uma ordem do jurídico?”, perguntei.

Seguiu-se um silêncio que pareceu interminável.

“Não é...”, começou Weiner.

“Você precisa saber que isso está vindo direto do Noah”, disse Greenberg.

“Quer dizer que o *jurídico* não determinou que eu deveria parar de apurar?”

“O *Noah* determinou que a gente interrompesse a apuração e o contato com fontes.”

“Ninguém disse nada que fizesse sentido sobre por que razão nós correríamos qualquer risco se permitíssemos que a apuração continuasse, com todo o cuidado e de pleno acordo com o jurídico. Ele deu algum motivo?”

“Bom, se eu... se eu precisasse chutar um motivo, do meu ponto de vista”, gaguejou Weiner, “eu diria que talvez fosse bom avaliarmos aquilo que, hã, aquilo que já temos, antes de prosseguir com qualquer coisa nova.” Ela construiu a frase como se estivesse lendo caracteres de uma tabuleta cuneiforme recém-desenterrada.

“Isso não é uma coisa nova”, falei, teimoso, referindo-me ao encontro com Canosa. “Já estava marcado.”

O telefone vibrou: era McHugh ligando. Recusei a chamada e digitei uma mensagem. “No telefone com Greenberg e Weiner.”

"Quer que eu entre na ligação?", ele respondeu. Parecia uma operação de resgate.

"Talvez possa enfiar a cabeça pela porta", escrevi.

"Diante do que o Noah disse, nós achamos que você não deveria se encontrar com fonte nenhuma", ia dizendo Greenberg.

McHugh mandou uma mensagem dizendo que Greenberg o impedira com um aceno de entrar na sua sala. Nada de resgate.

"Eu não posso impedir as fontes de entrarem em contato comigo", falei para Greenberg.

"Nós sabemos", ele disse.

Não falei nada sobre se iria obedecer à ordem para cancelar a entrevista, e em vez disso concordei em mantê-los informados sobre o que Canosa me dissesse "caso" tivéssemos algum contato. Eu nunca tinha passado por isto antes: fingir que não estava entrando em contato com fontes, forjar relutância em receber notícias delas.

"Acho que ela muito possivelmente vai aceitar ser filmada", falei. "E nesse caso eu sou muito favorável a seguirmos em frente."

"Nós... nós teríamos de consultar o Noah em relação a isso", falou Greenberg.

Encerrei a ligação me sentindo desorientado. Liguei para Jonathan.

"Que loucura", ele disse.

"Não acho que eu possa me arriscar a tentar cancelar outra entrevista", falei.

"Você e o Rich McHugh precisam começar a escrever memorandos um para o outro. Descrições detalhadas de tudo isso, enviadas em tempo real. Eles estão dizendo coisas incriminatórias."

Olhei pela janela do carro para uma fila de veículos parados num engarrafamento em frente ao aeroporto JFK. "Pra vocês está tudo bem", ia dizendo Jonathan. "Contanto que vocês sigam adiante, contanto que continuem a apurar."

"É fácil pra você, falar", eu disse. "Estou deixando os caras putos com esse negócio. Nesse ritmo, daqui a pouco vou perder o emprego."

"E daí? Veja o que está acontecendo! Ninguém nessas ligações quer ter nada a ver com essa história, porque a coisa é obviamente feia! Parece um *Assassinato no Expresso Oriente* ao contrário. Todo mundo quer que ela morra, mas ninguém quer dar a facada!"

No 30 Rockefeller Plaza, McHugh, que continuava em frente à sala de Greenberg, tornou a bater.

"O que está acontecendo?", ele perguntou.

"O Noah nos pediu para fazer uma pausa na apuração, enquanto vemos o que temos e enquanto a avaliação jurídica não sai", disse-lhe Greenberg.

"Isso não faz o menor sentido", falou McHugh.

Greenberg não tinha me dado nenhuma explicação por telefone, tampouco ofereceu alguma a McHugh. Recitou uma lista de advogados de Weinstein: Charles Harder, David Boies, e um nome novo que McHugh ainda não ouvira num contexto relacionado a Weinstein: Lanny Davis. "Não que tenhamos medo de algum deles", acrescentou Greenberg. "Mas por enquanto vocês precisam interromper qualquer telefonema sobre essa história." Assim como eu, McHugh falou que não podia impedir os telefonemas a ele e não disse mais nada.

Quando eu estava chegando ao JFK, Canosa ligou. Sua voz soava nervosa. "Você ainda está vindo pra cá?", ela perguntou. Detive-me por um momento enquanto viajantes aflitos corriam em volta de mim arrastando malas pesadas. Pensei em como seria fácil lhe dizer não, acatar a ordem de nossos chefes, proteger o relacionamento com Greenberg e Oppenheim.

"Ronan?", ela tornou a perguntar.

"Sim", eu disse. "Eu estou indo."

No avião, dei os retoques finais no meu roteiro e troquei mensagens com McHugh sobre uma escolha de palavras para a minha narração ou sobre a edição de um clipe de áudio. Mesmo reduzida aos elementos revisados e sancionados pelo departamento jurídico, a matéria era explosiva. "Estou acostumado com isso", dizia Weinstein já no início, enquanto Gutierrez, em pânico, tentava escapar. "A NBC NEWS OBTEVE COM EXCLUSIVIDADE ÁUDIOS COLETADOS DURANTE A OPERAÇÃO DO DEPARTAMENTO DE POLÍCIA DE NOVA YORK", eu narrava. Gutierrez era identificada, sua história contada em detalhes, e em seguida vinha um parágrafo de resumo, "A NBC NEWS FALOU COM QUATRO OUTRAS MULHERES QUE TRABALHARAM PARA WEINSTEIN E ALEGAM CONDUTA SEXUAL INADEQUADA... ALEGAÇÕES CUJAS DATAS VÃO DO FIM DOS ANOS 1990 ATÉ APENAS TRÊS ANOS ATRÁS". A entrevista com Nestor estava incluída, bem como as mensagens de Reiter corroborando suas declarações, e ainda áudios de executivos descrevendo em primeira mão lembranças de conduta inadequada.

Anexei ao roteiro uma anotação que torci para funcionar como um aviso a nossos chefes na NBC sobre Canosa:

Rich,

Anexo o roteiro revisado conforme as preocupações enumeradas por Kim e Susan e suas subsequentes sugestões, que foram seguidas com grande precisão.

Lembre, por favor, que outra ex-assistente fez uma denúncia em primeira mão de abuso sexual digna de crédito, e afirma ter documentos relevantes para a nossa apuração. Ela expressou vontade de participar da matéria e está decidindo de que forma fazer isso.

Ronan

Depois de enviar o e-mail para Greenberg e Weiner, fiquei ansioso. Apertei o botão da poltrona e a testei algumas vezes para ver até onde reclinava. Parecia que estávamos parados, ao passo que o mundo lá fora acelerava. Enquanto eu estava a bordo, o *HuffPost* publicou uma matéria sobre denúncias de que o apresentador da Fox News Eric Bolling mandara mensagens de texto de conteúdo sexual para colegas de trabalho.[23] A matéria tinha por base fontes totalmente anônimas — o que jamais fora o caso em qualquer versão da nossa. Na mesma tarde, a *Hollywood Reporter* anunciou que Harvey Weinstein, pelas suas "contribuições para o discurso público e para o aprimoramento cultural da sociedade", iria receber o primeiro Prêmio Truthteller do LA Press Club, a Associação de Imprensa de Los Angeles.[24]

25.
Pundit

Encontrei Ally Canosa num restaurante quase no extremo leste do Sunset Boulevard. Sentada, ela mantinha uma postura perfeitamente ereta, com todos os músculos do corpo tensionados. Como muitas das fontes na reportagem sobre Weinstein, era bonita de um modo que teria chamado a atenção na maioria dos ambientes mas que em Hollywood era apenas um critério de empregabilidade.

Canosa não sabia ao certo o que fazer. Havia assinado um acordo de confidencialidade como condição para ser contratada por Weinstein. Ainda estava tentando se firmar como produtora e morria de medo de retaliações. Weinstein podia torná-la inempregável. Além disso, havia as hesitações de qualquer sobrevivente de violência sexual. Canosa deixara suas feridas calcificarem e aprendera a seguir em frente. Não tinha contado nada nem ao pai nem ao namorado. "Não quero sofrer mais. Você me entende?", ela me disse. Certa vez, tomara coragem para abordar o assunto com uma terapeuta. "Mas então eu a vi na estreia de um filme do Weinstein", disse. "Descobri que ela era produtora de um dos filmes dele."

Canosa conhecera Weinstein quase uma década antes, quando trabalhava como produtora de eventos na filial de West Hollywood do clube exclusivo Soho House. Havia organizado um evento para a Weinstein Company, ele a tinha visto, encarado e lhe entregara seu cartão de visita. No início Weinstein praticamente perseguira Canosa, pedindo várias vezes para encontrá-la. Quando ela achou "bizarro" e parou de responder, ele forçou a situação solicitando um encontro formal por intermédio da Soho House, com o pretexto de conversar sobre outro evento.

No hotel Montage, seu encontro ao meio-dia foi transferido para um quarto, e Weinstein a pressionou com suas conhecidas promessas de avanço profissional seguidas por investidas sexuais. "Você deveria ser atriz", lembra de ele ter dito. "Tem o rosto para isso." Quando ele perguntou, "Não vai me dar um beijo?", ela disse não e foi embora, abalada.

Continuou tentando ignorá-lo, mas ele se mostrou insistente, e ela temia o impacto que ele poderia ter na sua carreira caso o rejeitasse. Aceitou encontrá-lo outra vez. Durante um jantar no restaurante de um hotel, no sistema de som começou a tocar "Autumn Leaves" na versão de Eva Cassidy. Canosa falou sobre a história de vida de Cassidy, e Weinstein sugeriu fazer um filme-biografia sobre ela com a sua ajuda. Terminada a refeição, agarrou-a pelo braço, empurrou-a contra uma grade na escada de fora e a beijou com força. Ela ficou horrorizada.

Em seguida, no entanto, Weinstein "pediu desculpas de um jeito teatral", ela disse. "Podemos ser só amigos", ela lembra de ele ter dito. "Eu quero mesmo fazer esse filme com você." Ele marcou uma ligação com um veterano produtor seu, e pouco depois estavam se reunindo com detentores de direitos e trocando anotações de roteiro.

"Liguei para meus pais e disse, 'Ai, meu Deus, vocês não vão acreditar no que acabou de acontecer. Harvey Weinstein quer que eu o ajude a produzir um filme sobre uma ideia que eu dei pra ele'", ela recordou. "Como fui ingênua. Olhe, me dá vergonha só de falar. Mas na época eu achava tipo, 'Isso é tudo que eu sempre quis'."

Canosa levou tempo para chegar a esses detalhes. Depois de nosso encontro no restaurante, disse que se sentiria mais à vontade num ambiente particular, e fomos até a casa de Jonathan em West Hollywood. Foi o início de uma tendência que em pouco tempo faria mais e mais fontes abaladas passarem pelas portas dele. Pundit, o goldendoodle que minha mãe havia dado de presente para Jonathan, aninhou-se junto a Canosa enquanto ela continuava contando sua história.

No primeiro ano que os dois trabalharam juntos, Canosa tentara repetidamente repelir as investidas de Weinstein. Durante uma reunião sobre o filme de Cassidy, ele lhe disse casualmente que precisava subir até seu quarto no hotel para pegar alguma coisa. "Era o meio da tarde ou algo assim. Então eu simplesmente não pensei", ela disse. Quando os dois chegaram lá, ele lhe disse que ia tomar uma chuveirada. "Você entraria no chuveiro comigo?", ele perguntou.

"Não", respondeu Canosa.

"Só entre no chuveiro comigo. Eu não preciso nem... eu não quero fazer sexo com você. Só quero que você fique no chuveiro comigo."

"Não", ela disse outra vez, e foi para a sala. Do banheiro, Weinstein anunciou que iria se masturbar mesmo assim, e começou a fazer isso com a porta aberta enquanto Canosa olhava para o outro lado. Ela foi embora do quarto abalada.

Em outra ocasião, Weinstein deixou uma jaqueta para trás após uma de suas reuniões e pediu a ela que a guardasse. No bolso, ela encontrou um estojo de seringas que uma busca no Google revelou serem um tratamento para disfunção erétil. As implicações do fato de ele se armar para o sexo antes das suas reuniões a chocou.

A essa altura, ela já estava trabalhando no filme para Weinstein; sua vida profissional passara a girar em torno dele. E os dois tinham desenvolvido uma amizade que era real, ainda que deformada por desequilíbrios de poder e pelas investidas dele. Num jantar de trabalho com vários colegas naquele verão, ele chorou com a notícia de que a Disney iria vender a Miramax. Pediu a Canosa mais uma vez para ir até seu quarto de hotel. Quando ela recusou, começou a urrar, "Não me diga não quando eu estou chorando, porra!". Ela cedeu e nada aconteceu. A única coisa que ele fez foi soluçar. "Eu nunca fui feliz", ela lembra de ele ter dito. "Você é uma das minhas melhores amigas. Você é tão leal." Ela teve esperança de que as declarações de amizade significassem que ele compreendia seus limites. Estava errada.

"O que aconteceu depois disso", ela disse, começando a chorar, "foi que ele me estuprou." A primeira vez tinha sido após outra reunião num hotel. Quando eles estavam conversando sobre o projeto de Cassidy, ele disse que uma cena do roteiro lhe lembrava um filme clássico, e pediu a ela que subisse até seu quarto e assistisse a um clipe. A essa altura, Weinstein já havia se desculpado profusamente pelas tentativas anteriores e, afinal de contas, ele era seu chefe. "Eu pensei: vou conseguir controlar a situação", ela disse. A única televisão no quarto de hotel de Weinstein ficava no dormitório. Ela sentou na cama e assistiu ao clipe, sentindo-se pouco à vontade. "Ele tentou e eu falei não. Aí ele tentou outra vez e eu falei não", ela recordou. Weinstein se enfureceu, ficou agressivo. "Deixe de ser idiota, porra", ela lembra de ele ter dito. Ele foi ao banheiro e voltou minutos depois só de roupão. Então a empurrou deitada na cama. "Eu disse não mais de uma vez e ele me forçou", ela disse. "Não cheguei a gritar. Mas com certeza falei, 'Eu não quero fazer isso'. E ele pôs todo o peso do corpo em cima de mim."

Canosa não conseguia parar de pensar no que poderia ter feito de diferente. "Na época, na minha cabeça, era como se eu não tivesse resistido o bastante." Após algum tempo ela parou de dizer não. "Simplesmente fiquei inerte. Não chorei. Fiquei só olhando para o teto." Foi apenas depois de ir embora que ela começou a soluçar e não conseguiu parar mais. Weinstein não usara preservativo. Meses antes, para grande desconforto dela, havia lhe dito que fizera vasectomia. Mas ela ficou com pavor de que ele tivesse lhe passado uma DST. Pensou em contar ao namorado, mas estava envergonhada demais. "Se pudesse voltar àquele dia, teria me arrastado esperneando e gritando até a polícia."

Como ela chorou ao contar a história, Pundit, preocupado, deu um pulo e tentou lamber seu rosto. Ela riu, grata por aquele alívio na tensão do momento. "Acho que esse é o cachorro mais fofo que eu já conheci", falou.

Canosa continuou trabalhando para Weinstein. "Eu estava numa posição vulnerável e precisava do emprego", contou. Mais tarde, depois de perder o emprego numa outra produtora, ela assinou um contrato formal com a Weinstein Company e trabalhou em campanhas de premiação para os filmes *O artista* e *A Dama de Ferro*.

A conduta imprópria de Weinstein prosseguiu. Certa vez, ele mandou que ela o acompanhasse a uma sessão de osteopatia e ficasse na sala enquanto ele se despia e recebia tratamento para um caso de ciática que estava se agravando. Em outra ocasião, durante uma crise do mesmo problema, exigiu que ela massageasse suas coxas. Ela lembrou que, quando se recusou a obedecer, ele começou a gritar. "Que porra é essa? Por que não? Por quê?"

"Porque eu não me sinto à vontade", ela lhe disse. "Eu sou sua funcionária."

"Porra, Ally!", ele berrou. "Porra, você pode fazer uma massagem nas minhas coxas!"

"Não vou fazer, e pronto."

"Então saia daqui, porra! Vá se foder! Porra! Porra! Caralho!"

Quando ela estava trabalhando na produção da série *Marco Polo*, da Netflix, Weinstein apareceu no set, na Malásia, e armou um caos. Num jantar para os diretores e produtores, exigiu na presença dos seus colegas que ela fosse ao seu quarto de hotel. Quando ela tentou ir para o quarto dela, começou o bombardeio de mensagens de texto dos assistentes dele,

"O Harvey quer te ver, o Harvey quer te ver". Às vezes seus esforços para se esquivar fracassavam, e novas agressões aconteceram. Mais tarde, documentos processuais iriam enumerar "conduta sexual oral ou conduta sexual anal com a requerente mediante coação e/ou quando a requerente estava incapacitada de consentir por estar fisicamente incapacitada".

Por todo lado, havia sinais de que Canosa não estava sozinha. Durante a mesma visita ao set de *Marco Polo*, Weinstein passou quinze minutos no camarim de uma das atrizes, "e depois essa atriz virou uma sombra de si mesma por uma semana". Canosa sentia uma obrigação moral de fazer alguma coisa, mas ficava apavorada com as demonstrações vingativas de Weinstein. "Quantas vezes eu vi pessoas terem sua vida ameaçada, ou sua esposa ameaçada, ou sua reputação ameaçada", ela disse, balançando a cabeça.

Tentei ser honesto com Canosa em relação à precariedade da reportagem e à importância da participação dela para o seu futuro. Como tantas vezes naquele verão, disse que a decisão era dela; que tudo que eu podia fazer era lhe dizer quanto acreditava sinceramente que falar faria diferença para muita gente. No final das nossas conversas, ela estava a um passo de aceitar ser filmada.

26.
Garoto

Anoitecia, e as sombras estavam se espichando no escritório de Harvey Weinstein na rua Greenwich quando o telefone tocou. "Pode chamar o Harvey?", pediu George Pataki, ex-governador de Nova York. Uma assistente transferiu a ligação. "Oi, Harvey, é o George. Só queria te avisar que o Ronan Farrow continua trabalhando na matéria."

"Não foi o que eu fiquei sabendo", disse Weinstein.

Pataki insistiu que várias mulheres estavam falando comigo. "Ele está pronto para publicar. A matéria deve ir ao ar..."

"Quando?", perguntou Weinstein. "Deve ir ao ar quando?"

"Daqui a duas ou três semanas", respondeu Pataki.

Não havia nenhum outro lugar em que Weinstein estivesse mais profundamente envolvido na política do que Nova York. Entre 1999 e o verão de 2017, ele e sua empresa tinham doado para ao menos treze políticos da cidade ou para seus comitês de campanha. Ele garantira suas bases, sobretudo junto aos democratas, mas também, ocasionalmente, junto a republicanos como Pataki. Fora generoso com a senadora Kirsten Gillibrand, com o procurador-geral Eric Schneiderman e com o governador Andrew Cuomo.[25]

Para Weinstein e Pataki, como ocorrera com Hillary Clinton, as contribuições de campanha tinham ajudado a construir uma amizade. O ex-governador era visto com frequência nos eventos do magnata do cinema. Weinstein ajudou a promover a carreira de Allison, filha de Pataki, autora de romances históricos. Um ano antes do telefonema de Pataki, ele promoveu uma festa de lançamento de um livro dela.[26] No ano anterior, quando o marido da escritora teve um AVC, Weinstein ajudou a conseguir os especialistas certos. Lacy Lynch, agente literária de Allison Pataki, também trabalhava com McGowan. À medida que o verão foi avançando, o nome de Lynch começou a aparecer no e-mail e nas listas de ligações de Weinstein.

Weinstein mantivera os telefonemas com Boies sobre o problema da NBC. Após sua conversa com Lack, continuara a entrar em contato com executivos da NBC e, confiante, informara às pessoas próximas que a matéria fora cancelada. Mas não demorou muito a ligar de novo para Boies soando menos seguro de si. "Acho que a NBC continua trabalhando numa reportagem", disse. "Vou descobrir exatamente que história é essa."

Depois de falar com Pataki, Weinstein deu uma nova rodada de telefonemas para Phil Griffin, Andy Lack e Noah Oppenheim. Já tinha gritado tanto esses nomes — "Liguem para o Phil, liguem para o Andy, liguem para o Noah" — que os assistentes começaram a se referir a eles como "o triunvirato". Agora, naquele mês de agosto, a atenção de Weinstein estava se voltando cada vez mais para Oppenheim. Mas Griffin, que ele dissera à sua equipe conhecer melhor, fora objeto de um foco inicial intenso, e continuava a ser um esteio.

O temperamento despojado de Griffin era parte do que constituía seu considerável carisma. No entanto, ele podia também ser motivo de desconforto para seus colegas. Griffin tinha o pavio curto e era desbocado como um estivador. Era conhecido por beber bastante depois do trabalho. Quando ele era o produtor-chefe do *Nightly News*, nos anos 1990, muitas vezes após o trabalho ia ao Hurley's, um bar em Midtown. Certa noite, depois de algumas doses, disse a três produtoras que estavam com ele que queria ir à Times Square.

"Quero ver as luzes da Times Square! Eu adoro ver as luzes!", uma delas lembrava de tê-lo ouvido dizer.

Griffin transferiu a bebedeira para um hotel da Times Square. O grupo então cambaleou até a Oitava Avenida, onde Griffin insistiu que as mulheres fossem com ele assistir a um *peep show*. Duas delas trocaram olhares desconfortáveis. Ele lhes disse para relaxar. Lá dentro, foram até um círculo de cubículos escuros no andar de cima, onde uma janela se abriu e uma mulher nua, de salto alto, se agachou diante deles e pediu dinheiro a Griffin para continuar o espetáculo.

Griffin olhou para as produtoras com o que uma delas descreveu como "um lampejo de vergonha". Disse à stripper que não, obrigado. A janela foi fechada, e o grupo saiu e se despediu constrangido. Para as mulheres, o incidente fora nojento, mas sem importância: todas tinham galgado os escalões da profissão com aquele tipo de comportamento por parte dos homens.

Quatro colegas disseram que Griffin era conhecido por fazer comentários vulgares ou de teor sexual em e-mails de trabalho. Numa reunião da qual eu havia participado, depois de a vagina da personalidade televisiva Maria Menounos ser fotografada quando um figurino de roupa de banho dera defeito, Griffin ficara acenando com uma cópia impressa da imagem em zoom e um sorriso de galhofa. "Nada mau, nada mau." Num sofá ali perto, a funcionária que estava no recinto conosco revirou os olhos.

Griffin parecia considerar a notícia apenas um trabalho, e não demonstrava pelo jornalismo o mesmo fervor que tinha pelo esporte. Quando os ventos da notícia sopravam a favor do partidarismo, ele empurrava seus âncoras para os lados da opinião; quando os partidarismos escasseavam, era o primeiro a se voltar para as notícias factuais. E quando alguém o submetia a qualquer tipo de conversa rigorosa sobre apuração, ele estreitava os olhos e fazia cara de quem não estava entendendo.

Mas se havia algum interesse profissional em jogo, Griffin se comprometia. Uma vez, quando eu estava trabalhando como um dos apresentadores de um show beneficente chamado Global Citizen Festival — um Live Aid grande, engajado e de baixo orçamento —, entrevistei a principal atração do evento, a banda No Doubt. Um dos objetivos do festival naquele ano era promover a vacinação num momento em que o movimento antivacina nos Estados Unidos estava produzindo adeptos e surtos de sarampo. Perguntei a Gwen Stefani se ela vacinava os filhos e o que achava de quem era contra vacinas. Ela respondeu que apoiava as vacinas e recomendava às pessoas que conversassem com seus médicos. Não foi nem de longe algo polêmico. Mas de volta à redação, quando estava editando a entrevista, recebi uma ligação de uma produtora da MSNBC que estava trabalhando no evento.

"O pessoal da Stefani leu a transcrição e quer fazer umas mudanças", ela disse.

"Quem mandou a transcrição pra eles?"

"Hã... eu não sei."

Encontrei no meu inbox um roteiro modificado, com os áudios de Gwen Stefani reorganizados e cortados para dar a impressão de que sua posição em relação às vacinas era ambivalente, tendendo a contrária. Eu disse à produtora que não iria pôr aquilo no ar.

Pouco depois, estava na sala de Griffin com ele e outra integrante da sua equipe. "Que porra é essa?", ele perguntou, irritado.

Olhei para a sugestão de roteiro na minha frente.

"Phil, eu não vou editar declarações para modificar seu conteúdo."

"Por que não?!", ele rebateu, como se isso fosse a coisa mais doida que já tivesse escutado.

"Porque não é ético?", sugeri, menos como uma afirmação e mais como uma espécie de lembrete, torcendo para sua pergunta ter sido retórica e para ele concluir o raciocínio. Em vez disso, ele se recostou na cadeira e lançou para a colega um olhar de quem diz, "Senhor, dai-me forças".

Ela tentou usar um tom mais brando. "Todos nós sabemos que você se importa muito com o..." — nesse ponto ela hesitou, e pareceu de fato se esforçar para encontrar um modo gentil de dizer aquilo — "com o *jornalismo com J maiúsculo*, mas isso não chega a ser uma matéria política sensível."

"Essa matéria é só pra encher linguiça!", interveio Griffin. "Por favor. Que porra é essa?"

"Crianças estão literalmente morrendo por causa dessa questão. Ela é uma pessoa famosa. Desde quando mandamos transcrições de entrevistas para fora da redação, aliás?"

"Não sabemos como isso aconteceu...", começou a colega dele.

"Que diferença faz?", interrompeu Griffin, sem paciência. "Sabe o que vai acontecer se não fizermos essas mudanças? A Stefani está ameaçando deixar o festival! Isso veio direto do empresário dela."

"Foi ele quem fez as mudanças?"

Griffin passou por cima da pergunta. "A questão é que se ela desistir, os *patrocinadores* vão começar a desistir, o canal vai ficar puto..." A parceria da NBC com o Global Citizen Festival, como Griffin sempre comentava, era uma isca para atrair empresas patrocinadoras. Nós passávamos semanas levando ao ar segmentos com as marcas Unilever ou Caterpillar.

"Então não vamos pôr no ar", falei.

"Você tem que pôr no ar", disse Griffin.

"Por quê?"

"Faz parte do acordo com os patrocinadores, com o pessoal dela..."

"Nós consultamos todo mundo até lá em cima", disse a colega, referindo-se à cadeia de comando executiva do grupo de mídia. "Ninguém compartilha essas suas preocupações."

Griffin falou que ia me dizer o que tinha dito a outro âncora que estava tentando pôr no ar um segmento difícil sobre neutralidade da rede — o princípio de que provedores da internet não deveriam cobrar tarifas distintas para tipos distintos de conteúdo na web, contra o qual nossa empresa-mãe estava fazendo lobby. "Se você quiser ir trabalhar para a PBS, ter total liberdade e ganhar 100 mil pratas por ano, fique à vontade", ele lembrava de ter dito ao âncora. "Se quiser me peitar na decisão do que é melhor, ficarei feliz em publicar o seu salário na imprensa."

Pensei em pedir demissão. Liguei para Tom Brokaw, que me disse que em nenhuma circunstância eu podia pôr no ar declarações editadas de maneira dissimulada, e me falou sobre o risco de destruir minha credibilidade, alerta que voltaria a fazer mais tarde, durante a reportagem sobre Weinstein. Então liguei para Savannah Guthrie, que tinha o dom de conseguir ver além das babaquices. "Que tal só não pôr no ar essa parte da entrevista?", ela sugeriu.

"Olha, essa era a maior parte da entrevista", falei.

"Arrume outra coisa para pôr no ar, e pronto."

Foi um conselho simples e, em retrospecto, óbvio: não ponha no ar a parte enganosa, mas não se imole por causa da entrevista de uma cantora nos bastidores. Escolher as brigas certas era uma lição que eu podia demorar para aprender. No fim das contas, sentei à mesa do âncora e pus no ar um clipe de cinco minutos de conversa fiada com o No Doubt. Não me senti nem superbem nem supermal.

Dois anos depois, dando continuidade às suas ligações para o triunvirato de executivos, Weinstein telefonou para Griffin.

"Pensei que isso tivesse acabado", ele disse.

"Harvey, acabou", respondeu Griffin.

"Você precisa pôr seu garoto na linha", ele disse. Havia raiva em sua voz.

"Harvey", disse Griffin, na defensiva, "ele não vai publicar com a gente." Mais tarde, Griffin negaria ter prometido em algum momento que a matéria seria abafada.

Segundo a estimativa de vários membros da equipe do escritório de Weinstein, essa foi uma de ao menos quinze ligações entre Weinstein e os três executivos da NBC. E no fim do verão a disposição de Weinstein após os telefonemas voltara a se tornar triunfante. Ele contou a um de seus advogados que tinha falado com executivos do canal, e que "eles me disseram que não vão dar a matéria".

27.
Altar

As notícias que chegaram das salas dos executivos da NBC-Universal pareciam inicialmente boas. No começo de agosto, Greenberg ligou para informar que o jurídico tinha dado o o.k. na versão reduzida do roteiro. E do lado editorial, ele acrescentou, "minha opinião é que tudo que está aqui é noticiável".

"Então vamos pedir um comentário. Vamos começar a editar", falei.

"*Noticiável* não quer dizer que vai ao ar. Agora isso vai para o Noah e para o Andy."

"Mas, com certeza, se o jurídico aprovou e você considera noticiável..."

"Essa decisão deles está acima do meu cargo", ele disse. "Pode ser que haja alguma questão que não tem nada a ver com o que é noticiável. Eles talvez estejam preocupados pensando se é uma história boa para a TV. Isso aí que você tem daria uma ótima matéria num veículo impresso, sabe, uma reportagem incrível para a *Vanity Fair*."

"Eu... como assim?", foi tudo que consegui dizer.

"Daria uma matéria perfeita para a *Vanity Fair*, sabe?", ele repetiu.

Mais tarde, sentados numa sala de reunião, McHugh e eu ficamos tentando entender o comentário. "Vai ver o Greenberg tem razão", ele disse, desanimado. "Talvez você consiga salvar a história levando-a para outro lugar."

"Rich, você sabe que se isso acontecer, quem se dá mal é você." Ele produzira a reportagem inteira como uma matéria televisiva. Tínhamos gravado até ali oito entrevistas. Tudo isso ficaria jogado pelo caminho no cenário que Greenberg havia sugerido. E, mesmo que eu quisesse levar a história para outro lugar, seria possível? As imagens pertenciam à NBCUniversal e, por conseguinte, à Comcast Corporation.

"Nós vamos dar essa matéria aqui", falei, firme. "Com produção sua."

"Tá", disse McHugh com uma voz que soou menos segura.

Nesse dia choveu sem parar. No meu inbox, as solicitações sem relação com a reportagem sobre Weinstein iam se acumulando. Diana Filip, a investidora do projeto de direitos das mulheres, mandou outro e-mail, dessa vez passando por meus agentes na CAA. Já as mensagens relativas à reportagem eram bem mais angustiantes. Chegou uma de Auletta, curta e grossa:

> Ronanm
> e o Harvey?
> ken

Desci até as entranhas do 30 Rockefeller Plaza e embarquei num trem da linha D. Apesar da chuva, o metrô não estava cheio. Vi alguma coisa, ou pensei ter visto, e gelei. Ali de perfil, sentada no mesmo lado que eu, na outra ponta do vagão, estava uma cabeça careca que eu jurava ter visto no Nissan. Pude distinguir o mesmo rosto pálido e o mesmo nariz arrebitado. Não consegui ter certeza. Minha parte mais racional pensou: *Você está imaginando coisas.* No entanto, quando o trem parou, me senti desconfortável o bastante para saltar antes da minha estação. Saí para a plataforma lotada olhando por cima do ombro.

Lá fora, Nova York parecia uma paisagem de sonho, as ruas, os prédios e as pessoas suspensos em névoa e chuva.

Fui andando depressa, parei numa farmácia CVS e olhei em volta para ver se reconhecia alguém do vagão do metrô ou da plataforma. Quando saí, estava escurecendo. Cheguei à conhecida igreja com cara de fortaleza perto do meu apartamento, subi rapidamente os degraus e entrei. Nos pontos em que minha camisa molhada não tinha colado no corpo, a chuva escorria pela base das costas, pelo peito e pelos braços. A nave era menor do que eu imaginara vendo a igreja por fora. Sob os imponentes vitrais, havia um altar. Fiquei parado diante dele, me sentindo fora de lugar. Junto ao altar havia um selo entalhado em mármore de um livro e uma espada sobre um diagrama da Terra: o brasão de são Paulo. "PRAEDICATOR VERITATIS IN UNIVERSO MUNDO." Tive de consultar a tradução no Google depois, "Pregador de verdades para o mundo inteiro".

"Nós assistimos o seu programa", disse uma voz perto de mim, com um sotaque carregado, e eu me sobressaltei. Era uma mulher mais velha, de cabelos escuros. A seu lado havia uma mulher mais nova. Ambas pareciam alarmadas com a minha reação. "Nós assistimos", ela repetiu. "Desde o início. O seu programa. Minha filha é uma grande fã."

"Ah", falei. "Obrigado." Então, recuperando a compostura, consegui dar um sorriso e fazer uma piada clichê sobre audiência baixa. "Vocês duas, a minha mãe, e só."

Eu tinha chegado em casa quando Berger, meu agente na CAA, ligou. "Ronan!", ele bradou. "Como vão as coisas?"

"Tudo bem", falei.

"Você não está apenas bem, você está ótimo", ele disse. Então, um pouco mais baixo, passando a uma eficiência veloz. "Olhe, eu não sei os detalhes dessa sua tal matéria importante..."

"O Noah comentou?", perguntei. Berger era agente de nós dois, e era mais próximo de Oppenheim.

"Ronan, eu não sei de nada", ele disse. Lembrou-me que meu contrato logo precisava ser renovado. "Só te digo uma coisa: se isso estiver te causando problemas, priorize o que está dando certo."

Mordi o lábio por um segundo, então liguei para minha irmã.

"E como vai a reportagem?", ela perguntou.

"Para ser bem sincero, eu não sei como ela vai."

"Você não tem, tipo, literalmente uma gravação dele admitindo tudo?"

"Tenho", falei.

"Então..."

"Estou pressionando. Não sei quanto mais posso pressionar."

"Então você vai desistir."

"Não é tão simples. Talvez precise priorizar outras coisas enquanto tento destrinchar essa história."

"Eu sei como é quando as pessoas param de brigar por você", ela disse baixinho. E houve um longo silêncio antes de nos despedirmos.

A essa altura já era noite. Olhei para o celular e vi que Oppenheim tinha mandado uma mensagem, "Vamos conversar amanhã. Qual é uma hora boa?". Fui até o laptop e abri um arquivo do Word. "OUTRAS MATÉRIAS", digitei, então apertei a tecla "deletar" algumas vezes e substituí "OUTRAS" por "FUTURAS". Colei uma lista de tópicos sobre duas matérias que estávamos gravando, a respeito da consolidação do sistema de saúde e bebês com dependência química de opioides, e um punhado de outras de que Oppenheim já havia gostado, entre elas uma matéria de viagem sobre o data center do Facebook nas profundezas do gelo eterno de Luleå, na Suécia. "Parece o antro de um vilão do James Bond", eu escrevera sobre o data center, e em seguida um blá-blá-blá escapista tipicamente televisivo. Luleå é um dos portos mais movimentados da Suécia e um importante hub para sua indústria siderúrgica, mas sobre isso eu nada sabia.

Estava imaginando um lugar grande, gelado e vazio, onde se podia respirar e de onde era possível ver a aurora boreal.

No 30 Rockefeller Plaza, McHugh entrou num elevador, virou-se, deu de cara com Weiner a seu lado e sorriu. Mas quando respondeu ao seu cumprimento, ela se retraiu e olhou para os próprios pés.

28.
Cauda de pavão

Durante meus anos no 30 Rockefeller Plaza, a área de espera do terceiro andar em frente às salas dos executivos de jornalismo passou por várias disposições de mobília. Naquele mês de agosto havia uma cadeira baixa e uma mesinha com revistas antigas dispostas em leque do tipo que se costuma encontrar em salas de espera. Uma capa da *Time*, toda preta com letras cor de sangue, que estampava a pergunta, "A verdade está morta?". Era uma homenagem à capa clássica da *Time* dos anos 1960 cuja manchete era "Deus está morto?", só que não tão boa. Fora uma tarefa impossível: apesar dos valentes esforços de diagramação, "verdade" simplesmente não encaixava tão bem quanto "Deus". Olhei para a capa, então me aproximei de Anna, assistente de Oppenheim, para jogar conversa fora. "Imagino que vocês estejam trabalhando em alguma coisa importante", ela disse, e me abriu um sorriso conspiratório como quem diz, "Sou um túmulo".

Quando entrei na sala de Oppenheim, ele não se levantou nem foi para o sofá como de costume. Parecia nervoso. "Está com a cabeça onde?", perguntei. Trazia numa das mãos uma cópia impressa dobrada da lista de matérias alternativas. Talvez Berger tivesse razão. Talvez eu pudesse dar as costas para o tema terrível em pauta, deixar as coisas descansarem um pouco, mudar o foco. Oppenheim se remexeu na cadeira. "Bom", ele disse, pegando uma cópia do roteiro, "nós temos aqui algumas fontes anônimas."

"O nosso lide é uma mulher de quem vamos citar o nome, mostrar o rosto e ouvir a voz", falei, referindo-me a Gutierrez.

Ele deu um suspiro irritado. "Não sei o quão crível ela é. Quero dizer, os advogados dele vão dizer que eles estavam num lugar público, na verdade nada aconteceu..."

"Mas ele admite que algo aconteceu antes, algo sério e específico."

"Nós já falamos sobre isso, ele está tentando se livrar dela. Enfim, você mesmo diz aqui" — ele passou para a página do roteiro em questão — "que ela tem problemas de credibilidade."

"Não", falei. "Nós temos fontes na polícia, fontes na procuradoria dizendo que ela é crível."

"Está escrito aqui mesmo, no roteiro aprovado!", ele disse.

"Noah, quem escreveu o roteiro fui eu. A gente revela as denúncias feitas contra ela. Mas o procurador e a polícia..."

"O procurador não foi em frente! E ele vai dizer que ela é só uma puta..."

"Tá, então a gente mostra tudo isso. E deixa o público escutar e decidir."

Ele balançou a cabeça e tornou a olhar para o papel.

"Tá, mas... qual é a verdadeira gravidade disso tudo?", perguntou, como havia perguntado em todas as nossas conversas sobre a reportagem.

Enquanto falávamos, lembrei de uma conversa do ano anterior, durante a campanha presidencial. Eu estava sentado com Oppenheim no café da NBC, diante de um suco verde. Ele se aproximara, um pouco mais mexeriqueiro que de costume, e dissera que mulheres da NBC News haviam denunciado assédio por parte de um dos integrantes da campanha de Trump. "Isso é uma bomba!", falei.

"A gente não pode dar", respondeu Oppenheim, encolhendo os ombros. "Enfim, elas não querem dar mesmo."

"Bom, com certeza deve ter um jeito de documentar o acontecido sem trair confidências..."

"Não vai acontecer, ponto", ele me disse, como quem diz, "É a vida", com a casualidade e a segurança que eu na época tanto admirava — tanto que nem sequer dei muita importância àquilo, tampouco às suas opiniões mais genéricas sobre assédio sexual.

Nos anos que escrevera para o *Harvard Crimson*, Oppenheim havia se firmado como um provocador. Fazia-se passar por um ávido participante em reuniões de grupos feministas, depois escrevia colunas incendiárias no *Crimson* sobre como esses grupos eram uma bobagem. Embora os colunistas nem sempre escrevam os títulos das próprias matérias, os textos de Oppenheim traziam títulos como "Guia do clitóris"[27] e "Absurdo transgênero",[28] que refletiam com exatidão seu conteúdo. "Não há como negar que meus adversários mais arrebatados têm sido os integrantes de grupos feministas organizados", ele escreveu.[29] "O fel da sua retórica não tem rival. Naturalmente, o mesmo vale para a sua hipocrisia. Pelo visto, é fácil culpar o patriarcado por todos os seus infortúnios e silenciar seus opositores com acusações de misoginia, porém é mais difícil de fato se abster dos prazeres de saracotear com os belos filhos desse mesmo patriarcado. Nunca me esquecerei da fatídica noite em que encontrei a líder de uma importante organização de mulheres saindo da antessala do Porcellian", um clube universitário só para homens. "Pelo visto, o dogmatismo político é fácil, contanto que não interfira no programa de sábado à noite."

Depois de participar de uma reunião sobre a fusão da antiga faculdade só para mulheres de Harvard, Radcliffe, com o resto da universidade, o jovem Noah Oppenheim escreveu, "Por que as reuniões de mulheres são mais merecedoras de um espaço protegido do que as de quaisquer outras pessoas?".[30] Numa coluna em defesa dos bons velhos tempos dos clubes exclusivos para pessoas do mesmo sexo em Harvard, ele argumentava, "Para as feministas raivosas: não há nada de errado com instituições só para pessoas do mesmo sexo. Os homens, assim como as mulheres, precisam ficar sozinhos. Nós precisamos de um lugar para liberar nossos instintos mais baixos, para deixar de lado qualquer verniz externo que usamos para aplacar as sensibilidades das mulheres".[31] Ele acrescentava que "mulheres que se sentem ameaçadas pelo ambiente dos clubes deveriam procurar locais mais tranquilos. No entanto, pelo visto elas gostam de ficar confinadas, de ser pressionadas a beber demais e tratadas como caça. Sentem-se desejadas, não aviltadas".

Anos tinham se passado, e Noah Oppenheim amadurecera. Mas naquele dia de 2017, quando o vi se remexer e olhar para baixo, tive a sensação de que parte da sua vulnerabilidade às críticas em relação à reportagem era uma crença sincera de que aquilo não era um problema grave, um assediador de Hollywood, famoso no SoHo e em Cannes, avançando o sinal.

"Megyn Kelly fez aquela matéria sobre mulheres na indústria da tecnologia, e nós tínhamos um sofá inteiro de mulheres...", ele estava me dizendo.

"Se o que você quer dizer é que sinceramente só quer mais material, me diga", falei. "Tem mais coisas que podemos incluir rapidamente."

Ele não pareceu escutar. "A funcionária temporária está na sombra", disse.

"Ela vai mostrar o rosto. Disse que mostra se a gente precisar."

Ele engoliu com dificuldade e deu uma risadinha. "Bom, eu não sei", disse. "Depende do que ela tiver pra dizer."

"A gente sabe o que ela tem pra dizer. Ela tem provas. Tem mensagens de um executivo da empresa..."

"Bom, eu não sei se a gente quer isso, não sei..."

"E como eu já disse, tem uma terceira mulher com uma denúncia de estupro. Noah, ela está quase topando ser filmada. Se o que você está dizendo é que a gente precisa de mais coisas, eu consigo mais coisas."

"Espere aí, não sei se... precisaríamos checar com o jurídico antes de fazer algo desse tipo." Parecia frustrado, como se esperasse que aquilo fosse ser mais fácil. Seu rosto estava ficando pálido e suado, como quando ele escutara o áudio.

"O problema é justamente esse, Noah", falei. "Toda vez que a gente tenta conseguir mais coisas, vocês adiam."

Isso pareceu deixá-lo zangado. "Bom, nada disso importa", ele disse. "Nós estamos com um problema muito maior." Espalmou uma folha em cima da mesa e se reclinou para trás.

Peguei o papel. Era um artigo do *Los Angeles Times* do início dos anos 1990 informando que Weinstein tinha aceitado distribuir os filmes de Woody Allen.

"O Harvey diz que você tem um enorme conflito de interesses", falou Oppenheim.

Ergui os olhos do papel. "O Harvey *diz*?"

Oppenheim tornou a desviar os olhos para o lado. "Você entendeu", disse. "O Harvey falou para o Rich Greenberg. Eu nunca falei com o Harvey."

"Mas a gente sabia disso", eu disse, sem entender. "Greenberg, McHugh e eu pesquisamos e descobrimos que ele tinha trabalhado tanto com o meu pai como com a minha mãe... ele trabalhou com todo mundo em Hollywood."

"Ele trabalhou com Woody Allen quando ele era um pária!" A voz de Oppenheim agora estava alterada.

"Vários distribuidores trabalharam com ele."

"Não importa. O problema não é esse, é que... a sua irmã sofreu uma agressão sexual. Ano passado você escreveu aquela matéria da *Hollywood Reporter* sobre agressão sexual em Hollywood que deu muito que falar."

"Qual é o seu argumento?", perguntei. "Que ninguém que tem um membro da família que sofreu agressão sexual pode escrever matérias sobre questões relacionadas a agressão sexual?"

Ele negou com um gesto da cabeça. "Não", disse. "É que isso está bem no centro do seu... dos seus interesses pessoais!"

"Noah, você acha que estou trabalhando nessa matéria por interesses pessoais?" Tive a mesma sensação que tivera na conversa com Greenberg, de que precisava fazer perguntas diretas, porque era o único jeito de enfatizar a distância entre o que ele estava tentando sugerir e o que estava disposto a falar.

"Claro que não!", disse Oppenheim. "Mas eu te conheço. O problema não é esse, o problema é a narrativa pública, e a narrativa pública vai ser, 'Eu deixei Ronan Farrow, que tinha acabado de se revelar um... um *cruzado da agressão sexual*, que odeia o próprio pai...'"

"Aquilo não foi uma cruzada, foi uma pauta. Uma pauta que você me deu!"

"Eu não lembro disso", ele disse. "Não acho que eu teria feito isso."

"Bom, mas fez. Não fui eu quem sugeriu essa pauta, e também não apurei sozinho. Toda a sua organização de mídia trabalhou nisso." Tornei a deslizar o papel pela mesa até ele. "A gente sabia que ele ia tentar me prejudicar de alguma forma", falei. "Se isso é o melhor que ele tem, sinceramente estou aliviado, e acho que você também deveria estar."

"Eu teria preferido que ele tivesse encontrado um vídeo seu trepando num banheiro ou algo assim", ele disse, agitado. A amizade que havíamos tido, que poderia ter feito essa piada gay merecer um revirar de olhos e uma risada, estava se transformando em outra coisa, onde ele era apenas um chefe e diretor de um canal televisivo, e isso me deixou irritado.

"Que viagem!", gritaria Jonathan mais tarde, sem se dirigir a ninguém em especial. "Que viagem, ele apresentar seriamente aquela matéria. Isso não é sério. Não é uma objeção real. É totalmente nojento, porra." Mais tarde, todos os jornalistas que consultei — Auletta, até mesmo Brokaw — diriam que não havia conflito, que aquilo não existia. O que Oppenheim estava descrevendo era um jornalista que dava importância a determinado tema, não que tinha um conflito com uma pessoa específica. Mesmo assim, eu disse a ele que estaria mais que disposto a incluir na matéria uma explicação sobre quem eu era.

Uma expressão quase de súplica atravessou seu semblante. "Não estou dizendo que não tenha um monte de coisas aqui. Isto aqui é um incrível..." — procurou o final da frase — "... um incrível artigo para a *New York Magazine*. E sabe, se você quiser levar a reportagem para a *New York*, vá com Deus. Vá com Deus." Ele ergueu as mãos no gesto de quem se rende.

Encarei-o por alguns instantes como se ele estivesse maluco, então perguntei, "Noah, a matéria morreu ou não?". Ele tornou a olhar para o roteiro. Por cima do seu ombro, eu podia ver a arquitetura art déco do histórico Rockefeller Plaza.

Pensei na minha irmã. Cinco anos antes, ela dissera à família pela primeira vez que queria ressuscitar a denúncia de agressão sexual contra Woody Allen. Estávamos na sala de TV da nossa casa em Connecticut, com pilhas de fitas VHS desbotadas.

"Não entendo por que você não consegue seguir em frente e pronto", eu disse a ela.

"Você teve essa escolha!", ela respondeu. "Eu não!"

"Nós todos passamos *décadas* tentando deixar isso pra trás. Neste exato momento eu estou tentando começar uma coisa séria para as pessoas se concentrarem no meu trabalho. E você... você quer voltar no tempo."

"Isso não é sobre você", ela disse. "Será que você não entende?"

"Não, é sobre você. Você é inteligente, é talentosa, tem tantas outras coisas que pode fazer", falei.

"Mas eu não consigo. Porque isso está sempre lá", ela disse, e então começou a chorar.

"Você não precisa fazer isso. E vai estragar sua vida se fizer."

"Vá se foder", ela disse.

"Eu te apoio. Mas é que... você simplesmente precisa parar."

Oppenheim ergueu os olhos da página. "Posso consultar o grupo. Mas neste momento não podemos veicular isto."

A voz esganiçada de Alan Berger passou pela minha cabeça. "*Priorize o que está dando certo.*" Perguntei-me se eu teria coragem de dizer, "*Então tá*", de me voltar para outras coisas, me concentrar no futuro. Em retrospecto, é claro. Mas na hora você não sabe o quão importante a matéria vai ser. Não sabe se está lutando porque tem razão ou por causa do seu ego, do seu desejo de vencer, e para não ter que confirmar o que todo mundo pensava: que você era jovem, inexperiente, e foi além do que devia.

Olhei para a lista de matérias no meu colo. Eu a segurava com tanta força que o papel estava todo amassado e molhado de suor. As palavras "*parece o antro de um vilão do James Bond*" me vieram à cabeça. Às margens do meu campo de visão, a aurora boreal cintilou.

Oppenheim estava me estudando. Disse que não poderia haver mais nenhum trabalho sobre aquilo sob a tutela da NBC News. "Não posso te deixar falar com mais nenhuma fonte", ele disse.

Pensei em McGowan debaixo das luzes da TV dizendo, "*Espero que também tenham coragem*"; em Nestor, oculta na sombra, se perguntando, "*É assim que o mundo funciona?*"; em Gutierrez ouvindo Weinstein dizer, "*Estou acostumado com isso*"; em Annabella Sciorra me dizendo, "*Sinto muito*".

Encarei Oppenheim com um olhar duro. "Não", falei.

Ele pareceu contrariado.

"Como é que é?"

"Não", tornei a dizer. "Eu não vou... não vou fazer isso que você disse. Parar de falar com as fontes." Amassei o papel que tinha na mão. "Muitas mulheres arriscaram muita coisa para revelar isso, estão arriscando ainda..."

"O problema é esse", ele disse, levantando a voz. "Você está envolvido demais com isso tudo."

Pensei se poderia ser verdade. Auletta afirmara ter uma "fixação" pela história. Acho que eu também tinha. Mas tinha também interrogado aquelas fontes. E eu era um repórter cético, disposto a seguir os fatos até onde eles me levassem. E estava ansioso para pedir um comentário de Weinstein, coisa que não haviam me autorizado a fazer.

"Tá. Então eu estou envolvido com o assunto", eu disse. "Eu me importo com o assunto. Noah, nós temos provas. E se houver uma chance de denunciar isso antes de acontecer com mais alguém, eu não posso parar." Queria que isso soasse masculino e assertivo, mas pude ouvir minha voz falhar. "Se você quiser me mandar pastar, esta organização de mídia é sua e é você quem decide", continuei. "Mas precisa me dizer."

"Eu não vou te mandar pastar", ele disse, mas estava olhando para o outro lado de novo. Houve uma longa pausa, e ele então me abriu um sorriso desanimado. "Foi divertido. Seria bom se a gente pudesse voltar pra água envenenada na Califórnia, né?"

"É", eu disse. "Acho que sim." Levantei-me e agradeci a ele.

Saí da sala de Noah Oppenheim para o hall dos elevadores, onde passei pela gigantesca reprodução cromada do logo da NBC, um pavão com os dizeres, "A NBC agora em cores. Você pode assistir colorido. Não é incrível?". E era. Era mesmo. Passei pelas baias da redação do *Today* e subi pela escada até o quarto andar, com um gosto ácido na boca e marcas vermelhas na palma das mãos onde eu havia fincado as unhas.

Parte 3
Exército de espiões

29.
Fakakta

"Vá com Deus", dissera Oppenheim. Para a *New York Magazine*, dentre todos os lugares possíveis. (Só no meio jornalístico de Manhattan o paraíso era sinônimo de uma revista bissemanal medianamente refinada.) Mas como ir com Deus quando as entrevistas estavam presas nos servidores da NBC? Com um aceno, chamei McHugh para uma sala vazia e contei o que tinha acabado de acontecer com Oppenheim. "É por isso que esse cara continua se safando", disse McHugh. "Quer dizer então que eles estavam tramando essa argumentação com os advogados do Weinstein sem nos dizer nada, querendo entregar tudo como... como um prego no caixão", ele arrematou, misturando metáforas. "Estavam tentando nos fazer encerrar a apuração. É por isso que ninguém está particularmente interessado nessa vítima recente com quem estamos falando." Olhei para ele e aquiesci. Então aquilo era o fim. "Que babaquice, isso tudo", ele disse. "O que aconteceu aqui, nesta empresa. É uma notícia e tanto."

"A apuração inteira", falei, cansado. "É tudo deles."

Ele me encarou com firmeza.

"Vem cá."

De volta a nossas baias, McHugh olhou em volta e se inclinou para abrir uma gaveta da escrivaninha.

"Digamos", ele disse, remexendo uma pilha de parafernália audiovisual e pescando um retângulo prateado, "que você tivesse as entrevistas." Fez deslizar pela mesa um disco rígido com "Vale do Veneno" escrito num canto.

"Rich...", falei.

Ele deu de ombros. "Backup."

Eu ri. "Eles vão te demitir."

"Vamos ser honestos: depois disso nenhum de nós dois vai ter emprego."

Eu me aproximei como se talvez fosse lhe dar um abraço, e ele me dispensou com um gesto. "Tá, tá bom. Só não deixe que eles enterrem a reportagem."

Alguns minutos depois, eu caminhava rapidamente rumo ao cofre no banco. Não queria dar a Oppenheim a chance de reconsiderar sua sugestão de que eu levasse a reportagem para outro lugar. Mas para quem eu poderia ligar? Olhei para o celular e vi o e-mail de Auletta da véspera. Se havia algum veículo que sabia o que significava ir contra Weinstein, era a *New Yorker*.

Liguei para Auletta.

"Eles não vão levar ao ar? Com o que você tem? Com a gravação?", ele perguntou. "Que ridículo." Disse que iria dar uns telefonemas e me retornaria.

Eu vinha tentando falar com Jonathan desde que saíra da reunião com Oppenheim. "Me liga", escrevi. Então, de modo mesquinho, "Eu estou passando pela coisa mais importante da minha vida e você não está disponível para mim. Estou tendo que tomar decisões críticas e estou fazendo isso sem você, o que é uma merda. Eu saio de gravações para te atender, e você não me retribui".

Quando ele finalmente ligou, estava irritado.

"Não dá pra sair de uma reunião e dar de cara com essas suas mensagens explosivas, isso é ridículo", falou.

"É que estou tendo que lidar com muita coisa", eu disse. "E tenho a sensação de estar fazendo isso sozinho."

"Você não está sozinho."

"Então vem ficar comigo."

"Você sabe que eu não posso. A gente está abrindo uma empresa, algo em que você parece mal estar prestando atenção..."

"Tem umas coisas esquisitas acontecendo à minha volta", falei. "Parece que estou ficando maluco." Nós dois desligamos chateados. Agora estava descendo para a área subterrânea dos cofres. Guardei o disco rígido no cofre numerado e fiquei vendo-o deslizar de volta para o lugar com um barulho de unha raspando no quadro-negro.

No dia seguinte, Auletta me apresentou a David Remnick, editor da *New Yorker*. Remnick e eu marcamos uma reunião para conversar na semana subsequente. "Nós temos certa experiência nesse assunto", ele escreveu.[1]

No 30 Rockefeller Plaza, McHugh e eu estávamos ansiosos conforme interagíamos com outras pessoas da redação. Greenberg parecia estar com os nervos à flor da pele. McHugh o encurralou num canto e expressou incredulidade em relação ao argumento de conflito de interesses. Lembrou a Greenberg que já tínhamos examinado as ligações entre Weinstein e minha família, e decidíramos que *não havia* conflito de interesses.

Greenberg respondeu vagamente que iríamos dar um jeito de avançar.

"Quer dizer que a reportagem não morreu na NBC?", perguntou McHugh.

"Veja, eu não vou discutir isso", retrucou Greenberg.

"Eu não estou discutindo", disse McHugh. "Mas preciso dizer, para deixar registrado, que discordo."

Quando encontrei Greenberg, também tinha perguntas. "Esse lance de conflito de interesses", falei. "O Noah disse que o Harvey comentou com você sobre isso."

Em meio à expressão de pânico, ele conseguiu achar tempo para parecer genuinamente espantado.

"Eu nunca falei sobre isso com o Harvey", disse.

A tarde se iniciava quando Oppenheim mandou uma mensagem pedindo para me ver. "Passei o dia inteiro tendo conversas sobre esse assunto", ele disparou, assim que entrei na sua sala. Parecia não ter dormido. "Todos nós achamos que isso tem uma solução..." — e então, obviamente com base na minha cara de otimismo esfuziante, repetiu — "... uma solução *potencial*." Quem quer que tivesse decidido que a matéria não poderia ir ao ar, pelo visto agora tinha percebido que a matéria tampouco poderia *não ir* ao ar — ao menos não do jeito como Oppenheim deixara a situação na véspera. "Nós vamos pedir a um dos mais veteranos produtores seniores da empresa, um cara do Dateline que trabalha aqui há vinte, trinta anos... vamos pedir pra ele repassar tudo que você fez, pra examinar tudo."

"Quem?", perguntei.

"Corvo, que é inimputável, vai supervisionar tudo. Ele vai escolher a pessoa."

Pensei em Corvo, o veterano do Dateline — um homem da empresa, mas, até onde eu sabia, um homem de princípios.

"Se isso for genuinamente um esforço gerado pela vontade de pôr a matéria no ar, então é bem-vindo. Podem verificar tudo. A apuração vai se sustentar."

"Não é só uma verificação", disse Oppenheim. "A minha opinião é que a gravação e o fato de Harvey Weinstein ter pegado nos peitos de uma moça alguns anos atrás não são notícias nacionais." Comecei a falar, e ele ergueu uma das mãos. "É notícia em algum lugar. Se for para a *Hollywood Reporter*, ótimo, lá é notícia. Mas, para o *Today*, um produtor de cinema agarrar uma moça não é notícia."

Ele disse que eles queriam mais coisas, e eu disse que isso era ótimo também. Poderia aceitar a oferta de Gutierrez para entrar na reportagem, gravar com Canosa e regravar com Nestor.

"Não, não, não", ele disse. "Nós vamos escolher um produtor para verificar tudo. Todo mundo em que estamos pensando está de férias até segunda-feira. Vamos segurar as pontas até lá", ele disse.

"Noah, se você quer mais coisas, preciso de permissão pra sair e correr atrás."

"Eu sei, eu sei", ele falou. "Só estou dizendo pra segurar as pontas até segunda."

"Isso é *fakakt*", disse McHugh.

"Rich, por favor, pare de falar iídiche, e o certo é *fakakta*..."

"Isso questiona a minha credibilidade, porra, e eu..."

"Não questiona, não", falei.

"Como assim? A gente *já teve* um produtor de confiança verificando todo o material dessa reportagem. Eu estou aqui desde o início..."

"Ah, desculpem!", disse, animada, uma jovem produtora do *Today* ao abrir a porta. Estávamos numa sala de correio perto da redação do programa. Não havia outro lugar disponível. A produtora começou a organizar correspondências e a mexer nuns formulários de FedEx.

Ficamos constrangidos por alguns instantes.

"E aí, a vida vai bem?", consegui perguntar.

"Vai", ela disse. "Tudo ótimo. Sabe como é. Triste que o verão está acabando."

"Com certeza", falei.

Quando a porta se fechou atrás dela, me virei para McHugh. "Rich, eu não vou deixar que eles te forcem a sair."

"Mas eles *estão* me forçando a sair", continuou McHugh entre os dentes. "Que diabo é isso?"

"Basicamente é o papel de um procurador especial, e se eles quiserem abafar essa história toda, com certeza eles podem, mas foi muito promissor."

Rich me encarou como se eu tivesse perdido a razão. "Eles disseram não, depois se deram conta que é um escândalo de RP. E agora vão simplesmente ficar empurrando com a barriga até março e a gente ainda vai estar discutindo isso. Basicamente é 'precisamos de mais coisas, precisamos de mais coisas'; eles não vão dizer não pra gente... Tudo bem, pode entrar."

"Desculpem", guinchou a produtora, e tornou a entrar de fininho para pegar um documento que tinha esquecido.

Dei um sorriso tenso, então disse a McHugh, "Você não acha isso *meio* conspiratório? Pode ser que eles deem".

"O fato é que é um problema o presidente da NBC News estar falando direto com o Harvey e mentindo pra gente a respeito." Ele estava emburrado. "O que você vai fazer em relação à reunião com Remnick semana que vem?"

Pensei um pouco. "Vou manter, e a gente mantém essa opção nas coxias. Talvez proponha fazer para os dois. Não sei."

"Você precisa tomar cuidado agora", disse McHugh, "porque digamos que isso saia em outro veículo e fique ruim para a NBC, seria fácil eles se virarem contra a gente..."

"Oi!", disse uma das três estagiárias sorridentes que tinham acabado de abrir a porta. "Não se preocupem com a gente."

Apesar do ceticismo de McHugh, eu estava cheio de um otimismo renovado ao sair do Rockefeller Plaza e enveredar por entre os agressivos neons da Times Square. "A NBC é um passarinho na mão. Contanto que eles te deixem seguir com a apuração, não os solte", me disse Jonathan, por telefone, de Los Angeles. "O Noah está assoberbado, ele não tem má intenção."

Minha sensação de que os obstáculos do mês anterior tinham sido um sonho passageiro provocado pela febre foi reforçada quando Thomas McFadden, da segurança da NBC, entrou em contato para dizer que tinha novidades. Eles haviam descoberto de onde vinham ao menos algumas das mensagens de ameaça. Revelou-se que eu de fato tinha perseguidores normais com questões de saúde mental. Não havia nenhuma grande conspiração, ninguém à espreita em frente ao meu apartamento, falei para mim mesmo.

A situação de Harvey Weinstein também estava mudando. Se antes, em conversas com pessoas próximas, ele afirmara de forma jubilosa que seus contatos na NBC garantiam que a matéria fora abafada, agora voltara a demonstrar preocupação de que a coisa não tivesse sido bem-feita e de que a matéria ainda pudesse ir ao ar. Weinstein sabia que Boies era amigo de Lack, e perguntou se o advogado poderia dar um telefonema para o presidente do canal.

"Posso ligar para o Andy e ver se ele me diz alguma coisa", foi tudo que Boies pôde responder.

Mais fontes me diziam estar recebendo ligações de Weinstein ou de gente próxima a ele, e que essas ligações pareciam preocupantes. Katrina Wolfe, que se deixara filmar dizendo haver testemunhado o processo do acordo em Londres, me contou, nervosa, ter recebido um telefonema de uma produtora veterana de Weinstein chamada Denise Doyle Chambers. Doyle Chambers dissera que ela e outra produtora veterana, Pam Lubell, tinham voltado a trabalhar para Weinstein na pesquisa de um livro. Um "livro engraçado", diria Lubell depois, "sobre os velhos tempos, a era de ouro da Miramax". Weinstein lhes pedira que listassem todos os funcionários que conheciam e entrassem em contato com eles. Mais tarde, haveria bastante especulação pública sobre quanto as duas mulheres tinham acreditado naquela história de fachada. De todo modo, Lubell parecera convencida: chegou até a escrever uma proposta de livro. Na capa, Bob e Harvey Weinstein sorriam em preto e branco. O título acima deles dizia, "MIRAMAX: QUE TEMPO BOM, MEU CAMARADA, PENSEI QUE NUNCA FOSSE ACABAR".

Mas a história de fachada, frágil desde o início, se desintegrou rapidamente. No começo de agosto, Weinstein chamou as duas mulheres de novo à sua sala. "Sabem de uma coisa? Vamos dar um tempo no livro", ele disse. Pediu a Doyle

Chambers e Lubell "que ligassem para alguns de seus amigos da lista e vissem se eles tinham sido contatados pela imprensa".

No telefone com Wolfe, Doyle Chambers não jogou muita conversa fora sobre os bons velhos tempos antes de ir direto ao assunto. Weinstein queria saber se Wolfe tinha sido contatada por algum jornalista; especificamente, se tinha sido contatada por mim. E queria cópias de todos os e-mails que ela tivesse recebido ou enviado. Abalada, Wolfe mandou minhas mensagens para Doyle Chambers e negou ter respondido a elas.

E houve algo mais: os nomes compilados e contatados por Doyle Chambers e Lubell estavam sendo incorporados a uma lista maior. Essa lista trazia uns poucos veteranos da era de ouro da Miramax e muitas mulheres com quem Weinstein trabalhara, além de jornalistas criadores de caso. Havia um código de cor: alguns nomes, realçados em vermelho, indicavam urgência, principalmente entre as mulheres. Doyle Chambers e Lubell continuaram atualizando sua lista segundo as ligações que fizeram, sem saber que seu trabalho seria mandado para os escritórios da Black Cube em Tel Aviv e Londres, e de lá encaminhado a agentes no mundo todo, para servir de base ao seu trabalho cada vez mais intenso para Weinstein.

Ao mesmo tempo, John Ksar, um agente com o qual eu havia trabalhado na agência de palestras Harry Walker, estava recebendo contatos de uma empresa de gestão patrimonial em Londres. A representante da empresa, Diana Filip, disse estar organizando um evento de gala com foco na representatividade feminina no mercado de trabalho. Ela queria que um repórter com experiência no assunto fizesse um discurso, talvez até mais de um.

Fazia muito tempo que Ksar estava no mercado, e ele sabia identificar tentativas de obter informação. Mas Filip tinha todas as respostas na ponta da língua. Pôs-se a enumerar os detalhes em ritmo acelerado, inclusive os investidores que estariam presentes. Disse que sua empresa ainda precisava tomar uma decisão final. Primeiro eles tinham que se encontrar comigo. "Espero que esse encontro possa ser organizado para algum momento das próximas semanas. Na verdade, tenho planos de estar em NY semana que vem, então se o sr. Farrow estiver disponível, poderia ser uma boa oportunidade", ela escreveu num e-mail.[2] Essa foi a primeira de várias mensagens dizendo que um encontro precisava acontecer logo; como isso não surtisse efeito, veio uma nova mensagem dizendo que ela se contentaria em falar comigo por telefone. Os e-mails de Diana Filip chegaram sem parar por mais de um mês. Ksar imaginava que ela fosse apenas muito, muito fã de jornalismo investigativo.

30.
Garrafa

No raiar do dia seguinte à minha reunião com Oppenheim, os detetives particulares se acomodaram diante da entrada do meu prédio. Khaykin já estava lá quando Ostrovskiy chegou caminhando calmamente, vindo da loja de *bagels* depois da esquina. "Quer alguma coisa?", ele dissera por mensagem de texto. "Não, cara, valeu", respondera Khaykin. Passados alguns minutos, os dois retomaram suas posições na rua em frente e se puseram a observar.

Imediatamente depois de sair do encontro com Oppenheim, eu tinha mandado um e-mail para David Corvo, e combinamos de nos ver. No apartamento, vesti uma camisa social branca, pus minhas anotações numa bolsa e fui para a rua.

Logo após as oito e meia, os detetives particulares viram um rapaz de cabelos loiros, usando uma camisa branca e carregando uma mochila. Examinaram-no. Tinham recebido fotos minhas para usar como referência, e na véspera fizeram pesquisas suplementares em bases de dados. Grande parte do trabalho de vigilância se apoiava em suposições, mas aquele parecia ser o seu alvo. Ao volante, Ostrovskiy dobrou a esquina logo depois do alvo, enquanto o gravava com uma filmadora Panasonic. "Estou indo para o 30 Rockefeller Plaza agora", ele disse por mensagem de texto. Khaykin iniciou uma perseguição a pé, descendo na estação de metrô de Columbus Circle e embarcando num trem com destino ao centro da cidade.

Para os detetives particulares, longos dias de vigilância muitas vezes significavam poucas oportunidades para ir ao banheiro.

"A que distância você está?", escreveu Ostrovskiy a seu chefe mais tarde, enquanto aguardava no carro a aparição seguinte do alvo. "Preciso usar uma garrafa. Se você estiver perto, posso esperar." Khaykin, no entanto, não estava perto. Ostrovskiy deu uma olhada na garrafa que havia bebido mais cedo, resignou-se, pegou-a e fez o que tinha que fazer.

"Tá, agora está tudo bem", escreveu para o chefe.

Quando consegui chegar ao Rockefeller Plaza, minha camisa social estava encharcada de suor. Em sua sala perto do restante da equipe do Dateline, Corvo sorriu e perguntou, "Como estão as coisas?".

"Pelo que entendi, vamos trabalhar juntos", falei.

"Ah, aquela história", ele disse. "Eu só soube por alto."

Informei a Corvo o básico: o áudio, as várias denúncias contra Harvey Weinstein que ainda estavam no roteiro após a avaliação jurídica, a firme disposição de Gutierrez em revelar seu nome e aparecer no lide da matéria, a aceitação de Nestor de se deixar filmar para substituir McGowan. Ele balançava a cabeça simpaticamente à medida que escutava. "Parece fascinante", disse, e sorriu.

Corvo já tinha lidado com matérias difíceis relacionadas a denúncias de agressão sexual. Em 1999, durante a passagem anterior de Andy Lack pela NBC News, Corvo supervisionara a entrevista do canal com Juanita Broaddrick, que acusara Bill Clinton de estupro 21 anos antes. O canal passara pouco mais de um mês revisando a entrevista após sua gravação, e só a pusera no ar depois que Broaddrick, frustrada, levou a pauta ao *Wall Street Journal*, ao *Washington Post* e ao *New York Times*. "Se Dorothy Rabinowitz não tivesse vindo me entrevistar, acho que a NBC nunca teria posto a entrevista no ar", disse Broaddrick mais tarde, referindo-se à jornalista do *Wall Street Journal* que acabara dando o furo.[3] "Eu tinha desistido completamente."

Eu não sabia que Corvo também tinha um histórico pessoal relacionado a questões de assédio sexual. Em 2007, ele parecera desenvolver uma fixação por uma funcionária e lhe mandara mensagens lascivas. "Em nosso continuado esforço para evitar mal-entendidos", escrevera, "precisamos deixar bem clara uma 'regra básica': toda vez que você for à piscina, precisa me avisar. Mesmo uma espiada de longe vai me fazer ganhar o dia."[4] Num dia de calor, ele acrescentara, "Eu adoro calor, mas você está indo a um evento escolar vestida assim?".[5] Várias vezes encontrara ou criara situações para ficar a sós com a mulher. Ela acabara se queixando à direção. Foi promovida a outro cargo e passou ainda muitos anos na empresa. A ascensão de Corvo no canal havia continuado sem interrupção.

Saí da reunião com Corvo me sentindo tranquilizado. No dia seguinte, sem que eu soubesse, a NBC finalizou um acordo demissional de quase 1 milhão de dólares com a acusadora de Corvo. Quando o Daily Beast mais tarde noticiasse as alegações, o canal diria que o pagamento tinha sido mera coincidência, sem relação nenhuma com a denúncia dela. O acordo a proibia de vir a falar de modo negativo sobre sua passagem pela NBC.

Algumas manhãs depois, os detetives particulares estavam novamente posicionados no Upper West Side. Dessa vez quem estava de plantão era Ostrovskiy. "Até agora não o vi", ele disse por mensagem de texto ao chefe. Então tornou a ver o rapaz de cabelos loiros. Ostrovskiy saltou do carro e começou a persegui-lo a pé. Chegou perto, mas não o suficiente para tocá-lo. Então franziu o cenho e digitou um número no celular.

Lá em cima, no meu apartamento, atendi. "Alô?", eu disse, e ouvi uma exclamação breve em russo antes de a ligação cair. Diante de Ostrovskiy, o vizinho com quem eu tinha uma vaga semelhança continuou andando, alheio e indiferente, e certamente sem atender ao celular.

"Parece que não é ele", escreveu Ostrovskiy para Khaykin. "De volta ao prédio." No carro, ele pesquisou no Google fotos melhores minhas. "Achei uma boa imagem de identificação", escreveu, e mandou para o chefe um retrato meu com minha irmã Dylan no colo de nossos pais, na qual talvez tivéssemos quatro e seis anos de idade. "Com base nesta aqui não devemos ter problemas."

"Ha, ha", respondeu Khaykin. Mais tarde, como para se certificar de que Ostrovskiy estava brincando, Khaykin mandou uma captura de tela de um dos dossiês com os títulos em fonte Times New Roman azul com a minha data de nascimento.

A redação da *New Yorker* rodeava o 38º andar do edifício One World Trade Center, um uróboro de notícias, comentários sofisticados e bolsas de marca. Era um espaço claro, arejado e moderno. Minha reunião com David Remnick estava marcada para o meio-dia. Quando entrei, meu celular emitiu uma saraivada de alertas de notificação. Era uma série de mensagens novas de spam, dessa vez pedindo que eu me inscrevesse ou me desinscrevesse em algum tipo de pesquisa política. Descartei-as com uma passada do dedo enquanto um assistente alto e magro me conduzia à pequena sala de reunião anexa à sala de Remnick.

Um dia David Remnick terá cem anos e as pessoas continuarão a chamá-lo de garoto prodígio. Ele começara a carreira fazendo tanto a cobertura de esportes como a página policial para o *Washington Post*, até se tornar correspondente do jornal em Moscou, o que levara a um elogiado livro sobre a Rússia e a um prêmio Pulitzer antes dos quarenta. Naquele verão, ele beirava os sessenta, e fios brancos invadiam sorrateiramente seus cachos negros, mas ainda tinha certo ar de menino. Quando sua esposa comentou mais tarde que ele era alto, isso de certa forma foi novidade para mim. Ele era um dos raros homens da sua estatura, tanto física como profissional, que não faziam os outros se sentirem pequenos. Sentado de jeans e jaqueta numa das cadeiras ao redor da mesa na sala de reunião, exibia uma linguagem corporal relaxada mas curiosa.

Trouxera consigo uma jovem editora chamada Deirdre Foley-Mendelssohn, que tinha entrado na revista no início daquele ano, depois de passar pela *Harper's* e pela *Paris Review*. Foley-Mendelssohn era magra, calada e intensa. Na noite anterior, Remnick fora até sua sala e lhe sugerira que estudasse o antigo perfil de Auletta sobre Weinstein. Ela havia feito mais que isso, tendo lido vários textos.

Sentamos os três, e enquanto eu fazia um esboço da reportagem, pude ver que Remnick estava raciocinando intensamente. "E você acha que consegue mais coisas?"

"Eu sei que consigo", respondi, e lhe falei sobre as pistas em relação às quais a NBC estava fazendo corpo mole.

Ele perguntou se podia escutar a gravação, e pela segunda vez naquele verão sentei diante da chefia de um veículo de imprensa, pus meu celular em cima da mesa e acionei o play.

Remnick e Foley-Mendelssohn escutaram. Sua reação foi totalmente oposta à de Oppenheim. Um silêncio atarantado se seguiu ao áudio. "Não é só a confissão", disse Foley-Mendelssohn por fim. "É o tom, o não aceitar um não como resposta."

"E a NBC está te deixando ir embora com tudo isso?", perguntou Remnick. "Quem na NBC? Oppenheim?"

"Oppenheim", confirmei.

"E você diz que ele é roteirista?"

"Ele escreveu *Jackie*", respondi.

"Que filme ruim", disse Remnick, sério.

Naquela manhã, Ostrovskiy e um colega haviam feito uma última e infrutífera parada em frente ao prédio do *New York Times*. Khaykin então ligou para transmitir ordens novas em relação a mim, "*Rastreiem o celular dele*". Ostrovskiy lembrou de quando Khaykin se gabara, no outono anterior, de ser capaz de fazer isso.

Pouco após o meio-dia, Khaykin começou a mandar capturas de tela de mapas marcados com pontinhos que indicavam a latitude, a longitude e a elevação de um alvo em movimento. Talvez Khaykin no fim das contas não estivesse se gabando à toa: os pontinhos correspondiam exatamente ao meu trajeto até a reunião com Remnick.

Fui franco com os editores da *New Yorker* em relação a todos os aspectos da reportagem, inclusive minhas esperanças quanto a seu futuro na NBC. "Eu sinceramente não sei o que está acontecendo ali", falei. "Mas eu trabalho lá, e se houver uma chance dessa última avaliação ser sincera, preciso tentar. Devo isso ao meu produtor de lá."

Remnick deixou claro que se a NBC cancelasse a matéria de novo ou não tivesse a intenção de dar sua versão primeiro, ele estava interessado. Haveria mais trabalho a fazer, claro. Quanto mais indícios eu juntasse, melhor. Remnick sabia por experiência que Weinstein e sua equipe de advogados estariam prontos para a briga. Mas pela primeira vez naquele verão um veículo de mídia estava de fato me incentivando. Remnick me disse para manter Foley-Mendelssohn informada à medida que os elementos pendentes da apuração fossem se concretizando, entre eles a entrevista filmada que Canosa estava cogitando fornecer.

"Não espero que vocês prometam nada ainda, mas acho que tem coisa suficiente aí para publicar algo grande", falei.

Ele aquiesceu. "Acho que deve ter."

Após a reunião, Remnick voltou para a sua sala e eu me despedi de Foley-Mendelssohn. "Se eles não deixarem você continuar por algum motivo, ligue para cá", ela disse.

Quando saí para o lobby, umas duzentas mensagens inundaram meu celular. "(Pesquisa) Trump deve sofrer impeachment?", diziam elas, todas idênticas. "Responda para votar. Para se desinscrever da nossa lista..." Cada uma vinha de um número diferente. Fiquei ali deletando as mensagens antes de finalmente desistir e optar por me desinscrever, o que não pareceu ajudar.

"É a área próxima ao World Trade Center", escreveu Ostrovskiy para Khaykin depois de receber os mapas. "Indo pra lá agora." Em seguida, "Alguma informação adicional sobre o lugar de onde ele deve sair?", e "Tem um prédio nesse endereço? Ou talvez ele esteja do lado de fora?".

"Sem informação", respondeu Khaykin.

"Tá, vou dar uma olhada por aqui."

Em meio à enxurrada de mensagens da pesquisa, entrou uma de McHugh perguntando meu horário previsto de chegada. Eu tinha de voltar para a NBC. Comecei a caminhar rumo ao metrô, então mudei de ideia. Desde o dia em que pensara na possibilidade de estar sendo seguido, eu vinha sentindo um nervosismo estranho. Saí do metrô e fiz sinal para um táxi. Dirigindo-me para o norte da cidade, passei bem em frente aos detetives particulares.

Pouco depois, McHugh e eu estávamos sentados com os dois produtores escolhidos por Corvo para trabalhar na sua checagem da apuração. Ambos pareciam muito interessados, mas estava claro também que as decisões sobre o futuro da matéria seriam tomadas acima do seu cargo. A reunião foi afobada: os dois produtores estavam ocupados assistindo a VTs de matérias do Dateline. McHugh e eu demos a eles todo o material de apuração que conseguimos imprimir em curto espaço de tempo, deixando claro que havia mais, inclusive o material secreto guardado no cofre do banco. Eles não pediram para ouvir o áudio. Na verdade, nunca chegariam a ouvir.

Quando saímos da reunião, McHugh tinha uma chamada perdida de um número que não reconheceu. Era Lanny Davis, o advogado e assessor de comunicação.

"Soube que está trabalhando com Ronan Farrow numa reportagem sobre Harvey", disse Davis. "Confere? A matéria ainda está de pé? Quando vocês estão planejando dar?"

McHugh respondeu que não podia falar nada sobre reportagens em curso. Davis disse que estava de férias e deu a McHugh seu número de celular. "Eu já trabalhei muitos anos com os Clinton, e agora estou trabalhando com o Harvey", disse Davis. "E estou aqui para ajudar." McHugh desligou às pressas e passou o resto da tarde parecendo meio desestabilizado.

Eu havia feito uma reserva de voo para Los Angeles naquela noite. Tinha esperanças de finalmente convencer Canosa a se deixar filmar. Nestor também aceitara me encontrar para mapear uma potencial entrevista em que mostraria o rosto.

Quando pisei no terminal de embarque do JFK, Canosa ligou. Sua voz soou nervosa. "Ele tem me ligado", ela disse. Weinstein parecia estar tentando mantê-la por perto, dizendo a ela quanto valorizava sua lealdade.

"Se você sente que não consegue fazer isso..."

"Não", ela disse, firme. Seu rosto ficaria na sombra, mas ela iria gravar. "Eu vou dar a entrevista." Combinamos um horário.

O mais recente motivo citado por Oppenheim para interromper a apuração — esperar que Corvo escolhesse um produtor — estava resolvido. McHugh e eu avisamos à NBC que iríamos fazer a entrevista.

Depois de nosso quase encontro no World Trade Center, os detetives particulares ficaram sem ter o que fazer no bairro. Khaykin fumava um cigarro atrás do outro, olhando para o celular à espera de dados de GPS que nunca chegavam. À noite, Ostrovskiy tornou a ficar de tocaia em frente ao meu prédio, sem sucesso. "Não se preocupe com as horas do Ronan", ele escreveu para o chefe. "Sério, eu entendo a situação, e não esperava receber a não ser que nós de fato o encontrássemos."

31.
Sizígia

Harvey Weinstein também estava frustrado com a falta de novidades. David Boies fez a ligação para Andy Lack conforme prometido. Boies perguntou a Lack se o trabalho na reportagem prosseguia.

Lack se mostrou racional e simpático. Permaneceu calado a maior parte do telefonema, como tinha feito na conversa anterior com Weinstein, quando o chefe do estúdio sugerira que ir para a cama com funcionárias era uma prática corriqueira. Na época em que era produtor executivo de *West 57th*, no fim dos anos 1980, Lack, então casado, tivera relações sexuais com subordinadas e com atrizes. Jane Wallace, uma das correspondentes do programa, disse que Lack "quase não dava trégua". Disse que, quando ela havia começado a trabalhar no programa, Lack a convidara para jantar "diariamente por quase um mês", dizendo que queria comemorar sua contratação. "Se o seu chefe faz isso, o que você responde?", ela me disse mais tarde. "Sabe que se disser 'não quero comemorar com você', está pedindo para ter problemas." Wallace disse que "no fim das contas foi consentido, mas eu não fui só alvo de uma paquera. Fui alvo de um rolo compressor". O relacionamento acabou azedando. Segundo ela, Lack se tornou imprevisível. Ao deixar o programa, ela lembra de tê-lo ouvido berrar, "Você nunca vai levar crédito". A rede então desenvolveu uma tática da qual o público na época mal tinha consciência: ofereceu a ela uma compensação significativa para que assinasse um acordo de confidencialidade obrigatória.[6] Wallace aceitou. "Foi só quando eu realmente saí de lá que senti toda a força da situação. Que senti quão enojada estava", ela me disse. "A verdade é que se ele não tivesse agido daquela maneira, eu teria mantido meu emprego. Eu adorava aquele emprego."

Várias outras ex-funcionárias de Lack recordavam outro relacionamento com uma jovem produtora associada com quem ele trabalhara, chamada Jennifer Laird. Quando a relação terminou, colegas lembravam de Lack ter se tornado hostil e partido para o que eles consideravam ações punitivas. Quando Laird pediu para ser transferida, Lack não permitiu. Forçou-a a trabalhar mais horas e nos fins de semana, e propôs que ela cancelasse as férias. Por meio de um porta-voz, Lack negou ter tomado atitudes retaliatórias contra Laird. Já ela confirmou que o relacionamento tinha existido, e afirmou que seu desfecho fora "extremamente desconfortável". "Há um motivo claro para você não se envolver com seu chefe", ela me disse.

A reputação de Lack o havia precedido em seu último cargo na NBC. "Por que você faria isso", um executivo lembrava de ter perguntado a Steve Burke ao saber da sua decisão de chamar Lack de volta. "O motivo de você ter tido aqueles problemas lá... foi ele o responsável!"

Na ligação daquele dia com Boies, Lack se mostrou menos calado quando a conversa chegou ao destino da reportagem na NBC. "Nós dissemos ao Harvey que não vamos dar matéria nenhuma", falou Lack. "Se decidirmos dar, vamos avisá-lo."

Enquanto eu voava para Los Angeles na noite seguinte à reunião na *New Yorker*, Greenberg ligou para McHugh com voz histérica. Segundo ele, Oppenheim tinha lhe dito para "acionar o pause naquela história".

"Ou seja, eu não posso apurar mais nada?", perguntou McHugh.

"Isso veio do nosso chefe", respondeu Greenberg. "É uma ordem."

Então, na manhã seguinte, Greenberg me ligou e disse a mesma coisa.

"A ordem do Noah foi bem clara", ele me disse. "Nós não podemos gravar essa entrevista. Vamos interromper."

Eu estava na casa de Jonathan em West Hollywood. Ele se aproximou, boquiaberto. "Só para ficar claro, você está me mandando cancelar a entrevista", falei para Greenberg.

Fez-se um longo silêncio. "É uma pausa", ele disse.

"A entrevista está marcada. Você está me pedindo para desmarcar. Em que sentido isso é uma pausa?"

"Ronan", ele disse, agora irritado. "Você tem que parar."

"A gente sabe quanto tempo vai durar essa pausa?", perguntei. "Por que exatamente a NBC está nos mandando parar de apurar?"

Ele soou confuso.

"Eu... ele... os advogados do Harvey argumentaram que todos os funcionários assinam um acordo de confidencialidade", ele disse. "E nós não podemos simplesmente começar a incentivar as pessoas a violar esses contratos."

"Rich, não é assim que funciona o risco jurídico. *Gravar* a entrevista não..."

"É a decisão do Noah", ele disse. "Eu entendo que você não goste dela, mas não acho que nenhum de nós esteja em condições de discordar."

Fiquei andando de um lado para outro do apartamento enquanto discutia a situação com Jonathan. A sugestão de Oppenheim de que eu levasse a reportagem para outro veículo me parecia precária. "Ele sabe que isso vai ser um escândalo quando outro veículo der, não sabe?", assinalou Jonathan. Eu queria continuar resistindo à proibição de apurar. Se fizesse isso, contudo, a dinâmica poderia se tornar abertamente hostil, e a rede poderia tentar me proibir de levar o material embora.

O que fiz a seguir foi sugestão de Jonathan. Liguei para Oppenheim e lhe disse que gostaria de aceitar sua sugestão de "ir com Deus" para um veículo impresso, mas apresentei isso como algo amigável e não ameaçador. Disse a ele, o que era verdade, que já tinha o interesse preliminar de um editor de impresso. Não falei qual. Sugeri que a NBC poderia continuar gravando as minhas entrevistas e pôr no ar uma versão para a TV depois que eu desse o furo no impresso.

"Eu não quero, tipo, ficar no seu caminho te impedindo de ir em frente. Minha intuição é que essa parece uma proposta razoável", disse Oppenheim. Sua voz soava tomada pelo alívio. "Me dê dez minutos para respirar um pouco e eu ligo de volta."

Como prometido, dez minutos depois ele mandou uma mensagem dizendo que tudo bem. Perguntei se ainda poderia usar uma equipe da NBC na entrevista seguinte com Canosa. Assinalei que isso não o deixaria obrigado a veicular a matéria, apenas manteria essa opção aberta. "Infelizmente", ele respondeu, "não podemos avançar nada pela NBC antes da verificação estar concluída."[7]

Em menos de 24 horas, Oppenheim se reuniria com Corvo e os produtores subordinados a ele, e cancelaria a checagem. Um dos produtores disse ao grupo que Nestor "não estava pronta para se mostrar". Nestor, que já me dissera que aceitaria testemunhar caso eu precisasse, negou ter dito algo do tipo. Em determinado momento, Corvo argumentou que a reportagem era visualmente insuficiente e não daria uma boa matéria televisiva.

Greenberg então deu a McHugh uma derradeira ordem para parar de atender telefonemas relacionados à reportagem. "A ordem é recuar", ele disse. McHugh pensou em todas as vezes que Harvey conseguira abafar a história no passado e respondeu, "Estamos deixando ele ganhar".

Sem uma empresa de mídia por trás da reportagem, eu não tinha quem consultar em matéria de segurança, tampouco estava protegido caso Weinstein decidisse me processar pessoalmente. Liguei para Foley-Mendelssohn. "Está óbvio que ele já ameaçou a NBC", falei. "Sei que o mais importante é a reportagem, mas estou tentando entender quão exposto estou."

"Me mande tudo que você tem", ela disse. "Podemos começar a conversar sobre isso."

"Mas sua intuição diz o quê? Que devo continuar tocando as entrevistas sem um veículo de mídia por trás?"

Ela pensou um pouco.

"Eu não sei quais são os riscos jurídicos específicos nesse caso. Mas não acho que você deva cancelar nada. Nunca pare de apurar."

Foley-Mendelssohn propôs me apresentar a Fabio Bertoni, advogado da *New Yorker*. Prestar assistência jurídica, ainda que informal, a alguém que a revista não tivesse contratado como colaborador não era um procedimento operacional-padrão. Mas Foley-Mendelssohn podia sentir quão vulnerável eu estava.

Enquanto esperava notícias de Remnick, mandei para Foley-Mendelssohn um número excessivo de mensagens de texto ansiosas avisando que estava dando continuidade às ligações de apuração, e fiquei interpretando suas respostas em busca de qualquer indício de um comprometimento maior.

Conforme prometido, fui contatado por Fabio Bertoni. Ele já tinha trabalhado na revista *American Lawyer* e na HarperCollins, encarregado de impedir exatamente o tipo de ameaça à publicação que eu estava enfrentando. Quando expliquei a insistência da NBC em interromper a apuração, supostamente devido a preocupações com risco jurídico, ele pareceu genuinamente não entender. "O risco ocorre quando a matéria é veiculada", falou. "Seria extremamente fora do normal mover qualquer ação por causa de uma reportagem que não saiu." Quando eu disse que o argumento havia sido interferência danosa de terceiros, ele ficou mais confuso ainda. Disse a mesma coisa que eu tinha tentado dizer em minhas conversas com o canal: uma parcela significativa de todas as apurações nas áreas de política e negócios seria impossível caso as organizações de mídia relutassem em falar com funcionários que haviam assinado acordos de confidencialidade. Minhas primeiras experiências na *New Yorker* pareciam um daqueles vídeos em que animais de laboratório andam na grama pela primeira vez.

"Quer dizer que sigo em frente, mesmo sabendo que ele está ameaçando ativamente?", perguntei.

"O negócio é o seguinte", disse Bertoni. "Fazer ameaças jurídicas é fácil. Pôr em prática são outros quinhentos."

Tinha prometido a Canosa filmá-la, e não queria assustá-la mudando esse plano. Assim, comecei a tentar contratar eu mesmo uma equipe. McHugh — com ordens para não ajudar na gravação mas mesmo assim decidido a fazê-lo pelo simples fato de que ele era esse tipo de cara — me mandou nomes e mais nomes. O dia escolhido para a entrevista, uma segunda-feira no fim de agosto, coincidia com um raro eclipse solar total. A maioria das equipes freelancers com as quais entramos em contato estava ocupada filmando o eclipse de pontos de observação ideais em lugares como Wyoming. Para os poucos que estariam na cidade, havia mais um empecilho: quase todo mundo já tinha trabalhado em produções de Weinstein ou poderia vir a fazê-lo. Por fim encontrei um cinegrafista chamado Ulli Bonnekamp. Ou por saber que eu estava naquela sozinho, ou por ter pressentido que o tema valia a pena, ele não me cobrou um cachê extorsivo.

Perguntei a Canosa se ela ficaria mais à vontade gravando num quarto de hotel, e ela respondeu que gravar na casa de Jonathan, onde havia criado empatia com o cachorro, seria ótimo. Enquanto a sizígia tinha início, a equipe e eu começamos a fazer um retrofit na casa de West Hollywood. Carregamos sacos de areia e tripés para lá e para cá, pregamos pano preto com fita adesiva nas janelas, e de modo geral não tivemos grande compaixão pela mobília de Jonathan.

***

No meio da tarde chegou uma mensagem de texto de Oppenheim. “Só para reiterar por escrito, qualquer apuração que você faça a partir de agora, inclusive a entrevista de hoje, não foi encomendada nem tem a bênção da NBC. Isso precisa ficar claro não só para você, mas para qualquer um com quem você venha a falar.”[8]

“Você sabe o que eu penso”, escrevi de volta. “Mas entendo e vou cumprir.”

Quando Canosa chegou, fui sincero com ela em relação à incerteza quanto ao futuro da reportagem. Disse-lhe que a entrevista ainda tinha valor. Que eu faria de tudo para que fosse veiculada em algum lugar. Ela não desistiu, e nessa noite começamos a gravar. A entrevista foi devastadora. “Ele cria uma situação em que, para você, o silêncio vale mais a pena do que falar”, disse Canosa sobre Weinstein.

“E em relação a qualquer veículo de mídia que esteja tentando decidir se essa é uma notícia importante, se a sua denúncia é suficientemente séria, suficientemente crível”, perguntei, “o que você diria a eles?”

“Se não derem essa notícia, se não seguirem em frente com isso e o expuserem, vocês estarão do lado errado da história”, ela disse. “Ele vai ser exposto. Vai ser melhor para vocês dar a notícia, e não esperar que ele seja exposto e todo mundo saiba que vocês deixaram na gaveta informações que poderiam ter evitado que outras mulheres passassem por isso, potencialmente por muitos anos ainda.”

32.
Furacão

Durante aquelas últimas semanas de agosto, o que acabaria se transformando num furacão de categoria 4 se abateu sobre o golfo do México. Enquanto Emily Nestor e eu conversávamos num café em Brentwood, imagens de devastação tremulavam numa televisão no canto. Nestor me dissera estar disposta a mostrar o rosto caso a NBC quisesse e, desde então, não dera nenhum sinal de querer recuar. Mas eu também não tinha dito a ela que o apoio institucional da reportagem evaporara, e que dar um depoimento agora significava um processo de checagem de veículo impresso.

"Estou perguntando se ainda está disposta a pôr seu nome nisso", falei. Disse que ia mandar minha versão preliminar para a *New Yorker*, e que com base nela a revista decidiria sobre a publicação da matéria. Disse que todos os nomes continuavam contando.

"Tive bastante tempo para pensar nesse assunto", ela disse. Estudei o rosto preocupado daquela desconhecida a quem eu pedira que virasse a vida de cabeça para baixo, para em seguida arrastá-la de um lado para outro por meses. Ela passou algum tempo calada, então disse, "Eu vou fazer".

Saí correndo do café para dar os retoques finais na versão preliminar. Eis como esta descrevia a reportagem que a *New Yorker* iria considerar para publicação, e que a NBC havia recusado:

> Ao longo de uma investigação que durou nove meses, cinco mulheres afirmaram diretamente a mim que Harvey Weinstein cometeu múltiplos atos de assédio e agressão sexual. As denúncias vão de propostas sexuais inadequadas, dirigidas a funcionárias, até carícias e toques, conforme a confissão na gravação feita pelo Departamento de Polícia de Nova York, e duas denúncias de estupro. As denúncias abarcam quase vinte anos. Muitas das mulheres trabalharam para Weinstein, e todas as suas denúncias envolviam encontros pretensamente profissionais que, segundo elas alegam, eram usados por Weinstein para atraí-las até hotéis, onde foram vítimas de investidas sexuais indesejadas. Em ao menos três casos, Weinstein usou acordos financeiros importantes com cláusulas estritas de confidencialidade para evitar processos e exposição pública.
>
> Dezesseis executivas e assistentes antigas e atuais nas empresas de Weinstein corroboraram essas denúncias e disseram ter testemunhado investidas sexuais indesejadas, toques inapropriados, e um padrão que incluía o uso de recursos da empresa por Weinstein para estabelecer contatos sexuais do tipo descrito nas denúncias.

Mandei a versão preliminar para Foley-Mendelssohn. Numa televisão silenciada na sala de Jonathan, o Furacão Harvey causava o caos.

No 30 Rockefeller Plaza, as ligações de Weinstein e seus intermediários não paravam. Certa tarde, Lanny Davis recebeu um pedido de Weinstein bem parecido com aquele de que Boies vinha sendo alvo. Davis estava numa reunião da equipe de Weinstein com o *New York Times* sobre as denúncias de que

Weinstein fizera uso indevido de recursos obtidos para a amfAR, a Fundação para a Pesquisa da Aids.

Depois da reunião, Weinstein disse a Davis, "Acabei de falar com uma pessoa da NBC. Você poderia ir até lá e descobrir o status da reportagem?".

"Harvey", respondeu Davis, "eu já te disse que não estou envolvido nessa questão das mulheres."

"Só estou te pedindo pra ir lá, encontrar uma pessoa no lobby e perguntar qual o status da história", disse Weinstein.

"Se eu for fazer isso, quero que alguém vá comigo", respondeu Davis.

Ao ouvir isso, Weinstein passou a soar nervoso. "Por que você quer isso?", perguntou.

"Porque não é para eu estar cuidando desse assunto, e quero alguém lá para confirmar exatamente as palavras que usei."

Um pouco irritado, Weinstein disse que tudo bem, e Davis, acompanhado por um funcionário da Weinstein Company, foi até o 30 Rockefeller Plaza. Diante do balcão de mármore dos visitantes, disse que tinha ido falar com Noah Oppenheim.

"O sr. Oppenheim sabe que estou aqui", ele disse ao assistente no balcão. Mais tarde, a NBC diria que Davis emboscou Oppenheim. Sobre essa denúncia, Davis me falou, "Isso é uma rara exceção para a minha habitual relutância em usar a palavra 'mentira'. Tenho certeza absoluta de que alguém sabia que isso foi uma deturpação deliberada".

O que ninguém contesta é que, poucos minutos depois, Oppenheim desceu. O funcionário da Weinstein Company que Davis levara consigo ficou observando a uma pequena distância.

"Qual é o status da reportagem de Ronan Farrow sobre Harvey?", perguntou Davis.

Oppenheim respondeu depressa. "Ah, ele não está mais trabalhando nessa reportagem", disse. "Ele não está trabalhando para nós." O jeito como ele falou fez Davis se perguntar se eu tinha sido demitido.

***

Era dia 5 de setembro e ainda fazia calor quando voltei à *New Yorker*. No elevador que subia, quase involuntariamente fiz um pequeno sinal da cruz. Remnick e Foley-Mendelssohn, junto com o advogado Fabio Bertoni, uma editora executiva chamada Dorothy Wickenden, e a chefe de comunicação da revista, Natalie Raabe, estavam sentados em frente a mim à mesa da sala de reunião de Remnick. Eu não tinha a menor ideia do que ele iria dizer.

"Acho que todo mundo sabe do que trata a reportagem", ele disse. "Mas que tal você nos atualizar?"

Fiz basicamente o mesmo resumo do início da versão preliminar, culminando com o modo como tinha acontecido a entrevista com Canosa. Mencionei a pressão crescente sobre as fontes, as ligações que elas vinham recebendo.

"Essas fontes estão dispostas a confirmar num tribunal o que contaram para você?", perguntou Bertoni. "Pode ver se elas farão isso?"

Eu disse a Bertoni que já tinha feito a pergunta a várias das principais fontes, e que elas haviam respondido que sim.

O ritmo da conversa aumentou: Remnick e Bertoni se revezaram nas perguntas sobre elementos específicos da apuração e sobre as provas que os sustentavam. Eu tinha as mensagens de Reiter, o executivo que admitira para Nestor o padrão de comportamento inadequado? Tinha. Gutierrez estava disposta a nos mostrar seu contrato? Estava. Foley-Mendelssohn, a essa altura já intimamente familiar com a reportagem, intervinha periodicamente para lembrá-los da existência de uma fonte secundária aqui, de um documento ali.

Mais tarde, várias pessoas naquela sala usariam os mesmos adjetivos para me descrever: triste, desesperado, tentando a cada instante reagir antecipadamente. Era como se eu estivesse defendendo uma dissertação, disse uma delas.

Pensei na reunião de semanas antes, a primeira vez que Oppenheim havia barrado a reportagem. Estudei os rostos diante de mim para tentar decidir como avaliar as chances. Wickenden, veterana de décadas no ramo das revistas, disse com delicadeza, "Você está trabalhando nisso há muito tempo, não está?".

Pensei novamente na voz de Sciorra; em Gutierrez se retraindo ao ouvir a gravação da voz de Weinstein; em Nestor tomando sua decisão. "Eu sei que existe uma possibilidade de litígio", falei. "Sei que trazer a reportagem para cá significa mais verificações, mais checagem de fatos. Só acho que tem coisa suficiente aí para que lhe deem uma chance."

Silêncio na sala, algumas trocas de olhares.

"Está bem", disse Remnick sem drama, numa cena de outro filme. "Você vai trabalhar com Deirdre. Sem nenhuma garantia até os fatos terem sido checados."

Remnick era cuidadoso, contido. Tinha publicado o controverso relato de segurança nacional de Seymour Hersh sobre o Afeganistão e o Paquistão, e a investigação de Lawrence Wright sobre a Igreja da Cientologia. Mas aquele seria um tipo novo e específico de desafio. "Vamos ser diretos", ele disse. "Apenas os fatos."

Não muito tempo depois, no hotel Loews Regency, na Park Avenue, Harvey Weinstein se encontrou com uma atriz, em seguida se transferiu para um canto com uma companhia conhecida: Dylan Howard, do *National Enquirer*. A essa altura, Howard e Weinstein estavam passando mais tempo juntos. Com frequência Howard dizia a colegas que tentavam entrar em contato, "Estou com o Harvey". Howard sacou várias pastas grossas de papel pardo. Ele e Weinstein dedicaram as horas seguintes a examinar seu conteúdo, com a cabeça baixa e aos cochichos. A certa altura, uma das assistentes de Weinstein se aproximou da mesa dos dois homens para avisar a Weinstein que havia uma ligação para ele. Weinstein se apressou em cobrir os papéis. "Que *porra* você está fazendo aqui atrás?!", ele gritou. Howard lançou um olhar de empatia para a assistente. Mais tarde, sussurrou-lhe, "Eu não invejo o seu emprego!".

Howard continuava focado nos opositores de Weinstein. E seguia interessado por Matt Lauer, personagem que o *Enquirer* vinha rondando fazia tempo. Desde que Howard examinara o "dossiê abafa" de reportagens não publicadas sobre Lauer, o *Enquirer* havia publicado três matérias negativas sobre o âncora do *Today*. Uma quarta sairia logo após o encontro com Weinstein no Loews Regency. As matérias falavam sobre a infidelidade de Lauer, em especial no trabalho. "NBC dá mais uma chance ao tarado Lauer", dizia um dos títulos.[9] "Ei, Matt, essa não é a sua mulher!", dizia outro.[10]

33. Goose

A essa altura, Weinstein estava agindo freneticamente, lançando mão de sua mistura habitual de intimidação e influência na mídia. David Pecker, chefe de Howard na American Media Inc., era um aliado próximo de longa data, mas começou a aparecer com mais frequência nos e-mails de Weinstein. "Caro David, acabei de tentar falar com você", escreveu Weinstein no fim de setembro. "Posso te telefonar agora?"[11] Pecker respondeu, "Estou na Arábia Saudita a trabalho".[12] Mais tarde, Weinstein sugeriu uma parceria para comprar a revista *Rolling Stone*, que Pecker somaria ao seu império midiático, podendo administrá-la das coxias.[13] Pecker primeiro fez doce, em seguida aceitou. "Posso cortar custos e elevar o lucro a 10 milhões de dólares... Se você quiser, pode ficar com 52% por 45 milhões. Eu teria prazer em fazer toda a parte administrativa para você e ficar responsável pelas operações da revista impressa e da versão digital."[14]

Weinstein também aumentou sua influência na NBC. Houve e-mails e telefonemas para Deborah Turness, antecessora de Oppenheim, agora responsável pelo conteúdo internacional. Weinstein sugeriu um acordo com Turness em relação a um documentário que ele estava fazendo sobre Clinton. "Sua série documental sobre a Hillary parece absolutamente sensacional", escreveu Turness. "Estou aqui e me comprometeria em transformar nossas plataformas em 'canais pró-Hillary' por várias noites!"[15]

Mais tarde naquele mês, Weinstein mandou um e-mail para Ron Meyer, veterano chefe da Universal Studios e, na época, ainda vice-diretor da NBCUniversal. "Caro Ron", ele escreveu. "Queria conversar com você sobre a Universal fazer a nossa parte de *home video* e *video on demand* — estamos falando com o seu pessoal e eu acho que é sempre bom ter uma palavrinha da chefia."[16] Meyer respondeu, "Eu adoraria fazer isso dar certo".[17] E-mails de David Glasser, diretor de operações da Weinstein Company, mostram o acordo proposto tomando forma. Uma minuta foi elaborada,[18] em seguida apresentada à diretoria da empresa para aprovação. A equipe de Glasser começou a discutir os detalhes com dois executivos de *home entertainment* na NBCUniversal.[19] "Estou ansioso para começarmos a trabalhar juntos", escreveu Meyer logo depois.[20] "Como te disse, se houver alguma outra coisa além de um sim, por favor, me avise." O acordo nunca foi adiante.

Weinstein parecera aliviado após o relatório de Lanny Davis sobre o encontro com Oppenheim e a atualização de Boies depois da ligação para Lack. Havia interpretado ambos como uma clara confirmação de que a reportagem caíra, e de que eu possivelmente caíra junto. Mas ele queria mais. Ordenou uma nova rodada de telefonemas da sua equipe jurídica para a da NBC. Não demorou muito para Susan Weiner estar no telefone com um dos advogados de Davis, usando termos parecidos: eu não estava mais trabalhando para a NBC News, ela disse.

Eu não sabia nada sobre aquilo. Ainda faltava algum tempo para terminar meu contrato com a NBC News, e até onde eu sabia, eles pretendiam renová-lo. O corte da reportagem tinha me abalado, mas eu ainda me sentia leal ao canal e a meus chefes lá. Greenberg parecia animado com a ideia de expandir meu trabalho investigativo ao longo dos anos seguintes. Don Nash, o produtor executivo do *Today*, me propôs um papel expandido como o principal correspondente investigativo do programa.

No dia 11 de setembro, depois que McHugh e eu voltamos de uma de nossas gravações para uma matéria sobre saúde, tornei a sentar com Oppenheim. Houve um pouco de conversa fiada sobre os projetos dele em Hollywood, entre os quais um roteiro sobre Harry Houdini que vinha sendo preparado havia tempos. Ele estava refletindo acerca de possíveis protagonistas. Sugeri Michael Fassbender. Oppenheim respondeu, como a caricatura de um agente hollywoodiano imaginada por um roteirista, que aquele ator não podia encabeçar um filme. Resmunguei alguma coisa sobre *Assassin's Creed*, e, ao que parece, finalmente concordamos a respeito de algo que considerávamos questionável em Hollywood.

Falei com Oppenheim das minhas esperanças para o futuro. Ele me olhou com ar compreensivo e disse que tinha examinado a questão. "É que não tem mais espaço para você no orçamento."

"Ah", falei.

Ele me disse que talvez a rede pudesse me chamar de volta para reportagens isoladas. "Não podemos nos comprometer com nada regular", disse. "Desculpe. Eu tentei."

Depois da reunião, liguei para Jonathan e disse, "Então eu estou prestes a ficar desempregado. Acho que não vai acontecer. Você um magnata de mídia, eu no programa...".

"Você nunca foi de acordar cedo, mesmo", ele disse.

Novamente em Los Angeles, na casa de Jonathan, recebi uma ligação de um número do Reino Unido que não reconheci. O homem que ligou se identificou como Seth Freedman, colaborador regular do *Guardian*. Ele disse que estava trabalhando "numa espécie de texto colaborativo com jornalistas de outros jornais para uma matéria bem amena sobre a vida na indústria cinematográfica". A descrição soou esquisita, estranhamente vaga. "Topamos com umas coisas durante nossas pesquisas que realmente não podemos usar", continuou Freedman. "Eu basicamente estava aqui pensando se o que temos poderia ser útil para você."

Perguntou sobre McGowan, e disse que ela "havia ajudado muito na matéria que estamos fazendo". Então sugeriu me pôr em contato com outra fonte famosa se eu pudesse lhe falar mais sobre o meu trabalho.

"Alguém com quem eu falei disse, 'O sr. Farrow talvez esteja trabalhando em algo relacionado a isso'."

"E quem foi que sugeriu que esse poderia ser um tema interessante para mim?"

"Se não se importa, prefiro não dizer, e, por favor, não pense que estou sendo hostil, mas a pessoa que disse 'O sr. Farrow talvez esteja trabalhando nisso', não quer se envolver pessoalmente."

Disse a Freeman que estava aberto a dicas, mas que não podia lhe contar nada. Ele ficou calado por um segundo, insatisfeito. "Se alguém faz uma denúncia sobre outro alguém, a lei a respeito de difamação no Reino Unido é muito rígida, e ninguém publica se você disser, 'O sr. X disse tal coisa sobre o sr. Y'. A não ser que você tenha alguma espécie de prova para sustentar a afirmação. Nos Estados Unidos é diferente, você pode publicar, 'Tal pessoa disse tal coisa sobre outra pessoa', ou também seria preciso sustentar a afirmação de alguma forma?" Aquilo soava como um alerta. "Sem saber mais sobre os detalhes da sua matéria, eu realmente não tenho como opinar", falei, e educadamente encerrei a ligação. Esse foi um de vários telefonemas semelhantes feitos por Freedman naquele mês, com base em instruções recebidas por e-mail e por WhatsApp de um gerente de projetos na Black Cube.

Cerca de duas semanas depois da minha reunião com Oppenheim, Susan Weiner ligou. "O motivo da minha ligação é que nós continuamos a ser contatados sobre questões relacionadas à reportagem sobre o sr. Weinstein", ela disse. "Pensávamos ter deixado bem claro para você que a NBC não está envolvida de modo algum com essa reportagem."

Disse a Weiner que, embora Oppenheim tivesse deixado claro que não podia dar o furo, nós ainda estávamos considerando a possibilidade de ressuscitar a versão para a TV depois que a reportagem saísse na mídia impressa. Greenberg tinha dito várias vezes a McHugh que essa possibilidade não estava totalmente fora de cogitação.

"Não posso falar pelo Rich e pelo Noah, mas no meu entender a NBC não tem nenhum interesse em fazer parte dessa reportagem em momento algum", ela disse. "A NBC não quer absolutamente ser mencionada com relação a isso. E nós ficamos sabendo que você tem se identificado como jornalista da NBC."

Harvey Weinstein a essa altura tinha conseguido uma vasta coleção de e-mails de apresentação meus para fontes. Weiner começou a ler um deles em voz alta. "Estou vendo aqui que você diz que trabalhou como jornalista para a NBC News", ela disse.

"Bom, e trabalhei, claro", respondi. Eu tinha sido transparente com as fontes. Desde que a reportagem fora assumida por um veículo impresso, nada dissera para sugerir algum envolvimento da NBC. Mas havia mencionado meu trabalho no canal de forma genérica, como uma credencial. E, mesmo depois da conversa com Oppenheim sobre o orçamento, esperava continuar fazendo esse trabalho no contexto de qualquer acordo pequeno e isolado que ele pudesse propor.

"No meu entender, o seu contrato agora acabou", disse Weiner. "Se você de algum modo der a entender que a NBC teve qualquer participação nessa reportagem, nós seremos forçados a revelar isso publicamente."

"Susan, nós trabalhamos anos juntos", falei. "Pode garantir ao Noah que eu não vou dizer que a NBC está trabalhando nisso, mas não tem nenhuma necessidade de..."

"Nós obviamente não queremos debater em público o seu status contratual, mas seremos forçados a fazer isso se recebermos mais reclamações sobre esse assunto. O Noah quer ter certeza de que a palavra 'NBC' não vai aparecer em nenhuma comunicação relacionada a essa reportagem."

Em conversas com pessoas próximas, Weinstein se mostrava exultante. "Ele não parava de dizer, 'Se eu consigo fazer um canal de transmissão nacional abafar uma reportagem, qual pode ser a dificuldade em fazer o mesmo com um jornal?'", recordou uma delas. Parecia estar se referindo a seus problemas com o *Times*. "Ele estava triunfante", acrescentou um executivo sênior da Weinstein Company. "Era o tipo de coisa que gritava pra gente. Dizia, 'Eu consegui fazer eles abafarem essa porra dessa história, sou o único que está fazendo alguma coisa aqui'."

E por volta do fim do expediente na véspera do telefonema de Weiner para mim, Weinstein tinha mandado um bilhete caloroso para Oppenheim, fazendo as pazes:

> De: "Escritório, HW" <HW
> Data: Segunda-feira, 25 de setembro de 2017, 16h53
> Para: NBCUniversal <noah
> Assunto: De Harvey Weinstein
>
> Caro Noah,
> Sei que temos estado em lados diferentes, mas minha equipe e eu assistimos hoje ao programa da Megyn Kelly e achamos ela o máximo — parabéns, vou te mandar um presentinho para comemorar. O formato também está maravilhoso. Se tiver alguma coisa que a gente possa fazer para ajudar, estamos preparando uma série importante de projetos para cinema e TV. A parte de WILL & GRACE foi afetuosa e hilária — sério, o formato como um todo estava super, superbacana.
>
> Tudo de bom,
> Harvey

Ao que Oppenheim respondeu, "Obrigado, Harvey, valeu pela força!".[21]

Pouco depois disso, a equipe de Weinstein recebeu uma mensagem no formato habitual informando sobre a entrega de presentes postados pelo correio: "ATUALIZAÇÃO", dizia o texto. "Noah Oppenheim recebeu uma garrafa de Grey Goose."[22]

34. Carta

Durante todo o mês de setembro, meus representantes na CAA não pararam de me ligar. Primeiro Alan Berger, meu agente, e Bryan Lourd, seu chefe e um dos diretores da agência, ligaram para dizer que Weinstein os estava cercando. Eu disse aos dois que se alguma reportagem sobre Weinstein fosse adiante, eu me encontraria com ele assim que fosse apropriado. Quando Lourd transmitiu o recado, Weinstein não aceitou não como resposta. Segundo Lourd contou, ele apareceu no escritório da agência em Los Angeles e passou mais de uma hora esbravejando.

"Ele disse que está longe de ser perfeito e que vem se tratando já há muito tempo, e que tinha a sensação de que seu retrato estava sendo pintado com um pincel velho, por assim dizer", disse Lourd. "Sinceramente, eu não parava de pensar, *Não é pra isso que eu vim trabalhar aqui. Por que isso está acontecendo agora?*" Weinstein disse ter contratado vários advogados. Disse que não queria criar problemas para mim. Que um encontro precisava acontecer imediatamente.

Na terça-feira seguinte, mesmo dia em que falei com Weiner, Lourd recebeu outro e-mail de Weinstein exigindo conversar imediatamente, e Lourd respondeu com uma atualização.

O cara não quer te encontrar agora
Disse que vai te ligar em breve
Acho que ele com certeza está tocando a reportagem
B[23]

Na sexta-feira, Weinstein não parou de ligar para Berger e Lourd. Ele disse a Berger que sua equipe jurídica estava a postos. Mencionou especificamente Harder, Boies e — fiquei chocado quando Berger repetiu o nome para mim — Lisa Bloom.

Algumas horas mais tarde, cópias de uma carta começaram a chegar a diversos escritórios da CAA.[24] Pensei na cena de *Harry Potter* em que os convites para entrar em Hogwarts começam a chegar voando pela lareira, pela caixa de correio e pelas janelas. Berger me ligou para ler a carta para mim. Não era um convite para entrar em Hogwarts. Era Charles Harder transmitindo a ameaça de Harvey Weinstein de me processar, com base num acordo que ele sugeria ter sido fechado com a NBC News:

> Caro Sr. Farrow,
>
> Este escritório de advocacia presta assistência jurídica para The Weinstein Company na área de litígios.
>
> Pelo que entendemos, o senhor entrevistou determinadas pessoas ligadas a The Weinstein Company e/ou seus funcionários e executivos (coletivamente, "TWC"), e tem entrado em contato com outras pessoas ligadas a TWC em busca de entrevistas suplementares e, para consegui-las, vem transmitindo a cada uma dessas pessoas a impressão de que trabalha numa reportagem para o NBCUniversal News Group ("NBC"). O grupo NBC nos informou, por escrito, que não está mais trabalhando em nenhuma reportagem sobre a TWC ou a ela relacionada (incluindo aí seus funcionários e executivos), e que todas as atividades desse tipo foram encerradas. Sendo assim:
>
> 1. Todas as entrevistas que o senhor realizou ou nas quais esteve envolvido relacionadas a TWC (incluindo seus funcionários e executivos) são propriedade do grupo NBC e não pertencem ao senhor, tampouco o senhor está autorizado pelo grupo NBC a usar essas entrevistas.

2. Exige-se por meio desta que o senhor entregue todos os produtos do seu trabalho relacionados a TWC (incluindo seus funcionários e executivos) a Susan Weiner, vice-presidente executiva, vice-diretora jurídica, NBCUniversal, 30 Rockefeller Plaza, Nova York, NY 10112.
3. Caso o grupo NBC venha a autorizar o uso de qualquer conteúdo pelo senhor, com qualquer finalidade, TWC processará o grupo NBC conjunta e individualmente pelos seus atos contrários à lei, incluindo difamação.
4. Todas as entrevistas que o senhor realizou ou nas quais esteve envolvido relacionadas a TWC (incluindo seus funcionários e executivos) estão agora invalidadas, uma vez que tiveram por base a suposição de que a entrevista faria parte de uma reportagem do grupo NBC. O grupo NBC encerrou seu envolvimento. Portanto, o senhor não tem o direito de usar nenhuma dessas entrevistas para finalidade alguma, e, caso o faça, estará praticando deturpação, engodo e/ou fraude.
5. Caso o senhor agora esteja trabalhando junto a qualquer outro veículo de imprensa no que tange à sua investigação e reportagem sobre TWC (incluindo seus funcionários e executivos), queira, por favor, me fornecer o nome e as informações de contato desse veículo e a(s) pessoa(s) nessa empresa a quem o senhor se reporta, de modo que possamos avisar essa empresa sobre as alegações jurídicas de meu cliente em relação a ela.
6. Caso o senhor tenha qualquer intenção de publicar ou disseminar qualquer reportagem ou afirmação sobre TWC (incluindo seus funcionários e executivos), agora ou no futuro, exigimos que forneça ao meu cliente, aos cuidados deste escritório, uma lista de todas as declarações que pretende publicar ou disseminar relacionadas a TWC (incluindo seus funcionários e executivos), inclusive quaisquer declarações feitas pelo senhor ou

por qualquer terceiro, de modo que meu cliente possa avisá-lo especificamente sobre qualquer declaração falsa e difamatória, e exigir que o senhor desista de publicar ou disseminar qualquer dessas declarações ou então enfrente um processo na justiça no valor de milhões de dólares em danos morais, e que dê ao meu cliente no mínimo quinze (15) dias para lhe fornecer uma resposta antes de qualquer reportagem ou declaração ser publicada ou disseminada.

7. Encerre qualquer futura comunicação com funcionários e prestadores de serviços de TWC, atuais ou antigos. Todas essas pessoas assinaram acordos de confidencialidade, e sua comunicação anterior e qualquer comunicação futura com elas configuram interferência intencional em relações contratuais.

Seguiam-se páginas de exigências para que eu preservasse documentos prevendo um potencial litígio. A NBC posteriormente negou ter feito algum acordo com Weinstein, e disse que Harder estava deturpando a comunicação que houvera entre eles.

Encaminhei a carta para Bertoni. "Não pretendo ignorar essa mensagem, mas no momento ela me parece boba", ele disse. Na sua opinião, uma denúncia de copyright da NBC em relação ao conteúdo das entrevistas era questionável e, em todo caso, ele não imaginava que o canal fosse de fato cumprir essa ameaça. Ainda assim, a linha que exigia garantias por escrito de que a reportagem fora encerrada "me pareceu simplesmente chocante", ele recordou depois.

A última vez que atendi uma ligação de Lisa Bloom naquele verão, expressei-lhe meu espanto.

"Lisa, você jurou, como advogada e como amiga, que não iria contar para o pessoal dele", falei.

"Ronan", ela respondeu, "eu *sou* o pessoal dele."

Pensei nos seus telefonemas, nas mensagens de texto e nos recados de voz me pressionando para obter informações, citando clientes como isca, tentando me atrair para um encontro sobre Blac Chyna. Bloom me lembrou que havia mencionado conhecer Weinstein e Boies. Mas isso foi depois de prometer não revelar nada do que eu lhe dissesse. E ela não dera a entender que estava de fato *representando* Weinstein na questão sobre a qual não parava de perguntar.

Bloom me disse que Weinstein tinha um contrato preferencial para adaptar seu livro para o cinema, e que ela estava numa posição desconfortável. "Ronan, você precisa vir aqui. Eu posso ajudar. Posso falar com o David e com o Harvey. Posso facilitar isso tudo pra você."

"Lisa, eu não acho isso adequado", falei.

"Eu não sei com que mulheres você está conversando", ela disse. "Mas posso te dar informações sobre elas. Se for Rose McGowan, nós temos um dossiê sobre ela. Eu mesma verifiquei quando essa história surgiu. Ela é *maluca*."

Controlei-me e respondi, "Estou aberto para receber qualquer informação que você julgue relevante para qualquer reportagem na qual eu esteja trabalhando". Então desliguei. Bloom nunca chegou a mandar os supostos podres sobre McGowan.

35. Mutação

Não cedi à ameaça de Harder — na verdade, seguindo um conselho de Bertoni, nem lhe respondi. Simplesmente continuei apurando. Naquele mês, finalmente consegui falar com Mira Sorvino. Filha do ator Paul Sorvino, Mira havia se tornado famosa nos anos 1990. Ganhara um Oscar em 1995 por *Poderosa Afrodite*, um dos filmes de Woody Allen distribuídos por Weinstein e que este mencionara de forma enfática em suas ameaças à NBC. Por um ou dois anos após o filme, Sorvino tivera uma verdadeira carreira de estrela de cinema, culminando no papel de protagonista em outro filme de Weinstein, *Mutação*. Depois disso, praticamente sumiu.

Em nossa primeira ligação, Sorvino pareceu petrificada. "Eu já perdi tanto da minha carreira por causa dessa história", ela me disse. "Essa história" era um padrão de assédio sexual de Weinstein na época em que os dois trabalharam juntos. No Festival Internacional de Cinema de Toronto, em setembro de 1995, quando estava promovendo *Poderosa Afrodite*, ela se viu dentro de um quarto de hotel com Weinstein. "Ele começou a fazer massagem nos meus ombros, o que me deixou muito desconfortável, e depois tentou aumentar o contato físico e meio que me perseguiu pelo quarto", disse. Estava tentando beijá-la quando ela conseguiu escapar improvisando jeitos de afastá-lo, dizendo que era contra a sua religião se relacionar com homens casados. Ela então saiu do quarto.

Algumas semanas mais tarde, em Nova York, seu telefone tocou depois da meia-noite. Era Weinstein, dizendo que tivera novas ideias de marketing para *Poderosa Afrodite* e pedindo um encontro. Sorvino propôs irem a um restaurante 24 horas, mas ele disse que ia passar no apartamento dela e desligou. "Eu surtei", ela me contou. Sorvino ligou para um amigo e lhe pediu que fosse à sua casa e se fizesse passar por seu namorado. O amigo ainda não havia chegado quando Weinstein tocou a campainha. "Harvey tinha conseguido passar pelo meu porteiro", ela disse. "Abri a porta, apavorada, com o meu mestiço de chihuahua de dez quilos latindo no colo como se isso fosse adiantar alguma coisa." Quando ela disse a Weinstein que seu namorado novo estava a caminho, ele pareceu deprimido e foi embora.

Sorvino disse que ficou com medo e se sentiu intimidada; quando contou sobre o assédio para uma funcionária da Miramax, a reação da mulher "foi de choque e horror por eu ter mencionado o assunto". Recordava "a expressão do rosto dela, como se eu de repente tivesse ficado radioativa".

Sorvino tinha certeza de que, depois de rejeitar Weinstein, ele a havia retaliado, posto seu nome numa lista negra e prejudicado sua carreira. Mas reconhecia a dificuldade de conseguir provar isso. Ela ainda estrelou mais alguns filmes de Weinstein após *Poderosa Afrodite*. Em *Mutação*, quando Weinstein e seu irmão Bob mandaram embora o diretor do filme, Guillermo del Toro, e fizeram um corte na edição contra a vontade dele, ela se opusera e defendera Del Toro. "Não posso dizer com certeza se foi a briga do *Mutação* ou se foram suas investidas", ela me disse, "mas tenho a forte sensação de que sofri retaliação por ter recusado e depois denunciado o assédio por parte dele." Mais tarde, suas desconfianças seriam confirmadas: o diretor Peter Jackson disse que, quando estava pensando em chamar Sorvino e Ashley Judd para fazer *O Senhor dos Anéis*, Weinstein tinha interferido. "Lembro que a Miramax nos disse que elas eram um pesadelo no trabalho e que deveríamos evitá-las a todo custo", contou Jackson a um jornalista. "Na época não tínhamos motivo para questionar o que os caras estavam nos dizendo. Mas, em retrospecto, vejo que isso muito provavelmente era o auge da campanha da Miramax para prejudicar as duas."[25]

Sorvino me disse que tinha lutado por anos com a questão de revelar ou não sua história, e argumentou — comigo, mas pelo visto também consigo mesma — que sua experiência talvez não fosse grave o bastante para isso. Mas sua denúncia, assim como as outras que envolviam investidas indesejadas porém sem agressão, foi fundamental para estabelecer o modus operandi de Weinstein.

Sorvino era um assombro. Havia se formado *magna cum laude* em Harvard. E defendera causas beneficentes relacionadas ao abuso de mulheres, incluindo um trabalho como Embaixadora da Boa Vontade da ONU para o Combate ao Tráfico de Pessoas. Desde as nossas primeiras conversas, ficou evidente que ela estava efetuando uma análise cuidadosa, e que seu conceito de obrigações éticas mais amplas tinha forte influência nessa análise.

"A primeira vez que você escreveu", ela disse, "eu tive um pesadelo em que você chegava com uma câmera de vídeo e perguntava sobre como tinha sido trabalhar com Woody." Sentia muito pela minha irmã, falou. Eu disse a ela — de modo canhestro, falando depressa demais, mudando de assunto — que metade dos meus amigos na indústria cinematográfica havia trabalhado com Allen, que isso não desmerecia a sua atuação, que aquela era uma questão da minha irmã, não minha, que ela não deveria se preocupar com aquilo. Mas mesmo assim pude sentir que ela estava preocupada, e que estava refletindo.

Sorvino decidiu ajudar, e ao longo de vários telefonemas deu declarações oficiais. Mas o medo em sua voz nunca desapareceu. "Quando as pessoas se insurgem contra os poderosos, há uma punição", ela disse. Percebi que sua preocupação ultrapassava as considerações sobre a carreira. Ela perguntou se eu tinha segurança, se havia considerado o risco de desaparecer, de algum "acidente" acontecer comigo. Eu disse que estava bem, que tomara precauções, mas em seguida perguntei a mim mesmo que precauções de fato estava tomando a não ser a de olhar bastante por cima do ombro. "Você deveria tomar cuidado", ela disse. "Infelizmente ele tem outros contatos além dos profissionais. Contatos nefastos que podem machucar pessoas."

As vozes continuaram a se acumular. Depois que os representantes de Rosanna Arquette sumiram, encontrei a irmã dela, que prometeu transmitir o pedido. Passados alguns dias, Arquette e eu falávamos por telefone. "Eu sabia que esse dia iria chegar", ela disse. "O nervosismo que estou sentindo agora... você nem imagina." Sentou, e tentou se controlar. "Um alarme de '*perigo, perigo*' disparou aqui dentro", disse.

Arquette me contou que, no início dos anos 1990, ela havia aceitado jantar com Weinstein no Beverly Hills Hotel para pegar o roteiro de um filme novo. No hotel, informaram-lhe que o encontro seria no andar de cima, no quarto dele. Recordava que, quando chegou ao quarto, Weinstein veio abrir a porta vestindo um roupão de banho branco. Ele disse que estava com o pescoço dolorido e precisava de uma massagem. Ela falou que tinha uma boa massagista para indicar. "Então ele agarrou minha mão", ela disse. "Pôs a minha mão no pescoço dele." Quando ela puxou a mão de volta, Weinstein a agarrou outra vez e a empurrou em direção ao seu pênis, que estava visível e duro. "Meu coração estava totalmente acelerado, eu precisava decidir se lutava ou se fugia", ela disse. "Eu jamais vou fazer isso", falou para Weinstein.

Ele lhe disse que ela estava cometendo um erro imenso ao rejeitá-lo, e citou o nome de uma atriz e de uma modelo que tinham cedido a seus avanços sexuais, e cujas carreiras ele disse ter consequentemente ajudado. Arquette contou que respondeu, "Eu jamais vou ser essa pessoa", e foi embora. A história de Arquette era importante por sua semelhança com outras que eu ouvira: pretexto profissional, reunião transferida para o andar de cima, quarto de hotel, pedido de massagem, roupão.

Arquette compartilhava a opinião de Sorvino de que sua carreira tinha sido prejudicada pelo fato de ela ter rejeitado Weinstein. "Ele tornou as coisas muito difíceis para mim durante anos", falou. Seu pequeno papel em *Pulp Fiction* de fato foi posterior. Mas ela sentia que só conseguira atuar no filme por causa do tamanho do seu papel e por causa da deferência de Weinstein ao diretor Quentin Tarantino. Isso também era um elemento recorrente: Sorvino desconfiava que seu relacionamento amoroso com Tarantino na época a protegera de retaliações, e que a proteção dele havia se dissipado quando os dois romperam. Mais tarde, Tarantino viria a declarar publicamente que poderia, que deveria ter feito mais.[26]

Arquette, assim como Sorvino, tinha um histórico de defender pessoas vulneráveis e exploradas. Para ela, não havia como fugir do contexto geral. Mencionou uma conspiração mais abrangente e mais profunda do que Weinstein. "Isso é o clube dos meninos grandes, a máfia de Hollywood", disse. "Eles protegem uns aos outros." Ao longo de várias conversas, ela concordou em participar da reportagem.

Quando contei que Weinstein já estava ciente do meu trabalho, Arquette disse, "Ele vai se esforçar muito para localizar e silenciar pessoas. Para machucar pessoas. É isso que ele faz". Ela não pensava que a história algum dia viesse a ser revelada. "Eles vão desacreditar qualquer mulher que se pronunciar", falou. "Vão perseguir as garotas. E de repente as vítimas vão virar agressoras."

A essa altura, a Black Cube já tinha distribuído outro perfil.[27] Este avaliava a probabilidade de que Arquette falasse, citava sua amizade com McGowan, seus posts nas redes sociais sobre conduta sexual inadequada, e até mesmo um membro da sua família que havia sofrido abuso sexual.

No dia da minha primeira conversa com Arquette, Lacy Lynch, a agente literária que trabalhava com McGowan, mandou um e-mail para Harvey Weinstein sugerindo um encontro. Uma semana depois, Weinstein, Lynch e Jan Miller, fundadora da agência onde Lynch trabalhava, sentaram juntos no Lambs Club, restaurante em Midtown Manhattan decorado com fotos da Broadway e da Hollywood de antigamente. Lynch e Miller contaram a Weinstein sobre vários projetos literários cujos direitos haviam adquirido. "Acabo de jantar com Lacy Lynch e Jan", escreveu Weinstein mais tarde a Glasser, diretor de operações da sua empresa. Falou sobre seu projeto favorito, uma história tirada de um livro que Lynch tinha vendido sobre brutalidade policial. "Acho que isso poderia ser incrível para Jay-Z", escreveu Weinstein.[28]

Naquele verão, Lynch vinha se aproximando de Weinstein. Temia sua capacidade de retaliação contra os clientes dela que tivessem alguma ligação com ele. Mais tarde, publicamente, ela diria saber desde o início que ele estava interessado nela por sua ligação com McGowan, e que estava apenas jogando o jogo.[29] Se foi esse o caso, ele jamais percebeu. No Lambs Club, Weinstein, Lynch e Miller falaram de negócios. Weinstein então ofereceu às mulheres ingressos para assistir a uma apresentação de *Dear Evan Hansen* na Broadway.

Nos meses desde que Lynch as apresentara, McGowan e Diana Filip continuaram a se ver. Às vezes se encontravam em bares de hotéis em LA e Nova York. Outras vezes, iam fazer caminhadas. Uma ocasião, McGowan levou Filip para conhecer o calçadão de Venice Beach. Tomaram sorvete durante o passeio. A ideia de organizar uma palestra tinha sido só o começo.

Quando o outono chegou, Filip já estava falando seriamente em investir na produtora de McGowan.

Naquele mês de setembro, em Los Angeles, as duas encontraram um dos colegas de Filip na Reuben Capital Partners. Como Filip, ele era atraente e tinha um sotaque refinado e indefinido. Apresentou-se como Paul Laurent. Laurent se mostrou tão curioso e atencioso com McGowan quanto Filip havia sido. Os três falaram sobre seu potencial de colaboração e sobre a sua crença comum em contar histórias capazes de defender e empoderar as mulheres.

McGowan ainda estava pensando como contaria sua própria história, e Filip estava ali para ajudar. As duas conversaram sobre o quão explicitamente McGowan iria identificar Weinstein, e em quais circunstâncias. Repassaram o que McGowan tinha dito à imprensa, o que ela estava escrevendo no livro. Durante uma de suas emotivas e francas conversas, McGowan disse a Filip que não havia outra pessoa no mundo em quem ela pudesse confiar.

36.
Caçador

Fontes vinham me dizendo havia meses que a atriz italiana Asia Argento tinha uma história sobre Weinstein para contar. O pai de Argento, Dario, era um diretor famoso por seus filmes de terror. A atriz interpretara uma glamourosa ladra num drama policial distribuído por Weinstein, *B. Monkey*, e por um curto período Hollywood avaliara seu potencial de *femme fatale* exótica, papel que ela desempenhou valentemente no filme *XXX*, com Vin Diesel. Mas a combinação foi imperfeita. Argento tinha uma característica diferente, um quê de escuridão ou talvez de trauma.

Assim como com tantas outras, minhas conversas com seus agentes e empresários tinham empacado. Mas eu passara a seguir Argento nas redes sociais, e tínhamos começado a dar likes nas fotos um do outro. No dia em que falei com Arquette pela primeira vez, Argento e eu também trocamos mensagens. Pouco depois, conversávamos por telefone.

Argento estava apavorada; sua voz tremia. Ao longo de uma série de entrevistas demoradas e muitas vezes carregadas de emoção, ela me contou que Weinstein a tinha agredido quando eles estavam trabalhando juntos. Em 1997, ela foi convidada para o que imaginava ser uma festa organizada pela Miramax no Hôtel du Cap-Eden-Roc, na Riviera Francesa. O convite fora enviado por Fabrizio Lombardo, chefe da Miramax Itália — embora vários executivos e assistentes tenham me dito que esse era um cargo de fachada, pois seu verdadeiro cargo era o de "cafetão" de Weinstein na Europa. Lombardo negou isso na época, e vem negando desde então.

Ele negou também o que Argento me contou em seguida: que Lombardo a levou não a uma festa, mas ao quarto de hotel de Weinstein. Ela lembrava de ele ter dito, "Ah, chegamos cedo demais", antes de deixá-la sozinha com Weinstein. No início Weinstein se mostrou solícito e elogiou seu trabalho. Então saiu do quarto. Ao voltar, estava de roupão e segurava um frasco de loção. "Ele me pediu para fazer uma massagem. Eu disse, 'Olha aqui, cara, eu não sou trouxa, porra'", me contou Argento. "Mas agora, pensando bem, eu sou trouxa, sim."

Argento disse que, depois de aceitar com relutância fazer uma massagem em Weinstein, ele levantou a saia dela, forçou-a a abrir as pernas e fez sexo oral nela enquanto ela lhe dizia repetidas vezes que parasse. "Aquilo não acabava", ela me disse. "Foi um pesadelo." A certa altura, ela parou de dizer não e fingiu estar sentindo prazer, pois pensou que fosse o único jeito de a agressão terminar. "Eu não queria", ela me disse. "Falei, 'Não, não, não'... É uma perversão. Um homem grande e gordo querendo te chupar. É um conto de fadas de terror." Argento, que insistiu em querer contar a história em toda a sua complexidade, disse que não tinha resistido fisicamente, algo que lhe provocou anos de culpa.

"Como costuma acontecer com quem é vítima, eu me senti responsável", ela disse. "Porque se eu fosse uma mulher forte, teria dado um chute no saco dele e saído correndo. Só que eu não fiz isso. Então me senti responsável." Descreveu o incidente como "um trauma horrível". Segundo ela, após o ocorrido, "Ele não parava de me ligar". Descreveu isso como "uma perseguição, praticamente". Durante alguns meses Weinstein parecia obcecado, e ficou lhe oferecendo presentes caros. O que complicava mais ainda a história, admitiu Argento sem dificuldade, era que ela acabara cedendo às investidas dele. "Ele fez parecer que era meu amigo e que realmente gostava de mim." Ela teve encontros sexuais esporádicos com ele ao longo dos anos seguintes. A primeira vez, vários meses depois da suposta agressão, foi antes do lançamento de *B. Monkey*. "Eu me senti obrigada", ela disse. "Porque o filme ia sair e eu não queria deixá-lo com raiva." Achava que Weinstein arruinaria sua carreira se ela não cedesse. Anos mais tarde, quando ela era uma mãe solteira tendo que decidir com quem deixar os filhos, Weinstein se ofereceu para pagar uma babá. Ela disse que se sentiu "obrigada" a ceder às suas investidas sexuais. Descreveu os encontros entre os dois como unilaterais e "onanistas".

Essa era a complexa realidade da agressão sexual para muitos sobreviventes: muitas vezes, esses crimes eram perpetrados por chefes, parentes, pessoas que você não podia evitar depois. Argento me disse que sabia que os contatos posteriores seriam usados para atacar a credibilidade da sua denúncia. Deu várias explicações sobre os motivos que a levaram a se encontrar de novo com Weinstein. A perseguição a deixou intimidada e exausta. A primeira agressão a fazia se sentir impotente e subjugada toda vez que encontrava Weinstein, mesmo anos mais tarde. "Quando eu o vejo, fico me sentindo pequena, burra e fraca." O esforço de explicar a fez cair em prantos. "Depois do estupro, ele ganhou", ela disse.

Mais que qualquer outra fonte, Argento personificava complicações conflituosas. Após sua participação na minha reportagem, ela fez um acordo financeiro com um ator, Jimmy Bennett, com quem supostamente tivera relações sexuais quando ele tinha dezessete anos.[30] Estava sendo acusada de abuso de menor. Na Califórnia, local do ocorrido segundo Bennett, a relação seria contra a lei e considerada estupro. O advogado de Argento mais tarde contestou a versão de Bennett, acusando-o de "atacar sexualmente"[31] Argento e afirmando que, embora o pagamento fosse um gesto de apaziguamento, o acordo não impedia Bennett de revelar sua denúncia. A imprensa, porém, notou a hipocrisia do uso de um acordo por Argento, levando em conta suas próprias denúncias de ter sido vitimizada por alguém que utilizava esse tipo de acordo de forma rotineira.

Um acordo posterior não teve influência alguma sobre uma verdade inegável: a história de Argento sobre Harvey Weinstein se confirmou, corroborada por pessoas que tinham visto coisas ou ficaram sabendo na época. Agressores sexuais podem também ser sobreviventes de abuso. Qualquer psicólogo experiente em lidar com agressores sexuais dirá, na verdade, que em geral eles o são. Mas essa ideia encontrou pouco apoio num ambiente em que se esperava que as vítimas fossem santas, e caso não fossem, as descartava como pecadoras. As mulheres que falaram naquele verão eram apenas pessoas. Reconhecer que todas elas realizaram um ato de coragem — inclusive Argento — não justifica nenhuma escolha que tenham feito nos anos subsequentes.

Antes mesmo desse outro escândalo, Argento estava no olho do furacão. Por mais angustiante que fosse o estigma social para todas as fontes da reportagem, na Itália, conforme ilustrado pelo caso de Gutierrez, o contexto cultural era ainda mais cruelmente sexista. Depois das alegações de Argento contra Weinstein, a imprensa italiana a rotulou de "prostituta".

Em nossos telefonemas naquele outono, Argento parecia consciente de que sua reputação era por demais controversa, e o clima na Itália por demais agressivo, para que ela sobrevivesse ao processo. "Estou pouco me fodendo pra minha reputação, eu mesma já a destruí ao longo dos anos como resultado de muitas experiências traumáticas, inclusive essa", ela me disse. "Isso com certeza vai destruir minha vida, minha carreira, tudo." Eu lhe disse que a escolha era só dela, mas que achava que aquilo ajudaria outras mulheres. Enquanto Argento tentava se decidir, seu companheiro, a celebridade televisiva e chef Anthony Bourdain, interveio diversas vezes. Ele lhe disse para continuar, que valia a pena, que faria diferença. Argento resolveu dar uma entrevista oficial.

As histórias se multiplicavam. Sorvino me indicou Sophie Dix, atriz inglesa que, anos antes, tinha lhe contado uma história de terror. Dix fizera uma participação no filme com Colin Firth distribuído por Weinstein *Entre a luz e as trevas*, no início da década de 1990, e em seguida sumira do mapa. Quando nos falamos, ela a princípio se mostrou apreensiva. "Estou com muito medo que ele venha atrás de mim", escreveu em determinado momento. "Talvez fosse melhor eu não fazer parte disso." No entanto, ao longo de meia dúzia de ligações, ela me contou que Weinstein a convidara para ir ao seu quarto de hotel assistir imagens do filme que fizeram juntos, então a empurrara para cima de uma cama e começara a arrancar suas roupas. Ela fugiu para um banheiro, onde se escondeu por um tempo, então abriu a porta e deu de cara com Weinstein se masturbando. Conseguira fugir quando o serviço de quarto bateu na porta. Fora um "caso clássico" de "alguém que não entendeu a palavra 'não'", ela me disse. "Devo ter dito não umas mil vezes."

Como todas as alegações que acabaram entrando na reportagem, o relato de Dix foi corroborado por, entre outras coisas, pessoas a quem ela havia contado em detalhes na época. Seus amigos e colegas demonstraram empatia, mas nada fizeram. Colin Firth, assim como Tarantino, viria a se juntar ao grupo dos homens da indústria cinematográfica que pediram desculpas publicamente por ter ouvido sem de fato escutar.[32] Dix contou a um número suficiente de pessoas que Weinstein lhe telefonou ainda naquele ano e disse, "Me desculpe, e tem alguma coisa que eu possa fazer por você?". Apesar do pedido de desculpas, ela pressentiu um quê de ameaça. Desligou o telefone depressa. Mais tarde, desiludida com a indústria cinematográfica, Dix começou a se afastar da carreira de atriz. Quando nos falamos, ela estava trabalhando como roteirista e produtora. Temia as consequências entre os colegas dos quais agora dependia para fazer seus filmes. A atriz Rachel Weisz fez parte de um grupo de amigos que a convenceu de que o risco valia a pena. Dix também incluiu seu nome na reportagem.

Argento, por sua vez, me ajudou a entrar em contato com a atriz francesa Emma de Caunes. De Caunes me contou como tinha conhecido Weinstein em 2010, numa festa no Festival de Cannes, e alguns meses mais tarde recebera um convite para almoçar com ele no Ritz, em Paris. Durante a reunião, Weinstein disse a De Caunes que ia produzir um filme com um diretor importante, que estava planejando rodar na França, e que havia um papel feminino forte. Como na história de Dix e Canosa, houve uma desculpa para transferir a reunião para o quarto: o projeto, segundo ele, era a adaptação de um livro cujo título ele poderia lhe dizer se eles subissem para pegar seu exemplar.

Sem se deixar enganar, De Caunes respondeu que precisava ir embora, pois já estava atrasada para um programa de TV que apresentava. Mas Weinstein insistiu até ela concordar. No quarto, ele desapareceu num banheiro, deixando a porta aberta. Ela imaginou que ele estivesse lavando as mãos, até ouvir o chuveiro ligado. "Pensei: que porra é essa? Ele está tomando banho?"

Weinstein saiu, nu e com uma ereção. Exigiu que ela deitasse na cama e lhe disse que muitas mulheres já tinham feito aquilo antes. "Fiquei petrificada", disse De Caunes. "Só que eu não queria mostrar a ele que estava petrificada, porque podia sentir que, quanto mais eu surtava, mais excitado ele ficava." Acrescentou, "Era como um caçador com um animal selvagem. O medo o excita". Ela disse a Weinstein que ia embora. Ele entrou em pânico. "A gente não fez nada!", ela lembra de tê-lo ouvido dizer. "É como estar num filme do Walt Disney!"

De Caunes me contou, "Eu olhei pra ele e disse — precisei de toda a minha coragem, mas eu disse, 'Sempre detestei os filmes do Walt Disney'. Aí fui embora. Saí batendo a porta".

Ao longo das horas seguintes Weinstein ligou insistentemente, oferecendo-lhe presentes e repetindo a afirmação de que não havia acontecido nada. Um diretor com quem ela estava trabalhando no programa de TV confirmou que ela chegou ao estúdio abalada e relatou o ocorrido.

Com trinta e poucos anos na época, De Caunes já era uma atriz estabelecida. Mas ela ficou pensando o que poderia acontecer com mulheres mais jovens e mais vulneráveis na mesma situação. Também acabou dando uma entrevista oficial — por essas mulheres. "Eu sei que todo mundo — todo mundo mesmo — em Hollywood sabe que isso está acontecendo", ela me disse. "Ele nem sequer esconde. Quero dizer, do modo como ele age, tem muita gente envolvida e vendo o que está acontecendo. Mas todo mundo tem medo demais para dizer qualquer coisa."

37. Roubo

Quase todo dia eu topava com becos sem saída. Algumas acusadoras se negavam a falar. Eu passara o verão correndo atrás de Lauren O'Connor, ex-caçadora de talentos literários na Weinstein Company. Em 2015, ela escrevera um memorando interno reclamando do comportamento de Weinstein com as subordinadas. Ele a tinha agredido verbalmente, e ela ficara sabendo do seu comportamento predatório. Em determinado momento, uma jovem havia esmurrado a porta do seu quarto de hotel, aos prantos, tremendo, e acabara contando uma história conhecida sobre Weinstein ter proposto que ela fizesse uma massagem nele. "Eu sou uma mulher de 28 anos tentando ganhar a vida e construir uma carreira", escreveu O'Connor em seu memorando. "Harvey Weinstein tem 64 anos, é famoso no mundo inteiro e dono desta empresa. O equilíbrio de poder é: eu 0, Harvey Weinstein 10."[33] Mas O'Connor tinha assinado um acordo de confidencialidade e estava amedrontada demais para falar. No fim de setembro, um intermediário ligou e disse que O'Connor consultara um advogado e tomara sua decisão final. "Ela está apavorada e não vai falar. Com ninguém", o intermediário me disse. O'Connor não queria que eu usasse seu nome.

Foi um choque. Eu tinha conseguido o nome dela em documentos. Mas o intermediário descrevera seu pânico absoluto. Eu estava dolorosamente consciente de ser um homem que escrevia uma reportagem sobre consentimento feminino, diante de uma mulher que dizia não querer ter a vida virada de pernas para o ar daquele jeito. Ela acabaria contando publicamente sua história. Mas na época eu prometi que não iria incluí-la.

E havia aquelas que hesitavam. A atriz Claire Forlani mais tarde postaria uma carta aberta nas redes sociais sobre o seu dilema em me contar sua denúncia de que Weinstein a assediara. "Contei para alguns homens de quem sou próxima, e todos eles me aconselharam a não falar", ela escreveu. "Eu já tinha dito a Ronan que falaria com ele, mas com base nos conselhos que me deram, e é interessante notar que esses conselhos foram dados por homens, não fiz a ligação."[34]

Passei um pente-fino em Hollywood atrás de mais pistas. Alguns contatos de Weinstein pareciam sinceramente pouco saber sobre as denúncias que o envolviam. No fim de setembro, consegui falar com Meryl Streep, que tinha feito filmes com Weinstein por muitos anos, entre eles *A Dama de Ferro*, biografia de Margaret Thatcher que lhe valera seu mais recente Oscar. Quando nos falamos, ela estava recebendo amigas de escola para um reencontro. "Estou recebendo e cozinhando arrancando os cabelos", escreveu.[35]

"Parece que isso aí está fervendo", eu disse no telefone. "Fervendo de hormônios", ela respondeu, certeira.

Seguiu falando, luminosa e bem-humorada, e perguntou sobre quem eu estava escrevendo.

"Harvey Weinstein", respondi. Streep ofegou. "Mas ele apoia *causas tão boas*", foi o seu comentário. Weinstein sempre se comportara bem com ela. Ela observava e ocasionalmente havia participado de suas campanhas para angariar fundos para o Partido Democrata e de suas iniciativas filantrópicas. Sabia que ele era truculento na sala de montagem. Mas só.

"Eu acredito nela", falei para Jonathan mais tarde.

"Mas acreditaria de todo jeito, né?", ele respondeu, considerando aquilo um exercício mental.

"É, entendi."

"Porque ela é a Meryl..."
"Porque ela é a Meryl Streep. Entendi."

No caso de outros veteranos da indústria cinematográfica com quem falei, foi diferente. O comportamento predatório de Weinstein era um segredo de polichinelo, disseram eles, e caso não tivessem visto nada, ao menos tinham ouvido falar de alguma coisa. Susan Sarandon, o tipo de futurista ética que vinha se recusando havia anos a trabalhar com qualquer homem acusado de ser predador, me ajudou animadamente a pensar em pistas. "Ai, Ronan", ela disse, adotando um tom de voz provocador e melodioso. Não que estivesse zombando, apenas adorando o drama prestes a se abater sobre mim. "Você vai se meter numa *encrenca...*"

Outros, ainda, pareciam ir contar para Weinstein. Quando falei com o diretor Brett Ratner, implorei que mantivesse a conversa no mais estrito sigilo. Disse a ele que havia mulheres vulneráveis que poderiam sofrer represálias caso Weinstein ficasse nervoso. "Tudo bem você não repetir nada do que eu disser, por elas?", perguntei. Ratner prometeu não falar. Disse conhecer uma mulher que talvez tivesse uma história sobre Weinstein. Mas sua voz soava nervosa. Meses depois, seis mulheres o acusariam de assédio sexual numa reportagem do *Los Angeles Times* — embora ele tenha negado várias de suas denúncias.[36] Ele informou Weinstein sobre o meu contato quase imediatamente.

"Harvey disse que Brett Ratner ligou pra ele, e agora está todo nervoso", me disse Berger, com aquele tom de *isso vai acabar comigo* que àquela altura dominava nossas conversas. Berger havia demonstrado apoio à reportagem, ainda que de vez em quando ficasse preocupado com as minhas futuras possibilidades profissionais. "Isso está causando muitos solavancos", ele disse. "Ou você publica ou parte pra outra."

Weinstein estava passando seu próprio pente-fino. Quase no final de setembro, início de outubro, ele entrou em contato com a pessoa no centro de suas alegações de que eu tinha conflito de interesses. Mandou seus assistentes fazerem a ligação. Num set no Central Park, outro assistente levou o telefone até Woody Allen.

Weinstein parecia querer um plano estratégico — tanto para invalidar as denúncias de agressão sexual como para lidar comigo. "Como você lidou com isso?", ele perguntou a certa altura. Quis saber se Allen interviria a seu favor. Allen falou que não. Mas ele de fato sabia de coisas que Weinstein iria usar mais tarde. Naquela semana, o cartão de crédito de Weinstein mostra que ele comprou um livro de entrevistas com Allen escrito por um de seus fãs aguerridos, que documentava todos os argumentos inventados por Allen e seu exército de detetives particulares e assessores de comunição para destruir a credibilidade da minha irmã, do procurador e de um juiz que sugerira que ela estava dizendo a verdade.

"Caramba, eu sinto muito", disse Allen a Weinstein no telefone. "Boa sorte."

Weinstein também vinha ligando para minhas fontes, ocasionalmente metendo medo nelas. Um dia depois de eu receber a carta com as exigências jurídicas de Harder e companhia, Weinstein tornou a ligar para Canosa. Era Yom Kippur, o dia do perdão judaico, mas esse sentimento não pareceu dar a tônica do telefonema. Ele disse a ela que sabia que havia gente falando. "Você nunca faria uma coisa dessas comigo", falou. Sem saber se se tratava de uma pergunta ou de uma ameaça, Canosa desligou, abalada. Eu disse a Remnick que as fontes estavam ficando ansiosas, que Weinstein parecia estar redobrando os esforços para fazer as pessoas se calarem. "Eu jejuo e ele ameaça", respondeu Remnick. "O judaísmo tem muitas formas."

No fim daquele mês, Weinstein voltou a se encontrar com sua equipe nos fundos do salão do Tribeca Grill. Estava lá fazia algum tempo, reunido com seus advogados, discutindo os últimos acontecimentos da história da amfAR. Então houve uma troca da guarda, e alguns membros da equipe focados naquele escândalo foram embora, enquanto diversos agentes da Black Cube chegaram. A atualização que fizeram foi triunfal. "Conseguimos uma coisa boa para você", disse um deles com um sorriso. Eles sabiam que não deram conta do recado antes, mas dessa vez tinham acertado em cheio. Conseguiram uma peça crucial e difícil de obter, algo que Weinstein passara o verão buscando, e descreveram o complexo roubo que havia tornado aquilo possível.

Eram três os agentes da Black Cube presentes naquele dia: Yanus, o diretor, estava lá, acompanhado do gerente de projetos que trabalhava sob suas ordens; o terceiro membro da equipe era uma funcionária júnior que estivera profundamente envolvida na operação. De camisa branca e blazer, ela dava uma impressão de profissionalismo bem-arrumado. Era loira, com as maçãs do rosto salientes, nariz forte e um sotaque elegante e difícil de identificar. Em seus encontros com Weinstein, foi apresentada como Anna.

Anna se comportou com deferência diante de Yanus e do colega, e permitiu que os dois conduzissem a conversa. Quando eles se viraram para ela, explicou entusiasmada os muitos meses que passara conquistando a confiança de um alvo importante e gravando secretamente horas de conversa. Então, enquanto Weinstein arregalava os olhos e balbuciava, "Ai, meu Deus, ai, meu Deus", os agentes da Black Cube leram em voz alta o que disseram ser os trechos relacionados a Weinstein no livro que Rose McGowan iria publicar.

38. Celebridade

Durante o mês de setembro, o trabalho da *New Yorker* na reportagem foi ganhando ritmo e intensidade. Foley-Mendelssohn, Remnick e o resto da equipe vasculharam o material acumulado e examinaram versões preliminares. Eu ficava até tarde no World Trade Center, fazendo ligações de apuração. Um dia, quando estava chegando em casa perto do amanhecer, vi um Nissan Pathfinder prata estacionado em frente ao prédio e senti um arrepio ao reconhecê-lo. Ainda não tinha provas de estar sendo seguido, mas uma desconfiança nervosa persistia.

Alguns amigos tinham se oferecido para me hospedar naquele verão, e a maioria dessas conversas terminara com uma risada minha e a garantia de que eu estava bem. Apenas uma amiga, Sophie, filha de um rico executivo, disse estar acostumada com ameaças à sua segurança e me aconselhou a levar minhas desconfianças a sério. Disse-me que telefonasse para ela se precisasse de um lugar seguro para ficar. Finalmente liguei.

No fim do mês, fiz a mala e me mudei para o lugar que se tornaria meu refúgio: uma parte de um prédio em Chelsea no qual a família de Sophie possuía vários andares. O espaço era suficiente para abrigar com conforto todas as pessoas que você já conheceu na vida. Os cômodos tinham as mesmas proporções de hangares de aviação — eram imponentes, lindos, e repletos de sofás rebuscados nos quais você tinha medo de sentar e objetos de arte que você tinha medo de tocar.

O local tinha vários níveis de segurança: cartão, chave física, código. Ali eu me senti mais seguro. Mas nem assim consegui me livrar da paranoia de que estava sendo vigiado. "*Estou dizendo pra você comprar uma arma*", dissera Polone. E eu rira. Mas depois, conforme outras pessoas iam dizendo a mesma coisa, comecei a considerar a possibilidade. Num estande de tiro em Nova Jersey, desenferrujei minha mira com pistolas e revólveres. Disse a mim mesmo que aquilo era apenas recreativo. Mas ao mirar no alvo com uma Glock 19, ao sentir seu peso e apertar o gatilho, me senti nervoso e afogueado, e nem um pouco como um cara que tem um hobby.

Os indícios de que o *New York Times* estava chegando perto da história também vinham aumentando. Eu ficara sabendo que duas respeitadas jornalistas investigativas — Kantor, cujo nome havia sido mencionado nos dossiês enviados aos detetives particulares, e Megan Twohey — estavam encabeçando o trabalho do jornal. Elas foram dois colossos e correram atrás de fontes com a mesma agressividade que eu. Depois de terem contatado Arquette e Nestor, eu disse a elas que deveriam trabalhar com quem se sentissem mais à vontade. "No fim das contas é bom pra gente que várias pessoas estejam trabalhando nisso", disse por mensagem de texto a Nestor. Eu me sentia sinceramente aliviado com o fato de o *Times* estar no mesmo barco para absorver um pouco da pressão e garantir que a história viesse à tona, fosse qual fosse o destino da minha reportagem. No íntimo, porém, também estava me sentindo competitivo, o que se misturava a certa pena de mim mesmo. Durante seis meses, o único apoio que eu tivera fora Noah Oppenheim torcendo o nariz e mantendo o jornalismo a uma distância segura, com medo de ser pego. Agora tinha enfim a *New Yorker*, mas talvez fosse tarde demais. Eu não fazia ideia do que o *Times* tinha. Até onde sabia, se eles publicassem primeiro, nosso trabalho na revista seria neutralizado.

Essa corrida armamentista era mais uma fonte de pressão, outro elemento fortalecendo a sensação de que eu estava trabalhando numa cabine pressurizada, esperando para ser arremessado no vácuo.

No fim de setembro, McHugh mandou uma mensagem de texto dizendo ter sido informado por suas fontes de que o *Times* estava prestes a publicar alguma coisa. A NBC o proibira de receber ligações sobre as denúncias de agressão sexual, mas ele continuara trabalhando na matéria sobre a amfAR, a instituição beneficente da pesquisa da aids. Uma fonte havia chamado sua atenção para uma pequena linha na declaração de imposto de renda da instituição que sugeria o desvio de 600 mil dólares para o American Repertory Theater, onde o musical *Finding Neverland*, produzido mais tarde por Weinstein na Broadway — e que ele aconselhara Gutierrez a assistir após seu primeiro encontro —, tinha ficado incubado. McHugh havia pedido permissão para trabalhar nessa pauta. Greenberg, depois de conversar com Oppenheim, parecera tê-lo autorizado. Mas a permissão havia sido obtida a duras penas, e McHugh tivera a sensação de que em seguida o canal passara a relutar. "Eles foram lentos", lamentou mais tarde. Não tinha certeza se queriam que ele apurasse aquilo, ou se apenas queriam dar a impressão de não ter abafado em rápida sucessão duas pautas sobre Harvey Weinstein.

"Twohey mandou o texto dela hoje", escreveu McHugh. Conversamos sobre o que a matéria do *Times* poderia conter — se aquela seria mesmo sua principal reportagem sobre conduta sexual inadequada. "Seja lá como for", escreveu McHugh, "a chapa do Harvey está esquentando."

Weinstein e Dylan Howard estavam tendo uma conversa parecida naquele dia. O vínculo entre os dois homens continuava a se fortalecer. "Caro Dylan", escreveu Weinstein depois de Twohey mandar seu texto. "Só queria te avisar que o *New York Times* vai subir a matéria deles hoje."[37]

No dia seguinte, houve um alerta de *breaking news* do *Times* sobre Weinstein.[38] Cliquei na matéria. "É tudo sobre a amfAR", disse McHugh por mensagem. Fora alarme falso.

"Em quanto tempo você consegue publicar?", perguntou McHugh. "Avise ao Remnick que o Weinstein está no noticiário. Você já tem a matéria. Está na hora de dar." Auletta ligou, nervoso, e fez uma pressão semelhante, "Rápido! Fale com ele agora e ponha esse negócio online".

Comecei a metralhar Foley-Mendelssohn e depois Remnick. Ele era muito competitivo, mas as prioridades da revista eram a exatidão e a cautela. "Não vamos correr para passar na frente de ninguém", disse Remnick. A matéria ficaria pronta quando ficasse, após um processo intensivo de checagem de fatos. "Somos um transatlântico, não uma lancha. Sempre soubemos que o *Times* poderia nos furar."

Mesmo assim, Remnick mergulhou na edição do texto, me bombardeando com perguntas conforme avançava ("Onde fica a Weinstein Co.? Por que ele vive se hospedando em hotéis?"). Quando eu não estava em reunião ou no telefone com alguma fonte, estava enfurnado com Foley-Mendelssohn ou com Remnick, burilando o texto da matéria. Discutimos sobre quando pedir um comentário de Weinstein. "Quanto antes falarmos com ele, melhor", escrevi para os editores.

Em prol da imparcialidade e para limitar a capacidade de Weinstein de importunar as mulheres cujos nomes iríamos revelar ao pedir seu comentário, Remnick decidiu concluir o máximo possível da checagem de fatos antes de ligarmos para ele. Peter Canby, o veterano chefe de checagem da revista, mobilizou dois de seus subordinados a fim de aumentar a rapidez e o rigor do trabalho. Para uma das vagas Foley-Mendelssohn sugeriu E. Tammy Kim, ex-advogada de temperamento tranquilo e sério. Ao ser abordada acerca do trabalho, Kim cruzou os braços e perguntou, sem sorrir, "Vai ser um assunto de celebridade ou algo assim?". O outro escolhido foi Fergus McIntosh, jovem escocês que havia entrado na revista fazia dois anos, depois de se formar em Oxford. McIntosh tinha uma típica gentileza britânica e era um pouco tímido. No dia 27 de setembro, Kim e McIntosh começaram seu trabalho no texto, em ritmo acelerado, com horários exaustivos, e foram ligando para todas as fontes.

39. Efeitos colaterais

Em Nova York, o forte calor vacilou, mas não cedeu. Tanto as minhas fontes como os intermediários de Weinstein, que ligavam periodicamente para fazer ameaças, estavam espalhados por vários fusos horários — Europa, Austrália, China. A qualquer hora do dia ou da noite, meu celular parecia uma bomba-relógio. O sono estava se tornando um reflexo involuntário, um breve instante em que, com um *tlec* seco feito o de um interruptor de luz, eu piscava os olhos e as sombras tinham mudado de lugar, então percebia que havia apagado por uma hora e estava com o rosto marcado pelo tampo da mesa de trabalho na *New Yorker* que tomara emprestada naquela noite. Torci para que Jeffrey Toobin, Dexter Filkins ou qualquer outro jornalista jamais notassem toda aquela baba em seus mouse pads. Quando eu conseguia voltar para Chelsea e dormir, era só um sono pela metade. Nos espelhos do apartamento, meu reflexo surgia emaciado, pálido e mais magro que no início do verão, como uma criança tísica no anúncio de um tônico da era vitoriana.

Conforme os checadores começaram a ligar para várias fontes, Weinstein se pôs a cumprir suas ameaças. Na primeira segunda-feira de outubro, mandou sua primeira correspondência jurídica para a *New Yorker*. "Este escritório de advocacia juntamente com meus colegas David Boies, da Boies Schiller Flexner LLP, e Lisa Bloom, da The Bloom Firm, prestamos assistência jurídica em litígios para a The Weinstein Company", escreveu Charles Harder dessa vez. A matéria era "difamatória", ele argumentava. "Solicitamos que vocês não publiquem essa matéria; que forneçam a TWC uma lista de todas as declarações sobre TWC (incluindo seus funcionários e/ou executivos) que pretendem publicar." Havia a esperada menção à NBC, "É importante notar que a NBC News estava trabalhando anteriormente com Ronan Farrow numa potencial matéria sobre TWC. Entretanto, depois de verificar o trabalho do sr. Farrow, a NBC News rejeitou a matéria e encerrou o projeto. Seria preocupante se a *New Yorker* viesse a pegar o fruto do trabalho do sr. Farrow, rejeitado pela NBC News, e o publicasse — expondo assim a *New Yorker* a uma ação judicial e a enormes custos em danos morais a ela relacionados".[39]

A recente conversa de Weinstein com Woody Allen parecia dar a tônica da carta. Harder dedicava diversas páginas ao argumento de que a agressão sexual sofrida por minha irmã me desqualificava para conduzir uma reportagem sobre Weinstein. "O sr. Farrow tem direito a uma raiva particular", escreveu Harder. "Mas nenhum editor deveria permitir que esses sentimentos pessoais criassem e levassem adiante uma reportagem difamatória, sem embasamento nenhum e fundamentada num rancor pessoal." Ele então citava o livro do biógrafo de Woody Allen comprado por Weinstein e reproduzia o argumento de Allen de que eu fora submetido a uma lavagem cerebral para poder acreditar no que minha irmã alegara.

Havia outros argumentos pessoais extravagantes. "Como um segundo exemplo, o tio de Ronan Farrow, John Charles Villers-Farrow, foi julgado por ter abusado de dois meninos, assumiu o crime e foi condenado a dez (10) anos de prisão. Ainda não encontramos nenhum indício de que Ronan Farrow tenha denunciado publicamente seu tio, e talvez ele o tenha apoiado publicamente. Seja como for, à luz das críticas explícitas do sr. Farrow ao pai, com quem rompeu relações, os atos do sr. Farrow levam a questionar sua credibilidade e seu discernimento como jornalista."

Até onde eu podia lembrar, não chegara a conhecer aquele tio. No meu entender, a denúncia contra ele era crível. Tanto minha mãe como a filha dele o haviam cortado de suas vidas. Ninguém nunca me perguntara sobre meus parentes distantes que não eram famosos. Se isso houvesse acontecido, eu teria evitado o assunto. Não estava claro o que aquilo tinha a ver com as alegações contra Weinstein.

Fiquei impressionado com a proximidade entre os argumentos contidos na carta e os pontos que Oppenheim havia me recitado. E lembrei das matérias de opinião e das aparições televisivas de Bloom dedicadas a defender a credibilidade da minha irmã e a afiar sua própria espada como defensora das mulheres. Estava me acostumando ao espetáculo desagradável de gente contorcendo o corpo para se encaixar nas engrenagens da máquina de Harvey Weinstein. Mesmo assim, estranhei o nome de Bloom no final da carta, junto com o de Harder.

Na primeira semana de outubro, os assistentes de Weinstein mandaram um e-mail para Dylan Howard, "Acabamos de tentar falar com você, mas Harvey queria ver se você poderia em vez disso encontrá-lo em frente ao prédio do *New York Times* na Oitava Avenida, perto da rua 43. Ele está indo para lá agora, então deve chegar daqui a meia hora mais ou menos".[40] Originalmente, Weinstein pedira à sua equipe que se certificasse de que Howard se encontraria com ele e com Lisa Bloom para irem de carro do escritório da Weinstein Company até o *Times*. Só que, como Bloom e Weinstein tinham saído sem Howard, o editor do *Enquirer* teria de se virar sozinho para chegar a Uptown, com as mãos cheias de pastas de papel pardo contendo "basicamente podres" sobre as acusadoras de Weinstein, segundo a lembrança de uma pessoa envolvida. Howard mais tarde negou ter ido ao prédio do *Times*. O que ninguém contesta é que Weinstein pouco depois estava na reunião ouvindo que o *Times* se preparava para publicar uma matéria sobre conduta sexual inapropriada.

Quando fontes conseguiram entrar em contato comigo com o mesmo recado, eu estava num táxi. Tentei ligar para Jonathan, depois tentei outra vez. Ele estava cada vez mais ocupado com o trabalho, e eu cada vez mais carente e chato.

"Que foi?!", ele disse, ríspido, quando afinal retornou. Estava saindo de mais uma reunião.

"O *Times* vai publicar", falei.

"Tá", ele disse, um pouco impaciente. "Você sabia que eles poderiam fazer isso."

"É bom que esteja saindo", falei. "Mas é que... esses meses todos. Esse ano inteiro. E agora estou sem emprego." Eu estava perdendo a cabeça, na verdade já começava a chorar. "Eu mirei alto demais. Apostei demais. E talvez, no fim das contas, nem matéria eu vá ter. E estou deixando na mão todas aquelas mulheres..."

"Calma!", gritou Jonathan, fazendo-me sair do surto. "Tudo que está acontecendo agora é que você não dorme nem come há duas semanas."

Uma buzina soou lá fora.

"Você está num *táxi*?", ele perguntou.

"Hum-hum", funguei.

"Meu Deus do céu. A gente vai conversar sobre isso, mas primeiro você vai dar uma baita gorjeta pra esse taxista."

Depois que a carta de Weinstein e Harder chegou, Remnick me chamou à sua sala junto com Bertoni e Foley-Mendelssohn. A argumentação jurídica de Weinstein, em ordem crescente de absurdo e decrescente de seriedade, era que qualquer coisa negativa a seu respeito era difamação; que não eram permitidas reportagens sobre empresas que usassem acordos de confidencialidade; que ele fizera um acordo com a NBC; que minha irmã fora agredida sexualmente; e que havia um molestador de crianças entre meus parentes. (Jonathan uivou de tanto rir ao ler a carta. "Que carta mais *fofa*", ele disse. "Amei essa carta.") Mas eu já tinha visto uma empresa de notícias engolir argumentos fracos uma vez. Quando entrei na sala de Remnick, parte de mim ainda estava preparada para vê-lo capitular ou se mostrar amedrontado. Ele disse textualmente, "Essa é a carta mais nojenta que já recebi sobre qualquer matéria".

Ainda um pouco apreensivo, lembrei a Remnick que Weinstein também estava ameaçando me processar pessoalmente e que eu não tinha advogado. "Eu quero ser claro", ele disse. "Nós vamos defender você na justiça, não importa até onde Harvey Weinstein vá." Bertoni mandou uma resposta breve para Harder, "Com relação às suas afirmações sobre a independência e a ética do sr. Farrow, nós consideramos absolutamente sem mérito algum as questões mencionadas por vocês".[41]

Quando eu estava indo embora do trabalho naquela noite, Remnick ligou para dizer que o companheiro de Asia Argento, Anthony Bourdain, entrara em contato com ele. Bourdain já tinha apoiado antes o fato de Argento se pronunciar, mas mesmo assim desanimei: em várias ocasiões, mulheres que recuaram da reportagem haviam feito isso após a intervenção de um marido, namorado, pai. Ser contatado por parceiros raramente era boa notícia. Mas toda regra tem exceção: Bourdain disse que o comportamento de predador de Weinstein era nauseante, que "todo mundo" já sabia disso havia tempo demais. "Não sou um homem religioso", ele escreveu. "Mas estou rezando para vocês terem a força necessária para publicar essa reportagem."

A *New Yorker* então se uniu em torno da reportagem, que ia se confirmando, denúncia após denúncia, sob a pressão dos checadores. Ainda estávamos esperando que todas as alegações fossem inteiramente verificadas para pedirmos o comentário de Weinstein. Mas vários intermediários dele já tinham entrado em contato, e seu tom não era combativo, porém resignado. Um integrante da sua equipe jurídica deu o passo extraordinário de ligar para a revista pouco depois de a carta de Harder chegar, dizendo que as ameaças nela feitas foram equivocadas, desaconselháveis. "Não se trata de uma situação em que eu esteja lhes dizendo que entenderam tudo errado", disse esse advogado. "As denúncias de grave conduta inadequada... uma parte enorme dos casos é verdade."

A temperatura aumentou, transformando a sala de Foley-Mendelssohn numa sauna. Ela e eu ficávamos debruçados sobre cópias impressas da versão preliminar, com gotas de suor na testa. Houve discussões acaloradas sobre a escolha de palavras, e Remnick pressionou a favor de cautela sempre que possível. Inicialmente, nós tínhamos excluído a palavra "estupro", temendo que ela pudesse constituir uma distração ou ser prejudicial. Foley-Mendelssohn e Kim, uma das checadoras, pressionaram no sentido contrário. Excluir a palavra seria amenizar. No fim, Remnick e Bertoni concordaram, e a palavra ficou.

Num daqueles dias, saí do calor e entrei no apartamento de Remnick no Upper West Side. Do lado de fora, colado à fachada de pedra calcária do edifício, havia um cartaz metálico dizendo "Abrigo Nuclear". Lá dentro, uma sala de pé-direito duplo forrada de livros. A mulher de Remnick, a ex-jornalista do *Times* Esther Fein, me levou até a cozinha e insistiu que comesse algo. O casal se conheceu no fim dos anos 1980 e foi para Moscou trabalhar para jornais rivais, Remnick para o *Washington Post*. A família tinha mantido, numa parte da parede, as marcas da altura dos dois filhos e da filha ao longo dos anos de crescimento, como nos filmes. Em seu pequeno home office, Remnick e eu demos os toques finais na versão preliminar. Eu estava exausto e sem dormir, e ele foi generoso, mesmo quando eu me enganava redondamente em relação a alguma modificação no texto.

Se isso parecia uma calmaria, havia a sensação de que ela precedia uma forte tempestade. No início daquela primeira semana de outubro, Kim Masters publicou uma matéria na *Hollywood Reporter* com o título "Advogados de Harvey Weinstein brigam com *NY Times* e *New Yorker* por causa de matérias com potencial explosivo".[42] Poucos minutos depois, a

Variety divulgou sua versão.[43] O ciclo de notícias da TV a cabo começou seu burburinho. Esse movimento teve a vantagem de encorajar as fontes. Naquele dia, a atriz Jessica Barth, que tinha participado dos filmes da franquia *Ted* com Seth MacFarlane, entrou em contato comigo para contar que Weinstein a assediara sexualmente durante um encontro num quarto de hotel — história que acabou sendo verificada. Mas aquelas matérias também fizeram que eu me sentisse exposto. O que quer que acontecesse a seguir, iria acontecer sob os holofotes de um estádio.

40. Dinossauro

O mundo estava mudando ao redor de Harvey Weinstein naquele mês de outubro. Ele parecia extenuado. Os acessos de raiva eram seu arroz com feijão, mas nesse mês os rompantes foram mais imprevisíveis que de costume. Dentro da Weinstein Company, ele começou a ficar desconfiado. Mais tarde se revelaria que vinha monitorando as comunicações profissionais de Irwin Reiter, o mesmo que enviara as mensagens simpáticas a Nestor e que Weinstein havia qualificado de "polícia do sexo". No dia 3 de outubro, Weinstein mandou um especialista em TI acessar e deletar um arquivo chamado "Amigas HW", que mapeava a localização e as informações de contato de dezenas de mulheres em cidades mundo afora.[44]

Na manhã de 5 de outubro, Weinstein convocou boa parte da equipe de defesa a seu escritório na rua Greenwich, onde se improvisou um gabinete de crise em uma sala VIP. Bloom estava presente, bem como Howard. Pam Lubell e Denise Doyle Chambers, as veteranas da empresa que tinham sido chamadas de volta para ajudar a montar a lista de alvos, também estavam lá, não muito confusas em relação ao seu projeto de livro. Davis e Harder ligaram, e os assistentes os puseram no viva-voz. Enlouquecido, Weinstein gritava a plenos pulmões. A matéria do *Times* ainda não havia saído, mas ele ficara sabendo que era iminente. Rugia nomes e mais nomes para Lubell, Doyle Chambers e os assistentes, nomes de membros de conselhos e aliados na indústria do entretenimento que esperava que o defendessem quando as reportagens começassem a aparecer.

Bloom e outros se debruçaram sobre imagens impressas e digitais que mostravam a continuidade dos contatos entre Weinstein e mulheres na lista de alvos: McGowan e Judd de braço dado com ele, sorriso educado no rosto. "Ele gritava para nós, 'Mandem isso para os membros do conselho'", recordou Lubell mais tarde. E, obediente, ela mandou.

Mais ao sul da cidade, sentei diante de uma mesa vazia na *New Yorker* e liguei para a Weinstein Company para pedir o comentário. Com uma voz nervosa, o recepcionista falou que iria verificar se Weinstein podia atender. Então o barítono rouco de Weinstein soou. "*Uau!*", ele disse, com uma animação fingida. "A que devo a honra?" Tudo que se escreveu sobre ele antes e depois raramente se deteve nesta qualidade: ele era um cara bem engraçado. Mas foi fácil esquecer isso conforme ele rapidamente começou a se enfurecer. Naquele outono, Weinstein desligou na minha cara várias vezes, inclusive naquele primeiro dia. Eu lhe disse que queria ser justo e incluir qualquer coisa que ele tivesse a dizer, então perguntei se ficaria à vontade caso eu gravasse nossa conversa. Ele pareceu entrar em pânico e, com um clique, sumiu. O padrão se repetiu na mesma tarde. Mas quando consegui fazê-lo falar por um tempo razoável, ele abandonou a cautela inicial e não pediu que a conversa fosse em off, apenas se tornou intensamente combativo.

"Como você se identificou para todas essas mulheres?", indagou.

Fui pego um pouco desprevenido.

"Dependendo do momento, eu descrevi com detalhes o veículo." Comecei a dizer que aquilo não ia nos ajudar a ouvir o que ele tinha a comentar sobre as denúncias, mas ele tornou a interromper.

"Ah, sério? Como se você fosse um *repórter* da NBC. E o que seus *amigos* na NBC têm a dizer sobre isso agora?" Senti um rubor me subir às faces.

"Estou ligando porque queria ouvir o seu lado", eu disse.
"Não. Eu sei o que você quer. Sei que está com medo, e sozinho, que seus chefes te abandonaram, e seu pai..."
Remnick a essa altura estava do lado de fora da sala, e bateu de leve no vidro. Balançou a cabeça e fez um gesto de "abrevie".
"Terei prazer em falar com você, ou com quem você quiser da sua equipe", falei.
Weinstein riu. "Você não conseguiu salvar alguém que ama, e agora acha que pode salvar todo mundo." Ele de fato disse isso. Foi como se estivesse apontando um detonador para o Aquaman.
Weinstein me disse para mandar minhas perguntas para Lisa Bloom. No fim das ligações, ele voltara a ser encantador, e me agradeceu educadamente.

Pouco depois das duas da tarde, telefones tocaram e um assistente entrou na sala VIP da Weinstein Company com a notícia sobre o *Times*. "Saiu a reportagem", disse o assistente. "Ah, merda", disse Dylan Howard, e pediu a subordinados que imprimissem cópias para todo mundo. Conforme a equipe lia a reportagem, a tensão se dissipou. Por um breve instante, Weinstein se sentiu aliviado. Era uma boa coisa a matéria ter saído numa quinta-feira, ele disse aos funcionários reunidos, e não num domingo, que considerava o dia preferido do *Times* para matérias importantes. Então saiu para encontrar a mulher, Georgina Chapman, que estava participando de um desfile para sua marca de roupas, a Marchesa. "Ela falou, 'Eu vou ficar do seu lado'", disse Weinstein a vários membros da equipe presentes na sala. Mas ele já estava se preparando para a reportagem que ainda iria sair. Depois da matéria da *New Yorker*, falou entre os dentes, "Ela vai me deixar".
Foley-Mendelssohn e eu sentamos diante de Remnick na sua sala, e lemos a matéria do *Times*, ele num monitor, nós dois rolando a tela dos celulares. Era uma matéria forte, na

qual Ashley Judd enfim associava o nome de Weinstein ao relato feito havia dois anos à *Variety* sobre investidas indesejadas de um produtor, que finalmente deu sentido à estranha conversa telefônica que eu tivera com Nick Kristof meses antes. A matéria falava também da história contada por O'Connor sobre agressões verbais e das propostas no local de trabalho relatadas por Nestor, embora sem a participação delas.

Não havia nenhuma denúncia de agressão ou estupro. Lisa Bloom deu rapidamente uma declaração que se referia às denúncias, em sua maioria, como mal-entendidos. "Eu expliquei a ele que, devido à diferença de poder entre o dono de um estúdio importante como ele e a maioria das outras pessoas na indústria cinematográfica, sejam quais forem os motivos dele, algumas das suas palavras e comportamentos podem ser considerados inadequados ou até mesmo intimidadores." Weinstein era só "um dinossauro velho aprendendo maneiras novas de se comportar", ela argumentou.[45] Quando os programas matinais do dia seguinte foram ao ar, Bloom já estava trabalhando para qualificar as denúncias da matéria do *Times* de pequenas indiscrições. "Vocês estão usando a expressão 'assédio sexual', que é um termo jurídico", ela disse a George Stephanopoulos. "Eu estou usando a expressão 'conduta inadequada no local de trabalho'. Não sei se existe uma diferença de fato significativa para a maioria das pessoas, mas 'assédio sexual' é grave e abrangente."[46] Disse ter aconselhado duramente Weinstein a não falar no trabalho "do mesmo jeito que você fala com seus amigos homens quando saem para tomar cerveja, sabe". Em suas próprias declarações, Weinstein disse "ter se tornado adulto nos anos 1960 e 1970, quando todas as regras sobre comportamento e locais de trabalho eram diferentes", e afirmou estar numa "jornada" de "aprendizado pessoal", com "a orientação de Lisa Bloom".[47] Weinstein prometeu se dedicar a combater a National Rifle Association. No que dizia respeito a Bloom e Weinstein, ele iria fazer terapia, criar uma fundação para diretoras mulheres na Universidade do Sul da Califórnia, e pronto.

Na sala de Remnick, ergui os olhos da matéria do *Times*. Meu celular vibrou em cima da mesa com uma mensagem de Jonathan. "O *Times* publicou. Falaram em assédio, não agressão", ele escreveu. "Corre corre corre." Então, logo em seguida, entrou uma mensagem de McHugh dizendo a mesma coisa. O *Times*, ele acrescentou, tinha "menos do que aquilo que fez a gente ser barrado".

"É um trabalho bem sólido", disse Remnick, ao erguer os olhos da matéria.

"Mas eles não têm nada perto do que nós temos", disse Foley-Mendelssohn com um alívio patente.

"Então vamos seguir adiante", arrisquei.

"Vamos", disse Remnick.

41.
Gente ruim

Depois de declarar seu alívio com a matéria do *Times* e com o momento de sua publicação, Weinstein divulgou o que pretendia ser uma mensagem de incentivo para a equipe. "Arregacem as mangas", ele anunciou. "Vamos entrar em guerra." Uma assistente respondeu, "Pra mim chega, Harvey", e foi embora. Weinstein a deteve e se ofereceu para escrever uma carta de recomendação elogiosa. "Eu olhei para ele tipo, *está de sacanagem comigo, porra?*", recordou a assistente.

Naquela noite, o conselho de diretores da Weinstein Company marcou uma audioconferência emergencial. Estariam na linha os nove membros do conselho, todos homens, entre eles Weinstein. Ao longo de vários anos, havia se aprofundado o rancor entre um pequeno grupo de diretores que tentava excluir Weinstein e uma maioria de membros leais que o considerava indispensável ao sucesso da empresa. Com dolorosa frequência, histórias de abuso por parte de pessoas poderosas são igualmente histórias de fracasso da cultura dos conselhos corporativos. Weinstein e seu irmão Bob tinham dois assentos no conselho, e o estatuto da empresa lhes permitia nomear um terceiro. Com o tempo, Weinstein conseguira colocar nomes leais em muitos dos assentos remanescentes também. Em 2015, quando o contrato de Weinstein estava para ser renovado, ele basicamente controlava seis dos nove assentos do conselho, e usava essa influência para se esquivar de qualquer responsabilidade. Quando um membro adversário no conselho, Lance Maerov, pediu para ver a ficha de RH de Weinstein, ele e Boies conseguiram impedi-lo, e em vez disso chamaram um advogado externo para fazer um resumo vago do conteúdo. Maerov depois disse a um jornalista da *Fortune* que houvera acobertamento.[48]

Naquela noite do início de outubro, Weinstein participou da audioconferência com o conselho. Negou tudo, então argumentou que a poeira levantada pela matéria do *Times* iria baixar. A ligação se transformou numa amarga troca de recriminações entre as facções internas do conselho e entre os irmãos Weinstein. "Eu nunca ouvi gente tão ruim falando junto", recordou Lubell. "Sabe como é, Bob dizia, '*Eu vou acabar com você, Harvey, você já era!*'. E Harvey, '*Nós vamos abrir os arquivos sobre você!*'."

Nas horas que se seguiram à reunião de emergência do conselho e ao longo da manhã seguinte, Weinstein bombardeou seus aliados com ligações e e-mails emotivos. Entre esses aliados estavam executivos da NBC e da Comcast. Meyer, vice-presidente da NBCUniversal, entrou em contato com ele. ("Caro Ron", respondeu Weinstein naquela manhã. "Acabei de receber sua mensagem, e obrigado... vou, sim. Estou a caminho de LA. Um abraço, Harvey." Os dois combinaram de conversar.)

À 1h44 do dia 6 de outubro, Weinstein mandou um e-mail para Brian Roberts, presidente da Comcast, o chefe do chefe do chefe de Noah Oppenheim, pedindo-lhe um favor. "Caro Brian", ele escreveu. "Chega um momento na vida de todo mundo em que alguém precisa de alguma coisa, e no presente momento estou precisando de apoio."[49]

No material de Auletta, eu havia encontrado uma entrevista gravada com Roberts, na qual ele se revelara um dos raros defensores de Weinstein contra aqueles que o qualificavam de truculento. "Tem sido uma alegria", disse Roberts em relação à sua amizade com Weinstein e ao tempo em que conviveram em Nova York e Martha's Vineyard. "Pessoalmente não me deixo intimidar por essa coisa toda de Hollywood", disse Roberts sobre a personalidade de Harvey. "Eu olho e vejo um cara que está fazendo coisas incríveis, que construiu uma empresa." Roberts chamou Weinstein de bom pai e boa pessoa. "Para mim, ele parece um ursinho de pelúcia", acrescentou.

A Comcast, empresa-mãe da NBC, era um negócio familiar que fora fundado pelo pai de Roberts.[50] Os estatutos da empresa davam a Roberts um poder inabalável.[51] "O presidente será o sr. Brian L. Roberts se ele estiver disposto e disponível para tal [...] O CEO será o sr. Brian Roberts se ele estiver disposto e disponível para tal." Vários executivos que trabalharam com Roberts o qualificaram de afável ou gentil. Ele foi a única pessoa na cadeia de comando corporativa que mais tarde me procurou para se desculpar, dizendo que tinha filhas e que acreditava na reportagem. Mas os executivos que trabalhavam com ele diziam também que Roberts evitava conflitos. Em questões controversas, ele "não se impõe", disse um deles. "Ele não atrapalha o trabalho sujo de Steve" — ou seja, Steve Burke, que trabalhou subordinado a Roberts como CEO da NBCUniversal.

Burke também tinha uma ligação com Weinstein. Um ex-integrante da equipe de Weinstein — que providenciou o fornecimento das fantasias de Minions para o espetáculo produzido por Weinstein no Radio City Music Hall, onde o dono do estúdio conheceu Ambra Gutierrez — descreveu Burke como alguém que estava "no bolso de Weinstein". E segundo os executivos que trabalharam com Roberts, Burke era igualmente avesso a conflitos. Um deles recordava um caso em que outro poderoso de Hollywood e seu advogado começaram a ligar para a NBC News exigindo que o canal não levasse uma entrevista ao ar. O executivo lembrava de ter informado a Burke que o canal pretendia seguir em frente com a matéria, e que Burke dissera, "Tirem do ar", acrescentando que o poderoso de Hollywood "ficaria devendo a vida a vocês".

"Ai, meu Deus, Steve, assim nós vamos destruir a reputação da NBC News", o executivo lembrava de ter dito. Depois que outro integrante da equipe de Burke intercedeu para dizer a mesma coisa, Burke concordou que a entrevista fosse ao ar. Antes de trabalhar na NBCUniversal, Burke trabalhara na Disney, com êxitos consideráveis nas divisões de varejo e parques temáticos da empresa.[52] Mas, segundo os executivos, ele era menos familiarizado com veículos de notícias. "Não acho nem que tenha a ver com proteger os amigos, é só tipo, 'Esse cara é poderoso, estou recebendo essas ligações, eu não preciso desse problema'", disse o executivo que resistiu à sugestão de Burke para engavetarem uma entrevista. "Ele não sabe que não é ético."

Na NBC News houve mais sinais de nervosismo em relação a Weinstein. Pouco depois de Twohey publicar sua matéria sobre o escândalo da amfAR, McHugh estava se preparando para dar o que considerava uma suíte importante baseada na sua própria apuração. No último minuto, a chefia cancelou. Greenberg, que durante dias vinha manifestando entusiasmo pela apuração de McHugh, mudou de postura e disse que seu trabalho não fazia a história avançar o suficiente. Foi só depois de Janice Min, a ex-editora da *Hollywood Reporter*, tuitar que outras notícias relacionadas a Weinstein estavam mofando na NBC, que Greenberg voltou a McHugh e perguntou se ele poderia ressuscitar rapidamente o trabalho.

Oppenheim tinha dito que eu poderia terminar as outras matérias para a NBC nas quais ainda estava trabalhando. No entanto, quando chegou a data de uma delas ir ao ar, fui avisado de que não havia tempo na grade para eu aparecer no set. Então, quando a matéria foi reagendada, recebi novamente a mesma desculpa. "O Noah falou que o Ronan está proibido de entrar no set", disse um produtor sênior a McHugh. "Aconteceu alguma coisa?" Lauer leu minha introdução no meu lugar.

***

Na noite seguinte à publicação da matéria do *Times*, a CBS News e a ABC News deram uma cobertura de destaque ao escândalo crescente em seus programas da noite. Ambos os canais fizeram o mesmo na manhã seguinte e levaram ao ar segmentos detalhados com entrevistas originais. A NBC foi o único canal que não mencionou a notícia na primeira noite nem veiculou uma matéria original na manhã seguinte. Em vez disso, Craig Melvin, que estava substituindo Lauer, leu um texto que durou menos de um minuto, dominado pelas refutações de Weinstein às denúncias.[53] No fim de semana, o padrão se repetiu: o *Saturday Night Live*, que havia surfado alegremente em histórias parecidas sobre Bill O'Reilly, Roger Ailes e Donald Trump, não fez sequer uma menção a Weinstein.[54]

Apesar disso, a NBC News estava discretamente formatando a narrativa pública relacionada à história. Oppenheim e Kornblau, o chefe de comunicação, começaram a conversar com jornalistas especializados em mídia. Os dois executivos sugeriram que a NBC só tivera um envolvimento passageiro na reportagem. "Segundo Oppenheim, Ronan o procurou vários meses atrás e disse que queria fazer um trabalho sobre assédio sexual, e depois de dois ou três meses nunca conseguiu obter nenhuma documentação e nunca convenceu nenhuma mulher a se deixar filmar", dizia um memorando distribuído internamente num veículo com o qual Oppenheim e Kornblau falaram. "O cara realmente não tinha nada", disse Oppenheim numa das ligações. "Entendo que isso seja muito pessoal para ele e que ele talvez se deixe dominar pelas emoções." Perguntado se tivera algum contato com Weinstein, Oppenheim riu e respondeu, "Eu não frequento essas rodas".

Vários envolvidos me disseram depois que, nos primeiros dias após a matéria do *Times*, a NBC, por ordem de Oppenheim, evitou cobrir Weinstein. "Noah literalmente chegou pra eles e falou, 'Não deem essa notícia'", recordou um deles sobre as conversas de Oppenheim com os produtores na época. À medida que a história foi ganhando força no fim daquela semana, Oppenheim e um grupo de funcionários graduados se encontraram para uma reunião de pauta de rotina. "Deveríamos dar alguma coisa sobre isso?", perguntou um dos produtores presentes. Oppenheim negou com um gesto da cabeça. "Ele vai ficar bem", disse sobre Weinstein. "Daqui a um ano e meio ele volta. Isso é Hollywood."

Parte 4

Sleeper

42.
Edificar

Uma fonte adicional se juntou à nossa reportagem depois que o *Times* publicou sua matéria. Um amigo em comum me alertou para uma alegação de Lucia Evans, uma consultora de marketing. No verão de 2004, Weinstein tinha abordado Evans no Cipriani Upstairs, um clube em Manhattan. Ela estava para começar o último ano no Middlebury College, na época, e tentava iniciar carreira como atriz. Weinstein conseguiu seu telefone e logo passou a ligar tarde da noite, ou então mandava um assistente ligar, pedindo um encontro. Ela recusou os avanços noturnos, mas disse que poderia se encontrar com um executivo de elenco durante o dia.

Quando ela chegou à reunião, o prédio estava cheio de gente. Foi levada a uma sala com equipamento de ginástica e embalagens de comida no chão. Weinstein estava ali, sozinho. Evans disse que o achou assustador. "Só a presença dele já intimidava", ela me disse. Na reunião, lembrou Evans, "ele de imediato começou a me elogiar e diminuir ao mesmo tempo, fazendo com que eu me sentisse mal a respeito de mim mesma". Weinstein disse a ela que "seria ótima em *Project Runway*" — o programa que Weinstein ajudou a produzir e que estreou mais tarde naquele ano —, mas só se perdesse peso. Também falou sobre dois roteiros, um filme de terror e uma história de amor adolescente, e disse que uma pessoa que trabalhava com ele iria conversar com ela a respeito dos dois.

"Foi depois disso que ele me atacou", Evans disse. "Ele me obrigou a fazer sexo oral nele." Enquanto ela protestava,

Weinstein tirou o pênis para fora da calça e puxou a cabeça dela na direção do órgão. "Eu falei várias vezes, 'Eu não quero fazer isso, pare, não'", ela lembrou. "Tentei me desvencilhar, mas talvez não tenha tentado com força suficiente. Eu não queria dar chutes nele nem lutar com ele." No final, ela disse, "ele é um sujeito grande. Ele me dominou". E concluiu, "Eu meio que simplesmente desisti. Esta é a parte mais horrível de tudo, e é por isso que ele tem sido capaz de fazer isso por tanto tempo, com tantas mulheres: as pessoas desistem e então acham que a culpa é delas".

Ela me contou que toda a sequência de eventos tinha ares de um acontecimento rotineiro. "Parece um processo bem ensaiado", disse. "Diretora de elenco mulher, Harvey quer conhecer. Tudo foi pensado para me deixar à vontade antes de acontecer. E daí a vergonha do que aconteceu também foi calculada para me manter calada."

Mandamos um memorando detalhado de checagem de fatos para Bloom naquela sexta-feira, e ela prometeu responder. Como ainda não tínhamos recebido retorno no sábado, eu liguei. Ela deixou a ligação cair na caixa postal, depois enviou uma mensagem de texto, "Não estou disponível hoje". Quando finalmente atendeu, eu estava no apartamento de Remnick, nós dois debruçados sobre o rascunho e sobre nossos respectivos telefones. Bloom soou consternada. "*Que foi?*", indagou, ríspida. E então, quando lembrei a ela que Weinstein tinha me pedido que trabalhasse com ela, "Não posso falar! Não posso comentar nada disso!". E me disse que ligasse para Harder, Boies, para qualquer outra pessoa.

A voz de Bloom assumiu um tom um tanto acusatório e magoado. Ela me lembrou de como tinha tentado falar comigo persistentemente. "Durante meses!", explodiu — como se a possibilidade de eu compartilhar mais informação com ela pudesse tê-la levado a se afastar de Weinstein. Acontece que

Bloom e eu *tínhamos*, de fato, conversado e, até onde eu sei, ela usara a ocasião para oferecer material contrário às mulheres, não para oferecer informação a respeito do seu cliente. O verão de Bloom fora agitado. Ela havia começado a representar também Roy Price, o executivo da Amazon Studios, depois que fizeram uma alegação de assédio contra ele — ela poria fim à representação no outono, em meio a críticas. Quarenta minutos depois que desligamos, Bloom tuitou que tinha pedido demissão. Continuaria mandando e-mails para a diretoria da Weinstein Company, descrevendo seus planos para desacreditar as acusadoras, praticamente até o fim.[1]

Com o caos instalado na equipe de Weinstein, resolvemos voltar ao homem em si. Durante o fim de semana e na semana seguinte, eu entrei em contato com ele primeiro em ligações menos formais e depois em longas sessões nas quais Remnick, Foley-Mendelssohn e Bertoni se juntaram a mim, ao mesmo tempo que advogados e consultores de crise se juntaram a Weinstein. Ele tinha adicionado à sua equipe a empresa de relações públicas Sitrick and Company, que delegou a tarefa de trabalhar com Weinstein a uma ex-repórter do *Los Angeles Times*, uma mulher de temperamento calmo, chamada Sallie Hofmeister.

Trechos extensos das conversas com Weinstein foram colocados em off. Mas, entre as ligações, também havia diálogos para os quais nenhuma regra foi estabelecida, ou que Weinstein permitiu explicitamente divulgar. Às vezes, ele soava derrotado. Quase havia um charme infantil no breve "Oi, Ronan" com que ele me saudava no início de cada ligação. Mas, com mais frequência, havia arroubos do velho Harvey Weinstein, arrogante e irritado. "Permita-me *edificá-lo*", ele dizia. "Vou lhe dar *esclarecimentos*."

Weinstein sugeriu repetidas vezes que uma relação não era estupro se a mulher em questão voltasse a entrar em contato com ele mais tarde. Parecia lhe escapar o fato de que isso não condizia com a realidade da violência sexual, como com tanta frequência acontece nos limites inescapáveis do local de trabalho ou das relações de família — e que não condizia com a lei. Ele demonstrava ceticismo também em relação ao tema de retaliação que permeava as alegações das mulheres. "Não existe retaliação em Hollywood", dizia, classificando de "mito" o conceito de homens poderosos que intimidavam mulheres no ramo. E quando perguntei como tinha chegado àquela conclusão, ele respondeu que as pessoas podiam simplesmente ligar para um Ronan Farrow ou uma Jodi Kantor ou uma Kim Masters e a retaliação desapareceria. Fiquei maravilhado com esta lógica: ajudar a criar um problema, depois apontar a reação que ele havia gerado para alegar que o problema não existia.

Nas primeiras ligações, menos formais, pairava a sensação de que Weinstein continuava vivendo numa realidade paralela. Ele reconhecia que tivera má conduta, mas depois caracterizava suas ações mencionando uma ocasião em que escrevera um comentário ofensivo no anuário escolar de uma menina, ou que olhara do jeito errado para uma colega. Cada vez que eu o lembrava de que tínhamos múltiplas alegações de estupro na reportagem, ele parecia surpreso. Dizia que andava sobrecarregado e que não tinha se concentrado nas mensagens de checagem de fatos. E isso provavelmente lhe parecia suficiente.

Mais tarde, quando consultores entraram na briga, a resposta que acabamos incluindo na reportagem veio à tona: uma negação abrangente de "sexo não consensual" com pouco envolvimento com as alegações específicas. Isso parecia refletir a visão sincera de Weinstein: ele raramente sugeria que os eventos não tinham ocorrido; em vez disso, afirmava que as relações haviam sido consensuais e estavam sendo remodeladas anos depois com espírito oportunista.

Ele passava uma quantidade de tempo desmedida atacando o caráter das mulheres da reportagem. "Harvey, eu tenho uma pergunta", Remnick interrompeu a certa altura, com toda a sinceridade. "O que isto tem a ver com o seu comportamento?" Comparativamente, Weinstein não parecia muito preocupado em negar fatos específicos. Às vezes, simplesmente não lembrava. Certa ocasião, começou uma discussão detalhada de uma alegação que não tinha sido incluída na reportagem. Confundira um nome que havíamos mencionado com outro, bastante parecido, que estava em suas próprias lembranças.

Cada vez que eu aludia ao áudio da operação policial, Weinstein se eriçava, indignado pelo fato de uma cópia ter sobrevivido. "Você tem uma cópia de uma gravação que foi *destruída* pela procuradoria?", perguntou, incrédulo. "A gravação que foi *destruída*?" Posteriormente, porta-vozes do gabinete de Vance diriam que ele nunca tinha concordado em destruir provas. Mas Weinstein estava convencido que sim. Hofmeister depois telefonou e incluiu a questão numa declaração oficial. Weinstein, ela me contou, estava preocupado com a possibilidade de que um acordo feito por ele estivesse sendo rompido. "Havia um acordo entre a polícia e o nosso... ou com o procurador, não tenho certeza com quem era o acordo", ela disse. "Mas a gravação que a polícia tinha seria destruída pelo nosso escritório de advocacia."

Weinstein continuou a enfatizar aquilo que considerava ser um acordo com a NBC News. "A NBC está irritada", Weinstein disse em diversas ocasiões. Ele queria saber o que aconteceria com as imagens que eu tinha gravado para o canal. Disse que a emissora lhe prometera que tentaria me responsabilizar legalmente se eu algum dia usasse as gravações. Quando esses pontos surgiam nas ligações em grupo, Remnick escutava com paciência, então descartava os argumentos. "A NBC não está em discussão aqui", ele dizia. "Esse negócio com a NBC não passa de... você vai descobrir que não vai levar a lugar nenhum."

À medida que as ligações progrediam, o humor de Weinstein esquentava e explodia. "Emily tem um acordo de confidencialidade", ele disse em relação a Nestor. "Tome cuidado com ela. Nós gostamos dela." Assessores desolados interrompiam e logo começavam a falar por cima dele, com sucesso limitado. "Ela é um doce, uma querida", ele prosseguia. "Não merece isso." Houve ameaças à *New Yorker*, também: processo ou vazamento do nosso memorando de checagem de fatos, para furar a reportagem. "Cuidado", Weinstein dizia. "Cuidado, pessoal."

Uma vez, quando Hofmeister e os demais responsáveis se viram incapazes de deter Weinstein, pareceram desligar. "A ligação caiu", Remnick disse, após a desconexão abrupta.

"Não queriam que ele falasse aquilo", Foley-Mendelssohn disse.

"Isso que eu chamo de advogado bom", Bertoni completou, balançando a cabeça, descrente. "É pra isso que ele está pagando tão caro, pra desligarem o telefone, porra."

Quando restabelecemos a ligação minutos depois, Remnick perguntou, "Sallie? Algum advogado desligou o telefone?".

"Você está na linha?", Hofmeister respondeu.

"*Eu* estou, com certeza", Remnick disse.

Sempre que Weinstein oferecia detalhes, o rascunho da reportagem era alterado para incluí-los. E, no fim, mesmo com a raiva crescendo, Weinstein soava resignado. Várias vezes, admitiu que tínhamos sido justos — e que ele "merecia" boa parte daquilo.

No dia 11 de outubro, Foley-Mendelssohn distribuiu a última versão da reportagem à uma hora da manhã, e a revisão final começou às cinco. Quando o dia útil se iniciou, o restante da equipe tinha ido embora, enquanto Kim e McIntosh examinavam com atenção os últimos detalhes. Michael Luo, respeitado ex-profissional do *New York Times* que cuidava do site da *New Yorker*, supervisionou os detalhes finais da apresentação online. Quando cheguei, a redação da revista estava silenciosa e banhada pelo sol, como se fosse um prisma. Monica Racic, editora multimídia da revista, estava à sua mesa, preparando-se para pôr o conteúdo no ar, enquanto Foley-Mendelssohn e algumas outras pessoas começavam a se juntar, e eu me preparei para tirar uma foto. A ideia era documentar o momento num retrato sério, sem sorrisos, sem triunfalismo, mas, mesmo assim, Remnick nos interrompeu. "Não é o nosso estilo", ele disse, fez as pessoas debandarem e voltou ao trabalho.

Depois que a reportagem foi ao ar, fui até uma das janelas da redação e olhei para o rio Hudson. Havia uma sensação de torpor; Peggy Lee entoava, "*Is that all there is to a fire?*" [Um incêndio é só isso mesmo?]. Eu tinha esperança de que as mulheres sentissem que valera a pena; que elas foram capazes de proteger outras mulheres. Fiquei pensando no que ia ser de mim. Eu não tinha nenhum acordo com a *New Yorker* além da primeira reportagem e nenhum caminho a seguir na televisão. No vidro, eu enxergava os círculos escuros ao redor dos meus olhos e, lá fora, o mundo claro que se estendia para o horizonte cintilante. Um helicóptero de noticiário pairava acima do Hudson, observando.

Meu telefone apitou, apitou de novo. Corri até o computador mais próximo, abri um navegador. Na minha caixa de e-mail, no Twitter e no Facebook, o *ping*, *ping*, *ping* dos alertas soava. As mensagens chegavam uma após outra, acelerando-se numa sequência constante.

Em meio às mensagens que recebi, havia relatos de colegas jornalistas, entre eles Kantor e Twohey, que tinham se esforçado muito e durante muito tempo em suas próprias reportagens. Vários repórteres disseram que tiveram de enfrentar tentativas de intimidação. Uma pessoa que escrevia para uma revista e que havia dado o furo de uma reportagem importante sobre Weinstein me mostrou as mensagens e me fez ouvir os áudios, que iam se tornando mais e mais agressivos, até se transformarem em ameaças explícitas de agressão contra ele e sua família. O FBI tinha se envolvido. Ele publicou a reportagem mesmo assim.

Mas a maior parte das mensagens vinha de uma série interminável de desconhecidos, que diziam também ter histórias para contar. Algumas eram enviadas por mulheres, outras por homens. Algumas eram relatos arrasadores de violência sexual, e algumas se concentravam em outros tipos de crime ou corrupção. Todas sussurravam sobre abuso de poder e sobre os mecanismos — no governo, na mídia, na lei — usados para os acobertar.

Naquele primeiro dia, Melissa Lonner, a ex-produtora do *Today* que tinha se encontrado comigo quando ela trabalhava na Sirius XM, enviou uma mensagem que eu mal notei, "Existem mais Harveys no meio de vocês".

43.
Conspiração

"Acredito que vamos conseguir fechar o novo acordo", dizia a mensagem de texto que Noah Oppenheim me enviou naquele dia. Eu, que antes era um risco dentro do prédio, agora seria um risco se saísse. Menos de uma hora depois que a reportagem foi postada, ele me telefonou. "Fico feliz por ter dado certo", disse. "Que bom, que bom, que bom!" E prosseguiu, "Como você certamente é capaz de imaginar, a *Nightly*, a MS" — querendo dizer MSNBC —, "enfim, todo mundo está ligando e perguntando, 'Ei, como eu falo com o Ronan? Será que podemos marcar dele vir falar sobre a reportagem?'. Então, eu só queria saber o que você acha disso". Oppenheim disse que voltaria a me dar um cargo na NBC se eu participasse dos programas.

"A única razão por que eu hesitaria em aparecer na NBC é que eu não quero colocar ninguém lá, nem você, em situação delicada. Obviamente, Harvey criou a história por trás da história, e a reportagem da NBC foi uma grande parte do que ele jogou contra mim", eu disse a Oppenheim. "Se me perguntarem sobre a reportagem da NBC, quero estar numa posição em que não tenha que esconder nada."

Oppenheim e Kornblau tornaram difícil evitar a questão. Àquela altura, vários repórteres haviam me ligado, alegando que os dois executivos estavam deturpando a história daquela apuração em conversas de bastidor. Estressado, eu passara as ligações para Raabe, a chefe de comunicação da *New Yorker*, e para Jonathan. Enquanto Oppenheim e eu conversávamos, Jake Tapper, da CNN, tinha tuitado, "Falando em cumplicidade da mídia, pergunte a si mesmo por que o repórter da NBC Ronan Farrow escreveu essa matéria para a *New Yorker*".[2] Logo, Tapper estava no ar lendo uma citação. "Uma fonte da NBC declarou ao Daily Beast, abre aspas, 'Ele apresentou à NBC News as descobertas iniciais sobre Weinstein, mas sua apuração não atendeu aos padrões estabelecidos para que a reportagem prosseguisse. Não estava nem perto do que acabou sendo publicado. Na época, ele não tinha nenhuma acusadora disposta a dar declarações oficiais nem a se identificar. A reportagem publicada é radicalmente diferente daquilo que ele levou à NBC News'."[3] Então ele franziu o cenho e disse, "Para mim, isso parece uma verdadeira mentira".

Quando mencionei que não seria capaz de mentir se a questão viesse à tona no ar, Oppenheim deu uma risada nervosa. "Quer dizer, olhe, a menos que... a menos que você vá tipo... Quer dizer, não parece que você esteja disposto a fazer isso... a menos que você toque no assunto..."

"Não. Não", respondi. "Meu objetivo sincero aqui, Noah, como foi durante todo este processo, é fazer com que nada ofusque as histórias contadas por essas mulheres."

Oppenheim perguntou se eu daria uma passadinha rápida no 30 Rock para gravar um segmento para o *Nightly News*. Tive a sensação de que estava sendo chamado para desodorizar um problema de relações públicas. Mas as alegações das mulheres realmente mereciam divulgação nas plataformas da NBC. E a verdade é que eu queria meu emprego de volta. Disse a mim mesmo que evitar a história por trás da história não seria a mesma coisa que mentir a respeito dela.

Algumas horas depois, meu telefone apitou, "Ronan, aqui é Matt Lauer. Eu vou ser a 567ª pessoa a te dar parabéns por sua matéria maravilhosa!".

O acordo com Oppenheim foi como andar na corda bamba. Em outras emissoras, eu tinha de me esquivar às perguntas, redirecionando o assunto para as mulheres. Em programas da NBC, era identificado com títulos variados: colaborador ou correspondente, investigativo ou não, resíduos de uma ressurreição apressada. Quando cheguei naquela tarde para gravar o segmento para o *Nightly News*, colegas me abordaram, pálidos. Um produtor que costumava trabalhar com o noticiário policial, tremendo sob o efeito de uma emoção semelhante ao pesar, disse que teria adorado a chance de poder ajudar e que não conseguia entender o que acontecera. Uma correspondente mandou uma mensagem de texto, "Como sobrevivente de abuso sexual, sinto que trabalhamos para uma organização conspiratória semelhante ao Vaticano, disposta a acobertar crimes sexuais". Essas pessoas estavam entre os melhores jornalistas que eu conhecia, aqueles que me haviam feito sentir orgulho de ser associado à NBC News. Tinham compromisso firme com os ideais de verdade e transparência da emissora. "As pessoas que se importavam com o jornalismo no prédio ficaram muito abaladas com tudo isso", outro integrante da unidade investigativa me disse depois. "Demorou muito tempo para as feridas cicatrizarem aqui."

Aquilo era muito estranho: em vez de apresentar o pacote que McHugh e eu tínhamos trabalhado, eu estava sendo entrevistado por outro correspondente, designado para fazer a cobertura, como se fosse a notícia do dia. O segmento incluiu material que Harris e Weiner haviam eliminado do meu roteiro, inclusive a legião de funcionários afirmando que tinham presenciado comportamento inapropriado. "Novas acusações se espalham por Hollywood com o surgimento de uma gravação de um encontro entre Weinstein e uma de suas acusadoras durante uma cilada armada pela polícia", Lester Holt entoou no ar aquela noite. "Anne Thompson, da NBC, com a palavra." E isto também foi estranho, "o surgimento de uma gravação". Quem poderia saber onde estava antes? Não no escritório de Noah Oppenheim nos últimos cinco meses, certamente.

Várias horas depois, numa sala VIP em que no passado eu tinha recebido convidados para o meu programa, vi Rachel Maddow começar seu programa numa telinha no canto. Durante vinte minutos, ela narrou o histórico recente de relatos ostensivos de violência e assédio sexual, insistindo na incapacidade da mídia de assumir responsabilidade. Traçou uma linha de Cosby às alegações da Fox News e ao incêndio em torno da gravação do *Access Hollywood*. "Esta semana faz um ano que aquela gravação veio à tona", ela disse com precisão.

Quando falou de Weinstein, Maddow, assim como todos os outros, deu grande ênfase à gravação. Ela estava na frente de uma tela de fundo que dizia "Estou acostumado com isso", e indagou como aquilo ficara em segredo durante tanto tempo. "Essas alegações eram tão amplamente conhecidas e, parece, aceitas", disse. O público estava "se reconciliando com o fato de que uma conspiração de grandes empresas estava envolvida no acobertamento de tudo isso".

Eu me sentia exausto e em conflito. A promessa-isca de Oppenheim de voltar a me contratar tinha mesmo funcionado. Apesar de tudo, eu ainda aspirava a ser âncora e repórter na NBC News. E estava olhando além daquele momento de atenção, de aparições na TV e tuítes, imaginando o que realmente faria em seguida. Mas lá estava Maddow, com seu jeitinho meticuloso, preparando o terreno para a nossa conversa, e cutucando minha dúvida pelo fato de eu simplesmente estar naquele prédio.

No estúdio, Maddow estava com os cílios cobertos de rímel e usava um blazer preto. Ela se inclinou para mim, ao mesmo tempo simpática e ferina. "Obviamente, foi um longo trabalho para você", disse. "Estava trabalhando na NBC News quando começou a fazer essa reportagem. Acabou publicando com a *New Yorker*... se você puder falar sobre isso, eu adoraria escutar."[4] E quando me desviei para outros assuntos, ela me fitou com dureza e disse, "Ronan, eu tenho mais algumas perguntas para você a respeito deste assunto. Não era para você participar de dois segmentos, mas vou passar por cima de todo mundo". Depois de um intervalo comercial, ela retornou aos temas de cumplicidade e acobertamento, e à questão, "Por que você acabou fazendo essa reportagem para a *New Yorker* e não para a NBC News?".

Senti o olhar fixo de Maddow e as luzes fortes que vinham de cima. Apesar de todos os tiros de alerta que ela havia dado antes daquela pergunta, eu não tinha planejado uma resposta. "Olha, você vai ter que perguntar à NBC e aos executivos da NBC sobre os detalhes da situação", falei. "Vou dizer que, durante muitos anos, muitas empresas de notícias cercaram a história e enfrentaram muita pressão por isso. E agora há relatos vindo a público a respeito do tipo de pressão que as empresas de notícias enfrentam em relação a esse tema." Expliquei que tinha sido ameaçado pessoalmente de processo. Que o *New York Times* tinha sido ameaçado. Que eu não podia descrever ameaças que outros tivessem enfrentado, mas que sem dúvida tais pressões existiam.

"A NBC diz que, sabe como é, você não... que a reportagem não era digna de publicação, que não estava pronta para ir ao ar no momento em que você a apresentou", ela disse, referindo-se às sugestões de Oppenheim e Kornblau de que eu apresentei a ideia, voltei de mãos vazias e daí fui fazer a reportagem em outro lugar por vontade própria. Maddow apertou o indicador contra sua mesa de acrílico. Suas sobrancelhas se curvaram para cima e, na mesa, o reflexo delas se curvou para baixo: um Cirque du Soleil de ceticismo. "Mas, obviamente, estava pronta para o horário nobre quando você publicou na *New Yorker*."

Eu tinha sido claro com Oppenheim, evitaria a questão mas não mentiria. "Eu entrei pela porta da *New Yorker* com uma reportagem explosiva e publicável que deveria ter sido levada a público antes e, claro, a *New Yorker* imediatamente reconheceu isso", respondi. "Não é correto dizer que não estava pronta. Aliás, existiam várias indicações de que estava pronta, sim, na NBC."

Dava para sentir minha promessa de manter a paz se esvaindo e, com ela, meu futuro na emissora. Maddow me lançou um olhar solidário. "Eu conheço partes da história, em termos do que diz respeito à reportagem, não é das coisas mais fáceis de falar, e sei que você não quer fazer de si mesmo o centro da história", ela disse.

"Isso é importante", falei. "Essas mulheres se expuseram, fazendo alegações incrivelmente corajosas. Dilaceraram suas entranhas e voltaram a se traumatizar porque acreditavam poder proteger outras mulheres que desejassem vir a público. Então, isto não deve ser sobre mim, nem sobre o trabalho maravilhoso e importante que Jodi Kantor fez... em última instância, estamos a serviço das mulheres que estão fazendo algo realmente difícil, e eu espero que as pessoas escutem a voz delas e se concentrem nisso."

Saí do estúdio e caí no choro.

44.
Carregador

No minuto em que saiu do ar, Maddow recebeu uma ligação. Andou de um lado para outro no estúdio, o telefone pressionado contra a orelha, a voz de Griffin tão alta que era possível ouvi-la mesmo à distância. Logo depois, Oppenheim me ligou. "Então, eu sou um ex-colaborador da NBC... ou seja lá o que você inventou?", brinquei.

"Não posso responder pelo comportamento de Rachel Maddow. *E, acredite...*", Oppenheim começou a dizer. "Olhe, as coisas são como são. Eis o que eu diria. Infelizmente, é óbvio que isso provocou um incêndio gigantesco."

Oppenheim parecia nervoso. Contou que estavam lhe dizendo que fizesse um pronunciamento para afirmar, da forma mais enfática possível, oficialmente, que a NBC nunca teve a reportagem pronta. Ele queria que eu confirmasse.

Muito rápido, voltamos às discussões circulares que tivéramos no escritório dele: mas se antes Oppenheim defendera os motivos por que a reportagem não deveria ser veiculada, agora argumentava, com efeito, que, para começo de conversa, jamais havia feito aquela defesa.

Quando lhe perguntei se tinha conversado com Weinstein, ele respondeu, "Nunca conversei!".

"Noah, quando você me mostrou aquele artigo sobre o trabalho de Harvey com Woody Allen, você falou, 'Harvey diz'", lembrei a ele. E nisso ele soltou um grunhido, mudou de postura e começou a choramingar, "Harvey Weinstein me ligou *uma vez*!".

A ligação se estendeu por horas. Mark Kornblau entrou na linha para me pressionar a assinar uma declaração kafkiana em que eu me comprometia a reconhecer que a reportagem fora aprovada por revisão legal e de padronização, mas dizendo que apesar disso não atendia aos "nossos padrões". Fiquei com dor de cabeça. Acontece que Kornblau tinha histórico de desmontar declarações relativas a escândalos. Em 2007, como porta-voz do então candidato presidencial John Edwards, ele passara meses desmentindo relatos de que Edwards tinha uma criança com Rielle Hunter, uma cinegrafista que trabalhara na campanha. Kornblau pediu a Edwards que assinasse uma declaração juramentada negando a paternidade. Mas Edwards se negou a fazê-lo. Nesse momento, segundo Hunter escreveria depois, "Mark soube a verdade".[5] Mas Mark Kornblau — que permaneceu na campanha até o fim, no mês seguinte — continuou a comandar as negações públicas da denúncia, evidentemente acreditando na inconsistente história de acobertamento relatada por Edwards. Mais tarde, quando Edwards foi julgado por desrespeito à lei de financiamento de campanha no processo de acobertar o caso, procuradores acusaram Kornblau de esconder o incidente em entrevistas de preparação para o julgamento. Kornblau disse que os procuradores simplesmente não fizeram as perguntas certas.[6] Edwards posteriormente foi inocentado de uma acusação criminal, e o julgamento das demais acusações foi anulado.

Na época, eu não sabia nada disso. Ainda queria salvar o meu futuro com os executivos. Disse a eles que não poderia sustentar uma declaração falsa. Mas prometi que evitaria responder a outras perguntas como as de Maddow.

A certa altura, a bateria do meu telefone acabou, interrompendo Oppenheim no meio de um grito. Eu ainda estava na sala VIP da MSNBC. Peguei um carregador emprestado e liguei na tomada. Enquanto eu esperava, uma personalidade de destaque que aparecia na TV e que ainda não tinha ido embora da redação sentou a meu lado e fez uma observação casual:

"Noah é um doente da porra, e Andy é um doente da porra, e os dois precisam cair fora."

"Quer dizer que fizeram outras coisas além disso?", perguntei.

"Tem três coisas que eu sei pessoalmente."

"A gravação do *Access*", eu disse. "Isso..."

"E algo mais. Envolvendo pessoas que trabalham aqui."

Meus olhos se arregalaram. Mas o telefone tinha voltado à vida, e Oppenheim estava ligando de novo.

Sob as luzes do estúdio 1A, Matt Lauer me olhou como se eu fosse uma banana de dinamite acesa e apresentou a mais nova reformulação da questão,[7] "Você esteve trabalhando nesta reportagem por muito tempo, tanto para a NBC News como para a *New Yorker*. Eu sei que foi um processo longo e difícil conseguir que essas atrizes se identificassem e fizessem suas alegações em on". Mas não houvera nenhuma colaboração utópica, como ele parecera sugerir quando disse "tanto para a NBC News como para a *New Yorker*". E já nos primeiros dias de filmagem tínhamos uma mulher falando em on. No segmento que gravei com Lauer, dá para ver minhas sobrancelhas se erguendo. Lauer parecia estranho no estúdio aquele dia, inquieto. Quando falei sobre a complexidade da má conduta sexual e retaliação no local de trabalho, ele se ajeitou na cadeira, então logo leu a declaração de Hofmeister a respeito de Weinstein. Enquanto ele se movia, um brilho de luz deslizava por seu terno azul-marinho impecável, feito sob medida.

Algumas horas depois, Oppenheim reuniu os produtores e os repórteres da unidade investigativa para "limpar a atmosfera" e desfazer "ideias errôneas". Quando Oppenheim reiterou a alegação de que a emissora simplesmente nunca considerou a reportagem pronta, McHugh ergueu a voz. "Com licença, Noah", ele disse. "Mas tenho que discordar." Oppenheim pareceu sobressaltado. A reunião se tornou belicosa, os jornalistas faziam uma pergunta atrás da outra. Por que a emissora não tinha simplesmente posto o áudio no ar? Se Oppenheim queria mais apuração, por que McHugh e eu não tivéramos permissão de ir atrás? Nenhuma das respostas parecia ser satisfatória. "Não entendo em que circunstâncias uma empresa jornalística poderia — quero dizer, mesmo que não acreditassem que a história estivesse pronta naquele momento —, enfim, não imagino uma justificativa para não dizerem, 'Vamos dar mais recursos a vocês, vamos dobrar os esforços'", disse um jornalista veterano presente naquele dia. "Isso não passou nem no teste da risada para mim. E não acho que tenha passado para o resto do grupo."

Na manhã seguinte, McHugh recebeu uma ligação do celular do assistente de Oppenheim. "Noah gostaria de falar com você." Oppenheim disse que queria tratar das preocupações que McHugh tinha expressado diante do *grupo todo* — como ele disse, com um quê de desgosto. "Os advogados de Harvey Weinstein passaram os sete meses ligando para nós, e eu nunca disse para ninguém, 'Não faça isso'", Oppenheim falou.

"Eu recebi ordem de parar com a reportagem", McHugh respondeu. "Ronan e eu sentimos que, pelo rumo que as coisas estavam tomando, a NBC não iria levar a reportagem ao ar."

"Fui eu que *lancei a porra da reportagem*!", Oppenheim disse, perdendo a calma, ficando irritado. E prosseguiu, "Agora estou sendo acusado amplamente de ser, de algum modo, cúmplice no acobertamento de um estuprador. *Certo!* Como a única pessoa aqui que deu trabalho a Ronan depois que a MSNBC cancelou o programa dele, como a pessoa que teve a ideia para a reportagem...".

"Não estou te acusando", McHugh disse, com toda a calma.

Mas Oppenheim agora estava ofendido. O fato de David Remnick ter respondido com tranquilidade as perguntas que Oppenheim agora enfrentava parecia especialmente exasperante. ("No momento em que ele entrou pela porta aqui, você decidiu que publicaria a história?", um repórter da CBS perguntara a Remnick. "Com toda a certeza, caramba", ele respondera.)[8] "David Remnick acabou com a reportagem de Ken Auletta!", Oppenheim berrou para McHugh. "Ele simplesmente não fez nada nos últimos dezesseis anos até Ronan bater na porta dele. É um pouco difícil engolir tanta pretensão de alguém assim, que acabou com o próprio furo, não fez nada durante anos e anos, e agora está dizendo, '*Eu simplesmente sou um grande herói porque deixei Ronan continuar fazendo a reportagem*'." Mas Remnick *tinha* me deixado continuar fazendo a reportagem. E Oppenheim não tinha. A reunião foi uma "loucura", McHugh refletiria mais tarde. Parecia claro para ele que Oppenheim queria alguém lá de dentro que defendesse o desmonte da matéria. Ele pesou o que estava em jogo. O que ele estava ouvindo eram os xingamentos do chefe de seu chefe. McHugh não tinha a plataforma nem o perfil que eu tinha. O poder que a emissora tinha de, na surdina, acabar com a capacidade dele de ganhar a vida era maior, e a probabilidade de alguém se incomodar com isso, menor. McHugh tinha quatro filhas com que se preocupar, e o contrato dele ia terminar logo.

Ele saiu da reunião perfeitamente ciente de que seu futuro estava em jogo, e imaginando quanto tempo seria capaz de resistir às demandas vindas do alto.

A reportagem causou uma onda de destruição, e os executivos da NBC não foram os únicos a ser apanhados por ela. Hillary Clinton não havia dito nada ao longo do fim de semana entre a reportagem do *Times* e a da *New Yorker*, recusando pedidos de comentários de repórteres enquanto outros políticos divulgavam declarações moralizantes. Tina Brown, que editara a revista *Talk* para Weinstein, começou a dizer à imprensa que tinha avisado integrantes da equipe de Clinton sobre a reputação de Weinstein durante a campanha de 2008.[9] A escritora e atriz Lena Dunham revelou que, na campanha de 2016, dissera ao pessoal de Clinton que depender de Weinstein como arrecadador de fundos e organizador de campanha era um risco. "Só queria que vocês soubessem que Harvey é um estuprador e que isso vai vir à tona algum dia", ela lembrava de ter dito a uma pessoa da comunicação, uma das várias a quem alertou.[10]

Passados cinco dias, Clinton divulgou um comunicado dizendo estar "chocada e estarrecida".[11] Eu voltei a entrar em contato com Nick Merrill, o representante dela que tinha expressado ansiedade em relação à minha reportagem, e disse a ele que meu livro sobre política externa estava para sair, com entrevistas com todos os outros secretários de Estado vivos e minha tentativa mais sincera de explicar por que Clinton havia retirado seu depoimento. No fim das contas, uma entrevista com ela por telefone foi agendada às pressas.

Woody Allen, que havia expressado sua solidariedade a Weinstein por telefone no mês anterior, mais uma vez expressou seu apoio, em público. "Ninguém jamais me procurou ou me contou histórias de terror com nenhuma seriedade real", ele disse. "E não fariam isso, porque isso não interessa. Você está interessado em fazer o seu filme." E, depois, "A coisa toda em relação a Harvey Weinstein é muito triste para todos os envolvidos. Trágica para as coitadas das mulheres que se envolveram, triste para Harvey pelo fato da vida [dele] ser tão confusa". Posteriormente, em resposta a críticas sobre os comentários, ele falou que tivera a intenção de dizer que Weinstein era "um homem triste e doente". De todo modo, enfatizou que o importante era "evitar 'uma atmosfera de caça às bruxas' em que 'qualquer sujeito num escritório que pisca para uma mulher, de repente precisa chamar um advogado para se defender'".[12]

Streep, que ficara tão surpresa ao saber das alegações quando falei com ela, disse a mesma coisa outra vez. Estava tendo de lutar contra críticas, em grande parte, injustas. Um artista militante de direita espalhou por Los Angeles uma imagem de Streep e Weinstein bem juntinhos, com uma tarja de tinta vermelha sobre os olhos de Streep e as palavras, "Ela sabia".[13]

Streep divulgou um comunicado por meio de sua assessoria de imprensa. (Como Hollywood valoriza a economia de personagens, sua representante era Leslee Dart, a mesma assessora de imprensa de Woody Allen que supervisionara suas tentativas periódicas de desacreditar minha irmã.) "Uma coisa pode ser esclarecida. Nem todo mundo sabia", dizia a declaração de Streep. "E se todo mundo sabia, não acredito que todos os repórteres investigativos na mídia de entretenimento e no noticiário teriam deixado por décadas de escrever sobre isso."[14] Eu acreditava que Streep não soubesse. Mas o otimismo dela estava fora da ordem: a mídia tentara, mas também sabia, e deixara de escrever, na mesma medida.

45. Camisola

As mulheres que participaram da reportagem também estavam reagindo. Algumas sofreram, outras ficaram em êxtase. Todas disseram sentir como se houvessem tirado um peso das costas delas. McGowan, depois de seus meses de altos e baixos, me agradeceu. "Você chegou com uma gloriosa espada em chamas. Parabéns, foi foda", ela escreveu. "Você prestou um enorme serviço a nós todas. E foi CORAJOSO." McGowan disse que já não se importava com os ataques cada vez mais violentos de Weinstein nem com suas próprias despesas legais, que só cresciam. "Sei que você está bravo comigo e que eu deveria ter sido mais durona", explicou. "Por baixo do pano, Harder e Bloom estavam me deixando apavorada."

Aquele período tinha sido muito solitário para McGowan. Ela deixara poucas pessoas se envolverem, à exceção da nova amiga "Diana Filip" — "Anna", no encontro recente com Weinstein. No dia em que minha reportagem saiu, ela se comunicou com McGowan:

> Oi, querida,
>
> Andei pensando muito em você nos últimos dias. Que louco, tudo que está acontecendo!
>
> Como você está? Deve ser um alívio e um monte de estresse ao mesmo tempo. Você deve estar recebendo muitas mensagens, espero que todas sejam de apoio.
>
> Mas, bom, eu só queria dizer como te acho corajosa. Tenho tanto orgulho de você.

Vou mandar um e-mail em breve para te pôr em contato com Paul, assim vocês dois podem agendar um encontro para dar prosseguimento e conversar sobre o negócio.

Bjs[15]

Àquela altura, várias fontes tinham descrito contatos de indivíduos que consideravam suspeitos. Zelda Perkins, a assistente envolvida nos acordos de Londres, enfim começou a me responder, primeiro para afirmar que estava legalmente impedida de falar sobre o período que passou com Weinstein, e depois, com o tempo, para contar toda a história dos acordos de Londres. Ela disse que também havia recebido perguntas que não pareciam muito normais para uma reportagem, de um jornalista do *Guardian* chamado Seth Freedman.

Annabella Sciorra também mandou notícias no dia em que a reportagem saiu. "Você fez um trabalho incrível não apenas ao expô-lo, mas também ao transmitir a dor por que todas aquelas mulheres passaram e continuam a passar", escreveu. Quando liguei para ela, começou a explicar que era uma das mulheres que continuavam sofrendo. Durante a nossa primeira conversa telefônica, ela ficara olhando pela janela do apartamento, para o rio East, e sentira grande dificuldade em contar a história. "Eu fiquei tipo, 'Este é o momento pelo qual você passou a vida inteira esperando...'" Então o pânico havia se instalado. "Eu estava tremendo", lembrou. "E só queria desligar o telefone."[16]

A verdade, ela disse, era que fazia mais de vinte anos que lutava para falar sobre Weinstein. Vivia aterrorizada por ele; ainda dormia com um taco de beisebol ao lado da cama. Weinstein, disse, a estuprara violentamente e, ao longo dos anos seguintes, a assediara repetidas vezes.

Sciorra contou que, no início da década de 1990, depois de estrelar *A noite que nunca nos encontramos*, filme produzido por Weinstein, mergulhara "naquele círculo da Miramax". Havia tantas exibições de filmes e eventos e jantares que era difícil imaginar a vida fora do ecossistema de Weinstein. Num jantar, em Nova York, ela lembrou, "Harvey estava presente, e eu me levantei para ir embora. E Harvey disse, 'Ah, eu deixo você em casa'. Harvey já tinha me deixado em casa antes, então eu não esperava nada fora do comum... achava que ele só ia me levar para casa". No carro, Weinstein se despediu de Sciorra, e ela subiu para o apartamento. Estava sozinha, preparando-se para ir para a cama alguns minutos depois, quando ouviu baterem à porta. "Não era assim tão tarde", disse. "Tipo, não era o meio da madrugada, então eu abri uma fresta para ver quem era. E ele empurrou a porta." Sciorra fez uma pausa. Contar a história parecia quase impossível fisicamente para ela. Weinstein "entrou como se o apartamento fosse dele, como se ele fosse o dono do lugar, e começou a desabotoar a camisa. Então ficou muito claro como ele achava que aquilo iria acabar. E eu estava de camisola. Não estava vestindo muita roupa". Ele percorreu o apartamento inteiro; para Sciorra, parecia que estava conferindo se havia mais alguém lá.

Sciorra disse que escutar a gravação de Gutierrez da operação policial "realmente me deixou abalada". Ela lembrou de Weinstein usando a mesma tática ao encurralá-la, fazendo-a recuar para o quarto. "Vem cá, vamos, pare com isso, o que você está fazendo?, vem cá", lembrava de ele ter dito. Tentou ser assertiva. "Isto não vai acontecer", disse a ele. "Você precisa ir embora. Você tem que sair daqui. Saia do meu apartamento."

"Ele me empurrou para a cama e subiu em cima de mim." Sciorra se debateu. "Eu esperneei e berrei", ela disse, mas Weinstein prendeu os braços dela por cima da cabeça e forçou o ato sexual. "Depois de fazer o que queria, ele ejaculou na minha perna e na minha camisola." Era uma relíquia de família, herdada de parentes na Itália e bordada em algodão branco. "Ele disse, 'Eu tenho noção de tempo impecável', e então falou, 'Isto é pra você'." Sciorra se interrompeu, engasgada e sem ar. "E então ele tentou fazer sexo oral em mim. E eu me debati, mas tinha me sobrado muito pouca força." Sciorra disse que seu corpo começou a tremer violentamente. "Acho que, de certa maneira, foi isso que o fez ir embora, porque parecia que eu estava tendo uma convulsão ou algo do tipo."

O relato dessas histórias que acabou sendo publicado na *New Yorker* foi preciso, escrito em linguagem jurídica. Não houve tentativa de transmitir a feiura verdadeira e crua de escutar uma recordação de estupro violento, como a de Sciorra. A voz dela ficou embargada. A lembrança vinha à tona em soluços dilacerados. Se você ouvisse uma vez Annabella Sciorra lutar para contar sua história, isso ficaria dentro de você para sempre.

Nas semanas e meses que se seguiram ao suposto ataque, Sciorra não contou a ninguém sobre o ocorrido. Nunca falou com a polícia. "Como a maior parte dessas mulheres, eu fiquei com tanta vergonha do que aconteceu", ela disse. "E eu lutei. Lutei. Mas, mesmo assim, ficava pensando, Por que eu abri aquela porta? Quem abre a porta àquela hora da noite? Aquilo me deixava absolutamente envergonhada. Eu me sentia nojenta. Achava que tinha ferrado com tudo." Ficou deprimida e perdeu peso. Seu pai, sem nada saber do estupro mas preocupado com seu bem-estar, implorou que buscasse ajuda, e ela chegou a consultar um terapeuta, mas, disse, "Eu nem acho que contei para o terapeuta. É ridículo".

Sciorra, assim como tantas outras, desconfiou que Weinstein a houvesse retaliado. Ela disse que sentiu o impacto em seu ganha-pão quase imediatamente. "Depois de 1992, só voltei a trabalhar em 1995", disse. "Eu só ficava ouvindo críticas como 'ouvimos dizer que você é difícil; ouvimos dizer isso ou aquilo'. Acho que era a máquina de Harvey." A atriz Rosie Perez, uma amiga que esteve entre as primeiras a conversar sobre as alegações de Sciorra com ela, me disse, "Ela estava se dando superbem, daí começou a agir de um jeito estranho e se tornou reclusa. Não fazia sentido. Como é que essa mulher, tão talentosa, e que estava se dando tão bem, fazendo um sucesso atrás do outro, de repente some do mapa? É muito doloroso para mim, enquanto colega de profissão, ver que a carreira dela não floresceu do jeito que deveria".

Vários anos depois, Sciorra de fato começou a trabalhar novamente, e Weinstein novamente foi atrás dela com investidas sexuais indesejadas. Em 1995, ela estava em Londres filmando *Caçada na noite*, que Weinstein não produziu. De acordo com Sciorra, Weinstein começou a lhe deixar mensagens, exigindo que ela ligasse ou que se encontrassem no hotel dele. Ela não sabia como ele a encontrara. Certa noite, me disse Sciorra, Weinstein apareceu no quarto dela e se pôs a bater com força na porta. "Durante noites depois disso, eu não conseguia dormir. Empilhei móveis na frente da porta, como nos filmes."

Passados dois anos, Sciorra participou do drama policial *Cop Land: A cidade dos tiras* como Liz Randone, a mulher de um policial corrupto. Ela disse que fez a audição para o papel sem se dar conta a princípio de que era um filme da Miramax, e que só ficou sabendo que a empresa de Weinstein estava envolvida quando começou a negociar o contrato. Em maio de 1997, pouco antes do lançamento do filme, Sciorra foi ao Festival de Cannes. Quando fez o check-in no Hôtel du Cap-Eden-Roc, em Antibes, um funcionário da Miramax lhe disse que o quarto de Weinstein seria ao lado do dela. "Meu coração simplesmente parou", lembrou Sciorra. Certa manhã, cedo, quando ainda estava dormindo, ouviu baterem à porta. Sonolenta e achando que devia ter esquecido de um horário em que faria cabelo e maquiagem, abriu. "Lá estava Harvey de cueca, segurando um frasco de óleo de bebê numa das mãos e uma fita, um filme, na outra", ela lembrou. "E foi aterrorizante, porque eu já tinha vivido aquilo." Sciorra disse que fugiu correndo de Weinstein. "Ele estava se aproximando muito rápido, e eu apertei todos os botões para chamar o serviço de camareira e de quarto. Fiquei apertando os botões até alguém aparecer." Weinstein recuou, ela disse, quando um funcionário do hotel chegou.

Com o tempo, Sciorra se abriu para um número pequeno de pessoas. Perez disse que soube por um conhecido do comportamento de Weinstein no hotel em Londres, e perguntou a Sciorra o que tinha acontecido. Sciorra contou a Perez sobre o ataque no apartamento dela, e Perez, que sofrera violência sexual por parte de um parente quando criança, começou a chorar. "Eu disse, 'Ah, Annabella, você tem que ir à polícia'. Ela respondeu, 'Não posso ir à polícia. Ele está destruindo a minha carreira'."

Perez implorou a Sciorra que falasse, descrevendo em público, como ela própria fizera anos antes, quando falou da violência que sofrera. "Eu disse a ela, 'Passei anos me debatendo na água. É exaustivo, porra, e talvez abrir a boca seja o seu bote salva-vidas. Agarre-se nele e sai dessa'", Perez lembrou. "Eu disse, 'Querida, a água nunca vai embora. Mas depois que eu tornei o assunto público, ela se transformou numa poça e eu construí uma ponte sobre ela, e um dia você também vai chegar lá'."

Quando Sciorra resolveu ir a público, eu disse a Remnick que tinha mais informações. Ele designou David Rohde, um repórter veterano de guerra da Reuters e do *Times*, como editor adicional. Rohde, que já fora sequestrado pelo Talebã, tinha um rosto angelical que parecia incapaz de formar expressões de malícia ou trapaça.

Naquele mês de outubro, ele e Foley-Mendelssohn supervisionaram o que se transformaria numa reportagem sobre a luta complexa que cada mulher enfrentara em relação à decisão de falar. Incluímos o relato de Sciorra e o da atriz Daryl Hannah, que me contou que Weinstein também a assediara sexualmente. Hannah disse que, durante o Festival de Cannes no início dos anos 2000, Weinstein tinha socado sem parar a porta do quarto de hotel dela, até ela se esgueirar para fora por uma porta externa e passar a noite no quarto de seu maquiador. Na noite seguinte, ele tentou mais uma vez, e ela teve que empilhar móveis na porta do quarto para manter Weinstein do lado de fora. Vários anos mais tarde, quando estava em Roma para a estreia de *Kill Bill: Volume 2*, que a Miramax distribuiu, ele simplesmente apareceu no quarto dela. "Ele tinha a chave", Hannah me contou. "Atravessou a sala e entrou no quarto. Simplesmente irrompeu feito um touro furioso. E eu sei, com cada fibra do meu ser, que se o meu maquiador não estivesse naquele quarto, as coisas não teriam acabado bem. Foi assustador." Weinstein, numa tentativa de disfarçar a intrusão bizarra, exigiu que ela descesse para uma festa. Mas quando ela chegou lá, o lugar estava vazio; era apenas Weinstein, perguntando, "Seus seios são de verdade?", e pedindo para pegar neles. "Eu disse, 'Não, não pode!'. E então ele disse, 'Então pelo menos me mostra'. E eu disse, 'Vai se foder, Harvey'." Na manhã seguinte, o avião particular da Miramax partiu sem Hannah a bordo.

Tanto Sciorra como Hannah falaram sobre as forças que mantinham as mulheres em silêncio. Hannah disse ter contado tudo para qualquer um que estivesse disposto a ouvir, desde o início. "E não fez diferença", ela me disse. "Acho que não importa se você é uma atriz conhecida, não importa se você tem vinte anos ou quarenta, não importa se registra queixa ou não, porque ninguém acredita em nós. Mais que sermos desacreditadas... nós somos repreendidas e criticadas e levamos a culpa."

Sciorra, por outro lado, teve medo de falar por todas as razões que com tanta frequência as sobreviventes de estupro têm: a força psicológica esmagadora do trauma, o medo de retaliação e do estigma. "Agora, quando eu for a um restaurante ou a um evento, as pessoas vão saber que isso aconteceu comigo", Sciorra disse. "Vão olhar para mim e vão saber. Sou uma pessoa que preza muito sua privacidade, e não existe no mundo um atentado maior à privacidade do que esse."

Mas existia algo mais isolado e mais específico por trás do silêncio dela. O controle preciso e absoluto que Weinstein exercia sobre a mídia tornava difícil saber em quem confiar. “Agora já faz muito tempo que eu sei o quão poderoso Harvey se tornou, e como ele controlava muitos jornalistas e colunistas de fofoca”, ela disse.

E embora ela não pudesse provar, tinha certeza de que Weinstein a estava espionando, seguindo seus passos, enviando intermediários com motivos ocultos. Ela admitiu que parecia loucura. “Eu fiquei com medo de você, porque achei que era Harvey me perseguindo”, disse. “Ao conversar com você, fiquei com medo que não fosse realmente você.” Quando perguntei se alguém suspeito *entrara* em contato, ela se esforçou para lembrar. Houve uma ligação, disse, de um repórter britânico que a deixara incomodada. “Pareceu que era o maior papo-furado”, ela me contou. “E me assustou a possibilidade de Harvey estar fazendo um teste para ver se eu falava.” Ela procurou em suas mensagens de texto. Lá estava ele, em agosto, pouco depois de ter entrado em contato comigo, “Olá, srta. Sciorra aqui é Seth, o jornalista em Londres... Será que tem tempo para um telefonema bem rápido para ajudar com o meu texto? Não mais que dez minutos, e seria mesmo muito útil para a nossa pesquisa...”.

46.
Pretexto

Seth Freedman tinha uma aparência pitoresca.[17] Era um homem baixinho, com olhos selvagens, barba espessa e cabelo que parecia perpetuamente desgrenhado. Fora corretor da bolsa de Londres, depois se mudou para Israel e serviu numa unidade de combate nas Forças de Defesa de Israel (FDI) durante quinze meses nos anos 2000. Mais tarde, ele se tornou delator, utilizando as páginas do *Guardian* para revelar a manipulação de preços de gasolina no atacado por parte de sua empresa financeira, o que levou à sua demissão. Seus textos tinham um tom jocoso e tortuoso, temperados com francas referências ao uso contumaz de drogas. Em 2013, escrevera um romance intitulado *Dead Cat Bounce* [Retorno do gato morto], sobre um judeu que trabalhava com finanças, usava cocaína e morava em Londres, que foge para se juntar às FDI e acaba metido num mundo de espionagem e crime, tudo sob o disfarce de repórter do *Guardian*.[18] Freedman escrevia como um gângster falando num filme de Guy Ritchie, "O mojito perfeito é uma carreira de coca. Percebe o que eu estou dizendo? Rum, limão, açúcar, hortelã... sim, sim, sim, mas acredite, é o pó do pobre. A neve do medroso. A branquinha do certinho".

No fim de outubro de 2017, depois da conversa com Sciorra, retornei a ligação de Freedman, dizendo que queria conversar. Disse a ele que tinha urgência. Uma enxurrada de mensagens de WhatsApp foi a resposta. "Parabéns imensos pela sua reportagem", ele disse. "Tenho acompanhado de perto." Disse que estava trabalhando com um jornal inglês para publicar algumas das histórias. Mais tarde explicaria como tinha passado gravações que fizera de suas conversas com McGowan e com outra acusadora de Weinstein à edição de domingo do *Guardian*, o *Observer*, e como o jornal havia publicado artigos com base nas entrevistas. Os artigos não faziam menção a Freedman, e eram vagos em relação a quem conduziu as entrevistas e por quê.[19]

Freedman declarou ter compartilhado as gravações movido por um desejo sincero de mostrar a verdade. E ofereceu ajuda com a minha reportagem também. Logo mandou uma captura de tela de um documento intitulado "Lista de alvos". Era parte de uma lista com quase cem nomes: ex-funcionários de Weinstein, jornalistas adversos e, mais importante, mulheres que haviam feito alegações. Rose McGowan. Zelda Perkins. Annabella Sciorra. Muitas das fontes da minha reportagem estavam ali, inclusive várias que expressaram desconfiança e receio de estar sendo observadas ou seguidas. Alvos prioritários estavam em vermelho. Era a mesma lista que Lubell e Doyle Chambers tinham ajudado a montar. Em alguns casos, havia anotações com as atualizações sobre conversas com indivíduos que estavam na lista.

Algumas horas depois que começamos a trocar mensagens, eu estava no telefone com Freedman. A princípio, ele repetiu a história de ter apenas interesse jornalístico na questão. "Recebi a dica mais ou menos em novembro do ano passado de que algo ia acontecer e que tinha gente trabalhando numa reportagem sobre Harvey Weinstein", disse. "Na época, eu só queria escrever um artigo sobre Hollywood, sobre como era a vida lá."

Mas, no decorrer da conversa, surgiram mais detalhes específicos a respeito das "pessoas" que estavam "examinando" as acusadoras de Weinstein. Primeiro, ele se referiu a esse grupo sombrio como "eles". "Eu meio que já tinha conhecimento deles, mas num contexto extremamente diferente", disse. Então passou a ser "nós". "Inicialmente, achamos que isto era... um tipo normal de disputa empresarial que se tem com Oligarca 1 contra Oligarca 2, o equivalente em Hollywood", disse. Os primeiros dossiês que ele recebeu examinavam a fundo os rivais de negócios de Weinstein, incluindo membros da diretoria da amfAR. Mas a atenção se voltou para McGowan, e Perkins, e Dix, ele disse, e assim começou a se sentir pouco à vontade com seu envolvimento. "Acontece que na verdade tinha a ver com violência sexual. Nós recuamos e dissemos que não ia ter como nos envolvermos nisso. Como faríamos para nos desvencilhar? Porque ele tinha nos contratado."

Tentei entender quem estava trabalhando com Seth Freedman em nome de Weinstein. "Estamos falando de detetives particulares que trabalham com ele ou de outros jornalistas?", perguntei.

"É, os primeiros, é", ele respondeu com cautela. "Eu fiz parte do exército israelense", prosseguiu. "Conheço muita gente envolvida com a inteligência israelense. Isso deve bastar para te dar uma pista sobre quem eles são, sem que eu te diga quem eles são."

Tentei mais uma vez. "Você pode dar o nome de qualquer um dos indivíduos nesse grupo ou o nome do grupo?"

Finalmente, ele disse, "O nome é Black Cube".

Para você ou para mim, o termo "detetive particular" pode evocar imagens de ex-policiais que se embriagam em escritórios decadentes. Mas, para corporações e indivíduos cheios de dinheiro, a profissão há muito tempo oferece serviços que têm uma aparência bastante diferente. Na década de 1970, um ex-procurador chamado Jules Kroll fundou a empresa de mesmo nome, servindo a escritórios de advocacia e bancos, com funcionários que eram ex-policiais, ex-agentes do FBI e contadores forenses. A fórmula floresceu, bem como uma geração de imitadores. Nos anos 2000, Israel se tornou um viveiro de empresas desse tipo. O serviço militar obrigatório no país, assim como o legendário nível de eficácia e sigilo de seu serviço de inteligência, o Mossad, criou uma fonte inesgotável de agentes bem treinados.[20] As empresas israelenses começaram a dar ênfase a formas menos convencionais de espionagem corporativa, incluindo "pretexto": usar investigadores com identidade falsa.

A Black Cube aperfeiçoou a fórmula. Foi fundada em 2010 por Dan Zorella e pelo dr. Avi Yanus, que estavam incluídos nos e-mails com os advogados de Weinstein. Zorella e Yanus eram ambos veteranos de uma unidade de inteligência secreta israelense.[21] Desde o início, a Black Cube tinha conexões próximas com as lideranças militares e de inteligência de Israel. Meir Dagan, o lendário ex-diretor do Mossad, fez parte do conselho consultivo da empresa até morrer, em 2016. Dagan certa vez ofereceu os serviços da Black Cube a um magnata dizendo, "Posso arrumar um Mossad particular para você".[22]

O contingente da Black Cube cresceu até incluir mais de cem agentes que falavam trinta línguas.[23] Abriu escritórios em Londres e Paris, e acabou transferindo sua sede para um espaço enorme numa torre reluzente no centro de Tel Aviv, atrás de uma porta preta como breu e sem identificação. Do lado de dentro, havia mais portas sem identificação, muitas delas trancadas com equipamentos de leitura de digitais. Na área de recepção da empresa, praticamente tudo se encaixava no tema do cubo preto, desde a mobília refinada até as obras de arte nas paredes. Em outras salas, agentes levavam o pretexto a novos limites. Uma única mesa de trabalho podia ter nichos contendo vinte celulares distintos, cada um atrelado a um número diferente e uma identidade fictícia. Todos eram submetidos a exames de rotina em polígrafos para ter certeza de que não estavam vazando informações para a imprensa. Até os faxineiros eram testados.

O limite entre a Black Cube e o aparelho de inteligência israelense oficial podia ser tênue. A agência particular era "provedora exclusiva de grandes corporações e ministérios governamentais", revelou um documento legal.[24] Então não era surpresa o fato de Ehud Barak, ex-primeiro-ministro, ter recomendado a Black Cube a Weinstein.

Mandei e-mails e dei telefonemas para toda Tel Aviv, e, logo, uma empresa que se orgulhava de seu silêncio começou a sussurrar, e esses sussurros vinham até dos escalões mais altos. Havia uma negação formal e insípida, orquestrada por um assessor de imprensa freelancer de Tel Aviv chamado Eido Minkovsky, que conduzia ligações com flertes e bajulações. "Minha esposa viu as suas fotos", ele disse. "Não vai ter como ela ir a Nova York. Ela não tem permissão. Eu confisquei o visto dela."

"Você tem lábia. Respeito isso", falei.

"É, é o meu jogo."

E depois houve uma série de ligações mais reveladoras que atendi junto a Rohde, o editor, apertados em sua sala de manhã cedo por causa do fuso horário. Essas ligações eram para dois homens próximos à operação da Black Cube, que falaram sob condição de anonimato. No começo, sua postura conjunta era a negação. Disseram que a agência só havia efetuado buscas na internet para Weinstein, e que seus agentes nunca entraram em contato com mulheres que tinham alegações nem com repórteres. "Nunca abordamos nenhuma dessas pessoas", disse a voz com mais sotaque israelense, que pertencia à fonte sênior. "Também conferi com a minha equipe, e nenhuma dessas que você escreveu aqui: Annabella Sciorra, Sophie Dix, Rose McGowan..." E, quando mencionei as desconfianças que Ben Wallace e eu tínhamos de que éramos alvos, "Geralmente não seguimos jornalistas". "Nós juramos", disse o homem de posição subalterna, cuja voz era mais aguda e mais leve. "Somos judeus do Talmude!", ele prosseguiu. "Não juramos a troco de nada!" Os telefonemas eram ao mesmo tempo ominosos e divertidos.

Eles prometeram enviar documentos de dentro da operação para acabar com qualquer alegação de que a Black Cube tivesse seguido acusadoras ou repórteres. "Vou mandar os documentos para você hoje", a voz mais grave disse. "Vamos usar um e-mail único ou um dos nossos servidores, veremos."

Trinta minutos depois de desligarmos, chegou uma mensagem do serviço de e-mail criptografado ProtonMail, com documentos anexados. Outra mensagem se seguiu algumas horas mais tarde, de outro serviço de e-mail, Zmail, com mais documentos. Esperteza espalhar os documentos por várias contas, pensei. "Olá, amigo em comum", dizia o primeiro e-mail. "Em anexo você vai encontrar novas informações relativas ao caso HW&BC. Atenciosamente, cryptoadmin."[25]

A conta do ProtonMail de onde veio levava o nome de Sleeper1973.

47.
Correndo

Anexado àquele e-mail veio um relato completo do trabalho da Black Cube para Weinstein. Havia o primeiro contrato, assinado em 28 de outubro de 2016, e vários outros que se sucederam, inclusive uma revisão datada de 11 de julho de 2017 relativa ao desentendimento sobre faturas. Esse último acordo prometia prestação de serviços até novembro:[26]

> Os objetivos primários do projeto são:
> a) Fornecer inteligência com a ajuda das iniciativas do Cliente para cessar completamente a publicação de um novo artigo negativo em um dos principais jornais de NY (designado aqui como "o Artigo");
> b) Obter conteúdo adicional de um livro que no momento está sendo escrito e que inclui informações negativas nocivas a respeito do Cliente (designado aqui como "o Livro").

A Black Cube prometeu "uma equipe dedicada de agentes especializados em inteligência que vão operar nos Estados Unidos e em qualquer outro país necessário", incluindo gerente de projetos, analistas de inteligência, linguistas e "Operadores de Avatares" especificamente contratados para criar identidades falsas nas redes sociais, além de "especialistas de operações com extensa experiência em engenharia social". A agência concordou em contratar "um jornalista investigativo, de acordo com o pedido do Cliente", que receberia a tarefa de conduzir dez entrevistas por mês durante quatro meses e receberia 40 mil dólares. A agência iria "relatar ao Cliente prontamente os resultados de tais entrevistas feitas pelo Jornalista".

A Black Cube também prometeu fornecer "um agente em tempo integral com o nome de 'Anna' (designada aqui como 'a Agente'), cuja base será em Nova York e Los Angeles de acordo com as instruções do Cliente e que estará disponível em tempo integral para auxiliar o Cliente e seus advogados durante os próximos quatro meses".

As faturas anexadas eram de arregalar os olhos: valores que podiam somar 1,3 milhão de dólares. Os contratos foram assinados pelo dr. Avi Yanus, diretor da Black Cube, e pela Boies Schiller. Isso foi um choque. O escritório de advocacia de Boies *representava* o *New York Times*. Mas ali estava a assinatura do estimado advogado, em elegante letra cursiva azul, num contrato para acabar com a reportagem do jornal e obter o livro de McGowan.

A Black Cube enfatizou que suas táticas eram aprovadas por advogados no mundo todo e que a empresa seguia a lei à risca. Mas eu logo comecei a ouvir de fontes do mundo da inteligência particular que a agência era conhecida por burlar as regras. Em 2016, dois agentes da Black Cube foram presos na Romênia por intimidar uma procuradora e hackear seus e-mails.[27] Mais tarde foram condenados e receberam suspensão condicional. "Leis de privacidade, leis de dados", uma pessoa diretamente envolvida com as operações da Black Cube me disse. "É impossível fazer o que eles fazem sem desrespeitar a lei." O chefe de uma empresa israelense de inteligência particular concorrente que tinha negócios com a Black Cube me disse, "Mais de 50% do que eles fazem é ilegal". Perguntei o que devia fazer se desconfiasse que estava sendo seguido, e ele respondeu, "Apenas saia correndo".

À medida que nossas conversas com os israelenses foram ficando mais tensas, passei algumas noites diante das mesas de trabalho emprestadas na *New Yorker*, em vez de circular pelas ruas depois que escurecia.

Poucas horas após a chegada dos contratos, eu estava no telefone com David Boies; foi o início de uma conversa que iria se estender durante dias. No começo, ele não tinha certeza se queria falar em on. Disse que estava ocupado com seu trabalho beneficente, incluindo negociações para tirar da cadeia na Venezuela um jovem americano. E estava preocupado em ser mal interpretado. "Como o vilão diz num dos filmes de *Missão impossível*, é complicado", ele escreveu num e-mail.[28] Fiquei confuso com a escolha da citação. Era de uma cena no terceiro filme da série. Billy Crudup, até então retratado como uma boa pessoa, senta-se na frente de Tom Cruise, que está ensanguentado e amarrado a uma cadeira, exatamente como deve estar um herói a essa altura do terceiro ato, e faz aquele discurso igualmente obrigatório explicando que estava trabalhando para o vilão. "É complicado", diz Crudup. Ele está preocupado em ser descoberto. "Alguém mais viu?", pergunta, em relação a evidências que o conectam ao vilão, numa atuação espalhafatosa, como se tivesse lido o roteiro e soubesse que aquela seria sua última cena.

No fim das contas, Boies falou em on. "Não deveríamos ter contratado e pagado investigadores que não selecionamos e não orientamos", ele me disse. "Na época, pareceu uma acomodação razoável para um cliente, mas não foi bem pensada, e isso foi erro meu. Foi um erro na época." Reconheceu que iniciativas para perfilar e minar repórteres eram problemáticas. "Em geral, não acho que seja apropriado tentar pressionar repórteres", disse. "Se isso aconteceu aqui, então não foi apropriado." E foi se movendo sutilmente em direção a algo parecido com arrependimento pessoal. "Pensando bem, acredito que eu já soubesse o suficiente em 2015 para que isso me servisse de alerta para um problema, e devia ter tomado alguma providência em relação a isso", completou, referindo-se ao período em que as alegações de Nestor e Gutierrez vieram à tona. "Não sei o que aconteceu depois de 2015, se é que aconteceu algo, mas se algo aconteceu, acho que tenho certa responsabilidade. Também acho que se as pessoas tivessem tomado atitudes antes, teria sido melhor para o sr. Weinstein."

Para crédito de Boies, ele não hesitou em corroborar tudo, inclusive a agente do contrato chamada Anna e o repórter contratado, a quem identificou como Freedman, o ex-jornalista do *Guardian*. Quando lhe enviei os contratos assinados com a Black Cube, ele apenas respondeu por escrito, "Ambas as assinaturas são minhas". Os melhores personagens sabem quando chega a hora de fazer um discurso de confissão.

Na sala de Rohde, na manhã seguinte, estávamos de volta ao telefone com os dois homens envolvidos na operação da Black Cube. Agradeci a eles por enviarem os documentos. Pareciam animados, confiantes em que o material enviado iria eximi-los de quaisquer alegações de que tinham realizado vigilância humana intrusiva em nome de Weinstein. "Não abordamos nenhuma dessas mulheres sob disfarce", a voz mais profunda disse. "Não abordamos nenhum desses jornalistas sob disfarce."

Quando comecei a fazer perguntas relativas ao contrato que mencionava exatamente aquelas táticas, eles pareceram confusos. "Nós nunca redigimos. Posso garantir 100% para você que nós nunca redigimos", a voz mais aguda deu sua contribuição.

Rohde e eu nos entreolhamos, confusos. "Estou olhando para ele. É em papel timbrado da Black Cube, está assinado por Avi", eu disse. "Estou me referindo a um documento que vocês me mandaram."

"Quando você se refere a 'nós', o que quer dizer com 'nós'?", a voz mais profunda perguntou, cautelosa, preocupada.

"Estava no arquivo de documentos que vocês me mandaram ontem. Não na segunda leva do Zmail, mas na que chegou primeiro, do e-mail Sleeper", respondi.

Silêncio total.

"Não mandamos nenhum e-mail de endereço único ontem", a voz mais profunda respondeu. "A única coisa que mandamos para você ontem foi do Zmail."

Ao me dar conta do que estava acontecendo, fiquei arrepiado. Os sujeitos haviam prometido uma entrega de documento da Black Cube de uma conta discreta. Qual era a probabilidade de outra fonte interceder com um vazamento conflitante e ainda mais destruidor exatamente ao mesmo tempo? Mas dois vazamentos separados parecia ser a única possibilidade. Eu tinha tropeçado numa guerra civil entre espiões.

Apressadamente me desviei do assunto da fonte dos documentos, e disse a eles que já os autenticara com Boies e outros. "São genuínos", eu disse. Havia um quê de pânico na voz mais profunda. "Eu... eu não sei quem mandou isso, mas vamos investigar, com toda a certeza." Então ele se recompôs, e completou, "Devemos fazer isso de maneira amigável, eu diria". Fiquei imaginando qual seria a alternativa.

Rapidamente enviei um e-mail para o endereço misterioso. "Você pode me dar qualquer informação que ajudaria a autenticar estes documentos? Alguns envolvidos estão negando vários trechos disto aqui." Resposta imediata, "Não me surpreendo que tenham negado, mas é tudo verdade. Estavam tentando conseguir o livro de Rose por meio de uma moça chamada 'Anna'... uma agente da HUMINT".[29]

Outro conjunto de arquivos estava anexado: um histórico muito abrangente de correspondência e documentos de apoio que corroboravam os contratos e estavam relacionados a eles. Com o tempo, a autenticidade desses documentos também foi comprovada.

Inclinei-me para trás e esfreguei a boca com a palma da mão, pensando.

Quem é você, Sleeper?

48.
Gaslight

"Precisamos descobrir quem ele é", insistiu Rohde, e praticamente todo mundo na *New Yorker* concordou com ele. Examinamos a questão. "Sleeper1973 pode ser uma referência a Woody Allen", escrevi, referindo-me ao filme *Sleeper* [*O dorminhoco*], lançado naquele ano. "O que com certeza é um atrevimento." Alguém com senso de humor, então.

Mas Sleeper refutou todos os meus apelos para que se identificasse, ou para que falássemos por telefone numa ligação criptografada, ou para nos encontrarmos pessoalmente. "Consigo entender a preocupação dos seus editores, mas tenho medo de revelar minha identidade. Qualquer método online pode ser monitorado hoje em dia... é difícil acreditar que isso não vai trazê-los a mim", Sleeper escreveu. "Tenho certeza que você conhece a NSO, então não estou interessado em assumir riscos desnecessários." O grupo NSO era uma firma israelense de inteligência cibernética, famosa pelo software Pegasus, capaz de assumir o controle de um celular e minar os dados contidos nele. O programa fora usado para atacar dissidentes e jornalistas no mundo inteiro.

Mas Sleeper continuava mandando informações do endereço de e-mail criptografado, e os dados eram sempre confirmados. Depois que McGowan me disse que tinha convivido apenas com alguns contatos de confiança nos últimos meses e que não conseguia lembrar de ninguém que pudesse ser Anna, a agente disfarçada, pedi dicas a Sleeper. Mais uma resposta na velocidade de um raio, "Em relação a Anna, o nome verdadeiro dela é Stella Pen. Anexei fotografias também. Ela afirma ter 125 páginas do livro de Rose (como aparece no acordo da BC com Boies) e conversou sobre o material com o próprio HW".

Em anexo havia três fotos de uma loira escultural com nariz marcante e maçãs do rosto salientes. Eu estava num táxi, a West Side Highway deslizava pela janela. Mandei as fotos por mensagem para McGowan e Ben Wallace.

"Ai, meu Deus", McGowan escreveu em resposta. "Reuben Capital. Diana Filip. Não acredito, porra."

Wallace lembrou imediatamente também. "Certo", ele escreveu em resposta. "Quem é ela?"

O trabalho da Black Cube era feito de maneira a nunca ser descoberto. Mas, de vez em quando, um agente deixava rastros demais. Na primavera de 2017 — enquanto o governo Trump e seus apoiadores trabalhavam para acabar com o acordo nuclear do Irã — uma sequência de perguntas fora do comum chegou a defensores proeminentes do acordo.[30] Uma mulher que se identificou como Adriana Gavrilo, da Reuben Capital Partners, mandou um e-mail para Rebecca Kahl, ex-representante de programação do Instituto Nacional Democrático, casada com Colin Kahl, assessor de política externa do governo Obama. Gavrilo disse a Kahl que estava lançando uma iniciativa relacionada a educação, e pediu várias vezes a ela que se encontrassem para conversar sobre a escola que a filha de Kahl frequentava. Receando ter se tornado, "estranhamente, algum tipo de alvo", Kahl parou de responder.

Algumas semanas depois, uma mulher de nome Eva Novak, de uma empresa cinematográfica de Londres chamada Shell Productions, mandou um e-mail para Ann Norris, ex-representante do Departamento de Estado e casada com Ben Rhodes, outro assessor de política externa de Obama. Novak queria que Norris prestasse consultoria para um filme que ela descreveu como "*Todos os homens do presidente* combinado com *West Wing*", o qual contava as histórias de representantes do governo em tempos de crise geopolítica, incluindo "negociações nucleares com uma nação hostil". Como achou "bizarro" o pedido de Novak, Norris resolveu nem responder.

Mais tarde, eu iria me apoderar de documentos que sublinhavam a operação: perfis feitos pela Black Cube sobre representantes do governo Obama, esmiuçando informações danosas, detalhando alegações falsas de que haviam trabalhado com lobistas do Irã, ou estavam recebendo subornos, e um boato de que um deles tinha um caso.

Havia outros exemplos. Durante o verão de 2017, uma mulher que se identificou como Diana Ilic, consultora de uma gigante europeia de software, começou a entrar em contato e marcar reuniões com pessoas que criticavam a AmTrust Financial Services Inc., pressionando-as para que fizessem declarações a respeito de seu trabalho que pudessem ser usadas contra elas.[31] Pouco depois, Maja Lazarov,[32] da Caesar & Co., uma agência de recrutamento de Londres, começou a fazer a mesma coisa com funcionários da West Face Capital, uma empresa canadense de gerenciamento de ativos.[33]

Contas de redes sociais ligadas a esses nomes e fotos tiradas durante as reuniões mostravam uma face conhecida, com maçãs do rosto salientes, emoldurada por cabelo loiro comprido.

Os alvos todos ficaram com a mesma pergunta na cabeça:

Anna, Adriana, Eva, Diana, Maja.

Quem é você?

Stella Penn Pechanac nasceu entre dois mundos e não pertencia a nenhum deles. "Eu era uma muçulmana da Bósnia, e meu marido era um ortodoxo da Sérvia", declarou posteriormente a mãe dela. "E o que a nossa pequena Steliza era?" Em fotos de infância, a menina ainda não era loira, mas morena: cabelo escuro, olhos escuros. Foi criada nos dilapidados arrabaldes de

Sarajevo, entre carros amassados e prédios caindo aos pedaços. Isso foi antes de a situação realmente piorar.

Pechanac viu tudo se transformar em cinzas e sangue. A guerra começou, ortodoxos sérvios contra muçulmanos bósnios. Sarajevo foi bloqueada e dividida de acordo com a seita. Durante a guerra, em seus melhores momentos, havia o rigor da pobreza e a fome que quase matava. Quando não se encontrava mais nada para comer, a mãe dela fazia sopa de capim. Pechanac era inteligente, mas eram poucas as oportunidades de estudo. Em seus piores momentos, sua infância parecia Guernica. Atiradores no alto dos telhados faziam das ruas uma armadilha mortal. Por meio ano, a família morou num porão vazio, do tamanho de um closet. Quando caiu a primeira bomba, os pais de Pechanac juntaram o que puderam, e compartilharam o quarto e o colchão fino que havia nele. "Uma mulher morreu ali", Pechanac mais tarde iria lembrar, com um dar de ombros. Depois do bombardeio, a portaria do arruinado prédio onde viviam ficou inundada de sangue. "A gente usava mangueiras de água pra limpar o chão, mas isso só empurrava o sangue pra fora da porta. Eu me lembro, sete anos."

Mais ou menos uma década antes do caso Weinstein, quando Pechanac tinha vinte e poucos anos, ela e a mãe retornaram a Sarajevo para participar de um documentário sobre a guerra e a fuga da família.[34] A mãe chorou abertamente, caminhando pelas ruas e lembrando do derramamento de sangue. Pechanac parecia uma participante relutante. Pairava à margem das tomadas, mascando chiclete ou fumando, lançando olhares petulantes para a câmera.

No final, um dos cineastas encurralou a moça impassível na entrada de um prédio caindo aos pedaços e perguntou como era reviver lembranças tão dolorosas. Mais um dar de ombros. "Fico furiosa porque ela teve de passar por isso", disse, referindo-se à mãe. "Mas, pessoalmente, já faz muito tempo que não sinto nada."

Durante a Segunda Guerra Mundial, a avó de Pechanac tinha escondido e protegido judeus. O Estado de Israel concedeu a ela o título de Justa Entre as Nações, uma novidade para uma muçulmana. Enquanto Sarajevo ardia, uma família judaica retribuiu o favor e ajudou a tirar a família Pechanac do país. Eles se fixaram em Jerusalém e se converteram da fé muçulmana para o judaísmo. A jovem Stella Pechanac se adaptou a uma nova identidade e a um novo contexto cultural. "Ela não se sente patriota por dentro como os nascidos em Israel", disse uma pessoa que a conhecia bem. "Sempre, num certo nível, ela se sentiu como forasteira."

Aos dezoito anos, Pechanac se alistou na força aérea israelense. Depois disso, ela se matriculou na escola de dramaturgia Nissan Nativ. Sonhava com Hollywood. Mas só conseguiu algumas oportunidades fugidias de atuação em peças e videoclipes. "Em todas as audições", Pechanac posteriormente observou, "todos reparavam no meu sotaque, todos reparavam que eu era diferente."

O trabalho com a Black Cube apresentou um meio-termo ideal. Seus agentes eram treinados em operações psicológicas designadas para manipular alvos. Assim como os melhores atores, eram estudiosos de linguagem corporal, dos pequenos tiques que expõem mentira e vulnerabilidade. Sabiam como interpretá-los nos outros e também como utilizá-los de maneira convincente. Usavam disfarces, e usavam tecnologia saída diretamente de filmes de espionagem: relógio de pulso com câmera; canetas-gravador.[35] "Ela foi trabalhar para a Black Cube", disse a pessoa que a conhecia bem, "porque ela queria ser um personagem."

Quando apresentei as evidências de Sleeper aos dois homens envolvidos na operação da Black Cube, eles pararam com as negações. Confirmaram, assim como Boies, que Freedman era o jornalista do contrato, e o descreveram como um associado informal da equipe. Descreveram, com detalhes, as ações de Pechanac para penetrar na vida de McGowan. A atriz havia sido um alvo fácil. "Ela confiava", a voz mais profunda explicou. "Elas se tornaram muito boas amigas. Tenho certeza que ela está um pouco chocada." McGowan dissera a Pechanac que todo mundo na vida dela parecia ter conexões secretas com Weinstein. Desconfiava até dos advogados. Mas, "é claro, não desconfiava de nós".

Quando finalmente contei a McGowan o que descobrira, ela se irritou. "Foi igual ao filme *Gaslight* [*À meia-luz*]. Todo mundo mentiu pra mim o tempo todo." Durante o último ano, disse, "vivi dentro de um labirinto de espelhos de um parque de diversões".[36]

49. Aspirador

Não era só a Black Cube. As ligações levaram a mais ligações, e logo uma barragem se rompia e os segredos do submundo obscuro dos detetives particulares começavam a transbordar. Havia aqueles que, por princípio, me forneciam informações sobre suas agências. E havia os chefes dessas empresas vazando freneticamente dados dos competidores, na tentativa de ampliar o escopo da minha reportagem para além de suas próprias atividades.

Documentos e fontes iluminavam a longa relação de Weinstein com a Kroll e Dan Karson, o diretor de Investigações e Litígios para os Estados Unidos na empresa. Um ex-funcionário de Weinstein lembrou de uma ligação no início da década de 2010 quando Karson disse a respeito de um motorista que estava envolvido num litígio com Weinstein, "Você sabe que podemos mandar o sujeito pro fundo de um lago". O funcionário ficou achando que era figura de retórica, mas se sentiu incomodado o suficiente para tomar nota. No decorrer dos anos, a Kroll tinha auxiliado nas ações de Weinstein para minar repórteres. Várias fontes ligadas à Kroll disseram que Weinstein encarregara a empresa de descobrir informações danosas sobre David Carr, falecido ensaísta e repórter de mídia, exatamente como o próprio Carr suspeitava. Um desses dossiês compilados pelos detetives particulares de Weinstein observava que Carr nunca havia incluído as alegações de abuso sexual em nenhuma de suas coberturas sobre Weinstein "por medo da retaliação de HW, de acordo com HW".[37]

Em 2016 e 2017, a Kroll e Karson tinham trabalhado perto de Weinstein mais uma vez. Num e-mail de outubro de 2016, Karson mandou para Weinstein onze fotos de McGowan e Weinstein juntos em eventos nos anos que se seguiram ao suposto ataque.[38] O advogado de defesa criminal de Weinstein, Blair Berk, respondeu que uma foto em que McGowan conversava animadamente com Weinstein, "é nosso bilhete premiado".[39] Enquanto Wallace trabalhava na reportagem, a Kroll buscou informações danosas sobre ele e Adam Moss, seu editor na *New York Magazine*. "Nenhuma informação adversa a respeito de Adam Moss até agora (nenhum caso de calúnia/difamação, nenhum registro de tribunal ou julgamentos/penhoras/infração comercial etc.)", Karson escreveu num e-mail.[40] A Kroll também enviou a Weinstein críticas das reportagens anteriores de Wallace,[41] além de uma descrição detalhada de uma ação de calúnia que fora movida no Reino Unido em reação a um livro que ele escreveu[42] e que acabou sendo resolvida por acordo amigável.

A PSOPS, empresa fundada por Jack Palladino e Sandra Sutherland, ajudara na busca de informações danosas acerca de repórteres e acusadoras. Um relatório da PSOPS sobre McGowan tinha partes rotuladas "Mentiras/Exageros/Contradições", "Hipocrisia" e "Possíveis test de caráter negativas",[43] sendo "test" uma aparente abreviação de "testemunhas". Um subtítulo dizia "Amantes passados". Palladino enviou a Weinstein um perfil detalhado de Moss, com a observação, "Nossa pesquisa não rendeu nenhuma possibilidade promissora para a depreciação pessoal de Moss".[44] A PSOPS até perfilou a ex-mulher de Wallace, para o caso de ela se mostrar "relevante às considerações da nossa estratégia de resposta".[45] O trabalho da empresa a respeito de repórteres continuara em dossiês relativos a mim e a Jodi Kantor, do *Times*, tentando descobrir nossas fontes. (Algumas das observações dos investigadores eram mais banais. No Twitter, um documento afirmava, "Kantor NÃO está seguindo Ronan Farrow".[46] A gente não pode ter tudo na vida.)

Weinstein também trabalhara com a K2 Intelligence, uma segunda empresa fundada por Jules Kroll depois que ele vendeu aquela que levava seu nome nos anos 2000. Durante a investigação de Gutierrez, a K2 fora contratada por Elkan Abramowitz, advogado de Weinstein. A K2 contratou detetives particulares italianos para desencavar boatos sobre o histórico sexual de Gutierrez — as festas Bunga Bunga, as alegações de prostituição que ela negava. Funcionários atuais e ex-funcionários da K2, sendo que todos haviam trabalhado anteriormente na procuradoria, transmitiram informações sobre Gutierrez em ligações para procuradores. Advogados que trabalhavam para Weinstein também apresentaram a procuradores, numa reunião presencial, um dossiê das descobertas dos detetives particulares. Dois funcionários da K2 disseram que esses contatos faziam parte de uma cultura de "porta giratória" entre o procurador e empresas de investigação de alto custo. Um porta-voz do gabinete de Vance posteriormente declarou que tais interações com advogados de defesa eram procedimento-padrão — e, para os ricos e conectados, eram mesmo.

Novas matérias também mostravam as iniciativas de Weinstein de alistar jornalistas em sua campanha para minar as acusadoras dele. Nas mensagens arquivadas de Weinstein, sua aliança com Dylan Howard do *National Enquirer* era inescapável. Numa comunicação de dezembro de 2016, Howard enviou a Weinstein uma lista de contatos e sugeriu "discutir os próximos passos para cada um".[47] Weinstein agradeceu, então Howard descreveu seus esforços para conseguir relatos prejudiciais a McGowan, feitos pela produtora de cinema Elizabeth Avellan. Robert Rodriguez, ex-marido de Avellan e pai dos filhos dela, tinha abandonado Avellan por um relacionamento com McGowan. Weinstein imaginou que Avellan devia estar aborrecida.

Para executar parte de seu trabalho em nome de Weinstein, Howard procurou uma empresa que era contratada com frequência pelo *National Enquirer*, um serviço de fotografias de celebridades chamado Coleman-Rayner. Para o serviço relativo a Avellan, Howard chamou um repórter britânico que na época era editor de noticiário na Coleman-Rayner, e que tinha escrito artigos de fofoca sobre celebridades para o *Sun*, o *Daily Mail* e o próprio *Enquirer*.

Quando consegui falar com Avellan por telefone, ela me contou que lembrava bem do incidente. O repórter "ligou sem parar", disse, e também entrou em contato com outras pessoas próximas a ela. Avellan acabou retornando o telefonema, porque ficou "com medo que fossem começar a ligar para os meus filhos".

Avellan insistiu para que a ligação fosse em off, e o repórter aceitou. Apesar de estar então na Califórnia, onde a lei exige que ambas as partes deem consentimento para a gravação, ele mesmo assim gravou a conversa secretamente. Por isso, Weinstein e Howard trocaram vários e-mails animados naquele inverno. Howard escreveu, "Tenho algo MARAVILHOSO... ela acabou detonando de verdade a Rose".[48] Weinstein respondeu, "Agora matou. Principalmente se minhas digitais não estiverem nisso".[49] Howard lhe garantiu que não havia digital alguma, e que a coisa toda fora gravada.

Fiquei até tarde na *New Yorker*, debruçado sobre os e-mails, com um aspirador ecoando nas proximidades. Posteriormente, viria a descobrir que aquilo era apenas a ponta do iceberg no que dizia respeito ao *National Enquirer* e seu trabalho em nome de homens proeminentes com segredos muito bem guardados.

Enquanto nos preparávamos para publicar nossa reportagem sobre o exército de colaboradores de Weinstein, o pânico tomou conta das instituições apontadas. Ao longo de várias ligações, Dylan Howard recorreu a uma mistura de adulação e ameaça. "Cuidado", ele disse, como tinha dito Weinstein. Judd Burstein, um advogado que trabalhava com Howard, entrou em contato a seguir, enviando uma carta em que descrevia a reportagem como difamação e calúnia. Vendo que a tática não estava dando certo, Howard se irritou. Falou de mim para dois colegas, "Eu pego ele".

O escritório de advocacia da Black Cube no Reino Unido também estava mandando ameaças, prometendo tomar "ação apropriada contra vocês"[50] se publicássemos os documentos da Black Cube ou informações tiradas deles. Dentro da Black Cube, o dr. Avi Yanus, o diretor, contemplava a possibilidade de destruir os materiais relativos à investigação realizada para Weinstein. "Desejamos nos desfazer de todos os documentos e informações que possuímos em relação a este projeto", ele escreveu num e-mail.[51] Então pressionou os advogados da agência a tentarem obter uma liminar para impedir que a *New Yorker* publicasse a reportagem.

Mas nós publicamos, e a história reverberou feito um tiro. Em um programa atrás do outro, personalidades da televisão expressavam sua descrença. O que aquelas revelações diziam sobre o abismo entre os poderosos e os impotentes que podiam ser intimidados, vigiados e ocultos por indivíduos ricos numa escala tão ampla?

Ostrovskiy, o detetive particular, viu a reportagem imediatamente. Leu sobre a lista de alvos da Black Cube e sobre os jornalistas que faziam parte dela, e lembrou dos trabalhos do verão anterior. Mandou a reportagem para Khaykin e perguntou se ele tinha visto. Khaykin respondeu que precisavam conversar pessoalmente sobre aquilo. Alguns dias depois, durante uma tocaia de rotina, Ostrovskiy perguntou mais uma vez. Khaykin pareceu irritado, quis mudar de assunto. Mas acabou dizendo, "Agora você sabe para quem nós trabalhamos".

Algum tempo se passou antes que Ostrovskiy tivesse oportunidade de voltar a insistir no ponto. Era plena madrugada, e os dois detetives particulares estavam num barco nas águas gélidas logo ao norte de Sandy Hook, em Nova Jersey. Khaykin adorava velejar — ele tinha uma conta de redes sociais para entusiastas da vela. Estavam retornando a Nova York após um jantar à beira-mar num restaurante em Atlantic Highlands. Ostrovskiy aproveitou a chance para mencionar a Black Cube de novo.

Khaykin o fixou com seus olhos duros e disse, "Pra mim, isto é igual a fazer um mitzvah. Estou fazendo algo bom por Israel". Ostrovskiy retribuiu o olhar fixo. Não era um mitzvah, e não era por Israel.

"Eu estou com medo, mas isto é interessante e é excitante", Ostrovskiy disse a respeito do trabalho para a Black Cube, entrando na dança.

"Sou eu quem precisa estar com medo, essa coisa toda do Weinstein estava sob a minha licença", Khaykin respondeu. E logo acrescentou, "Foi tudo legal. Nunca desrespeitamos a lei". Mas ele parecia nervoso.

Nos últimos dias da reportagem, os homens envolvidos na operação da Black Cube deram início a uma caçada frenética pela fonte que passara os contratos e os demais documentos. "Estamos investigando tudo. Todas as partes envolvidas e o que foi roubado", disse a voz mais grave. Acrescentou que estava submetendo os funcionários a mais uma rodada de polígrafo, e jurou processar qualquer um que fosse pego. "Achamos difícil acreditar que um funcionário poderia se lançar numa missão suicida dessas", completou a voz mais aguda.

"Só quero ter certeza que você não está correndo risco", escrevi a Sleeper. "Vou fazer o possível para manter sua proteção."

A resposta, rápida como sempre, "Aprecio a sua preocupação... no momento eu me sinto em segurança".

Pouco antes de publicarmos a reportagem, fiz uma última tentativa para conseguir a identidade da fonte. Escrevi que saber mais era questão de importância jornalística. Sleeper então me disse algo que deixou claro de onde vinham os documentos — e me pediu que fizesse uma coisa para ajudar a manter o segredo.

Também houve uma sugestão sobre o motivo do vazamento. "Eu estou do lado de dentro, e já cansei das maneiras falsas e enganosas como a BC obtém material ilegalmente", Sleeper escreveu. "Além do mais, neste caso, realmente acredito que HW é um criminoso sexual e tenho vergonha, como mulher, de estar participando disso."

Fiz uma pausa, processando a informação, sentindo mais um momento de iluminação, que me arrepiou. Isso, no fim, é o que posso contar sobre Sleeper, e os riscos que ela correu para revelar algo amplo. Era mulher e não aguentava mais.

"Vamos apenas dizer que jamais vou te entregar nada que eu não possa confirmar 100%", ela escreveu numa das últimas mensagens que me enviou. "Eu trabalho na indústria da informação. No mundo da espionagem e da ação interminável. Espero que um dia possamos de fato conversar sobre isso. O projeto em que estou envolvida... do outro mundo, querido."[52]

50.
Coelhinha

A reportagem sobre Howard e o *Enquirer* rompeu um dique. Uma após outra, fontes de dentro e do entorno da American Media Inc. começaram a ligar dizendo que Weinstein não era a única figura com quem o império de tabloides tinha trabalhado para suprimir histórias.

No fim de novembro, uma advogada de nome Carol Heller me escreveu. Queria falar sobre uma reportagem que o *Wall Street Journal* publicara no outono de 2016, a respeito de uma modelo da *Playboy* que havia entregado à AMI os direitos exclusivos de sua história sobre um suposto caso com Donald Trump — história que a AMI nunca publicou. Segundo Heller, a coisa era maior do que aparentava. Disse que a mulher no centro do mistério, uma ex-Coelhinha do Ano da *Playboy* chamada Karen McDougal, ainda estava "amedrontada demais" para falar. Se eu conseguisse que ela e outros envolvidos na transação falassem, talvez pudesse revelar como surgiu o contrato entre McDougal e a AMI, e talvez começasse a desvendar como a cultura de acordos de confidencialidade e histórias enterradas se estendia além de Hollywood e entrava na política.

Mais tarde naquele mês, consegui falar por telefone com McDougal. Ela me disse que o contrato com a AMI "tirou os meus direitos". O documento continha uma cláusula permitindo que a AMI lhe impusesse um processo fechado de arbitragem e exigisse ressarcimento financeiro por danos. McDougal estava com dificuldade para pagar as contas. A AMI poderia acabar com ela. "Neste ponto, acho que não posso falar a respeito de nada sem me encrencar", disse. Sobre Trump, falou, "Tenho medo até de mencionar o nome dele".[53] Mas, à medida que fui juntando mais evidências, incluindo o contrato dela com a AMI e relatos de outros envolvidos no processo, McDougal começou a contar sua história.

McDougal, que foi criada numa cidadezinha do Michigan e trabalhou como professora de pré-escola antes de iniciar a carreira de modelo, conheceu Trump numa festa na piscina da Mansão da Playboy. Era junho de 2006, e ele estava lá para filmar um episódio do reality show *O aprendiz*. "Venham cá", ele disse a algumas modelos de corselete e rabo de coelho. "Uau, que lindas." Os operadores de câmera do programa deram zoom e fizeram panorâmicas como se fossem fotógrafos da natureza selvagem e como se seios fossem uma espécie ameaçada de extinção. Na época da festa, Trump estava casado com a modelo eslovena Melania Knauss havia menos de dois anos; o filho deles, Barron, tinha poucos meses de idade. Mas Trump não parecia constrangido por suas obrigações com a nova família. McDougal relembrou que Trump não parava de "passar a mão" em todo o seu corpo, chamando-a de linda. Então pediu seu telefone. Os dois começaram a se falar com frequência, e logo se encontraram num bangalô privativo no Beverly Hills Hotel. "Conversamos durante cerca de duas horas, e então, 'PRONTO'! Ficamos nus + fizemos sexo", McDougal escreveu em anotações sobre o caso que obtive mais tarde. Quando McDougal se vestiu e estava pronta para ir embora, Trump lhe ofereceu dinheiro. "Eu olhei pra ele (+ fiquei triste) + disse, Não, obrigada — eu não sou 'esse tipo de garota'." Depois, McDougal "ia vê-lo todas as vezes que ele estava em Los Angeles (que eram muitas)".

No decorrer do caso, Trump pagou passagens de avião para que McDougal fosse a eventos públicos por todo o país, mas escondeu o fato de que pagara as viagens. "Ele não deixa rastro de documentos", diziam as anotações dela. "Toda vez que peguei um avião pra me encontrar com ele, reservei/paguei a passagem + hotel + ele me reembolsou." Durante o relacionamento, Trump apresentou McDougal a integrantes de sua família e mostrou a ela suas propriedades. Na Trump Tower, escreveu McDougal, Trump apontou o quarto separado de Melania. "Disse que ela gostava do espaço dela", escreveu McDougal.

Em abril de 2007, nove meses depois, McDougal terminou o caso. Saber mais sobre a família de Trump começou a despertar nela um crescente sentimento de culpa. E o comportamento de Trump entrava em conflito com sua delicada sensibilidade de garota do Meio-Oeste. Uma vez, ele chamou a mãe de McDougal, que tinha mais ou menos a mesma idade que ele, de "aquela bruxa velha". Em outra ocasião, quando ela e uma amiga se juntaram a Trump na sua limusine na noite de um concurso Miss Universo, ele se pôs a fazer comentários acerca de tamanhos de pênis, e pressionou a amiga de McDougal a falar de suas experiências e preferências — perguntando sobre "paus pequenos" e "paus grandes" e "pau preto".

Um amigo de McDougal, Johnny Crawford, foi o primeiro a sugerir que ela vendesse a história. Em 2016, enquanto assistiam à cobertura da campanha presidencial de Trump, Crawford disse, "Sabe, se você teve uma relação física com ele, talvez isso tenha algum valor". A pedido dele, McDougal escreveu anotações sobre o caso. No início, ela não queria contar a história. Mas quando uma ex-amiga dela, uma modelo da *Playboy* chamada Carrie Stevens, começou a postar sobre o caso nas redes sociais, McDougal achou que deveria falar antes que alguém mais o fizesse.

Crawford chamou Jay Grdina, ex-marido da estrela pornô Jenna Jameson, para ajudar a vender a história. Primeiro, Grdina organizou dois encontros entre McDougal e JJ Rendón, um operador político latino-americano que, já naquela época, estava negando relatos na mídia de que teria criado falsas bases de apoio nas redes sociais e hackeado contas de oponentes.[54] Como Rendón não se interessou, Grdina se voltou para Keith M. Davidson, um advogado com histórico de vendas de histórias lascivas.[55] Davidson entrou em contato com a AMI. Pecker e Howard, por sua vez, alertaram Michael Cohen, advogado de Trump. Logo, Trump estava no telefone com Pecker, pedindo ajuda.[56]

Em junho de 2016, McDougal e Howard se encontraram. Howard então fez uma oferta: inicialmente apenas 10 mil dólares, mas depois que Trump venceu as primárias republicanas, uma quantia consideravelmente maior. No dia 5 de agosto de 2016, McDougal assinou um acordo de direitos sobre uma parte limitada de sua vida, garantindo à AMI propriedade exclusiva de seu relato a respeito de qualquer relação que tivesse tido com qualquer "homem casado na época". O acordo dela com Davidson deixava claro que o homem em questão era Donald Trump. Em troca, a AMI aceitou lhe pagar 150 mil dólares. Os três homens envolvidos na negociação — Davidson, Crawford e Grdina — ficaram com 45% do pagamento, a título de honorários, deixando McDougal com um total de 82,5 mil dólares. No dia em que assinou o contrato, McDougal enviou um e-mail a Davidson para lhe dizer que estava confusa sobre o tipo de compromisso que estava assumindo, e para saber como deveria responder a perguntas de repórteres. "Se você negar, está segura", Davidson escreveu.[57] "Nós realmente precisamos assinar e acabar com isto [...]."

"Fui eu que aceitei, então a culpa é minha também", McDougal me disse. "Mas eu não entendia os parâmetros daquilo."

Quando os eleitores foram votar em novembro de 2016, Howard e os advogados da AMI estavam no telefone com McDougal e um escritório de advocacia que a representava, prometendo impulsionar a carreira de McDougal e oferecendo os serviços de um assessor de comunicação para cuidar de suas entrevistas. O profissional era Matthew Hiltzik,[58] assessor de comunicação de Ivanka Trump, que tinha ligado para mim em nome de Weinstein — apesar de, no final, seus serviços não terem sido usados. A AMI respondeu com rapidez quando jornalistas tentaram entrevistar McDougal. Em maio de 2017,

Jeffrey Toobin, da *New Yorker*, que estava escrevendo um perfil de David Pecker, pediu a McDougal que fizesse comentários sobre sua relação com a AMI e com Trump. Howard, que trabalhava com outro assessor de comunicação, enviou a McDougal um texto de resposta com a seguinte linha de assunto, "ENVIE ISTO".[59] Em agosto de 2017, Pecker pagou a passagem de avião de McDougal para Nova York, e os dois almoçaram juntos; durante a refeição, ele lhe agradeceu por sua lealdade.

No fim de 2017 e início de 2018, enquanto trabalhávamos na reportagem, o interesse da AMI em executar os termos do contrato pareceu aumentar. No dia 30 de janeiro, a equipe de advogados da AMI enviou um e-mail com a seguinte linha de assunto, "Extensão de contrato de McDougal",[60] com uma proposta de renovação e uma nova capa de revista para deixar o acordo um pouco mais atraente.

Naquele mês de fevereiro, nossa reportagem saiu mesmo assim, depois de McDougal superar o medo, concordando em falar em on sobre a questão pela primeira vez. Nos anos anteriores, ela havia se tornado religiosa e, com isso, ferozmente altruísta. "Cada garota que fala está abrindo caminho para outra", ela me disse. Seu silêncio dizia respeito a um caso consensual, mas ela poderia ajudar a expor um sistema mais profundo e mais abrangente cujo objetivo era enterrar histórias, e que às vezes era usado para acobertar comportamentos mais graves, até criminosos.

A Casa Branca disse que a história "não passava de mais fake news".[61] Os advogados da AMI também escreveram que o relato era "falso e difamatório", e que eu tinha entrado num "esquema de McDougal e do advogado dela, para tirar mais dinheiro da AMI". Howard divulgou suas próprias ameaças de atacar publicamente a *New Yorker*. A AMI afirmou que se negara a publicar a história de McDougal porque não achou que tivesse credibilidade. Simplesmente não atendia aos elevados padrões jornalísticos do *Enquirer*.

51.
Chupa-cabra

Quando publicamos a reportagem, eu já ficara sabendo de outra transação que podia mostrar como o contrato de McDougal fazia parte de um padrão do trabalho da AMI para suprimir histórias para Trump. Amigos e colegas de Dylan Howard entraram em contato comigo para dizer que Howard havia se gabado de ter evidências de que Trump tivera um filho com uma ex-empregada doméstica no fim da década de 1980. Howard "às vezes dizia coisas quando estava bêbado ou chapado. Ele inclusive me disse que compravam histórias com o objetivo de não publicá-las, para proteger certas pessoas", um dos amigos me contou. "Você não esquece quando alguém diz: 'Ah, aliás. O talvez futuro presidente tem um filho fora do casamento'."

Em fevereiro de 2018, eu me acomodei na sala de David Remnick e conversei com ele sobre a história. "Sabe o que vão dizer quando descobrirem que é *você* que está fazendo esta reportagem?", perguntou, pensativo. Nós dois demos risada. Eu sabia muito bem como me virar com um boato sobre paternidade.

Não havia evidência de que o boato sobre o "filho fora do casamento" fosse verdade. Mas, naquela primavera, um número crescente de documentos e fontes deixava claro que a AMI realmente comprara os direitos à alegação duvidosa e depois trabalhara para impedir que fosse revelada.

No fim de 2015, Dino Sajudin, ex-porteiro da Trump Tower, havia contado a história à AMI, assim como o nome da suposta mãe e o da criança.[62] Durante semanas, repórteres do *National*

Enquirer investigaram o assunto. O tabloide contratou dois detetives particulares: Danno Hanks, que pesquisou os registros da família, e Michael Mancuso, ex-investigador criminal, que submeteu Sajudin a um teste com detector de mentiras. Vários repórteres duvidavam da credibilidade de Sajudin. (Sua ex-mulher mais tarde diria que ele era um fabulista. "Ele já viu o chupa-cabra", ela disse.[63] "Ele já viu o pé-grande.") Mas o ex-porteiro passou no teste do polígrafo ao testemunhar que funcionários de alto nível de Trump, entre eles seu chefe de segurança, Matthew Calamari, tinham lhe contado aquela história.

Então, David Pecker ordenou abruptamente aos repórteres que interrompessem o trabalho. Em novembro de 2015, Sajudin assinou um acordo para aceitar 30 mil dólares pelos direitos exclusivos à informação. Logo depois, ele se encontrou com um repórter da AMI num McDonald's da Pensilvânia, e assinou mais um anexo para adicionar uma multa de mil dólares caso o ex-porteiro algum dia divulgasse a informação sem a permissão da AMI. O repórter disse a Sajudin que ele receberia o dinheiro. Sajudin pareceu satisfeito e disse que aquele seria "um Natal muito feliz".

Assim como faria posteriormente no caso de McDougal, Michael Cohen, advogado pessoal de Trump, havia monitorado de perto os acontecimentos. "Não há dúvida de que aquilo foi feito como favor para continuar protegendo Trump", um ex-funcionário da AMI me disse. "Isso é preto no branco."

Posteriormente, quando jornalistas tentaram investigar o boato, o *Enquirer* trabalhou para impedi-los. No verão de 2017, dois repórteres da Associated Press, Jeff Horwitz e Jake Pearson, tinham investigado e escreveram uma reportagem detalhada. Ao se aproximar a data de publicação, Howard juntou uma equipe jurídica de peso e ameaçou processar a AP. Em julho, a pedido da AMI, Sally Buzbee, editora executiva da AP, e o conselho jurídico da empresa se reuniram com Howard e sua equipe. Ele contratara representantes de Weinstein: os advogados do escritório Boies Schiller e Lanny Davis.

No mês seguinte, Buzbee anunciou internamente que, no fim das contas, a reportagem não seria publicada. "Após intensas discussões internas, o comando da agência de notícias AP determinou que, na época, a reportagem não atendia às exigências rigorosas da AP em relação a fontes", Buzbee declarou mais tarde, defendendo a decisão. Vários outros jornalistas da AP acharam que as fontes eram fortes e se mostraram chocados com a decisão. Horwitz ficou sem trabalhar durante dias, e teve que ser convencido pelos chefes a voltar.[64] Depois disso, por quase um ano, a história permaneceu enterrada.

Mas, na primavera seguinte, a situação estava mudando. Fontes do *Enquirer* começavam a falar. No início de março de 2018, uma dessas fontes estava prestes a compartilhar o anexo que Sajudin tinha assinado no fim de 2015. A fonte e eu nos encontramos num decadente restaurante árabe em Los Angeles, onde passei horas defendendo as vantagens de compartilhar o documento. Naquela noite, voltei para a casa de Jonathan em West Hollywood com uma cópia impressa em mãos.

"Quando foi que você percebeu...", Jonathan disse com entonação teatral quando eu cheguei, bem tarde.

"... eu sei, eu sei, que eu te odeio", respondi. Já tínhamos feito isso antes.

"A gente ia jantar", ele disse.

"Desculpe. A coisa se estendeu."

"A coisa se estendeu ontem", ele disse, e nós começamos a brigar por causa daquilo. Fiquei imaginando por quanto tempo ainda seríamos capazes de continuar assim, comigo ausente e exausto e estressado. Depois que Jonathan foi para a cama emburrado, saí para receber uma entrega. Logo do outro lado da rua, um homem de uns trinta anos com cabelo escuro e escorrido estava ao lado de um carro, olhando fixo. Mais uma vez eu começava a experimentar aquela sensação incômoda de ser observado.

Depois de ter lidado a vida toda com a curiosidade da imprensa sobre mim, eu não queria ser invasivo. Mas para respeitar os desejos dos envolvidos no boato, tinha que descobrir se as pessoas queriam dizer algo. Em meados de março, bati na porta de Sajudin num bosque na parte rural da Pensilvânia. "Eu não falo de graça", ele disse, e bateu a porta na minha cara. E-mails e telefonemas ao suposto filho fora do casamento — que, a essa altura, claro, já não era uma criança — ficaram sem resposta. No fim do mês, vasculhei a região de San Francisco, visitando endereços recentemente listados. Encontrei apenas um integrante da família, que disse, "Eu não devia falar com você". Também tentei um endereço de trabalho. O suposto filho fora do casamento trabalhava (é sério) numa empresa de exames genéticos.

Finalmente, fui até a residência da família no Queens, em Nova York. Era pequena e desbotada, com revestimento de compensado. Num quadrado de grama na frente da casa, havia um pequeno altar com uma Virgem Maria de gesso. Passei lá algumas vezes antes de me deparar com um homem de meia-idade que reconheci como marido da mulher que supostamente tivera o caso. Ele ergueu as mãos quando eu me aproximei. "Ela não vai falar nem com você nem com ninguém", disse. Falava de um jeito direto, sem rebuscamento, com sotaque latino-americano. Estava certo de que o boato era falso. A transação do *Enquirer* tinha posto a família em situação difícil. "Não entendo por que pagaram aquele sujeito", ele disse. "Eu sou o pai."

"Entendi", eu disse, lançando-lhe um olhar compadecido. Expliquei que só queria ter certeza de que a família tivesse a chance de fazer alguma declaração se quisesse. Disse que compreendia como podia ser horrível quando a imprensa começava a rodear a família da gente.

Ele aquiesceu. "Compreendo. Seu nome é Farrow."
"É, sim."
"Ah, eu sei."
E então foi ele quem olhou para mim cheio de pena.

No início de abril, tínhamos corroborado a história com relatos de seis funcionários antigos e atuais da AMI, mensagens de texto e e-mails de funcionários da época em que a AMI fizera o acordo, e o anexo que Sajudin assinara no McDonald's. Assim como acontecera com McDougal, a Casa Branca negou o caso, e acrescentou, "Sugiro que conversem com a AMI", que era uma das maneiras de reagir a uma reportagem documentando colaboração questionável do ponto de vista legal com a empresa em questão.

Sean Lavery, o homem com jeitão de menino do Meio-Oeste que recebera a tarefa de checar os fatos da reportagem, enviou um memorando detalhado a Howard. Menos de meia hora depois, o Radar Online, um website da AMI, publicou uma postagem reconhecendo os fatos.[65] "Ronan Farrow da *New Yorker*", a postagem dizia, "está telefonando para a nossa equipe e parece achar que este seja mais um exemplo de como o *ENQUIRER*, ao supostamente [...] abafar histórias sobre o presidente Trump, é uma ameaça à segurança nacional."

Minutos depois, Howard já estava mandando e-mail. Assim como fizera em relação a McDougal, alegou motivação puramente jornalística e negou qualquer colaboração com Trump. "Você está prestes a c*gar em cima da instituição que é a *New Yorker*", ele escreveu a Remnick. "A obsessão insalubre de Ronan com a nossa publicação (*e comigo — talvez seja o meu sorriso?*) te põe em risco." Completou, a meu respeito, "*Ele está para se transformar em ótima matéria-prima para o Enquirer*".[66] (Dylan Howard usava muito itálico.)

Com a postagem confessional de Howard no Radar Online à solta, a AP correu para reviver sua iniciativa. Levou ao ar o rascunho ressuscitado,[67] e na mesma noite publicamos nossa história na *New Yorker*.

***

Nem todas as iniciativas da AMI em favor de Trump renderam resultados. Posteriormente, eu ficaria sabendo de outro caso em que a empresa examinou uma questão com conexões próximas a pessoas associadas a Trump. No início de 2016, uma mulher anônima — "Katie Johnson" num documento legal inicial; "Jane Doe" num subsequente — entrou com uma ação contra Trump. A querelante alegava que, em 1994, quando ela acabara de chegar a Nova York, aos treze anos, para trabalhar como modelo, tinham lhe oferecido dinheiro para ir a festas cujo anfitrião seria Jeffrey Epstein, o investidor bilionário, e que contariam com a presença de Trump. Seguiram-se arrepiantes alegações de violência sexual:[68] segundo a ação judicial, a querelante e outras menores haviam sido forçadas a realizar atos sexuais com Trump e Epstein, culminando num "ataque sexual selvagem" da parte de Trump; que Trump ameaçara de agressão física a querelante e sua família se algum dia ela abrisse a boca; e que tanto Trump como Epstein foram informados de que as garotas envolvidas eram menores de idade.

Havia verdade no contexto geral: Epstein era amigo próximo de Donald Trump.[69] "Eu conheço Jeff há quinze anos. Um cara fantástico", Trump declarou a um repórter em 2002. "É uma companhia muito divertida. Dizem até que ele gosta tanto quanto eu de mulheres bonitas, e muitas delas estão mais para novinhas. Não tem dúvida — Jeffrey aproveita sua vida social." Mais tarde, Julie K. Brown, jornalista do *Miami Herald*, publicou uma reportagem forte sobre as múltiplas alegações de que Epstein violentava menores.[70] Em 2019, agentes federais o prenderam sob acusações de tráfico sexual, mas o investidor conseguiu fazer um acordo para diminuir a pena. O acordo de leniência foi negociado por Alexander Acosta, secretário de trabalho no gabinete de Trump, nos tempos em que era procurador. Mais tarde, acabou renunciando ao cargo por causa da questão. Pouco depois, Epstein foi encontrado morto na prisão, enforcado num aparente suicídio.

Mas como ocorria com as alegações de Sajudin em relação ao filho fora do casamento, a alegação anônima de estupro não foi corroborada por provas convincentes. A ação inicial, impetrada na Califórnia, foi anulada devido a falhas de procedimento e reinstaurada em Nova York, só para ser anulada mais uma vez. Norm Lubow, ex-produtor do programa de escândalos *The Jerry Springer Show* e incitador de diversos escândalos dúbios envolvendo celebridades, ajudou a orquestrar a ação e atuou como intermediário da querelante na imprensa.[71] Era difícil entrar em contato com a querelante em si. Um advogado que a representava me disse que até ele de vez em quando tinha dificuldade em encontrá-la. Poucos repórteres chegaram a fazer contato com ela. Uma repórter, Emily Shugerman, disse que o advogado da mulher cancelou sucessivas vezes uma entrevista marcada por Skype ou FaceTime, para no fim substituí-la por um telefonema breve. Shugerman se revelou tão cética quanto a maior parte dos jornalistas em relação à história e à mulher esquiva no cerne do relato.[72] Era possível que a querelante houvesse recuado devido a ameaças. Ou talvez ela fosse uma invenção das figuras do tabuleiro a seu redor.

Uma curiosidade adicional, porém, nunca veio a público. De acordo com vários funcionários da AMI e um associado sênior de Trump, Pecker, que na época tinha contato próximo com Trump, ficou sabendo da ação pouco depois que foi impetrada. Logo Howard estava no telefone com Cohen, o advogado pessoal de Trump, garantindo-lhe que encontrariam a mulher com alegação de estupro e veriam o que poderiam fazer em relação a ela. "Dylan falava por telefone com Cohen o tempo todo" para discutir o assunto, relembrou um dos funcionários da AMI. "Aquilo se tornou prioridade máxima." Com a situação monitorada por Cohen, Howard enviou um repórter da AMI a um endereço associado a uma das ações iniciais impetradas. Mas o repórter só encontrou uma casa vazia em Twentynine Palms, uma comunidade pacata do deserto na Califórnia. Um vizinho disse que ninguém estivera ali desde o outono anterior.

Não conseguiram comprar essa história. Ainda assim, nos primeiros dias depois da ação anônima, quando poucos veículos da mídia haviam mencionado o caso, a AMI publicou várias reportagens desdizendo as alegações da ação legal.[73] Uma das manchetes da empresa sobre o processo citava Trump, afirmando que a denúncia era "nojenta", uma "falsidade".

No fim de 2016, a mulher anônima com a alegação de estupro ressurgiu com nova representação legal. Sua nova advogada era uma defensora declarada das mulheres, a quem Howard posteriormente descreveria como "amiga de longa data": Lisa Bloom. Depois de ficar sabendo que Bloom estava trabalhando no caso, Howard entrou em contato com a advogada para avisá-la de que era melhor se afastar. Bloom acabou anunciando um cancelamento de último minuto para uma coletiva de imprensa que estava marcada com a querelante, e retirou a ação pela última vez.

Outros veículos de mídia também estavam divulgando reportagens que reforçavam a ideia de um pacto entre Trump e a AMI. Desde o início da reportagem sobre McDougal, eu ouvira boatos de que a atriz pornô Stormy Daniels assinara um acordo de confidencialidade que a impedia de falar sobre um encontro sexual que ela afirmava ter tido com Trump. Dois meses depois que comecei a conversar com McDougal, o *Wall Street Journal* publicou que Daniels tinha mesmo assinado um acordo do tipo, providenciado diretamente por Michael Cohen.[74] A reportagem do *Journal* não mencionou que o advogado de Daniels, Keith Davidson (que anteriormente havia representado McDougal) telefonara para Dylan Howard para falar sobre a história primeiro. Howard disse a Davidson que a AMI iria se isentar da questão de Daniels. Pecker fora bastante longe em seus favores a Trump, e estava ficando angustiado com a possibilidade de danos pessoais. Mas Howard disse a Davidson que entrasse em contato com Michael Cohen, que montou uma empresa de fachada para pagar 130 mil dólares a Daniels em troca de seu silêncio. O acordo usou pseudônimos: Daniels era "Peggy Peterson", e Trump, "David Dennison".

"Sabe quem se fodeu de verdade?", Davidson me disse mais tarde. "David Dennison. Que fazia parte do time de hóquei da minha escola. E ele está furioso."

As histórias que a AMI comprou e enterrou durante a eleição, como a de Sajudin e a de McDougal, assim como outras em que trabalharam com Cohen de modo mais preliminar, como as de Daniels e da acusadora anônima, suscitavam complicadas questões legais e políticas. Trump não incluíra nenhum dos pagamentos em seus documentos de declarações financeiras durante a eleição. Quando publicamos nossa reportagem, uma ONG de fiscalização independente e um grupo político de tendências esquerdistas fizeram queixas formais,[75] requisitando que o Departamento de Justiça, a Secretaria de Ética Governamental e a Comissão Federal Eleitoral examinassem se os pagamentos a Daniels e McDougal violavam a lei eleitoral federal.

Especialistas jurídicos disseram que podia ser o caso. A época em que os fatos ocorreram, durante a eleição, era uma boa evidência circunstancial de que a intenção da AMI fora ajudar a campanha; as conversas com Cohen, mais ainda. Empresas de mídia têm diversas isenções nas leis de financiamento de campanha. Mas isso podia não se aplicar, segundo os especialistas jurídicos, se ficasse provado que uma empresa de mídia não estava atuando em sua capacidade de imprensa, mas como extensão das iniciativas de relações públicas de uma pessoa importante.

Todos os funcionários da AMI com quem falei disseram que a aliança com Trump havia distorcido a empresa e seus modelos de negócios. "Nunca imprimíamos uma palavra sobre Trump sem a aprovação dele", disse Jerry George, ex-editor sênior da AMI. Vários dos funcionários me contaram que Pecker colhera benefícios tangíveis. Disseram que pessoas próximas a Trump tinham apresentado Pecker a potenciais fontes de financiamento para a AMI. No verão de 2017, Pecker visitou o Salão Oval[76] e jantou na Casa Branca com um empresário francês conhecido por intermediar acordos com a Arábia Saudita. Dois meses depois, o empresário e Pecker se reuniram com o príncipe da coroa saudita, Mohammed bin Salman.

Alguns funcionários entenderam que a recompensa mais significativa foi o fato de a AMI acumular cada vez mais poder de chantagem sobre Trump. Howard se gabou aos amigos de que estava recusando ofertas de empregos na televisão porque achava que sua atual posição e sua capacidade de ameaçar pessoas com reportagens negativas lhe davam mais poder do que qualquer carreira no jornalismo tradicional. "Em teoria, é de pensar que Trump tem todo o poder naquela relação", Maxine Page, veterana da AMI, me disse. "Mas, na verdade, Pecker é que tem o poder — ele tem o poder de publicar essas histórias. Ele sabe onde os corpos estão enterrados." Essa preocupação também tinha passado pelas conversas com McDougal. "Alguém numa alta posição que controla o nosso país, se puderem influenciá-lo", ela disse a respeito de Trump, "é algo importante."

A relação entre a AMI e Trump era um exemplo extremo de como a mídia pode substituir seu papel de supervisão independente por alianças em coquetéis com pessoas que são objeto de reportagem. Mas, para a AMI, também era território conhecido. Ao longo dos anos, a empresa fizera acordos para engavetar reportagens sobre Arnold Schwarzenegger, Sylvester Stallone, Tiger Woods, Mark Wahlberg, e tantos outros que nem dá para contar. "Tínhamos histórias que comprávamos sabendo muito bem que nunca iríamos publicar", George disse.

Um após outro, os funcionários da AMI usaram a mesma frase para descrever essa prática de comprar uma história para enterrá-la. Era um termo antigo da indústria dos tabloides, "*catch and kill*" [pega e mata].

Parte 5
Indenização

52. Círculo

Dylan Howard tinha uma tendência vingativa, dez pessoas que trabalharam com ele me disseram. Ex-funcionários declarariam mais tarde à Associated Press que ele "descrevia suas parceiras sexuais abertamente na redação, discutia a vida sexual das funcionárias e forçava mulheres a assistir ou ouvir material pornográfico".[1] Em 2012, em resposta a queixas de colegas mulheres, a AMI deu início a uma investigação interna conduzida por um consultor externo. A empresa afirmou que o relatório não encontrou nenhuma transgressão "séria". A equipe jurídica confirmou que mulheres haviam feito queixas relativas a Howard, incluindo uma de que ele se oferecera para criar uma página no Facebook para a vagina de uma colega. Maxine Page, a veterana da AMI, disse que fez queixas em nome de várias outras mulheres. Liz Crokin, outra ex-repórter, disse que, depois de informar que Howard a tinha assediado ao consultor externo que investigava o assunto, acreditava ter sofrido retaliação de Howard, que passou a dar pautas menores a ela, negando-lhe as mais substanciais. Howard posteriormente negou todas as alegações de comportamento impróprio, e um porta-voz declarou que as mulheres estavam "descontentes".

Depois das minhas reportagens, vários colegas de Howard disseram que ele parecia enfurecido. Dois lembravam de tê-lo ouvido dizer que ia me "pegar". Um o avisou de que aquilo era bobagem, que a retaliação seria transparente demais. Mas Howard não se deixou dissuadir.

Por um breve e resplandecente momento, fui um vilão recorrente, em letras maiúsculas sem serifa, nas páginas do *National Enquirer*. Alguns dias depois de a história do porteiro ser divulgada, um primeiro pedido de comentário chegou, a respeito do tio que eu não lembrava de ter conhecido e a quem Weinstein mencionara em suas cartas com ameaças legais, "O *National Enquirer* tem a intenção de publicar uma reportagem[2] sobre o tio de Ronan Farrow, John Charles Villiers-Farrow, condenado por molestar sexualmente dois meninos de dez anos de idade". Não demorou, e intermediários começaram a me mandar mensagens solicitando, com agressividade, "fotos de pau". Como não mandei nenhuma, o *Enquirer* publicou uma queixa de que eu tinha me recusado. Caso eu desse uma resposta que parecesse vagamente galanteadora ou direta, Howard também publicava. Howard e seus colegas entraram em contato para que eu comentasse tramas inventadas, incluindo uma história segundo a qual eu e outro jornalista, que trabalhara numa reportagem criticando a AMI, havíamos participado em algum tipo de orgia sexual brasileira. (Ah, se a minha vida fosse assim tão animada...)

Howard e seus associados telefonavam, mandavam e-mails. Esses movimentos eram fórmulas batidas. E do lado de quem recebia as mensagens também existia um roteiro a ser seguido: responder, puxar o saco de Howard, trocar uma informação. O outro jornalista alvejado por Howard estava se comunicando com o *Enquirer* por meio de um advogado com boas conexões, muito bom em ter conversas tranquilas e negociar acordos, a pessoa certa para garantir que a AMI mantivesse o nome do jornalista de fora. Mas o outro jornalista não estava trabalhando em reportagens correntes sobre o assunto. Eu estava. Dobrar-se a ameaças vindas de um indíviduo hostil, por causa de uma reportagem, era exatamente a reação que quase tinha matado a reportagem sobre Weinstein no ano anterior. Eu não fiz nada e continuei apurando.

E essas eram somente as maquinações menos elaboradas de Howard. Como vários funcionários da AMI disseram, ele também ativara um agente freelancer associado a Coleman-Rayner — a mesma infraestrutura usada para criar gravações secretas para Weinstein — com o intuito de vigiar Jonathan em Los Angeles. A casa dele tinha sido observada, seus movimentos, acompanhados. Howard "chegava e dizia algo tipo, 'Vamos pôr alguém na cola do namorado do Ronan'", lembrou um dos funcionários. E depois, "Tenho uma pessoa seguindo o sujeito, vamos descobrir aonde ele vai". Howard disse que as declarações dos funcionários eram falsas. No fim das contas, disseram os funcionários, a rotina de Jonathan era tão chata que o detetive encarregado de vigiá-lo acabou desistindo.

"Eu sou interessante!", Jonathan disse, quando contei a ele. "Eu sou uma pessoa muito interessante! Eu fui a um *escape room*!"

Àquela altura, o cerco estava se fechando em torno da AMI. Vários veículos, entre eles o *Wall Street Journal*, ainda estavam examinando as transações da empresa em nome de Trump durante a eleição, e as revelações agitavam as forças policiais. Em abril de 2018, agentes do FBI deram uma batida no hotel e no escritório de Cohen em busca de registros[3] relacionados ao pagamento a McDougal e da correspondência entre Cohen, Pecker e Howard. A polícia foi atrás de Pecker e Howard. Em resposta às minhas reportagens, eles haviam negado tudo, dizendo que a ideia de comprar histórias para abafá-las era ridícula, e alegaram ter apenas intenções jornalísticas. Poucos meses mais tarde, fizeram acordos para evitar processos por uma batelada de crimes em potencial, incluindo desrespeito à lei de financiamento de campanha, e acabaram confessando tudo. No início da candidatura de Trump, admitiram, Pecker se reunira com Cohen e mais um integrante da campanha. "Pecker se ofereceu para ajudar a lidar com histórias negativas sobre as relações daquele candidato presidencial com mulheres, dispondo-se, entre outras coisas, a ajudar a campanha a identificar tais histórias, de modo que pudessem ser compradas e sua publicação barrada",[4] conforme dizia o acordo de não acusação. Tinham pegado, e tinham matado, com a intenção de mudar os rumos da eleição presidencial.

Como parte do acordo com os procuradores, a AMI prometeu "não cometer absolutamente nenhum crime" durante três anos. Um ano depois, o *Enquirer* enfrentava suspeitas de haver desrespeitado essa cláusula. Howard direcionou todas as forças do jornal à investigação de um possível adultério cometido por Jeff Bezos, o fundador e CEO da Amazon. Dessa vez, Howard conseguiu o tipo de imagem obscena que costumava procurar. (Além da mulher e da amante de Bezos, Dylan Howard parecia estar mais interessado no pênis do homem do que qualquer outra pessoa no planeta.) O velho roteiro se desenrolou: a AMI ameaçou publicar e pressionou Bezos a fazer um acordo. Bezos partiu para a ofensiva. "Não, obrigado, sr. Pecker", ele escreveu numa carta aberta. "Em vez de me render a extorsão e chantagem, resolvi publicar exatamente o que me enviaram, apesar do preço e da vergonha pessoal que isso possa causar."[5]

No início de 2019, quando procuradores federais examinavam se Howard desrespeitara o acordo para não ser processado e a AMI nadava em dívidas,[6] o *Enquirer* e suas publicações irmãs, *Globe* e *National Examiner*, foram vendidos por uma pechincha. O comprador, James Cohen, cujo pai fundara a franquia Hudson News, era mais conhecido como colecionador de arte e por ter dado uma festa de bat mitzvah de 1 milhão de dólares para a filha.[7] Rumores e dúvidas circularam: Cohen tinha mesmo financiado pessoalmente o acordo, ou havia outros fazendo isso nos bastidores? O *New York Post*, praticamente explodindo de prazer com a desgraça alheia, citou uma fonte familiarizada com a AMI, "Parece que a coisa toda poderia ser um grande círculo".[8]

O cerco também estava se fechando em torno de Harvey Weinstein. Nos meses seguintes à publicação das reportagens do *New York Times* e da *New Yorker*, dezenas de outras mulheres acusaram Weinstein de assédio sexual ou violência. O número cresceu para trinta, depois sessenta, depois oitenta.[9] Algumas, entre elas Canosa, entraram com ações legais. Forças policiais em Londres, Los Angeles e Nova York rondavam. No dia seguinte à publicação da primeira reportagem da *New Yorker*, a sargento Keri Thompson, investigadora do Esquadrão de Casos Arquivados do Departamento de Polícia de Nova York, que anos antes supervisionara a operação de escuta no caso Gutierrez, começou a viajar de norte a sul pela Costa Leste para achar Lucia Evans, a qual me contara que Weinstein a havia atacado sexualmente no escritório dele em 2004. Quando os investigadores encontraram Evans, disseram a ela que se prestasse queixa, poderia ajudar a colocar Weinstein atrás das grades. Evans queria ajudar. Mas estava com medo. Ela percebeu — e os policiais tiveram de concordar — que participar num processo criminal seria um evento doloroso. Os advogados de Weinstein jogariam sujo. Lançariam contra ela tudo que pudessem. "Acho que o mecanismo de autopreservação de todo mundo é acionado quando se toma uma grande decisão de vida como esta", ela disse. "O que isso vai significar para você? Como vai afetar sua vida, sua família, seus amigos?" Após meses de noites maldormidas, ela resolveu seguir em frente e prestar queixa contra Weinstein.

Na manhã de 25 de maio de 2018, cedo, uma SUV preta parou diante da Primeira Delegacia do Departamento de Polícia de Nova York. Com flashes de câmeras espocando, Thompson e outro investigador, Nick DiGaudio, foram ao encontro de Harvey Weinstein na SUV e o conduziram ao interior da delegacia. Para a ocasião de sua entrega voluntária à polícia, Weinstein se vestira como um professor universitário bem-educado, com um blazer preto e um suéter azul-clarinho com gola em V.

Sob um dos braços, carregava uma pilha de livros acerca de Hollywood e da Broadway. Weinstein desapareceu dentro do prédio para ser fichado sob acusações de estupro e ato sexual criminoso. Quando mais tarde foi levado para fora, os livros tinham desaparecido, e suas mãos estavam algemadas.

Weinstein foi acompanhado por seu advogado mais recente, Benjamin Brafman, e por um detetive particular chamado Herman Weisberg. Weisberg era um ex-investigador do Departamento de Polícia de Nova York, e sua empresa, Sage Intelligence and Security, alardeava a experiência do dono tanto quanto detetives israelenses ostentavam seus currículos como ex-agentes do Mossad. Já fazia um tempo que ele trabalhava para Weinstein — no outono anterior, antes de minha reportagem ser publicada, tinha andado atrás de McGowan, e durante uma reunião com Weinstein anunciara ter descoberto um inquérito, ainda desconhecido do público, sobre a suspeita de que McGowan fora pega portando drogas. "Podemos vazar essa informação?", Weinstein perguntara, animado. Ex-colegas chamavam Weisberg de "sabujo".[10] Era especializado em encontrar e interrogar testemunhas.

Apesar de todo o simbolismo de sua ida à delegacia, Weinstein pagou a fiança de 1 milhão de dólares no mesmo dia e foi para casa. Usando tornozeleira eletrônica, recebeu permissão para se deslocar entre suas residências em Nova York e Connecticut. Nos meses que se seguiram, o caso do Departamento de Polícia de Nova York se expandiu, passando de duas mulheres para três e recebendo o acréscimo de uma acusação de "ataque sexual predatório" contra Mimi Haleyi, uma ex-assistente de produção que alegava ter sido atacada no apartamento de Weinstein em 2006.[11] Mas a ofensiva de Weinstein também se expandiu, seus tentáculos envolvendo aqueles que concordaram em participar do caso e aqueles que trabalharam nele.

Na imprensa e para os procuradores, Brafman vociferou que Weinstein tinha mensagens simpáticas de Haleyi, inclusive uma pedindo um encontro depois do suposto ataque.[12] E, após o trabalho de Weisberg, surgiram bases prolíficas para desacreditar DiGaudio, o investigador. Uma testemunha periférica no caso de Lucia Evans alegava ter dado a DiGaudio novos detalhes que ele então ocultou dos procuradores. DiGaudio negou — mas aquela era toda a munição de que Brafman precisava.[13] Ele expressou ultraje público e acusou as forças policiais de conspiração contra Weinstein. DiGaudio foi afastado do caso. A acusação de Lucia Evans contra Weinstein foi invalidada. "Duas coisas podem ser verdade", uma fonte da procuradoria me disse. "Você pode acreditar numa sobrevivente, mas consentir em rejeitar a acusação dela porque manter a queixa resultaria no enfraquecimento das demais acusações devido ao que aconteceu no processo."

Brafman atribuiu o resultado a um espetacular trabalho de espionagem particular. "Qualquer sucesso que eu tenha no caso Weinstein, Herman teve papel substancial nessas conquistas",[14] Brafman declarou, explicando que Weisberg ajudara a "descobrir materiais"[15] sobre "várias das testemunhas importantes da procuradoria".

Logo, parecia que a miríade de processos poderia também se resolver em benefício de Weinstein. Alguns meses após a acusação de Evans ter sido invalidada, começaram a circular relatos de que Weinstein e a antiga diretoria da Weinstein Company estavam considerando um acordo abrangente de 44 milhões de dólares para pôr fim às acusações civis.

Ainda havia muita coisa contra Weinstein. Restavam várias acusações criminais em Nova York à espera de julgamento. Autoridades em Los Angeles e Londres continuavam a levantar processos. Várias mulheres com acusações civis olharam de través para a perspectiva de um acordo abrangente fácil, e foram a público pedir que suas ações criminais prosseguissem.[16]

Enquanto Weinstein se preparava para o julgamento criminal, um pequeno artigo sobre ele saiu na coluna social "Page

Six".[17] Numa foto, ele aparecia debruçado sobre o balcão da Cipriani Dolci no mezanino do terminal ferroviário Grand Central. Seu pescoço cor-de-rosa sobressaía numa camiseta preta larga. Vários centímetros de cueca apareciam acima de uma calça jeans folgada. Ele parecia mais magro, mais velho, mais encurvado que antes. O artigo tratava do grupo de homens com terno escuro reunidos ao redor de Weinstein; todas as cabeças estavam inclinadas em conversa compenetrada. O texto dizia que um deles era um detetive particular, outro, um advogado.[18]

Por mais baixo que houvesse caído, lá estava Harvey Weinstein com seus mercenários, tramando, planejando e se preparando para lutas que estavam por vir. Para Weinstein e outros como ele, o exército de espiões ia muito bem, obrigado.

53. Axioma

Foi depois da história sobre o suposto filho ilegítimo de Trump, e era verão mais uma vez, que deparei com as primeiras pistas relativas às atividades da Black Cube após o trabalho para Weinstein. Tinha acabado de entrar num vagão de metrô quente e abafado quando recebi a ligação. O identificador de chamada dizia "Axiom". Passado um momento, chegou uma mensagem. "Estou tentando entrar em contato com você de modo direto e privado. Tem a ver com uma Frigideira Resistente a Riscos. Às vezes eu cozinho e o revestimento preto me assusta."

Não fazia muito tempo, eu havia postado nas redes sociais a foto de uma frigideira comercializada sob a marca Black Cube. "Resistente a riscos. Pode usar identidades falsas e empresas de fachada para extrair informação", escrevera. ("Ha, ha, ha", foi o comentário seco de Ambra Gutierrez.)

Quando o metrô entrou num túnel, respondi, "Pode dizer mais sobre quem você é?".

"Posso dizer que faço vigilância." E posteriormente, resistindo aos meus pedidos por mais informação, "Vamos ter que nos encontrar com discrição e nos assegurar de que não estamos sendo seguidos".

Alguns dias depois, eu abria caminho em meio à multidão suada da área dos teatros. Havia sugerido que nos encontrássemos no restaurante brasileiro onde peguei a gravação com Gutierrez. Cheguei no horário marcado, pedi uma mesa para dois e sentei. O telefone tocou com uma chamada de sinal criptografado. "Axiom" apareceu na tela mais uma vez.

"Não faça o pedido", disse uma voz de homem.

Olhei ao redor novamente. Ninguém que eu conseguisse enxergar.

"Você está com bolsa a tiracolo, camisa azul-clara e jeans um pouco mais escuro", ele continuou. Disse-me que saísse dali andando devagar.

"Caminhe no sentido contrário ao trânsito, por favor."

Estiquei o pescoço para espiar ao redor.

"Não olhe ao redor", ele prosseguiu, um tanto irritado. "Vou estar a mais ou menos meia quadra de distância, então, por favor, pare por um minuto ou um minuto e meio nos cruzamentos. Vou me assegurar que as mesmas pessoas não aparecem daqui até lá."

Enquanto ele me conduzia por uma rota rebuscada através de Hell's Kitchen, tentei conferir mais uma vez. "Não olhe, apenas caminhe com naturalidade. No sentido contrário ao trânsito. Assim está bom, siga em frente." Ele me disse que parasse num restaurante peruano localizado num porão onde não havia sinal de celular. "Peça uma mesa no fundo, bem no fundo."

Fiz o que ele disse. Dez minutos depois, um homem sentou diante de mim. Tinha cabelo escuro e encaracolado e uma barriguinha. Falava com forte sotaque ucraniano.

"Sou uma parte envolvida", disse Igor Ostrovskiy. Passou um telefone pela mesa. Fez um gesto para que eu examinasse as fotografias no aparelho. Lá estava a minha quadra, minha porta de entrada, meu zelador do lado de fora. E lá estava o Nissan, com dois homens dentro: Ostrovskiy, moreno e rechonchudo, e Khaykin, pálido e careca, com olhar tenaz.

Ostrovskiy disse que eles trabalhavam para uma empresa de investigação particular licenciada em Nova York. "Mas o produto do trabalho, os relatórios finais, levavam o nome da Black Cube."

"Por que você está fazendo isto?", perguntei.

Grande parte do que a dupla de detetives fazia era coisa rotineira — seguir cônjuges infiéis ou desencavar sujeira em casos de custódia, serviços que "podem não ser éticos mas também não são ilegais" —, porém o trabalho para a Black Cube era algo diferente. Ostrovskiy contou sobre as tentativas de me seguir, pessoalmente e por meio do meu telefone. Lembrei dos spams — os alertas meteorológicos e depois a batelada de pesquisas políticas que recebi no World Trade Center. Ele não sabia se havia conexão, mas disse que obtivera informações precisas quanto à minha localização mais ou menos na mesma hora que eu recebera as mensagens de pesquisa. "Eu temo", Ostrovskiy disse, "que possa ser ilegal." Ele não gostou das táticas usadas contra mim. E não era só contra mim. A empresa terceirizada continuava seguindo pessoas para a Black Cube. Ostrovskiy queria saber por quê.

Ele leu para mim uma lista de nomes-alvo e as datas e horários das operações de vigilância sobre essas pessoas. Num restaurante de hotel refinado após outro, os detetives terceirizados tinham monitorado encontros entre agentes da Black Cube e indivíduos que pareciam ser especialistas em tecnologia e crimes cibernéticos. Vários eram especializados em novas soluções agressivas para hackear e monitorar telefones celulares — como o software Pegasus, criado pela empresa de inteligência cibernética israelense NSO Group, sobre o qual Sleeper havia demonstrado preocupação.

Ostrovskiy disse que as poucas informações de que dispunha tinham sido projetadas "com o intuito de serem rastreadas de volta a mim". Temia estar sendo vigiado. Chegara a fazer uma varredura nas vizinhanças do restaurante antes de entrar.

Eu também estava ficando cauteloso. Havia pedido a uma colega que andasse algumas quadras atrás de mim e que ficasse de olho no restaurante. Unjin Lee, uma coreana-americana magra com pouco mais de um metro e meio de altura, não era exatamente treinada em Krav Maga, mas avistaria qualquer um que me seguisse.

Ostrovskiy e eu saímos separados, com dez minutos de intervalo. Quando eu estava a uma distância segura do local, Lee telefonou. Um homem parecia nos ter seguido: ficou para trás quando entramos e então ali perto da porta por mais de uma hora.

No fim, nada é certo, exceto a morte, os impostos e as investigações do Distrito Sul de Nova York. Procuradores federais dessa divisão tinham começado a cercar a Black Cube depois da minha reportagem a respeito da agência de espionagem no fim de 2017, lançando uma investigação por meio da Unidade de Fraudes Complexas e Crimes Cibernéticos.[19] Não demorou muito para que os procuradores, que também averiguavam Harvey Weinstein e a AMI, quisessem se encontrar comigo, não como repórter mas como testemunha.

As ligações e mensagens do Distrito Sul começaram a chegar nos dias que sucederam à reportagem sobre McDougal em fevereiro de 2018, e não diminuíram nos meses seguintes. Os pedidos vinham dos próprios procuradores do Distrito Sul e de intermediários, entre eles Preet Bharara, o ex-procurador da República da divisão. As mensagens eram dirigidas a mim e a Bertoni, o advogado da *New Yorker*.

Um colega da faculdade de direito que trabalhava na justiça andava enviando mensagens também, dizendo que precisávamos pôr o papo em dia. Pouco depois de Ostrovskiy e eu termos nos encontrado pela primeira vez, fui caminhando numa noite quente até um pequeno restaurante perto do World Trade Center, onde jantaria.

Estava sentado no bar, suado e vestido de qualquer jeito, quando a voz dele soou. "Oi."

Ergui os olhos do telefone. Uma fileira de dentes perfeitos reluziu. Ele era tão simétrico quanto o padrão dos modelos de catálogo. Até seu nome era de ator, um nome inventado, o nome do médico mais confiável num subúrbio da década de 1950.

Chegou mais perto. Mais um sorriso de cegar qualquer um. "Faz tempo, hein?"

Eu, me sentindo mal-ajambrado, "Ando ocupado".

"Nem posso imaginar com quê."

Ele pediu drinques para nós, depois nos acomodamos num reservado.

O jantar foi gostoso, com muito "como *anda* fulano?". Eu me esquecera do quanto havia me afastado de minha própria vida. Se não fosse pelas iniciativas agressivas de vigilância, não teria absolutamente nenhuma vida social.

Ele tinha se casado, contou.

"Que tal?"

Deu de ombros. "Complicado. Você?"

"Vou bem. Ele é ótimo." Uma fração de segundo de silêncio. Pensei no ano longo e tenso com Jonathan.

"Mas também complicado?", ele perguntou.

"Bom, a distância é difícil."

Ele olhou para mim com pena. "Você está sob muita pressão."

"Agora não está tão ruim. Você também deve estar."

Ele se inclinou para mais perto. O sorriso mais caloroso de todos, agora não mais apropriado nem para catálogos. "Não precisa ser assim, sabe?", disse. Dava para sentir seu hálito do outro lado da mesa estreita. "Dar conta de tudo isso. Sozinho."

Estava ajeitando a faca em frente a ele, passando o dedo pelo comprimento prateado do talher.

"Está falando de..."

"Você devia se apresentar."

"Ah."

"Ser testemunha. Não será obrigado a revelar nenhuma fonte, se não quiser."

Eu me retraí e me aprumei. "Você sabe que não pode garantir isso."

"E daí?", ele indagou. "Se você é uma vítima, devia falar."

O interesse pessoal parecia benigno e separado dos pedidos profissionais. Mas as duas dinâmicas se chocavam com certo desconforto. Quando saímos do restaurante para a noite e nos despedimos, ele se demorou um tantinho no abraço de tchau. "Me liga", disse. "Se mudar de ideia a respeito de qualquer coisa." Então deu seu sorriso de propaganda de pasta de dentes por cima do ombro e se afastou caminhando pela noite.

Bertoni e eu analisamos o dilema. Trabalhar com a justiça era uma decisão complicada para todo veículo jornalístico. Havia situações óbvias em que jornalistas deviam procurar a polícia, incluindo qualquer delação de perigo físico iminente para alguém. Mas, naquele caso, não era fácil decidir. Não era inconcebível que eu fora vítima de um crime, desde a vigilância por meio de meu celular até as tramoias usadas para extrair informações sobre minhas reportagens. Mas eu não tinha certeza se havia perigo suficiente, para mim mesmo ou para outros, para que eu fosse me encontrar com procuradores e responder a perguntas que rapidamente poderiam envolver fontes e investigações que eu prometera manter em segredo. Proteger aquelas fontes, entre elas Ostrovskiy, tinha que ser minha prioridade. E a questão não era só eu. Bertoni temia que qualquer conversa com a justiça fosse estabelecer um precedente perigoso para a *New Yorker*. Se disséssemos sim naquela situação, poderíamos mais tarde nos recusar a colaborar em inquéritos sobre, digamos, um dedo-duro do governo?

54. Pegasus

No começo, Ostrovskiy não queria me dar o nome do seu chefe. Mas havia pistas mais que suficientes. Numa das imagens que ele me mostrara, dava para ver a placa do Nissan. Digitei o nome que descobri, e encontrei um vídeo promocional.[20] "Sou o cara que está na rua. Aquele que entra em ação", um homem careca com sotaque russo dizia no vídeo. "Meu nome é Roman Khaykin. E eu sou o fundador do InfoTactic Group."

Uma batida tecno animada tocava. Sobre imagens feitas com câmeras de lapela, letreiros prometiam "o melhor equipamento de vigilância de alta tecnologia". Khaykin, fazendo sua melhor imitação de James Bond ou Ethan Hunt, disparava em movimentos atléticos em meio a multidões. Era adoravelmente cafona. A InfoTactic era pequena, só um punhado de freelancers, a maior parte deles com emprego fixo. Ainda assim, Khaykin, ao longo do ano em que trabalhara para a Black Cube, tentara ultrapassar limites, o que incluía desde a localização de pessoas pelo serviço de celular até suas afirmações fanfarronas de que podia obter registros financeiros de modo ilícito.

No vídeo, Khaykin falava muito a sério a respeito de suas habilidades. "Quando eu era pequeno e aprendi a ler", declarava, "eu deixava meus pais fascinados com a minha capacidade de memorizar o texto do meu livro preferido: *Sherlock Holmes*."

Ostrovskiy continuou dividindo comigo o que sabia sobre as operações correntes da InfoTactic para a Black Cube. Às vezes eu ia ao lugar designado, ou mandava colegas que tinham menos possibilidade de serem detectados, para observar de longe. O padrão era sempre o mesmo: agentes disfarçados da Black Cube se encontrando em hotéis de luxo com especialistas em crimes cibernéticos e tecnologia.

Ostrovskiy e eu também nos encontrávamos, em restaurantes horrorosos que imediatamente abandonávamos para conversar aos sobressaltos caminhando por rotas rebuscadas em ruelas e becos. Certa vez, nos acomodamos num canto mal iluminado do lobby de um hotel e conversamos durante meia hora, até que ele pediu licença de maneira abrupta para logo após retornar preocupado, dizendo que precisávamos nos apressar. Desconfiou que dois homens sentados nas proximidades estavam nos seguindo. Eles pareciam profissionais. Estavam observando com muita atenção. Pegamos um táxi, depois outro. Ele pediu a um dos taxistas que parasse na West Side Highway, estacionasse no acostamento e esperasse até que potenciais perseguidores passassem reto ou se delatassem ao diminuir a velocidade. Um ano antes, eu teria considerado a paranoia excessiva.

Durante o resto de 2018, dei prosseguimento à minha reportagem sobre o mundo da inteligência particular israelense, mantendo a Black Cube sob meu radar no processo. Eido Minkovsky, o cordial freelancer que cuidava das relações públicas da agência, era um contato regular. “Ronan, querido”, ele dizia quando eu ligava. “Não se divorcie de mim”, escrevia, respondendo de modo evasivo ao meu mais recente questionamento para a reportagem. Em janeiro de 2019, aceitou tomar um drinque numa de suas paradas regulares em Nova York.

Várias horas antes daquele encontro, Ostrovskiy ligou. A Black Cube ordenara a Roman Khaykin e à InfoTactic que encontrassem uma caneta capaz de gravar áudio secretamente. Ostrovskiy mandou uma foto da caneta espiã que haviam achado. Era cor de ébano com o prendedor prateado: algo que ninguém notaria, a menos que estivesse prestando atenção. Mas a caneta tinha certas características reconhecíveis, como um pequeno anel cromado numa altura específica do tubo.

Minkovsky e eu tínhamos combinado nos encontrar numa vinheria em Hell's Kitchen. Cheguei e dei com ele acomodado num canto, com um sorriso de gato da Alice. Minkovsky pediu um coquetel, precedido por sua habitual enxurrada de bajulações. Então anunciou que faria anotações relativas às minhas perguntas para a reportagem. Tirou do bolso do paletó uma caneta preta com prendedor prateado.

"Engraçado, tenho uma igual", eu disse.

O sorriso dele murchou. "É uma caneta especial", ele disse. "Das Indústrias Minkovsky."

Perguntei a Minkovsky se estava gravando. Ele pareceu ofendido. Informava Zorella, o fundador da Black Cube, de qualquer encontro, claro. Tinha que ser assim. Passava pelo polígrafo periodicamente. Mas, "Ronan, eu nunca, jamais gravaria".

Mais tarde, Minkovsky afirmaria que a caneta usada por ele era perfeitamente inocente e que ele não sabia da existência de nenhuma outra. Mas saindo do encontro naquela noite, mandei uma mensagem de texto para Ostrovskiy, "Você sabe a quem aquela caneta foi entregue?". E ele respondeu com uma série de fotografias, todas mostrando Minkovsky numa esquina, logo antes de nos encontrarmos, aceitando a entrega da caneta espiã.

Alguns dias depois, a caneta espiã pareceu ressurgir na mais recente operação da Black Cube. Um homem de meia-idade, com barba branca bem aparada, que se identificou como Michael Lambert, sentou para almoçar com John Scott-Railton, pesquisador do grupo de fiscalização independente Citizen Lab. Lambert dissera que trabalhava para a empresa de tecnologia agrícola CPW-Consulting, com sede em Paris, e pedira um encontro com Scott-Railton para falarem sobre sua pesquisa de doutorado, que tratava do uso de câmeras instaladas em pipas para a criação de mapas — coisa que aparentemente existe mesmo.

Mas quando chegou a comida, o interesse de Lambert se desviou.[21] O Citizen Lab, que monitora com apoio governamental iniciativas de vigilância e hackeamento de jornalistas, informara recentemente que o software Pegasus do NSO Group afetara um iPhone[22] pertencente a um amigo do jornalista Jamal Khashoggi, pouco antes de agentes sauditas desmembrarem Khashoggi com uma serra ortopédica. A investigação despertara fortes críticas ao NSO Group, o qual negou que seu software tivesse sido usado para alvejar Khashoggi, mas também se recusou a responder perguntas sobre a possível venda do software ao governo saudita. Lambert queria saber a respeito do trabalho do Citizen Lab em relação ao NSO Group. Perguntou se havia algum "elemento de racismo" na atenção a um grupo israelense. Pressionou Scott-Railton para saber sua opinião acerca do Holocausto. Enquanto conversavam, Lambert pegou uma caneta preta com prendedor prateado e um anel cromado no tubo. Colocou-a em cima de um bloco de anotações, na sua frente, com a ponta dirigida para Scott-Railton.

O roteiro era conhecido. Nas operações em que Stella Penn Pechanac estivera envolvida, alvejando funcionários do West Face Capital e críticos do AmTrust Financial Services, agentes da Black Cube também haviam solicitado declarações antissemitas.[23] Mas agora o alvo estava ciente: desconfiando de um subterfúgio, Scott-Railton se cobrira de dispositivos de gravação. Estivera gravando o tempo todo.

Era uma espécie de confronto de espião versus espião — e cada um trouxera sua própria retaguarda para garantir. Raphael Satter, jornalista da Associated Press com quem Scott-Railton vinha trabalhando, chegou com uma câmera e se pôs a questionar o homem que, no fim das contas, não se chamava Michael Lambert. O disfarce do agente da Black Cube fora exposto. De uma mesa próxima, Ostrovskiy também observava e fotografava o encontro. Khaykin, que estivera ali mais cedo e depois saíra, começou a ligar, apoplético. "Nosso homem se queimou!", ele disse. "Vá pro lobby imediatamente! Ele precisa sair."

O agente da Black Cube se esgueirou para fora por uma entrada de serviço. Ostrovskiy pegou o agente e sua bagagem, então dirigiu em círculos, tentando despistar potenciais perseguidores. Enquanto circulavam, o agente fazia ligações frenéticas tentando reservar o primeiro voo possível para fora de Nova York. Em sua bagagem havia uma etiqueta de identificação com o nome "ALMOG" e um endereço domiciliar em Israel. Esse nome era real: o agente era Aharon Almog-Assouline, oficial de segurança israelense aposentado, que se descobriu posteriormente ter participado de uma série de operações da Black Cube.[24]

A Black Cube e o NSO Group mais tarde negariam qualquer conexão com a operação contra o Citizen Lab. Mas em muitos dos encontros que Ostrovskiy me descrevera nos meses anteriores, Almog-Assouline estivera presente, parecendo alvejar figuras que criticavam o NSO Group e diziam que o software da empresa estava sendo usado para prejudicar jornalistas.

A Black Cube ficou furiosa com a operação frustrada. A agência ordenou que todos que tivessem conhecimento sobre o assunto passassem imediatamente por testes de polígrafo. Ostrovskiy ligou, receando que cedo ou tarde seria descoberto. Queria falar, e não apenas a um repórter. Tinha conhecimento de operações de espionagem por parte de agentes com conexões próximas a um governo estrangeiro em solo americano. Já tentara falar com o FBI, mas sua ligação foi transferida de um agente descrente a outro, até finalmente desligarem o telefone. Perguntou se eu tinha um contato melhor na justiça. Liguei para Bertoni. Ele ainda fazia questão de manter um mínimo possível de comunicação direta com procuradores. Mas concordou que não havia nada de errado em informar uma fonte sobre como chegar às autoridades.

A última vez que conversei acerca da questão com meu antigo colega de faculdade foi em outro restaurante no Financial District. Cheguei todo molhado depois de uma chuvarada. Ele, bem sequinho, abriu outro sorriso perfeito e pediu drinques.

"Você devia pensar no assunto", disse mais uma vez. Na mesa, sua mão estava a um fiozinho da minha. "Não precisa dar conta disto tudo sozinho."

Fiquei pensando como seria. Então afastei a mão alguns centímetros. Disse que não falaria, mas que tinha fontes que podiam falar. Pedi o contato correto para dar a elas.

Pouco depois, mandei para Ostrovskiy um nome no Distrito Sul de Nova York. Ostrovskiy contratou um advogado — John Tye, o mesmo advogado delator que consultei — e deu início ao processo de se oferecer como testemunha.

55. Desmanchando

Na NBC News, o ano que se seguiu à história sobre Weinstein foi complicado. No fim de novembro de 2017, Savannah Guthrie, usando um vestido floral preto adequado para um enterro matutino na TV, anunciou que Matt Lauer havia sido demitido na noite anterior. A "queixa detalhada de uma colega sobre conduta sexual inapropriada no local de trabalho" fora revelada menos de 48 horas antes. Ela disse que estava "com o coração partido", chamou Lauer de "meu querido amigo" e enfatizou que ele era "adorado por muita, muita gente aqui".

Guthrie leu uma declaração de Andy Lack sugerindo que a chefia também estava chocada em relação a Lauer. A colega anônima fizera "a primeira queixa sobre o comportamento dele nos mais de vinte anos que ele trabalhou para a NBC News". A rede de televisão se mexeu com rapidez para incutir amplamente tal ideia na imprensa.

Depois do anúncio, Oppenheim juntou integrantes da unidade de investigação na sala de reuniões do quarto andar. Disse que enquanto o comportamento alegado pela colega anônima era "inaceitável", o que ocorrera fora uma quebra de conduta profissional, e não um ato de natureza criminosa. "Parte do comportamento se deu no local de trabalho. E Matt Lauer é Matt Lauer", ele disse. "Então, obviamente, há uma diferença de poder aqui." Mas, enfatizou Oppenheim, os funcionários da emissora que conversaram com a colega anônima "não disseram que ela usou palavras como 'crime' ou 'ataque'". Logo, artigos com a contribuição da equipe de comunicação da NBC transmitiam a mesma mensagem. Quando a emissora colaborou com a revista *People* numa reportagem de capa para anunciar Hoda Kotb como substituta de Lauer — "Hoda & Savannah: 'Ficamos de coração partido'", era a chamada —, aquela linha de ação ficou ainda mais explícita. "Diversas fontes descrevem a causa da demissão como um caso que ia contra os termos de emprego da NBC", dizia o artigo.[25] "Fontes inicialmente declararam ao *Post* que Lauer fora acusado de ataque sexual", informou a coluna social "Page Six", "mas posteriormente se falou em conduta sexual inapropriada."[26] Veículos de imprensa que na época estavam em contato com a NBC disseram que a emissora não fez nenhuma tentativa de alterar as descrições da questão como um caso amoroso.

Oppenheim também ecoou a sugestão de Lack de que a emissora não tinha conhecimento de nenhuma queixa relativa a Lauer até dois dias antes, quando a colega anônima fizera sua queixa. A declaração pareceu estranha a vários jornalistas presentes. Havia semanas a *Variety* e o *New York Times* vinham trabalhando em artigos que acusavam Lauer de reiterada má conduta sexual, telefonando para várias pessoas na emissora ao longo da apuração. E muitas pessoas que trabalhavam no prédio tinham ouvido reclamações sobre Lauer bem antes disso. Na reunião com Oppenheim, McHugh ergueu a voz mais uma vez, "Antes de segunda-feira, vários de nós ouvimos boatos de coisas sobre Matt... vamos deixar assim. Antes de segunda, será que a NBC estava ciente de qualquer alegação de má conduta sexual contra Matt?".

"Não", Oppenheim disse. "Nós examinamos os registros e, como dissemos no comunicado, não houve nenhuma alegação feita internamente em vinte anos" em "qualquer lugar onde pudesse haver um registro de algo assim." O uso enviesado da linguagem era relevante: era de esperar que não houvesse registros formais no RH sobre uma figura importante como Lauer. Weinstein também afirmara com veemência que não havia registros "formais" de alegações de má conduta sexual em seu arquivo. O mesmo valia para Bill O'Reilly, da Fox News. Mas aquela não era a questão. McHugh não perguntara sobre registros formais — ele perguntara se a NBC estava "ciente". E, quanto a isso, Oppenheim foi menos claro. "Todos nós lemos o *New York Post* e passamos por prateleiras no caixa do supermercado e vemos o *National Enquirer*", ele disse. "Não há muito que se possa fazer em relação a isso, sobretudo quando as partes envolvidas dizem que isso é besteira do *National Enquirer*."

Oppenheim estava certo: funcionários da AMI e registros internos mais tarde revelariam que Lauer havia sido o grande foco de atenção do *Enquirer* durante os anos de 2017 e 2018. Uma troca de e-mails com o tabloide continha até o currículo da colega anônima cujas acusações levaram à demissão.

Pouco depois disso, Greenberg chamou McHugh a sua sala e McHugh desconfiou que fosse uma tentativa de determinar se ele estava falando com a imprensa. McHugh disse que estava perturbado com as coisas que vinha descobrindo acerca dos problemas internos da NBC e com a possibilidade de aquilo ser um peso na nossa cobertura sobre Weinstein. "É o que estão dizendo por aí, está todo mundo dizendo que..."

"Que eles estavam acobertando Matt Lauer", Greenberg disse.

"É", McHugh respondeu.

"Você acha mesmo que sabiam do problema com Matt Lauer?", Greenberg perguntou.

McHugh olhou bem nos olhos dele e disse, "Acho".

Nos meses seguintes, a mensagem de que ninguém na NBC sabia nada sobre Lauer se tornou uma batida constante. Em maio de 2018, a NBCUniversal anunciou os resultados finais de uma investigação interna. "Não encontramos evidência indicando que qualquer integrante da chefia da NBC News ou do *Today*, o departamento de recursos humanos ou outros em posição de autoridade na Divisão de Notícias tenham recebido qualquer reclamação relativa ao comportamento de Lauer no local de trabalho antes de 27 de novembro de 2017", concluiu o relatório interno.[27] A rede de televisão resistira a pedidos de investigação independente,[28] vindos tanto de outros órgãos de imprensa como da própria NBC. Advogados externos foram chamados para revisar os resultados após o acontecido, mas a pesquisa foi conduzida inteiramente pela equipe de Kim Harris, incluindo Stephanie Franco, a vice-presidente do departamento trabalhista. No dia em que se anunciou o relatório interno, Oppenheim e Harris convocaram outra reunião de crise com a unidade de investigação. Os jornalistas reunidos irromperam em perguntas céticas. McHugh estava mais uma vez entre eles. "A NBC alguma vez pagou uma funcionária que apresentou informações sobre Matt para assinar um acordo de confidencialidade?", ele perguntou. Harris piscou. "Hum", ela disse, "não."

Então ele perguntou se tinha havido algum acordo nos últimos "seis ou sete anos", com qualquer funcionário, relativo a assédio de modo geral. Mais hesitação. "Não que eu saiba", Harris finalmente disse.

A certa altura na reunião, Harris parecia estar ficando cada vez mais impaciente com as exigências feitas pelos jornalistas de que se fizesse uma auditoria independente. "Tenho a impressão de que uma voz externa, chegando ou não às mesmas conclusões que foram apresentadas, fará a coisa se dissipar mais rápido", disse uma mulher. "Isto é tão frustrante."

"Bom, se a *imprensa* parasse de fazer cobertura, a coisa iria se dissipar", Harris disse.

Houve uma pausa, então outro jornalista investigativo disse, "Mas *nós* somos a imprensa".

Desde o início, outros veículos de imprensa publicaram reportagens que não batiam com as declarações de Oppenheim e Harris sobre o que a emissora sabia. Horas depois de a NBC anunciar a demissão de Lauer, a *Variety* afirmou que "várias mulheres [...] reclamaram a executivos da emissora sobre o comportamento de Lauer, coisa que entrou por um ouvido e saiu pelo outro devido aos anúncios lucrativos do *Today*". A publicação sugeriu que reclamações relativas a Lauer eram um segredo de polichinelo.[29] Ele tinha dado um brinquedinho sexual a uma colega com um bilhete explícito dizendo como gostaria de usar a peça com ela. Fazia brincadeirinhas de "foder/casar/matar" com o microfone aberto em intervalos comerciais. Clipes de teor semelhante começaram a surgir, inclusive um de 2006 em que Lauer parecia dizer a Meredith Vieira, "Isso, continue inclinada assim. A vista é bonita".[30] Num evento fechado no Friars Club em 2008, em que os colegas zombavam de Lauer, Katie Couric apresentara uma lista de *top ten*, ao estilo de David Letterman, que incluía uma referência a um ato sexual entre Lauer e Ann Curry, e Jeff Zucker, então chefe da NBCUniversal, fez uma piada em que a mulher de Lauer o forçava a dormir no sofá por causa de suas indiscrições. Donald Trump, que na época era apresentador do programa *The Celebrity Apprentice*, estava presente. "A tese era que ele fazia o programa e depois mantinha relações sexuais com mulheres, com funcionárias", Joe Scarborough disse no ar. "Então, será que isso era cochichado atrás de portas fechadas? Não. Era gritado do topo das montanhas e todo mundo dava risada."[31]

Várias funcionárias juniores do *Today* disseram que Lauer tentara descaradamente arranjar encontros sexuais com elas em sua sala. Addie Collins, ex-assistente de produção, me contou que Lauer havia dado em cima dela com agressividade, quase de maneira obsessiva, em 2000, quando ela tinha 24 anos. Ela guardou muitos dos bilhetes que ele lhe enviara pelo e-mail de trabalho ou pelo software usado para manter os resumos dos programas. "AGORA VOCÊ ESTÁ ME MATANDO... ESTÁ LINDA HOJE! ESTÁ UM POUCO DIFÍCIL ME CONCENTRAR", dizia um bilhete bem típico.[32] Devido ao poder de Lauer no local de trabalho, Collins me disse que achara difícil recusar quando ele passou a lhe ordenar que fosse ao seu camarim ou até, uma ocasião, ao reservado do banheiro, para desempenhar favores sexuais. Ela havia consentido, mas aquilo a deixara enojada, com medo de perder o emprego, com medo de retaliação. Embora não pudesse provar, desconfiava que Lauer posteriormente tinha contribuído para que ela perdesse oportunidades profissionais.

Algumas das mulheres alegavam que suas relações com Lauer na sala dele não foram consensuais. Uma ex-funcionária da NBC declarou ao *New York Times* que, em 2001, Lauer a chamou a sua sala e então apertou o botão na mesa de trabalho que, como em muitas salas de executivos no 30 Rock, fechava a porta por controle remoto. Ela disse que se sentiu indefesa quando ele baixou a calça dela, debruçou-a numa cadeira e fez sexo com ela.[33] Ela desmaiou. A assistente de Lauer a levou à enfermaria.

Ao longo de 2018, fiquei sabendo de sete alegações de conduta sexual imprópria feitas por mulheres que trabalhavam com Lauer. A maior parte das mulheres poderia indicar documentos, ou pessoas com quem tinham conversado na ocasião, para corroborar seus relatos. Várias disseram que haviam contado a colegas e acreditavam que a emissora soubesse do problema.

Eu também estava começando a descobrir um padrão relativo às mulheres que faziam queixas. Nos anos após 2011 ou 2012 — o período em que Harris alegava que a NBC não fizera acordo financeiro com nenhum funcionário devido à questão de assédio —, a emissora na verdade fechou acordos de confidencialidade com ao menos sete mulheres que alegaram ter sofrido assédio ou discriminação na empresa. Os acordos também exigiam que as mulheres abrissem mão do direito de entrar com um processo. Na maior parte dos casos, as mulheres receberam pagamentos substanciais, que, segundo certas pessoas envolvidas nas transações, eram muito maiores que qualquer compensação convencional por sair de uma empresa. Quando Harris disse que não estava ciente de nenhum acordo relativo a assédio, pareceu se aproveitar de um detalhe técnico: muitos dos pagamentos eram algo a que a emissora se referia como "exoneração de destaque", oferecida às mulheres quando deixavam o emprego. Mas os indivíduos envolvidos — inclusive do lado da empresa — questionavam essa descrição, dizendo que os acordos visavam impedir que as mulheres com alegações falassem.

Várias das mulheres que assinaram os acordos de confidencialidade tinham queixas relacionadas não a Lauer, mas a outros homens em posição de chefia na NBC News. Dois acordos, fechados nos primeiros anos do período descrito por Harris, foram feitos por mulheres que passaram por suposto assédio da parte de dois executivos seniores, que subsequentemente acabaram saindo da empresa. "Todo mundo sabia por que eles foram demitidos, internamente", disse um integrante da liderança da NBC que teve envolvimento próximo com a saída dos dois homens. A NBC também intermediou o acordo de 2017 com a mulher que acusou Corvo — o produtor do *Dateline* que supervisionou a checagem da matéria sobre Weinstein — de assédio sexual.

Mas outros pactos puseram em questão a afirmação da emissora de que nada sabia a respeito das alegações das mulheres contra Lauer.

Uma apresentadora que assinou um acordo de confidencialidade em 2012, disse que a NBC buscou negociar depois de ela ter mostrado a colegas certas mensagens que interpretou como propostas, enviadas tanto por Lauer como por um dos executivos seniores que mais tarde deixaram a empresa. Colegas lembravam dos dois homens fazendo comentários lascivos sobre a apresentadora em microfone aberto durante transmissões. "Eu era igual a um pedaço de carne em exposição", ela disse. "Chegava ao trabalho com um nó no estômago. E quando voltava para casa, chorava." Depois de recusar os avanços, teve a impressão de que passou a receber menos pautas. “Fui castigada”, disse. “Minha carreira despencou.” Ela resolveu não prestar queixa formal porque duvidava da eficiência do departamento de RH da empresa e temia mais danos a sua carreira. O que ela fez foi começar a contar a colegas e a planejar sua demissão.

Quando a NBC propôs um acordo na ocasião de sua saída, ela lembra de ter ouvido seu agente dizer, “Nunca vi isso antes na vida. Querem que você assine um acordo de confidencialidade”, e completou, “Você deve ter algo importantíssimo contra eles”. O agente me disse que também lembrava da conversa. O acordo, que mais tarde pude examinar, tirava da apresentadora o direito de entrar com processo. Impedia-a de fazer comentários negativos sobre a NBCUniversal, “exceto sobre o que possa ser exigido para reportagem de notícia feita de boa-fé”. Foi escrito em papel timbrado da NBC News, assinado por ela e pelo executivo que, segundo ela, a assediara.

Em 2013, foi fechado outro acordo com uma mulher que tinha alegações graves contra Lauer. Alguns meses depois de a reportagem sobre Lauer ser publicada, eu me encontrei com Ann Curry, que fora âncora junto com ele, num restaurante italiano no Greenwich Village. Ela estava acomodada numa banqueta de bar a meu lado com a preocupação estampada no rosto. Contou que, no tempo dela, queixas relativas às agressões verbais de Lauer a mulheres na redação eram bem conhecidas — e que uma vez, em 2010, uma colega a puxou para uma sala vazia e começou a chorar, dizendo que Lauer tinha lhe mostrado suas partes íntimas e feito propostas indecentes. “Foi o mais próximo possível que você possa imaginar de uma mulher se *desmanchando* de dor”, Curry disse.

Mais tarde, tomei conhecimento da identidade da mulher: Melissa Lonner, a produtora do *Today* que se encontrara comigo depois de sair da emissora para trabalhar com rádio. Segundo o relato de Lonner a colegas, ela e Lauer estavam num compromisso de trabalho no 30 Rock, na noite anterior ao seu colapso diante de Curry. Lauer pedira a ela que saísse do evento e o encontrasse em sua sala, o que ela pensou ser um pedido profissional. Quando chegaram lá, ele fechou a porta atrás dela.

Ela lembra de ter ficado esperando e de ter dito a Lauer, "Achei que você precisava conversar". Lauer lhe disse que sentasse no sofá e começou a falar de amenidades. Fez piada sobre quanto detestava coquetéis como aquele que tinham acabado de abandonar. Então, ela contou aos colegas, ele abriu o zíper da calça e mostrou o pênis ereto.

Lonner estava separada do marido, mas continuava casada. Nascida nas favelas de Bangcoc, ela havia se esforçado muito para alcançar a posição profissional que ocupava na época. Lembrava de ter ficado atordoada ante a investida de Lauer, rindo nervosamente, e de ter tentado se livrar da situação com uma piada: não queria intimidades numa sala onde "todo mundo já fez isso".

Segundo Lonner recordava, Lauer lhe disse que sabia que ela queria e, em resposta à piada sobre suas escapadas eróticas, disse achar que ela "gostava de sacanagem" e que o encontro seria "inédito para você". Depois, conforme o relato dela, ele ficou irritado e disse, "Melissa, você é uma tentação, porra. Isso não é nada bom. Você me provocou".

Fontes próximas a Lauer me disseram que ele negou a descrição dos acontecimentos realizada por ela, dizendo que lembrava de ter feito um gesto lascivo de brincadeira, mas não de ter mostrado as partes íntimas, nem de ter feito alguma proposta indecorosa. Mas Lonner, visivelmente abalada, começou o relato de sua alegação no dia seguinte, e deu continuidade a ele de modo consistente nos anos que se sucederam. Implorou a Curry e a outra apresentadora que não revelassem o nome dela, pois sabia que Lauer iria destruir sua carreira. Contudo, Curry disse a dois executivos seniores na empresa que era preciso tomar alguma providência em relação a Lauer. "Disse que ele representava um problema. Que tinha um problema com mulheres. Que precisavam ficar de olho nele." E então, até onde Curry ficou sabendo, nada aconteceu.

Lonner disse aos colegas que ficou arrasada após o incidente. Lauer passou semanas sem falar com ela. Com medo de ser demitida, começou a procurar outro emprego. Mas quando recebeu uma oferta da CNN, algo estranho ocorreu: vários executivos da NBC News a chamaram à sala deles para reuniões e transmitiram a mesma mensagem. Todos disseram que Lauer tinha insistido para que ela ficasse. "Não sei o que está acontecendo entre você e ele", um executivo disse a ela, "mas preciso garantir que ele fique contente."

Ela permaneceu na emissora. Vários anos depois, quando seu contrato estava para vencer, foi demitida mesmo assim. Disse aos colegas que nunca ninguém lhe deu um motivo. Um advogado consultado por ela observou que a postergação de sua saída da empresa a impedia de prestar queixa de assédio devido à prescrição. Quando Lonner deixou a NBC News, o agente dela ligou para relatar algo fora do comum: além das cláusulas-padrão de confidencialidade e de não depreciação, a emissora estava oferecendo uma quantia superior a 100 mil dólares em troca da assinatura num acordo para que não entrasse com processo. "Nunca vi isso antes", o agente disse. "Você deve saber todos os podres." No entendimento de Lonner, a intenção principal do pagamento era impedir que ela falasse com a imprensa.

Apesar de Lonner ser uma figura de bastidor, tabloides publicaram boatos a seu respeito, dizendo que era difícil trabalhar com ela. Lonner disse a amigos que acreditava estar com a reputação manchada por ter recusado as investidas de Lauer.

Quando perguntei a Lonner sobre a NBC, ela me disse que não podia fazer comentários acerca do tempo que passara lá. A NBC negava a ideia de que o pagamento feito a Lonner estivesse relacionado a Lauer. Mas a emissora parecia ter alguma consciência da conexão. Em 2018, quando um repórter do Daily Beast chamado Lachlan Cartwright escrevia uma matéria sobre o suposto padrão na NBC de fazer acordos com vítimas de assédio sexual, Stephanie Franco, a advogada trabalhista sênior da NBCUniversal, entrou em contato com o advogado de Lonner para lembrá-la da existência e da validade do pacto que haviam assinado. A equipe jurídica da NBC diria posteriormente que a ligação foi feita em resposta a um questionamento do advogado de Lonner e que forneceu aviso sobre o compromisso de Lonner de não fazer alegações legais, não sobre cláusulas de confidencialidade.

Os acordos continuaram nos anos seguintes. Em 2017, a integrante sênior da equipe do *Today*, que eu vira chorando no estúdio um ano antes, recebeu pagamento na casa do milhão de dólares em troca da assinatura de um acordo de confidencialidade. Em comunicações a que tive acesso sobre contrato, advogados enfatizaram que a promessa de silêncio era o objetivo primário, não uma cláusula incidental. Quando seu contrato com a emissora terminou, ela mencionou preocupações relativas a assédio e discriminação, apesar de a emissora ter declarado que o pagamento não estava relacionado a nenhuma queixa específica. Ela também mencionara Lauer e assédio sexual a um vice-presidente sênior — apesar de não ter compartilhado com essa pessoa o material a que tive acesso mais tarde, o qual mostrava que Lauer deixara mensagens de voz e enviara mensagens de texto que ela considerava "cantadas". Ele interpretou suas respostas como rejeição, e ela sentiu que houve retaliação da parte dele, que passou a espalhar boatos negativos sobre ela no local de trabalho.

56.
Zdorovie

A queixa que causou a demissão de Lauer acabou da mesma maneira — com um pagamento e um acordo de confidencialidade. Quando conversamos pela primeira vez, Brooke Nevils — a colega anônima cuja história a chefia da NBC e a imprensa tinham considerado um caso amoroso consensual — duvidava que algum dia fosse capaz de vir a público. Quando cheguei ao seu apartamento em Nova York, num dia de chuva forte, ela ficou olhando por cima do meu ombro até trancar a porta às nossas costas. "Eu simplesmente vivo apavorada", disse. "E depois da sua reportagem sobre os espiões, o medo aumentou ainda mais. Eu sabia quem estava contra mim. E as merdas desonestas que essas pessoas fazem."

Ela estava com trinta e poucos anos, mas era desengonçada feito uma adolescente. "Alta, desajeitada e sem peitos", ela disse, e deu uma risada. No apartamento, havia arte e livros por toda parte. E, como num romance de Murakami, *gatos* por toda parte. Nevils tinha seis, até aquela manhã, quando um precisou ser sacrificado devido a falência renal.

Ela me disse isso com a entonação monótona de quem passou por coisas demais. No decorrer dos dois últimos anos, Nevils tentara se suicidar. Fora hospitalizada com distúrbio pós-traumático, afundara na bebida, reerguera-se. Tinha perdido seis quilos e ido a médicos 21 vezes em dez meses. "Perdi tudo que era importante pra mim", ela disse. "Meus trabalhos. Meus objetivos."

Nevils foi criada nos subúrbios de Chesterfield, no Missouri. Boletins do ensino fundamental registram que ela erguia a voz em classe com frequência, sorria muito, tinha senso de humor afiado. Seu pai fora fuzileiro naval no Vietnã, obteve um doutorado em marketing e se tornou prestador de serviço civil para o Pentágono. Sua mãe, atendente de voo da TWA, morreu de ataque cardíaco pouco mais de um ano antes do nosso encontro. Nevils me disse que a mãe era "simplesmente aquele tipo de pessoa que desejava um mundo melhor".

Nevils queria ser jornalista desde que tinha treze anos de idade e ficou sabendo que Hemingway escrevia para o *Kansas City Star*. "Você vai fazer jornalismo porque acredita na verdade. Porque acredita que as histórias das pessoas são importantes." Ela franziu a testa. A chuva batucava nas janelas. "Eu acreditava que nós éramos os mocinhos." Após a faculdade na Johns Hopkins, estagiou em alguns jornais. Em 2008, conseguiu seu emprego dos sonhos como assistente administrativa na NBC, no programa de desenvolvimento de carreira da emissora. No decorrer dos anos seguintes, foi subindo de posição: começou organizando tours de estúdio, depois passou a ajudar em grandes reportagens e, por fim, a trabalhar como assistente de grandes estrelas.

Em 2014, ela estava fazendo exatamente isso, trabalhando para Meredith Vieira — para Nevils, uma heroína pessoal, cuja carreira tomava como modelo. Quando Vieira foi convocada para cobrir a Olimpíada de Inverno em 2014, as duas rumaram para Sochi, uma cidade-resort à beira-mar na Rússia. No fim de um de seus longos dias de trabalho, Vieira e Nevils foram até o bar do hotel de luxo onde a equipe da NBC estava hospedada. Deram risada e fofocaram bebericando martínis. Era tarde, talvez meia-noite, quando Lauer chegou e examinou o bar em busca de rostos conhecidos. "Eu sempre tinha me sentido tão intimidada por ele. Ele realmente gostava de provocar e ameaçar no trabalho. Se não estivéssemos tão animadas..." Suas palavras foram definhando. Mas as mulheres *estavam* animadas.

E estiveram bebendo. Ela deu um tapinha no assento baixo ao lado dela, convidando Lauer para se juntar a elas.

Lauer sentou a seu lado, observou os martínis e disse, "Sabe, eu gosto mesmo é de uma vodca gelada". Ele pediu doses de vodca Beluga. Nevils tomou seis. "*Na zdorovie!*", Lauer exclamou — literalmente, "à saúde". Quando Lauer pegou seu iPhone e começou a tirar fotos, Nevils sentiu que o receio se infiltrava lentamente na diversão. Lauer era famoso por levar ao ar fotos de colegas fora do trabalho para fazer piada, parte da cultura de pegadinhas que ele liderava no *Today*. Nevils se sentia bêbada, e ficou preocupada que o aparentasse nas fotos.

Depois que se separaram — Lauer foi para o quarto dele, as mulheres foram cada uma para o seu, num andar mais alto do hotel —, Vieira deu um sorriso maroto e mostrou a credencial de imprensa oficial de Lauer que lhe dava acesso aos eventos que estavam cobrindo. Vieira e Lauer viviam fazendo brincadeiras um com o outro, como irmãos. Essa tinha sido a mais recente num longo histórico de pegadinhas mútuas. As mulheres ligaram para Lauer e perguntaram, entre ataques de riso embriagados, se ele não estava sentindo falta de nada. Segundo as lembranças de Nevils, Lauer então perguntou se ela havia conferido a credencial *dela* recentemente. Ele a pegara.

Nevils foi até o quarto de Lauer, uma suíte enorme com vista extensa do mar Negro, para pegar sua credencial. Encontrou-o ainda vestindo roupas profissionais, e os dois tiveram uma conversa sem grandes incidentes sobre o duplo roubo de credenciais. Nevils reparou no papel de carta refinado dele, com "Matthew Todd Lauer" escrito em relevo, em azul-marinho, e pensou em rabiscar "é um trouxa" embaixo do nome como mais uma pegadinha de bêbada, mas achou melhor não. Lauer às vezes era formal e agia como superior com funcionários de nível mais baixo como ela. Ela o via na televisão desde os treze anos. Ficou com receio de se encrencar.

Nevils voltou para o andar mais alto e, quando ela e Vieira se despediram, mandou um boa-noite por mensagem de texto a Lauer também, com uma piadinha fazendo referência à dificuldade das duas bêbadas em colocar seus cartões na porta do quarto para abrir. Alguns minutos depois, quando Nevils estava escovando os dentes, seu BlackBerry de trabalho tocou. Uma mensagem do e-mail de trabalho de Lauer sugeria que ela descesse até seu quarto mais uma vez. Ela respondeu que só iria se pudesse deletar as fotos em que parecia bêbada no bar. Ele disse que a oferta expirava em dez minutos. Mais tarde, fontes próximas a Lauer me disseram que ele considerou sua preocupação com as fotos simples pretexto, e suas mensagens, "cantadas". Nevils disse que achava impensável a ideia de flertar com Lauer. Sua intenção era mandar mensagens brincalhonas, de acordo com as conversas que ela, Lauer e Vieira tiveram ao longo da noite. Em retrospecto, considerou que ter ido ao quarto de um homem, sozinha, à noite, foi imprudente. Ela me disse que estava bêbada, que não pensou muito nas consequências, e não tinha motivo para desconfiar que Lauer pudesse ser qualquer coisa além de simpático, com base em experiências anteriores. "Ele sempre me tratou como uma irmã mais nova", disse. "Eu havia estado no seu quarto várias vezes." Ela não se arrumou antes de descer. Ainda estava vestida para o trabalho, com jeans cor de vinho da Uniqlo, um suéter verde largo da Target e uma das jaquetas da Nike para a Olimpíada de Sochi que foram distribuídas à equipe da NBC. Fazia semanas que não depilava as pernas. Disse que achava que logo estaria de volta ao seu quarto.

Anos depois, em seu apartamento, Nevils tentou segurar as lágrimas, mas chorou mesmo assim. "Eu faço terapia de distúrbio pós-traumático, sabe? Toda semana, uma coisa diferente acaba comigo. Eu simplesmente fico tão irritada com o fato dessa única coisa ter tirado a minha vida dos eixos."

Ao chegar à porta do quarto de Lauer, Nevils o encontrou de camiseta e cueca samba-canção. Quando ele a empurrou contra a porta e começou a beijá-la, ela se deu conta de quão bêbada estava. Lembra de ter visto o quarto girando. "Achei que ia vomitar", ela disse. "Fiquei pensando, 'Vou vomitar em cima de Matt Lauer'." Disse que se sentiu muitíssimo acanhada por causa das roupas largas e das pernas não depiladas.

Ela recordou que Lauer a empurrou para a cama, virou-a de bruços e perguntou se ela gostava de sexo anal. Ela disse que recusou várias vezes, chegando inclusive a responder, a certa altura, "Não, eu não gosto disso". Nevils disse que ainda estava dizendo a ele que não estava interessada quando ele "simplesmente fez". Segundo ela, Lauer não usou lubrificante. O ato foi terrivelmente doloroso. "Doeu tanto. Eu me lembro de ter pensado, 'Será que isto é normal?'." Ela me contou que parou de dizer não, mas chorou em silêncio com o rosto enterrado num travesseiro.

Depois que Lauer terminou, Nevils lembra de ele ter perguntado se ela havia gostado.

"Gostei", ela respondeu, mecanicamente. Estava se sentindo humilhada e com dor. Disse que precisava deletar as fotos dela bêbada, e ele lhe deu seu telefone para que ela o fizesse.

"Você disse algo a Meredith?", lembrava de tê-lo ouvido perguntar.

"Não", ela respondeu.

"Não diga nada", ele disse. Nevils ficou se perguntando se aquilo era um conselho ou um aviso.

De volta ao quarto, ela vomitou. Tirou a calça, caiu no sono. Quando acordou, havia sangue por toda parte, empapando a calcinha, empapando o lençol. "Doía caminhar, doía sentar." Teve medo de usar seus dispositivos de trabalho para pesquisar sobre o problema no Google. Mais tarde, teve medo de fazer exames de doenças sexualmente transmissíveis — o que diria seu namorado, com quem estava fazia cinco anos? Sangrou durante dias.

Nevils disse que, independentemente da interpretação de Lauer sobre as interações que os dois tiveram antes e depois, o que aconteceu no quarto dele não foi consensual. "Foi não consensual porque eu estava bêbada demais para dar consentimento", ela falou. "Foi não consensual porque eu disse, várias vezes, que não queria fazer sexo anal."

No dia seguinte, Lauer mandou um e-mail brincando que ela não escrevia nem ligava para ele. Nevils lhe disse que estava tudo bem. Ela me contou que estava apavorada com a possibilidade de o ter irritado, preocupação que se agravou quando ele pareceu ignorá-la no resto da viagem. Quando ela finalmente juntou coragem para ligar para ele, Lauer disse que poderiam deixar para conversar em Nova York.

Quando voltaram, ela disse que Lauer a convidou para ir a seu apartamento palaciano no Upper East Side, onde fizeram sexo duas vezes, e à sua sala, onde fizeram sexo mais vezes. Fontes próximas a Lauer enfatizaram que ela às vezes iniciava o contato. O que não está em discussão é o fato de que Nevils, assim como muitas das mulheres com quem conversei, teve vários outros encontros sexuais com o homem que ela diz tê-la atacado. "Esta é a coisa pela qual eu mais me culpo", ela disse. "Era simplesmente uma transação de negócios. Não era um relacionamento." Nevils falou a amigos na época que se sentia encurralada. A posição de autoridade de Lauer — sobre ela e seu namorado, cujo irmão trabalhava para Lauer — a levou a se sentir incapaz de dizer não. Ela disse que, nas primeiras semanas após o suposto ataque, tentara passar a impressão de que estava à vontade e até entusiasmada com as relações sexuais. Até tentou convencer a si mesma disso. Prontamente admitiu que suas comunicações com Lauer podem ter parecido simpáticas e afáveis.

Mas disse também que vivia apavorada ante a possibilidade de Lauer prejudicar sua carreira, e que os encontros causavam angústia e vergonha, o que acabou por fazê-la terminar com o namorado. Disse que, por vários meses, conseguiu evitar os encontros. Mas por fim percebeu que precisava interagir com Lauer por motivos profissionais. Em setembro de 2014, quando Vieira estava decorando o set de seu talk show com fotos de colegas, a assistente de Lauer disse a Nevils que fosse pegar suas fotos com ele. Às nove e meia da manhã, na saleta secundária em cima do estúdio do *Today*, onde haviam se encontrado algumas vezes, ele apontou para um porta-retratos eletrônico que Savannah Guthrie lhe dera e estava no peitoril profundo da janela. "Está ali", disse. Ela teve que se debruçar no peitoril para alcançar. Contou que enquanto ia passando as fotos e mandando por e-mail para si mesma, ele a pegou pelo quadril e enfiou o dedo nela. Ela me disse que só estava tentando fazer seu trabalho. "Eu simplesmente fiquei entorpecida. Na minha narrativa interna, eu falhei porque não disse não." Nevils fica com hematomas facilmente. Lauer deixou marcas roxas escuras nos pontos em que a forçou a abrir as pernas. Chorando, ela correu para o rapaz com quem tinha começado a sair, um produtor que estava trabalhando na sala de controle naquela manhã, e contou a ele o que acontecera.

Naquele mês de novembro, ela se ofereceu para montar um vídeo de despedida para o ex-namorado, que estava deixando o emprego na emissora. Vídeos assim eram um gesto comum para funcionários que saíam da empresa, e geralmente incluíam votos de apresentadores famosos. Quando Nevils pediu a Lauer que fizesse uma declaração, ele disse a ela que fosse até sua sala para gravar. Quando ela chegou lá, ele lhe disse para chupá-lo. "Eu fiquei incomodada de verdade. Me senti péssima", ela me disse. "Eu estava tentando fazer uma coisa legal e tive que chupar Matt para que ele gravasse um vídeo de despedida. Eu simplesmente me senti enjoada." Ela lembra de ter perguntado, "Por que você faz isto?", e de Lauer ter respondido, "Porque é divertido".

Os encontros sexuais cessaram depois disso. Ela disse que uma vez, um mês mais tarde, enquanto lutava contra a depressão e sentia medo em relação a sua situação com ele, mandou uma mensagem de texto para perguntar se ele estava em Nova York. Ele respondeu dizendo que não estava.

Nevils contou "tipo, para um milhão de pessoas" a respeito de Lauer. Contou a seu círculo íntimo de amigos. Contou a colegas e superiores na NBC. Assim como aconteceu em tantas das histórias que eu havia incluído nas minhas reportagens, Nevils contou a algumas dessas pessoas apenas uma parte da história, deixando de lado alguns detalhes. Mas ela nunca foi inconsistente, e deixou bem clara a gravidade do que ocorrera. Quando mudou de cargo na empresa, passando a trabalhar como produtora para a Peacock Productions, contou a um de seus novos chefes o que tinha sucedido. Ela achava que eles precisavam saber, para o caso de a coisa se tornar pública e ela se tornar um fardo. Aquilo não era segredo.

E então, durante vários anos, nada aconteceu. Ela não sabia do padrão de alegações de assédio na empresa, nem dos pagamentos e de outros atos conciliatórios para ocultá-las. Ela não sabia que o controle da Peacock Productions, especificamente, fora entregue certa vez à acusadora de Corvo.

"Se quem acusou Weinstein não tivesse falado com você, eu jamais diria uma palavra", Nevils me disse. "Eu me vi naquelas histórias. E quando você vê a pior parte da sua vida nas páginas da *New Yorker*, isso muda sua vida." À medida que o peso da história de Weinstein foi aumentando, colegas começaram a fazer perguntas a Nevils sobre Lauer. Quando saíram para tomar uns drinques, uma colega do *Today* mencionou que Nevils parecia ter mudado muito. Nevils, que antes era tão cheia de confiança e desinibida quanto projetava seu boletim do ensino fundamental, tinha se tornado reclusa. Deixava passar oportunidades de trabalho, receando que suas experiências com

Lauer viessem à tona se ela se expusesse. Começou a beber muito. Depois de anos orientando a vida em torno de relações longas e de compromisso, ela entrava e saía de casos amorosos.

Nevils contou tudo à colega do *Today*. "A culpa não é sua", disse a colega, desfazendo-se em lágrimas, segundo as lembranças de Nevils. "E, pode acreditar, você não está sozinha." A colega tivera sua própria experiência com Lauer e sofrera consequências profissionais. Ela disse a Nevils que precisava contar para Vieira. E, logo, Nevils estava no apartamento de Vieira contando a história toda mais uma vez. "É Matt, não é?", Vieira perguntou no início da conversa. "Eu estava pensando sobre isso e ele era o único que tinha poder suficiente sobre você para fazer isso." Vieira ficou perturbada. Sentiu-se culpada por não ter feito mais para proteger Nevils, e receou que houvesse mais vítimas. "Pense em todas as outras mulheres para quem eu arrumei trabalho aqui", Vieira disse. Nevils pedia desculpas sem parar.

As duas sabiam que a empresa faria de tudo para proteger seu apresentador principal. Mas Nevils achou que precisava fazer algo para proteger outras mulheres. Vieira disse que se fosse fazer algo, então que fizesse uma queixa formal no departamento de recursos humanos da NBC. E foi assim que, em novembro de 2017, Nevils arrumou um advogado e acabou sentada com ele diante de duas mulheres da NBCUniversal para contar toda a história.

Pediu e recebeu promessa de anonimato. Mas não omitiu nada. Revelou que os contatos haviam continuado após o primeiro encontro, mas deixou claro que não se tratava de um caso amoroso. Descreveu o acontecido em detalhes, deixando claro que estava bêbada demais para consentir e que tinha dito não várias vezes ao pedido de Lauer por sexo anal. Ela ainda estava no início do processo de reviver o trauma — não usou a palavra "estupro" naquele dia. Mas o que ela descreveu foi, sem ambiguidade alguma, um estupro. Seu advogado, Ari

Wilkenfeld, fez uma pausa na reunião, a certa altura, para reiterar que a interação não fora consensual. Uma das representantes da NBC respondeu que compreendia, apesar de mais tarde a emissora dizer que não chegara a nenhuma conclusão oficial a respeito do assunto. Stephanie Franco, a advogada da NBCUniversal que ligara para lembrar o advogado de Lonner da validade do acordo dela, estava presente à reunião.

No trabalho, alguns dias depois, quando Nevils soube que Lack e Oppenheim estavam dando ênfase ao fato de o incidente não ter sido "criminoso" nem um "ataque", ela saiu de sua mesa, foi até o banheiro mais próximo e vomitou. Sua aflição se agravou quando artigos que tinham contado com a contribuição da equipe de comunicação da NBC começaram a rotular o acontecido de "caso amoroso". Cartas irritadas começaram a inundar o escritório do advogado dela. "Você devia ter vergonha de jogar sua boceta pra cima de um homem casado", dizia uma delas.

A vida profissional de Nevils se transformou em tortura. Ela era obrigada a participar das mesmas reuniões que os demais funcionários, discutindo a notícia, e, em todas elas, colegas leais a Lauer lançavam dúvida sobre as alegações e a julgavam. Numa reunião da equipe do *Dateline*, Lester Holt perguntou, cético, "Será que o castigo é condizente com o crime?". Logo, colegas evitavam olhar nos olhos dela no corredor. Depois da classificação generalizada do acontecido como um caso amoroso, seu namorado na época passou a apoiá-la menos e perguntou, "Como você pôde fazer isso?". A administração da NBC a converteu em pária. "Você precisa saber que eu fui estuprada", ela disse a uma amiga. "E que a NBC mentiu a esse respeito."

A emissora parecia estar fazendo pouco para proteger a identidade de Nevils. Lack anunciou que o incidente ocorrera em Sochi, limitando as possíveis querelantes a um grupo pequeno de mulheres que fizeram a viagem e que estavam próximas a Lauer. Um integrante da equipe de comunicação identificou Nevils pelo nome em conversas com colegas. Mais tarde, fontes familiarizadas com o assunto disseram que Kornblau tinha avisado a esse integrante de sua equipe que não fizesse isso. Wilkenfeld acusou publicamente a NBC de expor Nevils. "Eles sabem exatamente o que fizeram e precisam parar", disse.[34]

Nevils a princípio não havia pedido dinheiro. Fizera aquilo pelo bem de outras mulheres, e pretendia depois dar prosseguimento ao trabalho, que adorava. Mas, à medida que o minucioso exame público da história e de Nevils foi crescendo, a NBC ofereceu a ela um ano de salário para ir embora e assinar um acordo de confidencialidade. Nevils sentiu que sua reputação fora prejudicada. Agora tinha de lidar tanto com a perda do trabalho que amava como com a provável dificuldade em conseguir outro emprego. Ameaçou processar a emissora, e uma negociação arrastada e dificílima teve início. Fontes familiarizadas com a negociação disseram que os advogados que trabalhavam para a emissora argumentaram que a angústia de Nevils se devia à morte de sua mãe e não estava relacionada ao suposto ataque. No fim das contas, o advogado lhe disse para não mencionar sentimentos de pesar ao terapeuta, temendo que a NBC pudesse entrar com liminar para ter acesso aos registros da terapia. A emissora posteriormente negaria ter feito a ameaça ou ter aludido à morte de sua mãe. As negociações se estenderam ao longo de 2018, e Nevils tirou licença médica. Com o tempo, foi hospitalizada com estresse pós-traumático e uso excessivo de álcool.

No fim das contas, a NBC só queria que o problema desaparecesse. Ofereceu a Nevils crescentes somas de dinheiro por seu silêncio — até que a proposta chegou à casa do milhão de dólares. A emissora propôs um roteiro que ela teria que ler, sugerindo que deixara a empresa para procurar outras oportunidades, que havia sido bem tratada, e que a NBC News era um exemplo positivo de como lidar com assédio sexual. Fontes familiarizadas com a negociação disseram que a emissora a princípio tentou incluir uma cláusula que impediria Nevils de falar com outras acusadoras de Lauer, mas Nevils recusou. A emissora posteriormente negou ter sugerido tal cláusula.

Os advogados fecharam o cerco e pressionaram Nevils para que aceitasse a oferta, como haviam feito com Gutierrez e com tantas outras mulheres. Para a Comcast, era um trocado. Para Nevils, era questão de sobrevivência. Ela fez um levantamento do futuro profissional que perdera e dos danos à sua reputação que sentia terem sido causados pela emissora. E achou que não tinha escolha. A NBC tomou a providência extraordinária de fazer não apenas Nevils mas também seu advogado e outras pessoas próximas assinarem um acordo que os proibia de algum dia falar sobre a emissora.

57. Apimentar

As alegações contra Lauer não eram as únicas que estavam vindo à tona. Já nos primeiros dias que se seguiram à publicação da reportagem sobre Weinstein, a NBC foi bombardeada com alegações contra homens em seus altos escalões. Pouco após a primeira reportagem da *New Yorker* sobre Weinstein, a emissora demitiu Mark Halperin,[35] o analista político de mais destaque da MSNBC e da NBC News, depois que cinco mulheres declararam à CNN que ele assediava ou atacava mulheres no local de trabalho — passava a mão, exibia suas partes íntimas, chegou a esfregar o pênis ereto numa mulher — desde o tempo em que trabalhava na ABC, mais de uma década antes.

Passados alguns dias, a NBC demitiu Matt Zimmerman,[36] vice-presidente sênior de produção no *Today* e confidente próximo de Lauer, por ter ido para a cama com duas funcionárias subordinadas a ele. Menos de um mês após a publicação da reportagem sobre Lauer, vários veículos informaram que a emissora pagara 40 mil dólares a uma produtora assistente em 1999, depois de ela ter feito uma alegação de agressão verbal contra Chris Matthews,[37] um dos maiores astros da MSNBC.

Mais notícias se seguiram. Houvera o pagamento em grande escala à acusadora de David Corvo durante seu envolvimento na reportagem sobre Weinstein. E houve uma alegação mais assustadora, que me abalou pessoalmente: três mulheres tinham acusado Tom Brokaw de investidas indesejadas, muitos anos antes.[38] Não eram alegações de ataque. Mas colegas — algumas delas jovens, em início de carreira, enquanto ele estava no ápice — disseram que ele fizera propostas e que ficaram com medo.[39] Brokaw ficou furioso, magoado, negou tudo.[40]

Praticamente sozinho entre as figuras proeminentes da NBC News, Brokaw se opusera ao cancelamento da reportagem sobre Weinstein. Ele me disse que havia reclamado com a chefia da emissora. Num e-mail para mim, afirmou que matar a reportagem era "uma ferida autoinfligida pela NBC".[41] Mas as duas coisas podiam ser verdade. Tom Brokaw, defensor cheio de princípios de uma boa reportagem, também tinha, no passado, feito parte de uma cultura comum a certas emissoras de notícias, que fazia as mulheres se sentirem desconfortáveis e inseguras, e que deixava pouco espaço para que seus grandiosos e carismáticos astros fossem responsabilizados.

Seis, depois doze, depois dezenas de funcionários atuais e de ex-funcionários descreveram de forma semelhante a atmosfera permissiva no que dizia respeito a assédios praticados por homens em posição elevada na emissora. Vários funcionários disseram acreditar que o padrão de anos de acordos possibilitara a continuidade do comportamento. Alguns falaram que os problemas tinham se agravado sob a chefia de Andy Lack. Quando Lack deu início a seu primeiro mandato como presidente da NBC News, na década de 1990, "houve uma mudança repentina de tolerância a comportamento de intimidação, fosse assédio sexual ou simplesmente violência verbal", me disse Linda Vester, que fez a primeira queixa sobre Brokaw. "Palavras degradantes, humilhantes, principalmente dirigidas a mulheres. E assim ficou o clima sob o comando de Andy Lack. Era... era muito difícil."

Todos os funcionários disseram estar preocupados com o efeito que o padrão de queixas e acordos teve sobre a cobertura da emissora. O efeito secundário, disse Vester, era uma das marcas registradas de Lack. "Ele costumava apimentar histórias a respeito de mulheres", ela me contou. "E isso era rotina."

A NBC ficou sitiada. No decorrer de 2018, reportagens investigativas no *Washington Post*,[42] na *Esquire*[43] e no Daily Beast[44] descreveram uma cultura de assédio na emissora. Enquanto o *Post* se preparava para informar que Ann Curry conversara com executivos da NBC sobre o assédio sexual de Lauer a mulheres, Stephanie Franco, a mesma advogada trabalhista que estivera presente à reunião com Nevils, ligou para Curry. Franco, de acordo com a lembrança que Curry tinha da conversa, queria saber o que ela estava dizendo à imprensa. "Realmente, foi uma ligação para me intimidar", Curry disse. "Essa foi a minha impressão." Desalentada com o que considerou intenção de silenciá-la e não de dar conta do problema de assédio sexual na emissora, ela passou a ser direta. "Você precisa tomar conta dessas mulheres", Curry disse a Franco. "Esse é o seu trabalho. Você devia garantir que essas mulheres estejam protegidas contra esse cara."

"Eu tento fazer isso quando me permitem", Franco disse.[45] Mais tarde, o relatório interno sobre Lauer citaria o telefonema a Curry como parte da resposta. Curry disse que Franco não mencionou relatório nenhum e não fez nenhuma pergunta relativa a assédio sexual na emissora.

Vários dos funcionários atuais e dos ex-funcionários lembravam de outras ocasiões em que a emissora pareceu estar se esforçando para entravar revelações. Num caso, a NBC contratou como colaborador pago um repórter que, até pouco tempo antes de ser contratado, ligava para as mulheres na emissora, com perguntas sobre assédio. Uma das mulheres que o repórter contatou me mandou uma mensagem, "Estão acobertando".

Nenhuma publicação havia acompanhado mais de perto as alegações de assédio sexual na emissora e as alegações contra Lauer do que o *National Enquirer*. Ao longo dos anos, o tabloide procurara as acusadoras de Lauer. Em 2006, quando Addie Collins trabalhava como âncora local na Virgínia Ocidental, ela chegou em casa e deparou com uma emboscada:

um repórter do *Enquirer* se aproximou e a bombardeou com perguntas relativas a Lauer. Após a demissão dele, o tabloide se concentrou em Nevils, cujo nome ainda não tinha se tornado público. Era o seu CV que estava anexado aos e-mails internos que a AMI posteriormente examinou. Pouco depois de ela registrar sua queixa, o *Enquirer* começou a ligar para colegas de Nevils e, no fim, para ela própria.

Em maio de 2018, após a reunião em que Oppenheim e Harris tentaram explicar a investigação interna de Lauer a uma cética unidade de jornalismo investigativo, William Arkin, um respeitado integrante dessa unidade, me telefonou, preocupado. Falou que duas fontes, uma ligada a Lauer, a outra de dentro da NBC, disseram a ele que Weinstein havia informado a emissora de que estava ciente do comportamento de Lauer e seria capaz de fazer uma revelação. Duas fontes da AMI mais tarde me contaram que tinham ouvido dizer a mesma coisa. A NBC negou que qualquer ameaça tivesse sido comunicada.

Mas não havia dúvida de que as alegações contra Lauer e o amplo uso que a NBC fazia de acordos de confidencialidade com mulheres vítimas de assédio estavam sob risco de exposição durante a nossa reportagem. Aquela precária cultura de sigilo tornava a NBC mais vulnerável à intimidação e à instigação de Harvey Weinstein, transmitidas por advogados, e intermediários, e ligações a Lack e Griffin e Oppenheim e Roberts e Meyer que a emissora inicialmente escondeu. Aquele padrão de acordos de confidencialidade e de repetidas ameaças de executá-los se desdobrava enquanto a emissora cedia ao argumento de Weinstein de que os pactos que ele próprio fechara eram invioláveis e não podiam ser citados em reportagens. E enquanto Weinstein confabulava com Dylan Howard, todos esses segredos passaram a ser ameaçados. O *Enquirer* acessou a ficha de Lauer, ligou para uma funcionária após outra com perguntas sobre ele, e começou a publicar artigos que ameaçavam o futuro do astro âncora, o qual tinha se tornado sinônimo do valor da emissora.

58.
Limpeza

Rich McHugh também passou o ano lutando com os desdobramentos da história. Em sua reunião com Oppenheim, ele se negou a aceitar a forma como o presidente da emissora caracterizava a reportagem, e viu Oppenheim se irritar cada vez mais, a ponto de xingá-lo, e McHugh ficou imaginando quais seriam as implicações disso para seu futuro. Enquanto continuava a erguer a voz em reuniões em grupo, McHugh disse que foi "basicamente posto sob vigilância". O departamento de RH começou a ligar, oferecendo aumento para que ele permanecesse no emprego e — ele sentiu, depois da reunião com Oppenheim — assinasse embaixo da atitude da emissora. Por outro lado, a emissora o lembrava de que seu contrato estava prestes a acabar.

"Ninguém sabe o meu nome", ele me disse, numa lanchonete de esquina perto de casa no Upper West Side. "Podem dizer o que quiserem a meu respeito. Podem impedir que eu arrume emprego."

"Faça o que for melhor para as suas filhas", falei.

McHugh balançou a cabeça. "Não sei se posso." Mencionar a família não adiantou nada — fora sua própria consciência em relação ao mundo em que as filhas estavam entrando que tinha levado àqueles arroubos de princípios, em primeiro lugar.

No fim das contas, resolveu que não poderia aceitar o dinheiro. "Participei das reuniões enquanto eles mentiam para todas as outras pessoas", McHugh disse. "Tinha que morder a língua. E então resolvi que não faria mais isso."

Um ano depois de receber a ordem para suspender a reportagem sobre Weinstein, McHugh pediu demissão. Então, deu uma entrevista ao *New York Times* dizendo que a reportagem fora suspensa pelos "mais altos escalões da NBC",[46] que ele recebera a ordem de parar de atender telefonemas relativos à reportagem e que a emissora havia mentido em relação ao que realmente acontecera.

Mark Kornblau e a máquina de relações públicas da NBC News ficaram apopléticos. Lack, resistindo aos pedidos de investigação independente, da mesma maneira como resistira no caso de Lauer, divulgou para a imprensa outro relatório elaborado internamente. Li seu memorando numa das salas com paredes de vidro da *New Yorker*, e não soube muito bem o que fazer com aquilo. Mais tarde, a emissora iria admitir que não fizera checagem de fatos do memorando. Poucas horas após sua divulgação, muitas das fontes ali mencionadas já tinham dado declarações públicas negando o conteúdo.

"Farrow nunca teve uma vítima ou testemunha que estivesse disposta a ser identificada", o memorando afirmava várias vezes.[47] Isso não foi verdade em nenhum ponto do período em que a reportagem foi desenvolvida na NBC. "Ambra sempre esteve disposta a permitir que Farrow a identificasse pelo nome e usasse a gravação dela, e eu filmei uma entrevista em silhueta", Nestor escreveu, numa declaração furiosa divulgada para a imprensa pouco após a veiculação do memorando de Lack. "Depois que Rose McGowan resolveu não participar da reportagem, ao perceber que a história corria o risco de não vir a público de jeito nenhum, Farrow e eu conversamos, e ofereci a possibilidade de colocar meu nome na entrevista em silhueta ou potencialmente até regravar a entrevista com o rosto visível. Todavia, não demonstraram interesse por essa entrevista."[48] Gutierrez completou, "Eu estava disponível para Ronan antes que ele saísse da NBC, da mesma maneira que estive depois que ele saiu. De minha parte jamais houve desistência".[49] Rose McGowan deu uma declaração ao programa de Megyn Kelly reiterando que falara em on durante meses.

O memorando continha um longo trecho em que Lack e a equipe de comunicação tentavam minar e desmembrar a credibilidade das fontes. Desprezaram as lembranças de Abby Ex sobre as reuniões que Weinstein preparava como armadilha sexual, dizendo que "seu relato se baseava apenas em suspeitas". Ex também divulgou uma declaração dizendo que aquilo não era verdade. "Isso é incorreto do ponto de vista factual", escreveu. "Harvey pediu, várias vezes, que EU participasse daquelas reuniões, e eu recusei. Mas fui testemunha delas e, de fato, fui testemunha em primeira mão de agressão física e verbal nas mãos dele também, e tudo isso Ronan tem gravado da minha entrevista." O memorando sugeria que Dennis Rice, o executivo de marketing, não se referira a Weinstein, e que meu uso de suas citações fora enganoso. Na verdade, o intuito das declarações de Rice era lhe garantir negativa plausível no caso de ele ter que enfrentar retaliação, e ele aprovou a maneira como suas citações foram usadas. Rice declarou a um repórter que McHugh e eu "não tiramos nada do contexto.[50] Eu sempre soube que aquilo que eu dizia diante da câmera iria parar numa reportagem sobre Harvey". A *New Yorker* mais tarde usou tais relatos sem incidentes.

O memorando de Lack era uma "narrativa enganosa e incorreta",[51] Ex escreveu, expressando estupefação perante as iniciativas da emissora de atacar e expor fontes sem consultá-las antes. "Ver este memorando vazado à imprensa com as fontes listadas, mesmo sem o nosso nome, e sem o quadro completo e honesto da reportagem, parece ser o oposto de honesto e direto."

O memorando aludia — pela primeira vez, em contradição com comunicados anteriores à imprensa — aos "diversos" telefonemas e e-mails de Weinstein a Lack, Griffin e

Oppenheim. O retrato que apresentava sobre essas conversas estava em conflito com os registros que eu posteriormente descobri, e com os relatos das pessoas que se expuseram enquanto isso acontecia. Não havia menção às garantias de Griffin a Weinstein, nem à relação calorosa sugerida por uma garrafa de Grey Goose.

Vários repórteres investigativos na emissora disseram ter considerado desconcertante o foco do memorando em estraçalhar o trabalho de reportagem ainda no estágio de apuração. Diversos jornalistas televisivos que consultei concordaram que o áudio, em si e por si, era digno de ir ao ar. Mas McHugh e eu não tínhamos argumentado que a reportagem estivesse finalizada na NBC, tampouco que não houvesse espaço para crescer e se tornar mais completa, como aconteceu depois de apenas algumas semanas na *New Yorker*. O problema, em vez disso, era que havíamos recebido uma ordem sumária para suspender o desenvolvimento da reportagem. O memorando de Lack não fazia menção à ordem que Greenberg me deu para cancelar uma entrevista, culpando Oppenheim. Omitia que McHugh recebera a ordem de se afastar e que Oppenheim havia sido o primeiro a sugerir que a reportagem fosse oferecida a um meio impresso. "É imaterial", um correspondente veterano lembrava de ter dito a Oppenheim e Greenberg em resposta aos protestos deles relativos à quantidade de material que tínhamos. "Eu sei como é quando estamos tentando pôr uma reportagem no ar e sei como é quando não estamos." O correspondente disse que "atrás de portas fechadas, a narrativa interna é que ferramos com tudo".

O memorando foi recebido com descrença semelhante pela imprensa. No próprio espaço da emissora, Megyn Kelly questionou a investigação da NBC, juntando-se aos apelos por supervisão independente. Logo ela também não estaria mais lá — demitida após outra conflagração sobre um comentário racial insensível. Para a emissora, a demissão teve o benefício adicional de cortar aquilo que várias fontes ao redor de Lack descreveram como uma crescente tensão causada pelo foco de Kelly em Weinstein e Lauer.

O memorando foi apenas um numa série de passos destinados a reescrever a história da reportagem na emissora. A NBC também contratou Ed Sussman, um "limpador da Wikipedia", para eliminar referências cruzadas a Oppenheim, Weinstein e Lauer na enciclopédia criada por participação popular. A questão de Lauer, Sussman escreveu, "devia ser abordada separadamente".[52] Ele distorceu o material em favor da NBC, às vezes incluindo erros. Numa edição, propôs que o mês decorrido entre o sinal verde para a reportagem sobre Weinstein e sua publicação na *New Yorker* fosse alterado para "vários meses". Outras vezes, simplesmente removeu todas as menções a controvérsias.

"Este é um dos exercícios mais descarados e desavergonhados de pura distorção corporativa que eu já vi na WP, e já vi muito disso", um editor veterano da Wikipedia se queixou. Mas Sussman com frequência prevaleceu: reafirmou repetidamente suas mudanças, com uma insistência que editores que trabalhavam sem receber pagamento não podiam alcançar. E utilizou uma rede de contas amigas[53] para fazer a limpeza de suas mudanças e garantir que fossem incorporadas. Evidências do abafamento da reportagem sobre Weinstein foram removidas de várias páginas da Wikipedia, incluindo a de Oppenheim. Foi quase como se aquilo nunca tivesse acontecido.

59.
Lista negra

Após a primeira reportagem da *New Yorker*, enfrentei um dilema parecido ao de McHugh. Por algum tempo, cumpri a incômoda promessa que fizera durante a discussão com Oppenheim e Kornblau, ou seja, me esquivei de perguntas sobre o histórico da reportagem na NBC. Na CBS, Stephen Colbert me olhou com os olhos apertados quando eu disse que não queria que a história fosse sobre mim e mudei de assunto. "Parte desta história é o fato da história ter passado tanto tempo sem ter sido contada", ele disse. "E você estava lá enquanto a história não era contada."

Minha irmã me ligou no auge das entrevistas evasivas. "Você está acobertando eles", ela falou.

"Não estou mentindo", respondi.

"Não. Está omitindo. É desonesto."

Num vislumbre, revi os pontos baixos de nossa relação. Lembrei dos anos difíceis, depois de eu ter dito a ela que se calasse sobre sua própria alegação: vi a mim mesmo entrando no seu quarto depois que ela voltou do hospital; olhando-a puxar a manga comprida que cobria uma escadinha de traços cor de sangue em seu braço; dizendo-lhe que sentia muito e que desejava ter sido capaz de fazer mais.

Durante todo o outono, a emissora deu prosseguimento à mensagem de texto de Oppenheim, acenando com uma nova proposta. "Você deve fazer uma contraproposta tão agressiva quanto for necessário", ele ajuntou. Griffin ligou para meus agentes e disse, "Eu estou com ele. O que precisamos fazer?". Antes de surgirem as denúncias contra Brokaw, e logo após minhas primeiras aparições na mídia, ele me mandou um e-mail dizendo, "Você lidou com a questão perfeitamente. Agora, quanto ao futuro...".[54] Ligou para dizer que a emissora havia lhe pedido que me convencesse a voltar. "Compreendo que a proposta talvez precise ser incrivelmente boa, mas você deve levar em consideração. Este continua sendo um ótimo lugar pra fazer jornalismo." Disse estar certo de que a emissora concordaria em divulgar um comunicado reconhecendo os erros e em emitir um novo conjunto de diretrizes para evitar interferência editorial. Eu ainda só queria meu emprego de volta. E acreditava nos valores que a NBC News representava em seus melhores momentos. Convenci a mim mesmo de que talvez o abafamento da reportagem sobre Weinstein tivesse sido um fato isolado, não um sinal de problemas mais profundos. Disse que ia ouvir o que a emissora tinha a dizer, e disse a mesma coisa aos meus agentes.

Mas, com as recusas de McHugh em ceder, e com cada fonte que ligava para alegar o padrão de assédio e acordos na emissora, foi ficando mais e mais difícil seguir o roteiro ou encontrar afinidade. Já nos primeiros dias após a publicação da reportagem sobre Weinstein, conversei com um grupo de fontes que descreveram reiterados casos de má conduta na CBS: um executivo que tinha fama de ir para a cama com subalternas e assediar e atacar outras mulheres; um padrão de pagamentos para silenciar vítimas; dezenas de funcionários descrevendo como o acobertamento distorcia as prioridades de um veículo de notícias. No fim das contas, achei que não podia publicar reportagens sobre as alegações contra Leslie Moonves e os demais executivos da CBS enquanto me calava em relação às queixas abrangentes que vinham do 30 Rockefeller Plaza.

Disse a meus agentes que suspendessem as negociações.

A retaliação foi decisiva. A cada reportagem publicada pela AMI ao longo dos meses seguintes, eu era convidado a participar de programas da MSNBC e da NBC a qualquer hora — e depois, de repente, era desconvidado. Apresentadores ligavam perturbados, um deles à beira das lágrimas, para dizer que eu fora excluído apesar de suas objeções ou sob ordens diretas de Griffin. Um executivo sênior da emissora disse mais tarde que Lack também havia feito uma recomendação formal. "Essas pessoas são insidiosas", escreveu um âncora. "Estou tão irritado." Então os executivos passaram a entrar em contato, dizendo saber que eu tinha um livro para ser publicado — eu conseguira terminar o livro sobre política externa que durante tanto tempo ignorara — e que ficariam felizes em me colocar mais uma vez no ar para promovê-lo, se eu fosse até lá e fizesse um acordo formal sobre não remexer no passado. Liguei para Maddow, que escutou, e disse que ninguém lhe dizia como conduzir seu programa. E então aconteceu que, no decorrer dos dois anos que sucederam à reportagem sobre Weinstein, eu participei do programa dela, mas nunca mais de nenhum outro da NBC ou da MSNBC. Posteriormente, quando terminei de escrever este livro, o departamento de litígio da NBC começou a entrar em contato com a editora, Hachette.

A última conversa que tive com Noah Oppenheim após a publicação da reportagem foi numa ligação dele. Conversamos enquanto eu andava de um lado para outro em minha estranha fortaleza em Chelsea, e Jonathan ouvia no fundo. "Eu me transformei no garoto-propaganda desse negócio todo", Oppenheim me disse. As declarações desencontradas que ele e Kornblau fizeram a repórteres da mídia acabaram saindo pela culatra, e se converteram num incêndio alimentado pelo zeitgeist político. Na Fox News, alguns dias antes, Tucker Carlson sentara em frente a uma fotografia de Oppenheim e lhe pedira que entregasse o cargo. "Vamos ser claros. A NBC está mentindo", Carlson disse. "Muitas pessoas poderosas sabiam o que Harvey Weinstein estava fazendo e, além de ignorar seus crimes, tomaram o lado dele de modo ativo, contra suas várias vítimas. A lista é longa, mas bem no alto dessa lista está a NBC News."[55] Pareceu se refestelar com a oportunidade de atacar de uma só vez um veículo do *mainstream*, liberais de Hollywood e um predador sexual. "Executivos de notícias não têm permissão para contar mentiras", ele disse, como se não conhecesse nenhum que o fizesse.

Enquanto eu andava de um lado para outro, Oppenheim disse, "Sabe, acabei de receber uma ligação hoje de manhã da NBC Global Security dizendo que precisam mandar uma viatura policial para a minha casa por causa de todas as ameaças de morte online". Ele soava irritado, não com medo. "Tenho três crianças pequenas que querem saber por que tem polícia na frente de casa." Eu disse que sentia muito. Fui sincero.

"Mesmo que você ache que a NBC ou foi covarde ou agiu de forma inapropriada, ou seja lá o que for, coisa que você tem o direito de sentir, espero que perceba que a maneira como esse assunto ficou personalizado e caiu em cima de *mim* não é justa nem correta", ele completou. "Mesmo que você acredite que existe um vilão nisto, pode acreditar que o vilão não sou *eu*."

Estava agitado, falando por cima de mim. Todo mundo, parecia, tinha alguma culpa pela situação difícil por que ele passava, exceto ele próprio. Quando eu lhe disse que repórteres da mídia estavam me dizendo que suas críticas eram resultado do bombardeio de alegações falsas que Kornblau lançara na imprensa, ele se lamuriou, "Kornblau trabalha para Andy! Ele trabalha para o grupo de notícias! Ele não trabalha pra mim! Ele *não trabalha pra mim*!". E, depois, "Eu não posso dizer a ele o que fazer. Posso tentar, e tentei". Quando ele disse que nunca tinha me ameaçado, lembrei-o de que Susan Weiner havia feito isso de maneira explícita, sob suas ordens. Oppenheim berrou, "Susan Weiner é advogada de *Andy*! Essas não são pessoas que trabalham pra mim!". Mais tarde, outros envolvidos puseram em dúvida aquela caracterização da autoridade de Oppenheim como presidente da NBC News.

"Você fica dizendo que está sofrendo as consequências mas que não foi você. Então, de onde veio?", finalmente perguntei.

"Do meu chefe! Certo? Eu tenho um chefe. Eu não cuido da NBC News com exclusividade", ele disse, então pareceu se recompor. "Sabe como é, *todo mundo* se envolveu nesta decisão. Você pode especular quais são os motivos de Kim Harris, pode especular quais são os motivos de Andy, pode especular quais são os meus motivos. Só posso te dizer que, no fim das contas, acharam que, sabe como é, havia um *consenso em relação ao nível de conforto da organização em seguir adiante*."

Lembrou-me, duas vezes, que tinha revivido a minha carreira depois que meu programa foi cancelado. Que tínhamos sido amigos. Esperava que dali a alguns meses pudéssemos tomar uma cerveja e dar risada daquilo tudo. Eu me esforcei para entender o que ele estava pedindo. Pouco a pouco, ele foi deixando sair. "Só estou fazendo um apelo", disse. "Se a oportunidade alguma hora se apresentar pra que você talvez diga que *eu não sou* o vilão em tudo isso, eu ficaria agradecido."

E ali estava, no final de seus argumentos, o ponto que realmente importava: além da recusa em assumir qualquer responsabilidade, a recusa à ideia de que a responsabilidade, em algum lugar, em algumas mãos, poderia de fato existir. Foi um *consenso em relação ao nível de conforto da organização em seguir adiante* que suspendeu a reportagem. Foi um *consenso em relação ao nível de conforto da organização em seguir adiante* que se curvou a advogados e ameaças; que pigarreou e tergiversou e esquadrinhou e deu de ombros; que engavetou diversas alegações de má conduta sexual e desprezou uma admissão de culpa gravada. Essa frase anódina, essa linguagem de indiferença e impessoalidade, foi o que manteve tanto silêncio em tantos lugares. Foi um *consenso em relação ao nível de conforto da organização em seguir adiante* que protegeu Harvey Weinstein e homens como ele; que se espreguiçou e bocejou e envolveu escritórios de advocacia e empresas de relações públicas e suítes executivas e setores econômicos; que engoliu mulheres inteiras.

Noah Oppenheim não era o vilão.

"Não acho que daqui a alguns meses você vá tomar uma cerveja com Noah Oppenheim", Jonathan disse com humor impassível logo depois. Era uma tarde ensolarada, na casa dele em Los Angeles.

"Não vai ter mais TV matutina, acho", respondi. Estava cada vez mais convencido de que passaria o ano seguinte correndo atrás de dicas sobre a CBS e a NBC.

"Eu cuido de você, amor", ele disse. "Vou te dar roupas bonitas e smoothies."

Ele me abraçou pela cintura igual uma criança abraça um bicho de pelúcia. Dei risada, coloquei a mão na dele. Tinha sido um longo ano, para mim e para nós, mas persistimos.

Posteriormente, quando decidi que parte da reportagem iria se transformar em livro, mandei um rascunho para ele e coloquei uma pergunta, bem nesta página, "Casamento?". Na Lua ou até mesmo aqui na Terra. Ele leu o rascunho, encontrou o pedido aqui, e disse, "Claro".

A primeira vez que vi minha irmã Dylan depois que as reportagens começaram a ser publicadas, ela também me deu um abraço. Estávamos na casinha dela no interior, perto da minha mãe e de vários outros irmãos, sob um manto de neve — um universo separado da tempestade dos desdobramentos das reportagens. A filha de dois anos de Dylan, que se parece muitíssimo com a mãe — e que inclusive vestia um velho macacão da mãe —, fez um barulhinho para pedir algo e agitou os braços. Minha irmã entregou a ela uma chupeta com um macaquinho de pelúcia pendurado, e a observamos se afastar sobre as perninhas incertas.

Repassei imagens mentais minhas e de Dylan em nossos próprios anos de macacões e nos que se seguiram: vestidos para peças da escola, esperando o ônibus, construindo juntos um reino mágico em que ninguém podia tocar. Lembrei de nós posicionando aqueles reis e dragões de chumbo, e o som de uma voz de adulto, chamando-a para longe. Seu olhar assustado, amedrontado demais. Ela perguntando se eu a apoiaria caso algo de ruim acontecesse. E eu fazendo uma promessa.

No interior, com sua filha correndo de um lado para outro, ela me disse que estava orgulhosa das reportagens. Estava agradecida. E foi aí que a voz dela foi sumindo.

"Nenhuma reportagem sobre você", eu disse. Quando ela falou, quando era criança e mais uma vez vários anos antes de tudo isto, achou que as pessoas tinham desviado o olhar.

"É", ela replicou.

Era um novo tempo, um tempo de imputar responsabilidade. Mas, para cada história ouvida, inúmeras outras permaneciam em silêncio. Dylan se sentiu frustrada. Como várias fontes que tinham sofrido nas mãos de poderosos jamais responsabilizados e cujas histórias agora enchiam minha caixa de entrada, ela estava zangada. E, pouco tempo depois, ela se juntou às outras — em diversos setores — e contou ao mundo que também estava frustrada. Convidou uma equipe de TV para ir à sua casinha no interior, e deixaram o lugar tão iluminado quanto uma sala de operação. Um âncora a chamou, e Dylan respirou fundo e entrou na luz — e, dessa vez, as pessoas estavam ouvindo.

Anoitecia quando entrei na sala de David Remnick na *New Yorker*. Ele estava folheando um documento. "Ah!", eu disse, corando um pouco. "Isso era pra mim." Eu tinha pedido a um colega que o imprimisse e deixasse lá que eu pegaria mais tarde. Anotações, não um panfleto. E o assistente de Remnick havia entregado a ele.

"É interessante", ele disse. Um sorriso astuto, um pouco maroto.

Sentamos perto de uma janela grande com vista para o Hudson. Remnick tinha sido generoso, me dando conselhos enquanto eu me debatia com as opções diante de mim. Ele pensava em mim como sendo um "cara da TV", com uma obsessão talvez um pouco exagerada por ver meu rosto na tela. E talvez isso fosse verdade. "Você não vai querer continuar fazendo isto para sempre, vai?", ele perguntou, com um gesto para a redação da revista ao nosso redor. Mas eu percebi que sim, queria.

Apontei para as anotações. A próxima onda de potenciais reportagens. Algumas eram sobre violência sexual. Havia a reportagem em desenvolvimento acerca do procurador-geral de Nova York Eric Schneiderman, sobre o qual a jornalista da *New Yorker* Jane Mayer e eu acabaríamos publicando quatro alegações de abuso físico, o que o levou a renunciar. Havia a investigação sobre a CBS, que iria crescer até incluir doze alegações de ataque e assédio sexual contra Leslie Moonves, o que levou a seu pedido de demissão — a primeira vez, nesta nova era, que um CEO listado pela Fortune 500 abandonava o cargo por causa daquele tipo de alegação —, bem como a mudanças na diretoria e na divisão de noticiário da CBS. Outras pautas eram a respeito de formas diferentes de corrupção: desperdício e fraude e acobertamentos na mídia e no governo. Algumas você já viu, outras não.

Ele olhou para o documento mais uma vez e o entregou para mim.

"É demais?", perguntei. Do lado de fora da janela próxima a nós, o céu ia se transformando.

Remnick me olhou. "Eu ia dizer que este trabalho é sob medida para nós."

Nos meses que se seguiram, eu ainda não tinha certeza se meus planos de reportagem incluiriam as alegações de assédio na NBC. Na emissora, tudo estava em seu devido lugar: os artigos da Wikipedia foram limpos; os relatórios internos foram declarados definitivos. As pessoas que poderiam dizer o contrário haviam sido pagas e continuavam com medo demais para arriscar seus acordos de confidencialidade. Os homens da NBC News tinham dado a última palavra a respeito de Brooke Nevils, que tivera um caso amoroso, que não fora estuprada, e sobre a qual a empresa nada sabia.

Só que não, as coisas não acabariam assim. No início de 2019, entrei novamente em contato com Nevils, e mais uma vez me acomodei em sua sala repleta de livros. Nessa ocasião, levei comigo Lavery, o checador da *New Yorker*. A luz da tarde entrava pelas janelas. Gatos, pretos e brancos e cinzentos, rodeavam Nevils. Entre eles havia um gatinho novo, ocupando o lugar do que ela perdera.

Nevils folheava as cartas que sua falecida mãe tinha lhe enviado. Anotações meticulosas, em letra cursiva sonhadora e cheia de voltas, o amor de uma mãe pela filha saltando das páginas amareladas. "Minha mais querida amada filha", dizia uma. "Cada vez que uma porta se fecha, outra se abre."

Nevils achava que destruíra sua vida por não ter ficado calada. E estava cada vez mais convencida de que era isso que devia ter feito. "Todas as mulheres antes de mim sentem que eu sou culpa delas", ela falou. "E se houver mulheres depois de mim, sinto que a culpa é minha." Disse que estava disposta a correr outro risco — contar sua história mais uma vez, para o bem das mulheres que estavam por vir.

Quando me preparava para ir embora, ela me olhou no olho e repetiu sua resposta a todas as minhas perguntas a respeito da emissora. "Sou obrigada a dizer a você que não posso injuriar Andy Lack, nem Noah Oppenheim, nem nenhum outro funcionário da NBC News."

Assenti. Enquanto eu observava, vi um sorrisinho começar a virar as extremidades dos seus lábios.

No fim das contas, a coragem das mulheres não pode ser desprezada. E histórias — as grandes, as verdadeiras — não podem nunca ser abafadas.

Epílogo

Pouco após o encontro com Nevils, Igor Ostrovskiy e eu nos reunimos num bistrô francês no Upper West Side. O sol entrava pela janela atrás da nossa mesinha. Ele parecia exausto, como se não dormisse havia dias. Perguntei o que tinha causado tudo aquilo, o ato maluco e arriscado de vazar informação para mim ao longo de meses.

"Eu gosto de poder ler o noticiário e não pensar que alguém está apontando uma arma para a cabeça do repórter, decidindo o que vai ser escrito", ele disse. "Como venho de uma sociedade em que o noticiário é controlado por quem está no poder, eu nunca, jamais, quero permitir que isto aconteça no país que deu a mim, a minha mulher e a meu filho uma chance."

Acontece que a mulher dele tinha acabado de ter um bebê. Um menino de primeira geração americana.

"Calhou de eu estar naquela encruzilhada em que seguíamos repórteres cujas reportagens eu lia, que eu achava que estavam fazendo algo honesto e bom para a sociedade. Se alguém quer atacar isso, é atacar o meu país. Isso é atacar o meu lar."

Olhei atentamente para ele. Que discurso mais estranho, vindo de um homem que passou um verão inteiro me seguindo, tentando deter minha reportagem.

Depois que ele se recusou a passar pelo polígrafo para a Black Cube, os pedidos de serviço pararam de chegar à InfoTactic. Agora ele tinha sua própria empresa de investigação, a Ostro Intelligence. Continuaria sendo detetive particular, mas o foco seria de serviço público, anunciou, orgulhoso e sincero, falando com honestidade e querendo que eu soubesse que estava sendo honesto. Talvez ele pudesse ajudar grupos como o Citizen Lab. "Daqui pra frente, vou tentar me envolver mais nesse tipo de coisa, para melhorar a sociedade, para buscar esse tipo de atuação, para expor essas pessoas", disse. "Sabe, a imprensa é parte da nossa democracia tanto quanto o Congresso ou o Executivo ou o Judiciário. Precisa manter as coisas na linha. E quando os poderosos controlam a imprensa, ou fazem com que a imprensa seja inútil, se o povo não pode confiar na imprensa, o povo sai perdendo. E os poderosos podem fazer o que bem entendem."

Ostrovskiy mostrou fotografias em seu celular, com um sorriso distante no rosto. Uma mãe, corada e exausta depois do parto. Um filho recém-nascido chegando em casa. Um pai imaginando como poderia ser um homem bom para sua família. Um gato cinza-azulado com olhos acesos espertos, olhando curioso para o recém-chegado.

O nome do gato, aliás, era Espião.

Agradecimentos

Operação abafa foi checado à exaustão por Sean Lavery, checador sênior na *New Yorker*, que também trabalhou em várias das minhas investigações para a revista. Sem a avaliação firme e a ausência de equilíbrio entre trabalho e vida pessoal dele, este livro não teria sido possível. Noor Ibrahim e Lindsay Gellman, meus pesquisadores impecáveis, dedicaram longas horas a isso. A brilhante e incansável Unjin Lee gerenciou e auxiliou essa equipe de pesquisa, me deu conselhos em pontos baixos estressantes e desempenhou tarefas leves de contravigilância. Ela ainda tem planos de aprender Krav Maga.

A editora Little, Brown and Company deu apoio a este livro durante todo o longo processo de reportagem e checagem. Histórias difíceis não são contadas sem empresas que estejam dispostas a atravessar a tempestade. Obrigado, Reagan Arthur, minha diretora editorial maravilhosa, e Michael Pietsch, do Hachette Book Group. Obrigado, Vanessa Mobley, a editora dos sonhos de qualquer escritor e aliada inabalável para possibilitar que este livro saísse direito. Obrigado a Sabrina Callahan e Elizabeth Garriga por suas iniciativas em defender a mensagem deste livro. Também contei com Mike Noon, nosso editor de produção tão dedicado, com Janet Byrne, nossa preparadora meticulosa, e com Gregg Kulick, nosso diagramador talentoso, que foi parceiro e gentil com as minhas orientações. Liz McNamara, da Davis Wright Tremaine, e Carol Fein Ross, da Hachette, também defenderam a reportagem com sua revisão jurídica. E a lendária Lynn Nesbit, minha agente literária e querida amiga, ficou a meu lado durante a longa jornada da reportagem sobre Weinstein e durante a escrita deste livro.

Espero que *Operação abafa* sirva como uma homenagem a outros jornalistas que admiro. Sem o trabalho deles, pessoas poderosas nunca teriam que assumir sua responsabilidade. Eu me sinto grato, todos os dias, pela equipe incomparável da *New Yorker*, que salvou a reportagem sobre Weinstein e que continua dando apoio a uma investigação difícil após outra.

Não sei como agradecer a David Remnick. O fato de ele ter sido tão correto com as reportagens — e comigo — mudou minha perspectiva em relação ao jornalismo e à vida. Sabe aquele momento em que Oprah Winfrey diz sobre Gayle King, "Ela é a mãe que eu nunca tive. Ela é a irmã que qualquer um gostaria de ter. Ela é a amiga que todo mundo merece. Não conheço nenhuma pessoa melhor"? David Remnick é assim. Esther Fein, uma jornalista maravilhosa e mulher de David Remnick, é impossivelmente bondosa. Deirdre Foley-Mendelssohn, minha editora, é um talento singular com bússola moral infalível. Ela é responsável pela voz das nossas reportagens na *New Yorker* e, de algum modo, achou tempo para fazer comentários precisos sobre este livro em meio a trabalho, viagem e uma gravidez. David Rohde é o meu colaborador destemido. Não acho convincentes seus protestos de que não é um anjo, como descrito neste livro. Ele e Michael Luo foram ambos defensores importantes da reportagem.

Fabio Bertoni é um advogado durão, que abordou com integridade e bom senso os desafios legais espinhosos e as ameaças que enfrentamos. É fácil para advogados dizer não. Os melhores advogados da mídia dão conselhos sobre como conseguir um sim com cuidado e justeza. Natalie Raabe, a chefe de comunicação da *New Yorker*, foi até a linha de tiro para defender nossas reportagens contra máquinas de falácia bastante eficientes. Há muitos outros, entre eles Peter Canby, o chefe da checagem da revista, E. Tammy Kim, a checadora que trabalhou com tanta diligência na primeira reportagem sobre Weinstein, junto com Fergus McIntosh, que também me ajudou a desvendar a Black Cube e a AMI. Natalie Meade examinou em detalhes as reportagens que se seguiram. Todos eles garantiram que as reportagens fossem precisas, exatas e justas. Outros editores seniores da revista, entre eles Pam McCarthy e Dorothy Wickenden, foram gentis e generosos. Roger Angell, com muita bondade, ainda que sem o saber, permitiu que eu usasse sua mesa de trabalho. Eu adoro a *New Yorker* — e as pessoas de lá, que me inspiram a ser um jornalista melhor.

Agradeço a todos os meus chefes na HBO, incluindo Richard Plepler, Casey Bloys, Nancy Abraham e Lisa Heller, que deram apoio à reportagem a cada passo e estiveram a meu lado durante os longos meses em que me afastei para escrever o livro.

Também tenho uma dívida de gratidão com os diversos repórteres e publicações que ajudaram a abrir caminhos relevantes para este livro. Obrigado aos jornalistas que foram atrás da história de Weinstein e depois compartilharam suas descobertas comigo, mesmo sem me conhecer e sem ter obrigação, mas por sua noção de princípios. Ken Auletta é um príncipe entre os homens, e a história de Weinstein seria diferente sem o trabalho dele. Ben Wallace foi igualmente generoso. Janice Min, Matt Belloni e Kim Masters também. E admiração a Jodi Kantor e Megan Twohey, cujas reportagens fortíssimas fizeram que eu me sentisse menos sozinho e me obrigaram a digitar mais rápido.

Obrigado aos repórteres que lançaram luz sobre a história da AMI, incluindo Jeff Horwitz e Jake Pearson da Associated Press, e Joe Palazzolo e Michael Rothfeld do *Wall Street Journal*. Obrigado a Shachar Alterman da *Uvda*, à documentarista Ella Alterman, Adam Ciralsky da *Vanity Fair*, Raphael Satter da Associated Press, John Scott-Railton do Citizen Lab, e Adam Entous, meu colega na *New Yorker*, pela ajuda na reportagem sobre a Black Cube.

Obrigado a todos que expuseram alegações de abuso na NBC News, entre eles Ramin Setoodeh e Elizabeth Wagmeister da *Variety*, Sarah Ellison do *Washington Post*, e Lachlan Cartwright do Daily Beast — que acompanharam com afinco o padrão de acordos.

Obrigado aos jornalistas e produtores da NBC News que continuam indo atrás de reportagens importantes, e acreditam na promessa e nos princípios do lugar. Antes da intervenção de executivos, a reportagem sobre Weinstein recebeu todo o apoio de Rich McHugh e dos meus colegas. Também sou grato a Anna Schechter, Tracy Connor, William Arkin, Cynthia McFadden, Stephanie Gosk, e tantos outros na unidade de investigação. Rachel Maddow foi uma voz de princípios. Phoebe Curran, produtora associada, me ajudou a fazer pesquisa no início da reportagem.

Rich McHugh fez a coisa certa, mesmo quando era o pior para ele, todas as vezes. Sem sua ética feroz e seu senso de propósito medular, sem falar na pura indignação da mulher dele, Danie, nós estaríamos perdidos. Ele é um herói e mora em Nova Jersey.

Mais importante, agradeço às fontes. Sinto-me inspirado por aquelas pessoas que expuseram conduta não ética e às vezes ilegal no interior das organizações. A coragem de Sleeper atravessou um muro de mentiras e ajudou vítimas de enganos e de abusos psicológicos. Igor Ostrovskiy colocou seus princípios e patriotismo à frente da própria segurança a cada passo, primeiro ao me informar e depois ao concordar em pôr seu nome neste livro. Obrigado também a John Tye por dar apoio a ele no processo e por ser prestativo enquanto eu navegava minhas próprias preocupações com segurança. A lista dos que colaboraram por princípio inclui vários funcionários da Miramax e da Weinstein Company, da NBC News e da AMI, da procuradoria de Manhattan, do Departamento de Polícia de Nova York e do Distrito Sul de Nova York. Não posso nomear a maior parte deles. Alguns com quem tenho uma dívida de gratidão: Abby Ex, Dede Nickerson, Dennis Rice e Irwin Reiter.

Sou especialmente grato às mulheres que arriscaram tanto para revelar verdades importantes e difíceis. Rosanna Arquette superou seus medos para ajudar a reportagem sobre Weinstein, depois permaneceu na luta, implorando a fonte após fonte que se apresentasse. Ela foi indispensável às minhas reportagens seguintes sobre Weinstein, à minha investigação da CBS e a outras reportagens que ainda não vieram à luz.

Ambra Gutierrez é uma fonte que vai ficar para sempre na memória, com a coragem de um ladrão de joias. Sua história, que está nestas páginas, fala por si só. Emily Nestor é uma das pessoas mais inabaláveis e cheias de compaixão que já conheci. Antes de a reportagem ser uma certeza, ela lhe deu apoio. E continuou a apoiá-la perante tentativas contínuas de desacreditar a ela e às outras fontes.

Somos todos melhores pelo fato de que há um número tão grande de outras pessoas que deveriam ser mencionadas. Mas eis aqui algumas: Ally Canosa, Annabella Sciorra, Asia Argento, Brooke Nevils, Daryl Hannah, Emma de Caunes, Jane Wallace, Jennifer Laird, Jessica Barth, Karen McDougal, Lauren O'Connor, Lucia Evans, Melissa Lonner, Mira Sorvino, Rose McGowan, Sophie Dix e Zelda Perkins.

Finalmente, agradeço à minha família. Minha mãe, que ficou ao lado de uma sobrevivente de abuso perante uma campanha de aviltamento, perseguição e intimidação, constantemente me inspira a ser uma pessoa melhor. A coragem da minha irmã Dylan me fez seguir em frente e me ajudou a compreender o inimaginável — e ela ainda forneceu as vinhetas internas da edição original de *Operação abafa*. Minha irmã Quincy, cujo casamento eu perdi quando estava fechando a reportagem sobre Weinstein, foi tão compreensiva. Sinto muito, Quincy!

Jonathan já recebeu a dedicatória e é citado ao longo destas páginas. Será que ele precisa de ainda mais atenção?

Notas

Parte I. Vale do Veneno [pp. 15-103]

1. David A. Fahrenthold, "Trump Recorded Having Extremely Lewd Conversation About Women in 2005", *Washington Post*, 8 out. 2016.
2. Gravação do *Access Hollywood* com Billy Bush e Donald Trump, 2005.
3. Entrevista de Billy Bush com Jennifer Lopez, *Access Hollywood*, 2002.
4. "Why Did NBC News Sit on the Trump Tape for So Long?", *Politico Magazine*, 10 out. 2016.
5. "NBC Planned to Use Trump Audio to Influence Debate, Election", TMZ, 12 out. 2016.
6. Paul Farhi, "NBC Waited for Green Light from Lawyers Before Airing Trump Video", *Washington Post*, 8 out. 2016.
7. "Get to Know Billy Bush — from Billy Himself, As His Parents Send Special Wishes", *Today*, 22 ago. 2016.
8. "Here's How the *Today* show Addressed Billy Bush's Suspension On-Air", *Entertainment Tonight*, 10 out. 2016.
9. Michael M. Grynbaum e John Koblin, "Gretchen Carlson of Fox News Files Harassment Suit Against Roger Ailes", *New York Times*, 6 jul. 2016.
10. Edward Helmore, "Anti-Trump Protests Continue Across US as 10,000 March in New York", *Guardian*, 12 nov. 2016.
11. Emanuella Grinberg, "These Tweets Show Why Women Don't Report Sexual Assault", CNN, 13 out. 2016.
12. Rose McGowan, citada em Gene Maddaus, "Rose McGowan Says a Studio Executive Raped Her", *Variety*, 14 out. 2016.
13. Ronan Farrow, "From Aggressive Overtures to Sexual Assault: Harvey Weinstein's Accusers Tell Their Stories", *The New Yorker*, 10 out. 2017. O conteúdo dessa matéria é mencionado também em outros capítulos.
14. Catherine Shoard, "They Know Him as God, but You Can Call Him Harvey Weinstein", *Guardian*, 23 fev. 2012.
15. Ken Auletta, "Beauty and the Beast", *The New Yorker*, 8 dez. 2002.
16. Harvey Weinstein, citado em Margaret Sullivan, "At 18, Harvey Weinstein Penned Tales of an Aggressive Creep. It Sure Sounds Familiar Now", *Washington Post*, 17 out. 2017.

17. Edward Jay Epstein, "The Great Illusionist", *Slate*, 10 out. 2005.
18. Donna Gigliotti, citada em Ken Auletta, "Beauty and the Beast", *The New Yorker*, 8 dez. 2002.
19. Leena Kim, "A Night Out with NYC's Former Police Commissioner", *Town & Country*, 30 out. 2016.
20. Ashley Lee, "Weinstein Co. Sets Exclusive Film and TV First-Look Deal with Jay-Z", *Hollywood Reporter*, 29 set. 2016.
21. Harvey Weinstein, citado em Zaid Jilani, "Harvey Weinstein Urged Clinton Campaign to Silence Sanders's Black Lives Matter Message", *Intercept*, 7 out. 2016.
22. Ashley Lee, "Harvey Weinstein, Jordan Roth Set Star-Studded Broadway Fundraiser for Hillary Clinton", *Hollywood Reporter*, 30 set. 2016.
23. Robert Viagas, "Highlights of Monday's All-Star Hillary Clinton Broadway Fundraiser", *Playbill*, 18 out. 2016.
24. Stephen Galloway, "Harvey Weinstein, the Comeback Kid", *Hollywood Reporter*, 19 set. 2016.
25. James B. Stewart, "David Boies Pleads Not Guilty", *New York Times*, 21 set. 2018.
26. E-mail de Harvey Weinstein, 16 out. 2016.
27. Página inicial do site da Black Cube, "What makes us unique", em "Cutting-Edge Analytical Skills".
28. Joe Palazzolo, Michael Rothfeld e Lukas I. Alpert, "*National Enquirer* Shielded Donald Trump From *Playboy* Model's Affair Allegation", *Wall Street Journal*, 4 nov. 2016.
29. "Cedars Sinai Fires Six over Patient Privacy Breaches After Kardashian Gives Birth", Associated Press, 13 jul. 2013.
30. David Pecker, citado em Jeffrey Toobin, "The *National Enquirer*'s Fervor for Trump", *The New Yorker*, 26 jun. 2017.
31. Maxwell Strachan, "David Pecker's DARKEST TRUMP SECRETS: A *National Enquirer* Insider Tells All!", *HuffPost*, 24 ago. 2018.
32. Jack Shafer, "Pravda on the Checkout Line", *Politico Magazine*, jan.-fev. 2017.
33. "Dylan Howard é um de seus maiores fãs. Ele te escuta todos os dias", escreveu Lenny Dykstra, ex-jogador de beisebol com múltiplas acusações de atentado ao pudor, porte de cocaína e roubo de automóveis (o último deles lhe rendeu uma condenação). Dykstra copiou Howard e Jones, e os dois conversaram sobre marcar um encontro. E-mail de Lenny Dykstra a Alex Jones, 10 out. 2015.
34. "The Weinstein Company Partnering with American Media, Inc. to Produce Radar Online Talk Show", *My New York Eye*, 5 jan. 2015.
35. Ramin Setoodeh, "Ashley Judd Reveals Sexual Harassment by Studio Mogul", *Variety*, 6 out. 2015.
36. E-mail de Dylan Howard a Harvey Weinstein, 7 dez. 2016.

37. Jared Hunt, "*Today* Show Host Left $65 in W.Va.", *Charleston Gazette-Mail*, 19 out. 2012.
38. Emily Smith, "NBC Pays for Matt Lauer's Helicopter Rides to Work", "Page Six", *New York Post*, 3 set. 2014.
39. Ian Mohr, "Ronan Farrow Goes from Anchor's Desk to Cubicle", "Page Six", *New York Post*, 14 dez. 2016.
40. Noah Oppenheim, citado em Mike Fleming Jr., "Rising Star *Jackie* Screenwriter Noah Oppenheim Also Runs NBC's *Today*? How Did That Happen?", *Deadline*, 16 set. 2016.
41. "Oppenheim to Lauer: 'There Is No Summer House'", Today.com, 16 out. 2007.
42. Noah Oppenheim, citado em Mike Fleming Jr., "Rising Star *Jackie* Screenwriter Noah Oppenheim Also Runs NBC's *Today*? How Did That Happen?", *Deadline*, 16 set. 2016.
43. Noah Oppenheim, citado em Mike Fleming Jr., "Rising Star *Jackie* Screenwriter Noah Oppenheim Also Runs NBC's *Today*? How Did That Happen?", *Deadline*, 16 set. 2016.
44. Alex French e Maximillion Potter, "Nobody Is Going to Believe You", *Atlantic*, 23 jan. 2019.
45. E-mail de Avi Yanus a Christopher Boies, 25 nov. 2016.
46. E-mail de Avi Yanus a Christopher Boies, 28 nov. 2016.
47. PJF Military Collection, Alamy.com, foto de Rose McGowan com a suboficial de 2ª classe da Marinha dos EUA Jennifer L. Smolinski, especialista em inteligência do Regimento Naval de Construção número 22, em Kandahar Air Field, Afeganistão, 29 mar. 2010.
48. Rose McGowan, BRAVE (Nova York: HarperCollins, 2018), p. 154.
49. Andy Thibault, "How Straight-Shooting State's Attorney Frank Maco Got Mixed Up in the Woody-Mia Mess", *Connecticut Magazine*, 1 abr. 1997.
50. Ronan Farrow, "My Father, Woody Allen, and the Danger of Questions Unasked", *Hollywood Reporter*, 11 maio 2016.
51. Richard Greenberg, "Desperation Up Close", blog Dateline NBC, postado em 23 de janeiro de 2004.
52. Jennifer Senior (@JenSeniorNY) no Twitter, 30 mar. 2015.
53. David Carr, "The Emperor Miramaximus", *New York Magazine*, 3 dez. 2001.
54. Bill Carter, "NBC News President Rouses the Network", *New York Times*, 24 ago. 2014.
55. Michael Phillips, "'Brave': Rose McGowan's Memoir Details Cult Life, Weinstein Assault and Hollywood's Abuse of Women", *Chicago Tribune*, 6 fev. 2018.
56. Michael Schulman, "Shakeup at the Oscars", *The New Yorker*, 19 fev. 2017; e Jesse David Fox, "A Brief History of Harvey Weinstein's Oscar Campaign Tactics", *Vulture*, 29 jan. 2018.

57. Equipe da revista *Variety*, "Partners Get Chewed in UTA's Family Feud", *Variety*, 15 jan. 1995.
58. Gavin Polone, "Gavin Polone on Bill Cosby and Hollywood's Culture of Payoffs, Rape and Secrecy (Guest Column)", *Hollywood Reporter*, 4 dez. 2014.
59. Danika Fears e Maria Wiesner, "Model who accused Weinstein of molestation has sued before", "Page Six", *New York Post*, 31 mar. 2015.
60. James C. McKinley Jr., "Harvey Weinstein Won't Face Charges After Groping Report", *New York Times*, 10 abr. 2015.
61. Jay Cassano e David Sirota, "Manhattan DA Vance Took $10,000 From Head Of Law Firm On Trump Defense Team, Dropped Case", *International Business Times*, 10 out. 2017.
62. David Sirota e Jay Cassano, "Harvey Weinstein's Lawyer Gave $10,000 To Manhattan DA After He Declined To File Sexual Assault Charges", *International Business Times*, 5 out. 2017.
63. Rebecca Dana, "Slyer Than Fox", *New Republic*, 25 mar. 2013.
64. E-mail de Lisa Bloom a Ronan Farrow, 14 mar. 2014.
65. Lisa Bloom no *Ronan Farrow Daily*, MSNBC, 27 fev. 2015.
66. Lisa Bloom no *Ronan Farrow Daily*, MSNBC, 27 fev. 2015.
67. Jason Zengerle, "Charles Harder, the Lawyer Who Killed Gawker, Isn't Done Yet", *GQ*, 17 nov. 2016.
68. Ken Auletta, "Beauty and the Beast", *The New Yorker*, 8 dez. 2002.
69. E-mail de Diana Filip a Ronan Farrow, 31 jul. 2017.
70. E-mail de Diana Filip, encaminhado por Lacy Lynch a Rose McGowan, 10 abr. 2017.
71. E-mail de Sara Ness a Harvey Weinstein, 11 abr. 2017.
72. Nora Gallagher, "Hart and Hart May Be Prime-Time Private Eyes but Jack & Sandra Are for Real", *People Magazine*, 8 out. 1979.
73. Michael Isikoff, "Clinton Team Works to Deflect Allegations on Nominee's Private Life", *Washington Post*, 26 jul. 1992.
74. Jane Mayer, "Dept. of Snooping", *The New Yorker*, 16 fev. 1998.
75. Jack Palladino, citado em Seth Rosenfeld, "Watching the Detective", *San Francisco Chronicle*, 31 jan. 1999.

Parte 2. Baleia-branca [pp. 105-209]

1. Manuel Roig-Franzia, "Lanny Davis, the Ultimate Clinton Loyalist, Is Now Michael Cohen's Lawyer. But Don't Call It Revenge", *Washington Post*, 23 ago. 2018.
2. Christina Wilkie, "Lanny Davis Wins Lobbying Fees Lawsuit Against Equatorial Guinea", *HuffPost*, 27 ago. 2013.
3. E-mail de Avi Yanus a Christopher Boies, 24 abr. 2017.
4. Phyllis Furman, "Proud as a Peacock", *New York Daily News*, 1 mar. 1998.

5. “The Peripatetic News Career of Andrew Lack”, *New York Times*, 9 jun. 2015.
6. E-mail de Avi Yanus a Christopher Boies, 5 maio 2017.
7. E-mail de Seth Freedman a Benjamin Wallace, 8 fev. 2017.
8. Anna Palmer, Jake Sherman e Daniel Lippman, *Politico Playbook*, 7 jun. 2017.
9. Mensagem de Irwin Reiter a Emily Nestor via LinkedIn, 30 dez. 2014.
10. Mensagem de Irwin Reiter a Emily Nestor via LinkedIn, 14 out. 2016.
11. E-mail de Avi Yanus a Christopher Boies, 6 jun. 2017.
12. E-mail de Avi Yanus a Christopher Boies, 12 jun. 2017.
13. E-mail de Avi Yanus a Christopher Boies, 18 jun. 2017.
14. E-mail do gerente de projetos da Black Cube, 23 jun. 2017.
15. Mensagem de texto de Lisa Bloom, 13 jul. 2017.
16. “Confidential memo to counsel Re: Jodi Kantor/Ronan Farrow Twitter Contacts and Potential Sources”, relatório da PSOPS, 18 jul. 2017.
17. “JB Rutagarama”, perfil da Black Cube, 2017.
18. Zelda Perkins, citada em Ronan Farrow, “Harvey Weinstein’s Secret Settlements”, *The New Yorker*, 21 nov. 2017. O conteúdo dessa matéria é mencionado também em outros capítulos.
19. Peter Kafka, “Why Did Three Sites Pass on a Story About an Amazon Exec Before It Landed at *The Information*?”, *Recode*, 12 set. 2017.
20. E-mail de Diana Filip a Rose McGowan, 24 jul. 2017.
21. E-mail de Diana Filip a Ronan Farrow, 31 jul. 2017.
22. Carta de Hillary Clinton, 20 jul. 2017.
23. Yashar Ali, “Fox News Host Sent Unsollicited Lewd Text Messages to Colleagues, Sources Say”, *HuffPost*, 4 ago. 2017.
24. Redação da *Hollywood Reporter*, “Jay-Z, Harvey Weinstein to Receive Inaugural Truthteller Award from LA Press Club”, *Hollywood Reporter*, 2 jun. 2017.
25. Jon Campbell, “Who Got Harvey Weinstein’s Campaign Cash and Who Gave It Away”, *Democrat and Chronicle*, 9 out. 2017.
26. Emily Smith, “George Pataki Fetes His Daughter’s New Book”, “Page Six”, *New York Post*, 9 mar. 2016.
27. Noah Oppenheim, “Reading ‘Clit Notes’”, *Harvard Crimson*, 3 abr. 1998.
28. Noah Oppenheim, “Transgender Absurd”, *Harvard Crimson*, 24 fev. 1997.
29. Noah Oppenheim, “Remembering Harvard”, *Harvard Crimson*, 22 maio 2000.
30. Noah Oppenheim, “Considering Women’s Issues at Harvard”, *Harvard Crimson*, 17 dez. 1999.
31. Noah Oppenheim, “The Postures of Punch Season”, *Harvard Crimson*, 9 out. 1998.

Parte 3. Exército de espiões [pp. 211-95]

1. E-mail de David Remnick a Ronan Farrow, 9 ago. 2017.
2. E-mail de Diana Filip a John Ksar, 11 ago. 2017.
3. Dorothy Rabinowitz, "Juanita Broaddrick Meets the Press", *Wall Street Journal*, atualizado em 19 de fevereiro de 1999.
4. David Corvo, citado em Lachlan Cartwright e Maxwell Tani, "Accused Sexual Harassers Thrived Under NBC News Chief Andy Lack", Daily Beast, 21 set. 2018.
5. David Corvo, citado em Lachlan Cartwright e Maxwell Tani, "Accused Sexual Harassers Thrived Under NBC News Chief Andy Lack", Daily Beast, 21 set. 2018.
6. Lachlan Cartwright e Maxwell Tani, "Accused Sexual Harassers Thrived Under NBC News Chief Andy Lack", Daily Beast, 21 set. 2018.
7. Mensagem de texto de Noah Oppenheim a Ronan Farrow, 17 ago. 2017.
8. Mensagem de texto de Noah Oppenheim a Ronan Farrow, 21 ago. 2017.
9. "NBC Gives Sleazy Lauer One More Chance", *National Enquirer*, 19 dez. 2016.
10. "Hey, Matt, That's Not Your Wife!", *National Enquirer*, 25 set. 2017.
11. E-mail de Harvey Weinstein a David Pecker, 28 set. 2017.
12. E-mail de David Pecker a Harvey Weinstein, 28 set. 2017.
13. E-mail de Harvey Weinstein a David Pecker, 28 set. 2017.
14. E-mail de David Pecker a Harvey Weinstein, 28. set. 2017.
15. E-mail de Deborah Turness a Harvey Weinstein, 20 set. 2017.
16. E-mail de Harvey Weinstein a Ron Meyer, 27 set. 2017.
17. E-mail de Ron Meyer a Harvey Weinstein, 27 set. 2017.
18. E-mail de David Glasser a Harvey Weinstein, 27 set. 2017.
19. E-mail de David Glasser a Harvey Weinstein, 27 set. 2017.
20. E-mail de Ron Meyer a Harvey Weinstein, 2 out. 2017.
21. Troca de e-mails entre Harvey Weinstein e Noah Oppenheim, 25 set. 2017.
22. E-mail à equipe de Weinstein, 25 set. 2017. (Uma fonte próxima de Oppenheim disse que "se" Weinstein tivesse mandado o Grey Goose, Oppenheim não teria bebido, e algum assistente o teria dado de presente a outra pessoa.)
23. E-mail de Bryan Lourd a Harvey Weinstein, 26 set. 2017.
24. Carta do Harder Mirell & Abrams, 29 set. 2017.
25. Peter Jackson, citado em Molly Redden, "Peter Jackson: I Blacklisted Ashley Judd and Mira Sorvino Under Pressure from Weinstein", *Guardian*, 16 dez. 2017.
26. Jodi Kantor, "Tarantino on Weinstein: 'I Knew Enough to Do More Than I Did'", *New York Times*, 19 out. 2017.
27. Rosanna (Lisa) Arquette, perfil da Black Cube, 2017.

28. E-mail de Harvey Weinstein a David Glasser, 27 set. 2017.
29. Megan Twohey, Jodi Kantor, Susan Dominus, Jim Rutenberg e Steve Elder, "Weinstein's Complicity Machine", *New York Times*, 5 dez. 2017.
30. Yohana Desta, "Asia Argento Accuser Jimmy Bennett Details Alleged Assault in Difficult First TV Interview", *Vanity Fair*, 25 set. 2018.
31. Dino-Ray Ramos, "Asia Argento Claims Jimmy Bennett 'Sexually Attacked Her', Launches 'Phase Two' of #MeToo Movement", *Deadline*, 5 set. 2018.
32. Lisa O'Carroll, "Colin Firth Expresses Shame at Failing to Act on Weinstein Allegation", *Guardian*, 13 out. 2017.
33. Lauren O'Connor, citada em Jodi Kantor e Megan Twohey, "Harvey Weinstein Paid Off Sexual Accusers for Decades", *New York Times*, 5 out. 2017.
34. Claire Forlani, citada em Ashley Lee, "Claire Forlani on Harvey Weinstein Encounters: 'I Escaped Five Times'", *Hollywood Reporter*, 12 out. 2017.
35. E-mail de Meryl Streep a Ronan Farrow, 28 set. 2017.
36. Amy Kaufman e Daniel Miller, "Six Women Accuse Filmmaker Brett Ratner of Sexual Harassment or Misconduct", *Los Angeles Times*, 1 nov. 2017.
37. E-mail de Harvey Weinstein a Dylan Howard, 22 set. 2017.
38. Meghan Twohey, "Tumult After Aids Fund-Raiser Supports Harvey Weinstein Production", *New York Times*, 23 set. 2017.
39. Carta do Harder Mirell & Abrams, 2 out. 2017.
40. E-mail do escritório de Harvey Weinstein a Dylan Howard, 4 out. 2017.
41. E-mail de Fabio Bertoni a Charles Harder, 4 out. 2017.
42. Kim Masters e Chris Gardner, "Harvey Weinstein Lawyers Battling *N.Y. Times*, *New Yorker* over Potentially Explosive Stories", *Hollywood Reporter*, 4 out. 2017.
43. Brent Lang, Gene Maddaus e Ramin Setoodeh, "Harvey Weinstein Lawyers Up for Bombshell New York Times, New Yorker Stories", *Variety*, 4 out. 2017.
44. Adam Ciralsky, "'Harvey's Concern Was Who Did Him In': Inside Harvey Weinstein's Frantic Final Days", *Vanity Fair*, 18 jan. 2018.
45. Lisa Bloom (@LisaBloom) no Twitter, 5 out. 2017.
46. Lisa Bloom, citada em Nicole Pelletiere, "Harvey Weinstein's Advisor, Lisa Bloom, Speaks Out: 'There Was Misconduct'", ABC News, 6 out. 2017.
47. Declaração de Harvey Weinstein ao *New York Times*, 5 out. 2017.
48. Shawn Tully, "How a Handful of Billionaires Kept Their Friend Harvey Weinstein in Power", *Fortune*, 19 nov. 2017.
49. E-mail de Harvey Weinstein a Brian Roberts, 6 out. 2017.
50. Ellen Mayers, "How Comcast Founder Ralph Roberts Changed Cable", *Christian Science Monitor*, 19 jun. 2015.
51. Tara Lachapelle, "Comcast's Roberts, CEO for Life, Doesn't Have to Explain", *Bloomberg*, 11 jun. 2018.

52. Jeff Leeds, "Ex-Disney Exec Burke Knows His New Prey", *Los Angeles Times*, 12 fev. 2004.
53. Yashar Ali, "At NBC News, the Harvey Weinstein Scandal Barely Exists", *HuffPost*, 6 out. 2017.
54. Dave Itzkoff, "SNL Prepped Jokes About Harvey Weinstein, Then Shelved Them", *New York Times*, 8 out. 2017.

Parte 4. Sleeper [pp. 297-366]

1. Megan Twohey e Johanna Barr, "Lisa Bloom, Lawyer Advising Harvey Weinstein, Resigns Amid Criticism From Board Members", *New York Times*, 7 out. 2017.
2. JakeTapper (@jaketapper) no Twitter, 10 out. 2017.
3. Lloyd Grove, "How NBC 'Killed' Ronan Farrow's Weinstein Exposé", Daily Beast, 11 out. 2017.
4. *The Rachel Maddow Show*, 10 out. 2017.
5. Rielle Hunter, *What Really Happened: John Edwards, Our Daughter, and Me* (Dallas: BenBella Books, 2012), loc. 139 de 3387, Kindle.
6. Joe Johns e Ted Metzger, "Aide Recalls Bizarre Conversation with Edwards Mistress", CNN, 4 maio 2012.
7. *Today* com Matt Lauer, Hoda Kotb e Savannah Guthrie, 11 out. 2017.
8. David Remnick no programa *CBS Sunday Morning*, 26 nov. 2017.
9. Megan Twohey, Jodi Kantor, Susan Dominus, Jim Rutenberg e Steve Eder, "Weinstein's Complicity Machine", *New York Times*, 5 dez. 2017.
10. Lena Dunham, citada em Megan Twohey, Jodi Kantor, Susan Dominus, Jim Rutenberg e Steve Eder, "Weinstein's Complicity Machine", *New York Times*, 5 dez. 2017.
11. Jeremy Barr, "Hillary Clinton Says She's 'Shocked and Appalled' by Harvey Weinstein Claims", *Hollywood Reporter*, 10 out. 2017.
12. "Harvey Weinstein a Sad, Sick Man — Woody Allen", BBC News, 16 out. 2017.
13. Rory Carroll, "Rightwing Artist Put Up Meryl Streep 'She Knew' Posters as Revenge for Trump", *Guardian*, 20 dez. 2017.
14. Meryl Streep, citada em Emma Dibdin, "Meryl Streep Speaks Out Against Harvey Weinstein Following Sexual Harassment Allegations", *Elle*, 9 out. 2017.
15. E-mail de Diana Filip a Rose McGowan, 10 out. 2017.
16. Annabella Sciorra, citada em Ronan Farrow, "Weighing the Costs of Speaking Out About Harvey Weinstein", *The New Yorker*, 27 out. 2017. O conteúdo dessa matéria é mencionado também em outros capítulos.
17. Miriam Shaviv, "IDF Vet Turned Author Teases UK with Mossad Alter Ego", *Times of Israel*, 8 fev. 2013.

18. Seth Freedman, *Dead Cat Bounce* (Londres: Cutting Edge Press, 2013), loc. 17 de 3658, Kindle.
19. Mark Townsend, "Rose McGowan: 'Hollywood Blacklisted Me Because I Got Raped'", *Guardian*, 14 out. 2017.
20. Adam Entous e Ronan Farrow, "Private Mossad for Hire", *The New Yorker*, 11 fev. 2019.
21. Equipe de *Haaretz*, "Ex-Mossad Chief Ephraim Halevy Joins Spy Firm Black Cube", *Haaretz*, 11 nov. 2018.
22. Adam Entous e Ronan Farrow, "Private Mossad for Hire", *The New Yorker*, 11 fev. 2019.
23. Yuval Hirshorn, "Inside Black Cube — the 'Mossad' of the Business World", *Forbes Israel*, 9 jun. 2018.
24. Hadas Magen, "Black Cube — a 'Mossad-style' Business Intelligence Co", *Globes*, 2 abr. 2017.
25. E-mail de Sleeper1973, 31 out. 2017.
26. Acordo entre Boies Schiller Flexner LLP e Black Cube, 11 jul. 2017.
27. Yuval Hirshorn, "Inside Black Cube — the 'Mossad' of the Business World", *Forbes Israel*, 9 jun. 2018.
28. E-mail de David Boies a Ronan Farrow, 4 nov. 2017.
29. E-mail de Sleeper1973 a Ronan Farrow, 1 nov. 2017.
30. Ronan Farrow, "Israeli Operatives Who Aided Harvey Weinstein Collected Information on Former Obama Administration Officials", *The New Yorker*, 6 maio 2018.
31. Mark Maremont, "Mysterious Strangers Dog Controversial Insurer's Critics", *Wall Street Journal*, 29 ago. 2017.
32. Mark Maremont, Jacquie McNish e Rob Copeland, "Former Israeli Actress Alleged to Be Operative for Corporate-Investigation Firm", *Wall Street Journal*, 16 nov. 2017.
33. Matthew Goldstein e William K. Rashbaum, "Deception and Ruses Fill the Toolkit of Investigators Used by Weinstein", *New York Times*, 15 nov. 2017.
34. *The Woman from Sarajevo* (2007, dir. Ella Alterman).
35. Yuval Hirshorn, "Inside Black Cube — the 'Mossad' of the Business World", *Forbes Israel*, 9 jun. 2018.
36. Rose McGowan, citada em Ronan Farrow, "Harvey Weinstein's Army of Spies", *The New Yorker*, 6 nov. 2017. O conteúdo dessa matéria é mencionado também em outros capítulos.
37. "Confidential memo to counsel, Re: JodiKantor/Ronan Farrow Twitter Contacts and Potential Sources", relatório da PSOPS, 18 jul. 2017.
38. E-mail de Dan Karson a Harvey Weinstein, 22 out. 2016.
39. E-mail de Blair Berk a Harvey Weinstein, 23 out. 2016.
40. E-mail de Dan Karson a Harvey Weinstein, 13 out. 2016.

41. E-mail de Dan Karson a Harvey Weinstein, 13 out. 2016.
42. E-mail de Dan Karson a Harvey Weinstein, 23 out. 2016.
43. "Confidential memo to counsel, Re: Weinstein Inquiry, Re: Rose Arianna McGowan", relatório da PSOPS, 8 nov. 2016.
44. "Confidential memo to counsel, Re: Weinstein Inquiry, Re: Adam Wender Moss", relatório da PSOPS, 21 dez. 2016.
45. "Confidential memo to counsel, Re: Weinstein Inquiry", relatório da PSOPS, 11 nov. 2016.
46. "Confidential memo to counsel, Re: JodiKantor/Ronan Farrow Twitter Contacts and Potential Sources", relatório da PSOPS, 18 jul. 2017.
47. E-mail de Dylan Howard a Harvey Weinstein, 7 dez. 2016.
48. E-mail de Dylan Howard a Harvey Weinstein, 7 dez. 2016.
49. E-mail de Harvey Weinstein a Dylan Howard, 6 dez. 2016.
50. E-mail do escritório de advocacia da Black Cube no Reino Unido a Ronan Farrow, 2 nov. 2017.
51. E-mail de Avi Yanus, 31 out. 2017.
52. E-mail de Sleeper1973 a Ronan Farrow, 2 nov. 2017.
53. Karen McDougal, citada em Ronan Farrow, "Donald Trump, a Playboy Model, and a System for Concealing Infidelity", *The New Yorker*, 16 fev. 2018. O conteúdo dessa matéria é mencionado também em outros capítulos.
54. Jordan Robertson, Michael Riley e Andrew Willis, "How to Hack an Election", *Bloomberg Businessweek*, 31 mar. 2016.
55. Beth Reinhard e Emma Brown, "The Ex-Playmate and the Latin American Political Operative: An Untold Episode in the Push to Profit from an Alleged Affair with Trump", *Washington Post*, 28 maio 2018.
56. Joe Palazzolo, Nicole Hong, Michael Rothfeld, Rebecca Davis O'Brien e Rebecca Ballhaus, "Donald Trump Played Central Role in Hush Payoffs to Stormy Daniels and Karen McDougal", *Wall Street Journal*, 9 nov. 2018.
57. E-mail de Keith Davidson a Karen McDougal, 5 ago. 2016.
58. Cameron Joseph, "*Enquirer* Gave Trump's Alleged Mistress a Trump Family Associate to Run Her PR", *Talking Points Memo*, 27 mar. 2018.
59. E-mail de Dylan Howard a Karen McDougal, 23 jun. 2017.
60. E-mail do departamento jurídico da AMI, 30 jan. 2018.
61. Ronan Farrow, "Donald Trump, a Playboy Model, and a System for Concealing Infidelity", *The New Yorker*, 16 fev. 2018.
62. Ronan Farrow, "The *National Enquirer*, a Trump Rumor, and Another Secret Payment to Buy Silence", *The New Yorker*, 12 abr. 2018. O conteúdo dessa matéria é mencionado também em outros capítulos.
63. Nikki Benfatto, citada em Edgar Sandoval e Rich Schapiro, "Ex-Wife of Former Trump Building Doorman Who Claimed the President Has a Love Child Says He's a Liar", *New York Daily News*, 12 abr. 2018.

64. Michael Calderone, "How a Trump 'Love Child' Rumor Roiled the Media", *Politico*, 12 abr. 2018.
65. "Prez Love Child Shocker! Ex-Trump Worker Peddling Rumor Donald Has Illegitimate Child", RadarOnline.com, 11 abr. 2018.
66. E-mail de Dylan Howard a David Remnick, 11 abr. 2018.
67. Jake Pearson e Jeff Horwitz, "$30,000 Rumor? Tabloid Paid For, Spiked, Salacious Trump Tip", Associated Press, 12 abr. 2018.
68. *Katie Johnson v. Donald J. Trump and Jeffrey E. Epstein*, Case 5:16-cv-00797--DMG-KS, United States District Court Central District of California, queixa registrada em 26 de abril de 2016, e *Jane Doe v. Donald J. Trump and Jeffrey E. Epstein*, Case 1:16-cv-04642, United States District Court Southern District of New York, queixa registrada em 20 de junho de 2016.
69. Landon Thomas Jr., "Jeffrey Epstein: International Moneyman of Mystery", *New York*, 28 out. 2002.
70. Julie K. Brown, "How a Future Trump Cabinet Member Gave a Serial Sex Abuser the Deal of a Lifetime", *Miami Herald*, 28 nov. 2018.
71. Jon Swaine, "Rape Lawsuits Against Donald Trump Linked to Former TV Producer", *Guardian*, 7 jul. 2016.
72. Emily Shugerman, "I Talked to the Woman Accusing Donald Trump of Rape", *Revelist*, 13 jul. 2016.
73. "Trump Sued by Teen 'Sex Slave' for Alleged 'Rape' — Donald Blasts 'Disgusting' Suit", RadarOnline.com, 28 abr. 2016; e "Case Dismissed! Judge Trashes Bogus Donald Trump Rape Lawsuit", RadarOnline.com, 2 maio 2016.
74. Michael Rothfeld e Joe Palazzolo, "Trump Lawyer Arranged $130,000 Payment for Adult-Film Star's Silence", *Wall Street Journal*, atualizada em 12 de janeiro de 2018.
75. Greg Price, "McDougal Payment from American Media Was Trump Campaign Contribution, Watchdog Group Claims to FEC", *Newsweek*, 19 fev. 2018.
76. Jim Rutenberg, Kate Kelly, Jessica Silver-Greenberg e Mike McIntire, "Wooing Saudi Business, Tabloid Mogul Had a Powerful Friend: Trump", *New York Times*, 29 mar. 2018.

Parte 5. Indenização [pp. 367-429]

1. Jake Pearson e Jeff Horwitz, "AP Exclusive: Top Gossip Editor Accused of Sexual Misconduct", Associated Press, 5 dez. 2017.
2. E-mail da AMI, 17 abr. 2018.
3. Michael D. Shear, Matt Apuzzo e Sharon LaFraniere, "Raids on Trump's Lawyer Sought Records of Payments to Women", *New York Times*, 10 abr. 2018.

4. Carta do procurador-geral da República para o Distrito Sul de Nova York à American Media Inc., 20 set. 2018.
5. Jeff Bezos, "No Thank You, Mr. Pecker", Medium.com, 7 fev. 2019.
6. Devlin Barrett, Matt Zapotosky e Cleve R. Wootson Jr., "Federal Prosecutors Reviewing Bezos's Extortion Claim Against *National Enquirer*, Sources Say", *Washington Post*, 8 fev. 2019.
7. Edmund Lee, "*National Enquirer* to Be Sold to James Cohen, Heir to Hudson News Founder", *New York Times*, 18 abr. 2019.
8. Keith J. Kelly, "Where Did Jimmy Cohen Get the Money to Buy AMI's *National Enquirer*?", *New York Post*, 14 maio 2019.
9. Brooks Barnes e Jan Ransom, "Harvey Weinstein Is Said to Reach $44 Million Deal to Settle Lawsuits", *New York Times*, 23 maio 2019.
10. Lachlan Cartwright e Pervaiz Shallwani, "Weinstein's Secret Weapon Is a 'Bloodhound' NYPD Detective Turned Private Eye", Daily Beast, 12 nov. 2018.
11. Elizabeth Wagmeister, "Former Weinstein Production Assistant Shares Graphic Account of Sexual Assault", *Variety*, 24 out. 2017.
12. Jan Ransom, "Weinstein Releases Emails Suggesting Long Relationship With Accuser", *New York Times*, 3 ago. 2018.
13. Tarpley Hitt e Pervaiz Shallwani, "Harvey Weinstein Bombshell: Detective Didn't Tell DA About Witness Who Said Sex-Assault Accuser Consented", Daily Beast, 11 out. 2018.
14. Benjamin Brafman, citado em Lachlan Cartwright e Pervaiz Shallwani, "Weinstein's Secret Weapon Is a 'Bloodhound' NYPD Detective Turned Private Eye", Daily Beast, 12 nov. 2018.
15. Benjamin Brafman, citado em Lachlan Cartwright e Pervaiz Shallwani, "Weinstein's Secret Weapon Is a 'Bloodhound' NYPD Detective Turned Private Eye", Daily Beast, 12 nov. 2018.
16. Gene Maddaus, "Some Weinstein Accusers Balkat $30 Million Settlement", *Variety*, 24 maio 2019, e Jan Ransom e Danielle Ivory, "'Heartbroken': Weinstein Accusers Say $44 Million Settlement Lets Him Off the Hook", *New York Times*, 24 maio 2019.
17. Mara Siegler e Oli Coleman, "Harvey Weinstein spotted meeting with PI in Grand Central Terminal", "Page Six", *New York Post*, 20 mar. 2019.
18. Mara Siegler e Oli Coleman, "Harvey Weinstein Spotted Meeting with PI in Grand Central Terminal", "Page Six", *New York Post*, 20 mar. 2019.
19. Alan Feuer, "Federal Prosecutors Investigate Weinstein's Ties to Israeli Firm", *New York Times*, 6 set. 2018.
20. Vídeo promocional do InfoTactic Group, postado nas contas do InfoTactic Group no Facebook e no Youtube, acessado em 3 de março de 2018.
21. Raphael Satter, "APNewsBreak: Undercover Agents Target Cybersecurity Watchdog", Associated Press, 26 jan. 2019.

22. Miles Kenyon, “Dubious Denials & Scripted Spin”, Citizen Lab, 1 abr. 2019.
23. Ross Marowits, “West Face Accuses Israeli Intelligence Firm of Covertly Targeting Employees”, *Financial Post*, 29 nov. 2017.
24. Raphael Satter e Aron Heller, “Court Filing Links Spy Exposed by AP to Israel’s Black Cube”, Associated Press, 27 fev. 2019.
25. Charlotte Triggs e Michele Corriston, “Hoda Kotb and Savannah Guthrie Are Today’s New Anchor Team”, People.com, 2 jan. 2018.
26. Emily Smith e YaronSteinbuch, “Matt Lauer Allegedly Sexually Harassed Staffer During Olympics”, “Page Six”, *New York Post*, 29 nov. 2017.
27. Claire Atkinson, “NBCUniversal Report Finds Managers Were Unaware of Matt Lauer’s Sexual Misconduct”, NBC News, 9 maio 2018.
28. Maxwell Tani, “Insiders Doubt NBC Did a Thorough Job on Its #MeTooProbe”, Daily Beast, 11 maio 2018, e David Usborne, “The Peacock Patriarchy”, *Esquire*, 5 ago. 2018.
29. Ramin Setoodeh e Elizabeth Wagmeister, “Matt Lauer Accused of Sexual Harassment by Multiple Women”, *Variety*, 29 nov. 2017.
30. Matt Lauer, citado em David Usborne, “The Peacock Patriarchy”, *Esquire*, 5 ago. 2018.
31. Joe Scarborough, citado em David Usborne, “The Peacock Patriarchy”, *Esquire*, 5 ago. 2018.
32. Ramin Setoodeh, “Inside Matt Lauer’s Secret Relationship with a *Today* Production Assistant (EXCLUSIVE)”, *Variety*, 14 dez. 2017.
33. Ellen Gabler, Jim Rutenberg, Michael M. Grynbaum e Rachel Abrams, “NBC Fires Matt Lauer, the Face of *Today*”, *New York Times*, 29 nov. 2017.
34. Ari Wilkenfeld, citado em Elizabeth Wagmeister, “Matt Lauer Accuser’s Attorney Says NBC Has Failed His Client During *Today* Interview”, *Variety*, 15 dez. 2017.
35. Oliver Darcy, “Five Women Accuse Journalist and *Game Change* Co-Author Mark Halperin of Sexual Harassment”, CNNMoney website, 26 out. 2017.
36. Equipe da *Variety*, “NBC News Fires Talent Booker Following Harassment Claims”, *Variety*, 14 nov. 2017.
37. Erin Nyren, “Female Staffer Who Accused Chris Matthews of Sexual Harassment Received Severance from NBC”, *Variety*, 17 dez. 2017.
38. Emily Stewart, “Tom Brokaw Is Accused of Sexual Harassment. He Says He’s Been ‘Ambushed’”, *Vox*, atualizada em 1º de maio de 2018.
39. Elizabeth Wagmeister e Ramin Setoodeh, “Tom Brokaw Accused of Sexual Harassment By Former NBC Anchor”, *Variety*, 26 abr. 2018.
40. Marisa Guthrie, “Tom Brokaw Rips ‘Sensational’ Accuser Claims: I Was ‘Ambushed and Then Perp Walked’”, *Hollywood Reporter*, 27 abr. 2018.
41. E-mail de Tom Brokaw a Ronan Farrow, 11 jan. 2018.

42. Sarah Ellison, "NBC News Faces Skepticism in Remedying In-House Sexual Harassment", *Washington Post*, 26 abr. 2018.
43. David Usborne, "The Peacock Patriarchy", *Esquire*, 5 ago. 2018.
44. Lachlan Cartwright e Maxwell Tani, "Accused Sexual Harassers Thrived Under NBC News Chief Andy Lack", Daily Beast, 21 set. 2018.
45. Maxwell Tani, "Insiders Doubt NBC Did a Thorough Job on Its #MeTooProbe", Daily Beast, 11 maio 2018. (A NBC News posteriormente afirmou que o contato com Curry fazia parte da pesquisa oficial para o relatório interno sobre Lauer. Numa declaração ao Daily Beast, a empresa disse, "Assim que ficamos sabendo dos comentários de Ann Curry ao *Washington Post*, que consideramos importantes para a nossa investigação, um advogado trabalhista sênior da NBCUniversal que fazia parte da equipe de investigação entrou em contato direto com ela e os dois conversaram em 25 de abril de 2018".)
46. John Koblin, "Ronan Farrow's Ex-Producer Says NBC Impeded Weinstein Reporting", *New York Times*, 30 ago. 2018.
47. Memorando interno de Andy Lack, "Facts on the NBC News Investigation of Harvey Weinstein", 3 set. 2018.
48. Emily Nestor, citada em Abid Rahman, "Weinstein Accuser Emily Nestor Backs Ronan Farrow in Row with 'Shameful' NBC", *Hollywood Reporter*, 3 set. 2018.
49. Ambra Battilana (@AmbraBattilana) no Twitter, 4 set. 2018.
50. Ex-executivo sênior da Miramax, citado por Yashar Ali (@Yashar) no Twitter, 4 set. 2018.
51. Abby Ex (@abbylynnex) no Twitter, 4 set. 2018.
52. Ed Sussman, edição proposta à página da NBC News na Wikipedia, "Talk: NBC News", Wikipedia, 14 fev. 2018.
53. Ashley Feinberg, "Facebook, Axios and NBC Paid This Guy to Whitewash Wikipedia Pages", *HuffPost*, 14 mar. 2019.
54. E-mail de Tom Brokaw a Ronan Farrow, 13 out. 2017.
55. *Tucker Carlson Tonight*, Fox News, 11 out. 2017.

Índice onomástico

C

D

E

F

G

H

I

J

K

L

M

N

O

P

R

S

T

V

W

Y

Z

Grafia atualizada segundo o Acordo Ortográfico da Língua Portuguesa de 1990, que entrou em vigor no Brasil em 2009.

capa
Pedro Inoue
preparação
Márcia Copola
José Francisco Botelho
índice onomástico
Luciano Marchiori
revisão
Tomoe Moroizumi
Ana Alvares

Dados Internacionais de Catalogação na Publicação (CIP)

— —

Farrow, Ronan (1987-)
Operação abafa: Predadores sexuais e a indústria do silêncio: Ronan Farrow
Título original: *Catch and Kill: Lies, Spies, and a Conspiracy to Protect Predators*
Tradução: Ana Ban, Fernanda Abreu e Juliana Cunha
São Paulo: Todavia, 1ª ed., 2020
464 páginas

ISBN 978-65-80309-87-0

1. Jornalismo 2. Reportagem 3. Estados Unidos 4. Hollywood 5. Assédio
I. Abreu, Fernanda II. Ban, Ana III. Cunha, Juliana IV. Título

CDD 071

— —

Índice para catálogo sistemático:
1. Jornalismo: Reportagem 071

todavia
Rua Luís Anhaia, 44
05433.020 São Paulo SP
T. 55 11. 3094 0500
www.todavialivros.com.br

fonte
Register*
papel
Munken print cream
80 g/m²
impressão
Geográfica